内容提要

《教育督导与评价制度比较研究》是全国教育科学规划教育部重点课题研究成果，是国家重点图书出版规划项目《比较教育文库》中的一本。本书从比较的视角详细阐述了英国、法国、德国、荷兰、芬兰、西班牙、美国、加拿大、新西兰、日本、韩国11个国家和中国香港、台湾地区的教育督导与评价制度，全面展示了世界教育督导与评价制度建设、职能作用、评价标准、评价方法、队伍优化等的最新发展和最近变化，深入分析了教育督导与评价的相对独立性、队伍的专业性、方法体系的科学性以及督学责任区、教育质量检测、增值性评价等教育界比较关注的热点和焦点问题，论述了教育督导与评价制度发展的规律和模式，探讨了教育治理变革下强化教育督导与评价的未来趋势，为教育督导与评价制度设计者、政策执行者、学术研究者提供了有益的经验和范例。

作为比较教育的创新性研究成果，本书具有重要的学术价值和借鉴意义，适合各级教育督导与评价机构工作人员、教育管理工作者、教育督导与评价研究者和比较教育研究者阅读，是各级各类教育督导与评价人员培训的通用教材，也是高校教育、管理等专业本科生、研究生的重要参考用书。

本书

系全国教育科学规划教育部重点课题研究成果

国家重点图书出版规划项目

比较教育文库

总　主　编：顾明远
副 总 主 编：魏运华　吕　达
执行副总主编：刘立德　邹海燕

比较教育文库

教育督导与评价制度比较研究

Jiaoyu Dudao yu Pingjia Zhidu Bijiao Yanjiu

王　璐　主编

人民教育出版社
·北京·

图书在版编目(CIP)数据

教育督导与评价制度比较研究 / 王璐主编. — 北京：人民教育出版社，2018.5
（2019.12重印）
（比较教育文库）
ISBN 978-7-107-32309-6

Ⅰ. ①教… Ⅱ. ①王… Ⅲ. ①教育视导—对比研究—世界 ②教育评估—对比研究—世界 Ⅳ. ①G464 ②G40-058.1

中国版本图书馆 CIP 数据核字（2018）第 118062 号

比较教育文库 教育督导与评价制度比较研究

出版发行 人民教育出版社
（北京市海淀区中关村南大街 17 号院 1 号楼 邮编：100081）
网 址 http://www.pep.com.cn
经 销 全国新华书店
印 刷 保定市中画美凯印刷有限公司
版 次 2018 年 5 月第 1 版
印 次 2019 年12月第 2 次印刷
开 本 787 毫米×1 092 毫米 1/16
印 张 31
字 数 412 千字
印 数 1501～2500册
定 价 79.00 元

《比较教育文库》

出版前言

人民教育出版社对外国教育、比较教育学科教材和图书的编辑出版工作一贯十分重视。早在20世纪70年代末80年代初我国刚刚改革开放之际，人民教育出版社就编辑出版了《外国教育丛书》(共三十余册)，其中《六国教育概况》《二十国教育概况》《中小学教学理论与实践》等书，曾产生了很大的影响。那套丛书虽然只初步介绍了国外教育的一些概况和经验，但是在多年闭关自守尤其是经历十年动乱，我们对国外教育孤陋寡闻的情况下，起到了瞭望世界教育的窗口作用，令人耳目一新。新华社曾向国外报道过那套丛书，认为它是我国对外开放政策体现在教育出版物方面的一个有力例证。虽然外国教育不等同于比较教育，但是二者确有密不可分的联系。可以说，编辑出版《外国教育丛书》，实为党的十一届三中全会后教育出版界对外开放、面向世界的先河，也是我国新时期比较教育学的滥觞之一。

“九五”期间，人民教育出版社又策划编辑出版了一套《比较教育丛书》(共十册)，由中国教育学会比较教育研究会理事长顾明远教授亲自担任总主编。丛书系统总结了20世纪80年代以来中外教育改革与发展的新经验，对于推动我国的教育改革与发展、促进我国比较教育学科建设起到了积极作用；同时它向世界展示了中国比较教育界的研究成果，扩大了我国教育发展经验的国际影响。丛书出版后在社会上得到了普遍好评，荣获第一届全国优秀教育图书奖，其中的若干本还同时获得了由不同主办单位颁发的省部级奖和其他奖，圆满地实现了编辑出版的预定目标。

“十五”期间，《比较教育丛书》续编为《比较教育书系》，它分为两个既相互联系又相互独立的系列：《比较教育论丛》和《比较教育译丛》。《比较教育论丛》是由我国的专家学者们撰写的比较教育专著。《比较教育译丛》则精选了国外著名专家撰写的在国际上有影响的著作，作者都是在国际上享有盛誉的学者，有的还是比较教育发展史上的一代宗师，他们的著作是每个从事教育科学工作尤其是从事比较教育研究的人士必读的。相信读者通过研究与鉴别，能从中汲取有益的学术营养。

比较教育是教育科学的重要分支学科，也是一个研究领域，要比一门学科领域大得多；它同时还是一个国际教育论坛，它的对象是教育的整个领域。由于它兼有研究领域和国际教育论坛的特点，所以承担着不同于其他任何学科的独特的任务。可以说，比较教育研究的触角伸向教育学科的各个领域和分支，它的研究范围是非常广阔的。比较教育又是一门最贴近现实的学科，最能体现时代的气息；尤其在教育呈现出国际化趋势的条件下，比较教育研究更是大有可为；在这一领域内还有许多工作可做，故比较教育具有良好的发展前景。因此，我们深感有必要把编辑出版比较教育相关著作的工作在“十一五”期间继续下去，拓宽比较教育研究的领域，加大研究的深度和力度。

《比较教育文库》已获准列为“十一五”国家重点图书出版规划项目。我社继续特聘中国教育学会会长、著名比较教育专家顾明远教授担任丛书总主编。这套丛书内容涉及宏观的教育研究、教育改革的专题研究、教育理论和教育思想的研究，以及比较教育学科本身的理论研究等方面。

《比较教育文库》是人民教育出版社在“十一五”期间奉献给我国教育工作者的一份礼物。谨向各位作者和一切关心、支持这套丛书的同志们，致以衷心的感谢。《比较教育文库》中或有不足和缺点，欢迎广大读者批评指正。

人民教育出版社

2009年1月18日

序

教育督导与评价是教育质量的保障。国外在实施普及义务教育之初就开始建立了教育督导制度。我国在 1949 年以前也有教育督导制度，各地教育局都设有督学。中华人民共和国成立以后废除了教育督导制度，直到 20 世纪 80 年代后期，即在 1985 年《中共中央关于教育体制改革的决定》提出普及九年义务教育以后才重新建立教育督导制度。可见，无论在国外还是国内，教育督导制度都是伴随着普及义务教育而产生的。

义务教育有两方面的义务：一方面，政府有义务提供教育服务，保证每个儿童在义务教育年龄阶段有学上；另一方面，儿童家长或监护人有义务送儿童上学。教育督导制度的建立主要是保证每个学龄儿童能够入学，同时监督学校的教育质量。所以教育督导机构主要设在教育部门。

虽然各国的教育制度不同，但都很重视教育督导制度，不同国家教育督导制度呈现出不同的特点，有的国家赋予教育督导很大的权力，有的国家赋予教育督导的权力有限。

例如，英国有国家教育标准局，设在教育部内。全国有500多名皇家督学，平均每1 000名左右中小学教师配备一名督学。督学的任务是检查学校使用经费情况，视导学校管理、课程、教学等情况，指导教师培训等。法国的督学权力很大，督学相当于一级教育行政，中央有国家督学，省一级有省督学，学区有学区督学。1998年，我曾经访问过法国一个学区，这个学区就是由一名督学负责，她管理学区内17所小学、24所学前教育机构，共373名教师。督学的职责是帮助这些教育机构和教师提高教育质量，评估教师的工作。

我国在20世纪80年代后期在国家教委（今教育部）成立督导司，后改为教育督导团办公室，设国家教育督导团，由一位副部长兼任总督学，并有几十名国家督学。各地方政府都设有教育督导室，一般设在教育部门。我国的教育督导任务很重，实施九年义务教育30多年来，主要是“督政”，即督察各地政府义务教育经费投入是否到位。但是教育督导团并没有督政的权力，所以往往只能陪同各级人大常委会委员下去督政。当然督学有时也有专项监督任务，如义务教育验收、德育验收等。2012年8月，国务院教育督导委员会成立。2016年2月，教育部教育督导团办公室更名为教育督导局，加挂国务院教育督导委员会办公室的牌子。

我国建立教育督导制度较晚。20世纪80年代后期建立教育督导制度之初，我曾经参与此项工作。当时我任北京师范大学副校长兼教育管理学院院长。教育管理学院连续举办六期督学培训班，当时还为培训班编写了《外国教育督导》（人民教育出版社1993年第一版，2002年修订版为第二版）一书，所以对我国教育督导工作有所了解。我感到，我们非常需要了解外国教育督导制度的经验，同时我们又有自己的国情，所以需要结合我国的国情，建立和完善我国的教育督导制度。

王璐是北京师范大学国际与比较教育研究院的教授，从20世纪90年代初就开始研究教育评估与督导问题。她曾留学英国多年，对英国的督学制度有特别深入的研究。我主编的《外国教育督导》中“英国教育督导制度”一章就是出于她之手。20多年来她一直研究外国教育督导制度，又有许多心得体会。现在由她任主编的这部《教育督导与评价制度比较研究》就要出版了，可喜可贺。该书分析、总结了多国和我国香港、台湾地区教育督导制度的发展历史、职能、政策、经验和问题，资料非常翔实，论述非常深入，内容非常丰富。相信该书的出版对于我国教育督导制度的完善和督学工作的推进会有所帮助。

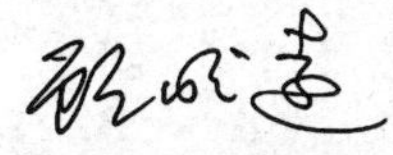

2018年5月20日于北京师范大学

（顾明远先生系中国教育学会名誉会长、北京师范大学资深教授、我国当代著名教育家）

目录

第一章
英国教育督导与评价[①]制度

第一节 英国教育督导制度的历史沿革

英国教育督导制度历史悠久，几乎与国家教育行政机构同时诞生。1839 年，英国在建立第一个中央教育行政管理机构——枢密院教育委员会时就建立了教育督导制度。可以说，向教会和慈善团体兴办的初等学校提供补助是英国对初等教育进行国家干预的主要手段，而教育督导制度则是实施这种干预的主要机制。英国教育督导制度是从女王督学团的建立开始的。根据教育发展史上的重大转折点和督导制度本身发展历程的特点，我们将英国教育督导制度的历史发展分为四个阶段：19 世纪 30 年代至 19 世纪末，19 世纪末至第二次世界大战（以下简称二战）前，二战结束至 20 世纪 80 年代，20 世纪 90 年代至今。

① 在本书中，“教育督导”与“教育视导”、“教育评价”与“教育评估”等在不同国家和地区的文件和材料中同时使用，意义相同或相近。以下不再作注。

一、女王督学团的产生：19 世纪 30 年代至 19 世纪末

（一）教育督导制度产生的背景

19 世纪末，英国处于一种私人或宗教团体兴办教育的局面，许多慈善学校由公众认捐建立起来。尽管教会和民间组织在平民初等教育方面发挥了重要作用，但是就英国普及初等义务教育的整体状况而言还是不能令人满意的。面对这一情况，要求政府承担教育发展责任的呼声不断。1833 年，议会议员约翰·罗巴克（John Roebuck）受普鲁士和法国教育发展的启发，建议议会考虑"建立全国教育体制的途径"。虽然他的建议没有被通过，但是对于向贫民提供一定教育的建议，得到下院的广泛支持。下院以 50 票赞成、26 票反对最终通过了第一笔为数 2 万英镑的教育拨款，"用于英国对建立学校校舍以及对贫民阶层子女的教育私人赞助的补助"。尽管这项拨款极其有限，但它却是政府干预教育的开端。

起初，政府的教育拨款分别提供给"全国贫民教育促进会"（National Society for Promoting the Education of the Poor）及"不列颠和海外教育社"。由于这两个团体代表财政部审查资助申请项目，但并不承担对接受资助学校的监督责任，加上财政部也很少插手教育拨款的实际使用情况，因此，中央政府于 1839 年成立了一个负责初等教育领域工作的特殊机构——枢密院教育委员会。枢密院教育委员会的设立，标志着英国第一个中央教育行政管理机构的诞生。但它还不是真正意义上的国家教育行政管理机构。它主要与国家补助政策相关，而对于学校的开办、课程的开设以及师资的建设等则不予过问。它的职责是对一切旨在促进公立教育的年度拨款实行监控（superintending），并有权视察一切接受公款补助的学校。

（二）教育督导制度的产生及初步发展

给予年度补助的政策实行几年后，两个基本的问题就更加明显地暴露出来：这些补助不足以满足全国的需求；在没有任何议会监督和控制的情况下，给予两个团体越来越多的经费补助似乎不够合理。枢密院教育委员会的第一任主席凯·沙特尔·沃思（Kay Shuttle Worth）博士起草了一份备忘录，建议任命督学对接

受补助的学校进行检查，并且根据视导情况对这些学校给予一些资助。于是，英国以女王的名义在1839年12月首次任命了两名督学艾伦（R. J. Allen）和特雷明希尔（H. S. Tremenheere），这标志着英国教育督导的开端。后来督学人员逐渐增加，就形成了女王督学团。

由于在议会内外有许多人担心教育和其他"私人"事务受到政府的控制，于是达成了一个共识：女王督学团形成一个传统，其成员不仅仅是政府官员，同时也应该被看作自治的、向学校提供专家顾问的专业人员，他们的意见不应该为政治家或国家公务员所误用。因此，从一开始，教育督导制度的建立就十分重视督学与被督导学校之间的关系。督学要尊重办学者，学校委员会和当地的宗教人士将督导的过程和结果传达给学校各个方面。这一传统对教育督导制度的发展产生了重要影响。

首任督学的职责和任务与监督政府对初等教育的拨款密切相关，但同时政府赋予督学更加广泛的职责。例如，了解学校的情况，为政府的决策提供咨询。1840年颁布的"学校督学的指示"将督学的职责划分为以下三个方面：第一，对修建学校和支持学校其他方面补助的申请进行调查；第二，对那些得到补助的学校进行调查；第三，通过对特定学校的调查，了解整个初等教育的状况，为决策提供咨询。① 从这些职责中我们可以看出，督学以检查政府的教育补助为由，开始渗透到学校教育内部的各个方面，在确保每个学校的经费得到合理使用的同时，获得学校有关纪律、管理和教学方法方面的准确信息。因此，督学的职责具有综合性的特点。同时，督学的职责也不仅仅停留在检查和获取信息上，而且要提出学校在管理、纪律以及教学方面的改进意见。另外，政府还赋予督学为决策提供咨询的职能，不仅要了解某个学校的具体情况，同时还要对一个地区总体教育乃至整个不列颠初等学校的状况做出判断。

---

① Stuart Maclure. *Educational Documents, England and Wales 1816 to the Present Day*: *Instructions to Inspectors*. London: Methuen. 1840, pp. 48-50.

随着初等教育的发展，1839 年任命的两名督学已经不能满足需求，督学人数开始逐渐增多。在 1839—1870 年担任督学的 92 人中，有 80 人毕业于牛津大学和剑桥大学，5 人上过其他大学。可见，督学一开始就具有很高的地位和质量，但是这一时期还没有强调督学的教学经验。当时的督学没有一个人曾经在初等学校任过教，大多数则在宗教领域、大学和法律界任过职，只有不到三分之一的人在慈善学校和私立学校从事过教学工作。

早期督学的工作范围仅限于督导特定教派的教会学校，随着公立初等教育的发展和学区的划分，《1870 年初等教育法》颁布后，督学的范围扩大到所有的初等学校。到 1871 年女王督学团已初具规模，全国分为八大区域（division），每个区域由一名高级督学负责，每个区域划分为 8 至 10 个地区（district）。这一时期，督学团包括 8 名高级督学、82 名地区督学和 76 名助理督学。此外，随着“小先生制”的引进和科学、技术、手工艺教育的发展，教师培训、职业教育和继续教育也成为督学的工作范围。

二、女王督学团的扩展：19 世纪末至二战前

（一）中等教育督导的开端

与初等教育的情况相似，在建立国民中等教育之前，英国的中等教育主要由教会、私人团体兴办。中等教育虽然形式多样，但缺乏协调与统一，管理也比较混乱，发展状况滞后。19 世纪后期随着国民初等教育的发展，发展国民中等教育的呼声越来越高，政府于 1864 年成立汤顿学校调查委员会调查学校教育状况。虽然 19 世纪国家对教育的参与是一个进步，然而这种参与是渗透性和随机行事的，结果在教育领域出现了各行其是并且缺乏协调的管理机构。这种情况在《1902 年教育法》颁布后，有了较为彻底的改善。它结束了教育管理上的混乱局面，建立了比较统一的教育行政管理结构，特别是在地方一级以 318 个地方教育当局取代了 2 500 个学校委员会和 1 万多个民办学校及其他类型的委员会，形成了中央和地方教育管理结构。

《1902年教育法》是英国教育史上具有里程碑意义的法律，对教育督导制度产生了重要影响，使教育督导制度在组织结构上更加完善。女王督学团与中央教育管理机构设置相吻合，针对初等教育、中等教育和技术教育下设三个部门，各部门由一位主任督学负责。此外，一个负责教师培训与艺术教育的附属部门也由一位主任督学负责。地方教育管理的统一和地方教育当局的建立，也需要中央教育督导机构更好地覆盖全国各地区的学校。英国在对国家教育管理机构以及教育督导机构进行改组，建立三个部门的同时，将全国划分为九个地区以及一个单独负责威尔士和苏格兰地区的部门。公共教育体系和管理体系的建立和扩大，使得督学的职能也在扩大和加强，女王督学团的工作性质已经不单纯是议会财政方面的监督者与标准的督察者，而更接近于成为中央政权的“耳目”。随着地方教育当局的建立，各郡、市教育局也逐步设立了视导处，负责本地区的教育督导工作，形成了由中央和地方两级督导机构构成的近代教育督导制度。

《1902年教育法》的另一个重要影响是为教育督导正式向中等教育领域延伸与发展提供了可能和条件。《1902年教育法》大力倡导地方教育局兴办公立教育，新的地方教育当局可以用地方税来发展中等教育，一些高年级初等学校被改为中等学校，并且一大批新的中等学校建立起来了。对中等学校的督导成为女王督学团的重要职责之一。

1904年教育委员会颁布了《中等教育条例》，新改组的女王督学团设立中等教育督学处，负责对中等学校的督导。

此外，这一时期中等教育督导工作的一个显著特点是提出和采用了一种新的理念“全面督导”，此种督导方式是将学校作为一个整体来督导。中学的督导方法也有所创新，产生了“全面督导”。其做法是，若干名督学组成督导小组，花几天时间全面了解一所学校的管理、教学和校园生活情况。督导小组由一名组长负责，并完成最后的督导报告。在接受全面督导之前，学校要提供有关教师、教学、课程等方面的详细情况，最后产生的督导报告要送到学校董事会和地方教育当局。这样不仅专家可以指导教师，而且可以对学校做出整体判断。有关办学经费及学校管理方面的问题要与学校董事会的代表进行讨论，因此在某种程度上，地方教育当局以及学校教师也在督学的监督之下。特别是在《1918 年教育法》颁布后，地方教育当局对地方所有教育活动都负有责任，督学的工作范围随之扩大。除了全面督导外，督学还深入到课程领域进行专门督导，并对课程的发展产生了影响。

（二）督学与职业技术教育、成人教育、特殊教育

与此同时，女王督学团在职业技术教育和成人教育方面的督导范围也在扩大。女王督学团内的技术教育处不仅延续了南肯辛顿（South Kensington）督学的工作，而且工作范围覆盖了夜间继续教育学校、各类技术教育学院。女王督学团还对工人教育协会和其他组织所举办的迅速扩大的政治班、经济班和扫盲班进行了督导。

这一时期，在女王督学团内部的发展中不能不提及的是其在特殊教育领域的工作。《1893 年初等教育法》要求地方教育当局负责管理盲童与聋哑儿童学校。《1899 年初等教育法》允许地方教育局扩大特殊教育学校服务的范围。这两大创新带来了 20 世纪的两大进展：第一个进展是医疗、学校健康和福利的变化，后来学校保健服务与女王督学团相分离，归教育署医疗处所管，具有了自己的部门和一名主任；第二个进展与特殊教育或有特殊需求的儿童有关。

三、起伏与变革：二战结束至 20 世纪 80 年代

（一）起伏

从二战结束到 1960 年，被称为英国教育上的“乐观和共识”的时期，教育上的投入有好的回报，在国家层面上有很强的动力建立更多高质量的学校。在这样的情况下，女王督学团保持低调是很自然的。而这种低调不可避免地导致了人们对该机构持续重要性甚至持续存在的疑问。

1956年，政府感到有必要成立一个工作小组对女王督学团的作用给予评估。评估对女王督学团的工作乃至存在的必要性产生了质疑。但议会委员会的报告也暗含着对教育部的批评，认为教育部没有有效地利用女王督学团的专业知识和能力，只有高级主任督学在公务员的等级中提升到副部长的级别时才能有效地发挥其权威性。

20世纪70年代早期，英国发生了一些重振女王督学团的重要变化，这些变化极大地改变了女王督学团的作用，特别是在该机构与教科部的关系上。1970年，计划处被计划组织处所取代，并且引入了新的项目分析和研究体制。新体制的一个重要部分便是政策领导委员会。新体制的一个重要特点是高级主任督学（这时已经升格为副大臣级别），成为这一指导教育政策计划的关键委员会成员。政策领导委员会下设第一政策处（负责高等教育、继续教育和成人教育）和第二政策处（负责中小学与16—19岁教育），这两个政策处分别包含相应的主任督学作为其成员，它们又分别下设更专业的小组，自然也就将相关高级督学纳入其中。

1977年，女王督学团发布了一份关于课程的重要文件——《11—16岁课程》（有时被称为“红皮书”），开始提出一项不是基于学科而是基于“经验领域”的课程计划。红皮书对14—16岁年龄组的课程的不平衡性提出批评，并倡导实行11—16岁的共同课程。1977年以后，女王督学团越来越积极地参与到有关课程方面的决策中。女王督学团中的课程小组对《11—16岁课程》这一报告进行了后续性研究，与五个地方教育当局合作，对经验领域模式进行了探讨并在一些学校进行了试验。1985年，女王督学团开始发布一个新的系列出版物，称为《课程问题》，涉及11—16岁的整体课程。这一系列出版物在学校重新考察自身的课程计划过程中产生了很大的影响。

在20世纪70年代，女王督学团开始不再仅仅将学校报告作为个别的报告，写完之后就存档，而是将它们系统地集结起来作为调查报告的基础，成为具有影响力的政策文献。1983年，教科部做出了这样的决定：女王督学团的所有报告（除了对大学教育系的报告）都应该公开出版。与此同时，女王督学团自身也受到了最详细的评估。

在二战后的40年里，女王督学团的意义和地位在20世纪60年代处于最低点，之后通过适应20世纪70和80年代的教育环境的变化，女王督学团不仅克服了这一困难，而且提升了自己的整体地位。

（二）进一步发展

从20世纪60年代末到80年代初，女王督学团对普通教育质量展开了全面的专题调查，出版了各种教育专题督导报告。70年代后期，女王督学团开始对地方教育局进行督导，主要检查了六个方面的情况：①地方整个教育结构的协调发展；②各级各类教育，包括初等教育、中等教育、中等后教育和教师培训的基本情况和质量；③课程的宽广度、深度、平衡性、连续性等；④选修课的情况；⑤各级学校间的衔接和联系；⑥职业指导与职业教育。以上督导结果分别对以下问题提出了尖锐的批评：①许多教学活动内容的水平低于学生的能力；②教师缺乏系统的计划；③在一个地区，学校与学校之间的课程要求不一致，全国差异更大；④课程选择的自由度太大，没有一个基本要求，造成许多男生在16岁之前放弃学习现代外语，许多女生放弃理科。

教育专题督导报告引起了政府的重视。从1976年到20世纪80年代，英国开展了普通教育大讨论，讨论的中心就是要制定全国5—16岁课程的统一要求。在这一过程中，督学撰写了11—16岁课程整体构想以及各学科的系列文献。经过十年大讨论，政府在许多方面采纳了督学的意见，提出了全国统一的课程计划以及与之相配套的系统的成绩评定和考试制度，并决定自1989年9月起开始实施。

此外，督学也继续参与师范教育的发展。为了进一步解决师范学院与大学的关系问题，1942年英国成立了麦克奈尔委员会（McNair Committee）。督学参加了该委员会，并根据调查指出，师范学院条件差，不受重视，只有通过与大学建立密切的关系，才能提高师范学院的地位。最后政府接受了委员会的方案，即大学建立教育学院，使当地师范学院附属于教育学院。1945—1960年，这一政策得到普遍推行，督学参加了地方和中央两级协调组织。20世纪70年代，改进师范教育成为教育改革的重要内容，督学加强了对职前师范教育的监督。1982年出版了督导报告《学校中的教师》，报告提出25%的新教师缺乏某些在职前学习中就应掌握的技能。教科部部长根据这一报告指出，提高教育质量的关键是提高职前师范教育课程的标准。为此，1984年建立了“师范教育认可委员会”，师范教育的所有课程必须经由该委员会审批。师范教育主任督学和高级督学参加了该委员会。更重要的是，在申请认可前，学院必须接受督学的访问，访问报告即是委员会认可的重要依据。

另外，督学也继续参与中等后教育的督导。《1944年教育法》颁布后，中等后教育体制开始出现，相应的管理权划归地方教育局。但地方教育局须将计划上交教科部。督学作为二者的桥梁，既为中央也为地方提供建议和帮助。1945年，英国建立了10个地区委员会，领导和协调各区的中等后教育课程。每个区指定一名督学参加，负责审批中等后教育的每门课程。1963年，《罗宾斯报告》提出在中等后教育机构中扩大学位课程。为了批准这些学位课程，英国成立了“全国学术授予委员会”(Council National Academic Awards)，督学参加该委员会的课程审批工作。20世纪70年代到80年代初，教科部与女王督学团主要进行了中等后教育的课程改革，提出了一系列的报告，如《选择的基础》《职业的准备》《促进课程改革》，并开始实行17岁职前教育证书考试。

从这段历史情况看来，二战后英国教育改革频繁，督学紧密配合教科部的工作，及时了解情况，提出了许多建设性建议，保证了各项改革的顺利进行。另外，随着中央对教育统一管理的加强，督学的作用愈加明显，督学工作成为教科部决策的重要基础。

四、以教育标准局取代女王督学团：20世纪90年代至今

《1988年教育改革法》导致了英国普通教育领域的一系列重大变化，对教育督导制度提出了新的要求。

第一，《1988年教育改革法》宣布实施全国统一课程计划，在新的统一课程大纲实施后，督学必须按照统一课程所提出的标准对中小学进行督导。因此，女王督学团实行大改组后更名为教育标准局，目的是适应普通教育改革的需要，加强对国家课程实施的监督与评价。另外，国家课程也为地方和学校督导大纲的制定奠定了基础，使之有了政策法令依据。

第二，20世纪80年代末英国基础教育改革的基本思路是统一与分散相结合，即在专业上实行统一，为此颁布了国家课程计划，而在管理体制上则实行权力分散。地方教育当局的职能由过去的直接管理学校转变到规划与政策、提供指导和帮助以及教师在职培训的组织上。与之相适应，督导体制也按此方向进行改革。在专业上，制定统一的督导大纲作为每位督学所应遵循的指南。在运行机制上，过去是由女王督学团和地方教育督导机构负责对学校进行督导，改革后督导的经费与实施权直接下放到注册督导领导的督学小组，教育标准局只负责全国督导工作的宏观管理、协调和监督，以及有关教育督导的政策、规划和标准的制定。

第三，20世纪90年代初梅杰政府分别颁布了“家长宪章”和“公民宪章”。“家长宪章”强调，为了更有效地行使选择学校的权利，家长需要有关学校更客观、更系统、更准确的信息。“公民宪章”特别指出：“公民有权对公共事业的服务提出要求，要求它们出版明确的标准，减少隐蔽性，以通俗的语言提供全面的信息；对公共事业有实际选择的权利，并对顾客的要求做出反应。”显然，督导制度自我封闭的状态已不能适应新形势的要求，增加督导的公开性就成为此次改革的一个重要内容。

随着《1992年（学校）教育法》的颁布，督导体制的改革随之展开。首先，成立了非政府职能部门的、独立于教育就业部的教育标准局，以取代原来的女王督学团。从名称上可以看出，督

导工作将紧紧地围绕着提高教育标准和质量而展开，这是与“国家课程”的实行紧密相关的。教育标准局由新任命的女王主任督学领导，负责监督和协调全国的督导工作。除在伦敦设总部外，教育标准局在全国设 12 个分部，比原来女王督学团的 7 个分部增加了 5 个，目的是为了扩大督导的覆盖面，保证在 4 年内完成对所有中小学督导一次的目标。在教育标准局的 500 多名工作人员中，保留了原来的 200 多名女王督学。教育标准局不同于原来女王督学团的关键在于，它的主要任务是制定评价标准、有关政策和计划，监督督导工作质量，并不直接参与学校督导工作的组织、管理与实施。

除此之外，《1992 年（学校）教育法》还从以下几个方面根本改变了教育督导制度：从抽样督导改为每校必督；引进竞争机制，提高督导效率；督导的范围扩大；增加督导的公开性和透明度；首次制定内容详尽、具体的督导大纲；明确规定督导之后学校提出行动的计划；对问题较为严重的学校给予特别关注。

第二节　英国教育督导机构的设置与职能

英国教育管理体制分为中央和地方两级，《1944 年教育法》奠定了中央和地方在教育管理中的伙伴关系。但是《1988 年教育改革法》改变了这一格局，中央对教育管理的掌控和权限加大，特别是在课程领域，而随着学校自主权的扩大，地方教育局的管理职能亦有所改变。

目前，英国的中央教育行政管理机构为教育部（Department for Education），它的前身是儿童、学校和家庭部（Department for Children，Schools and Family）。教育部的主要职能是制定有关学前教育、基础教育、继续和职业教育以及教师教育方面的政策。

英国政府在 2007 年还成立了另一个中央教育行政管理机构——创新、大学与技能部，负责管理继续教育、高等教育、科学研究等事务，力求英国在科学研究和技术创新等方面在世界上居于领先地位，同时确保英国在全球经济竞争中拥有具备足够技能的劳动力。2009 年 6 月，创新、大学与技能部同商务、企业和管理改革部合并，成立商务、创新与技能部，统管继续教育和高等教育、创新、科学和技术、知识产权等事务。

与教育行政管理体制相适应，英国教育督导制度也分为中央和地方两级，中央一级的督导机构为教育标准局（全名为教育、儿童服务和技能标准局，Office for Standards in Education, Children's Services and Skills，简称 Ofsted），而地方教育督导机构设立在地方教育局内，一般称为视导处。

一、中央一级：教育标准局

目前英国行使国家教育质量监测职能的关键机构——教育标准局设在教育部内，直接向议会负责，而不是对教育行政部门负责，保证了督导活动的独立性和中立性。它在级别上为准部级机构，其主要负责人——英国女王总督学为副部长级，从而保证督导工作具有较高的政府权威性。

根据《2006 年教育与督导法》（Education and Inspections Act 2006），教育、儿童服务和技能标准局（Ofsted）于 2007 年 4 月 1 日成立，是向议会负责的非部级的政府机构，其前身是成立于 1992 年的教育标准局。该局负责督导和管理儿童保育和儿童的社会照顾，并督导地方当局的儿童服务、学校、学院、教师培训、儿童和家庭法院咨询支持服务、成人教育等。① 教育标准局通过督导、评价和问责向决策者提供关于全国教育质量和达到标准的情况，为决策者提供依据，为家长提供学校质量的客观公正的信息，促进教育提供者提高教育质量，监测其发展和进步，与其分享好的实践经验。教育标准局的宗旨是更好的结果、更好的督导与规范、更好的公共参与和更好的工作方式，其价值理念是将儿童和

① Office for Standards in Education. *Children's Services and Skills Departmental Report 2008-2009*. Norwich：The Stationery Office，2009，p. 4.

学习者放在首位、达成卓越、客观公正和尊重差异。

（一）机构设置与职责范围

教育标准局的总负责人为女王总督学。总督学全面负责教育标准局的组织、管理与人事安排和财务，负责总体把握教育标准局督导工作的质量与规范，负责英格兰地区教育质量、儿童服务和技能培训方面年度报告的形成，有责任保证所有分配给教育标准局的资源都得到合理使用，并保证经费使用的最大效益化。

教育标准局设12名主任来支持女王总督学的工作，他们构成了教育标准局的执行委员会，负责确立战略重点、目标和任务，他们分别是：

（1）总执行主任，负责督导和改进工作的组织与提供；

（2）机构服务主任，负责保证机构职能的正常行使和机构的运行，包括数据和信息服务、资产和商业服务、财务和信息服务团队的管理；

（3）继续教育和技能主任，他所领导的团队负责为该领域的督学、在继续教育和技能培训机构的工作人员与使用者制定相关政策与指南，这些继续教育和技能培训机构包括学院、以工作为基础的学习提供者和师徒制提供者，他还兼管中西部的工作；

（4）早期教育和儿童看护主任，负责开发早期儿童健康和儿童中心的督导框架，同时兼任东北部地区主任；

（5）职前教师教育主任，兼任东部主任；

（6）地方教育局督导主任，兼任中东部主任；

（7）学校督导主任，负责通过制定督导政策和框架领导学校改进的工作；

（8）社会监护主任，负责儿童社会监护领域的督导和规范工作，兼任伦敦地区主任；

（9）社会监护改进主任，负责设计、形成和评价教育标准局针对被督导评估为不合格的地方教育当局的改进策略；

（10）独立学校主任，兼任西南部主任；

（11）西北部主任；

（12）东南部主任。

从以上资料可以看出，教育标准局的机构设置有以下几个重要特点。第一，与教育事业门类相匹配，与教育行政机构内部分工相对应，在部门划分上体现出专业性。第二，按地区划分责任区，划分为东南部、西南部、西北部、伦敦地区、中东部、东部、东北部、中西部。地区主任所领导的团队包括高级督学和督学，负责所分管地区督导工作的质量并通过督导促进教育提供者的改进。地区主任督学直接向总督学负责。第三，重视后勤保障工作。督导工作的特点之一是信息处理的工作量很大，为此，教育标准局专门设立了机构服务部门，其中重要的工作之一就是信息和数据处理。

从以上机构设置还可以看出，教育标准局的职责范围是很广泛的，涉及学前教育、中小学教育、职业教育、继续教育、教师教育、地方教育当局以及一些社会性福利和教养机构。有关资料显示，英国教育督导制度主要负责对英格兰地区教育机构教育服务质量的督导与规范，所涉及的教育与培训机构包括以下几个方面。①早期看护、保育与学前教育：儿童保育人员和机构，家庭内保育，家庭以外的保育。②儿童福利机构：收养和抚养机构。③所有公立中小学。④一些独立学校。⑤学生教养机构。⑥儿童和家庭法律咨询机构。⑦地方政府儿童和青少年服务的质量与结果。⑧继续教育机构。⑨职前教师教育机构。⑩公立性质的成人技能与就业培训机构。⑪监狱中的学习、缓刑机构。

由此看来，教育标准局的工作与千百万人民的日常生活息息相关，至少三分之一的英国人口是上述教育、儿童服务和机能培训机构的使用者。

（二）教育标准局的职能

在20世纪70—80年代，女王督学团的主要职责与作用包括：①向国务大臣报告教育制度状况，即在大量抽样督导的基础上，根据自己的独立判断，就全国教育体制的状况、教育水准和发展趋势做出评价，向中央教育部门和其他部门的决策提供信息反馈、专家建议；②发现、总结和推广好的经验，出版这方面的书籍；③参与决策与咨询；④负责在职师范教育和继续教育领域课程资格的审查与鉴定；⑤组织与协调中央和地方教师在职培训工作。

在这些职能中，核心职能是评价、监督与反馈以及向决策者提供建议。而对于教育督导与评价的另外一项重要职能，即促进学校的发展与改进，当时主要是通过要求督学充分发挥自身的专业优势，总结和推广好的经验，开展教师与校长培训来实现督导的发展与改进作用。发展与改进的要求还没有明确体现在对每所学校的督导安排与要求中。

英国根据《1992 年（学校）教育法》设立教育标准局以后，教育标准局在延续女王督学团的核心职能，即评价、监督、反馈与建议的同时，也发生了一些变化，可以概括为以下几个方面。

（1）在评价、监督、反馈和提供建议方面，过去只是强调向政府提供信息，新的规定增加了向社会和家长提供信息的职能。

（2）督导的问责功能更加明确，在评价学校的质量和水准方面内容更加明确与具体。1992 年以来，问责的内容包括：①英格兰的学校教育质量；②这些学校已达到的教育标准；③拨给学校的财政资源是否得到有效管理；④学校学生在校精神、道德、社会和文化方面的发展状况。

（3）彰显督导的改进与发展功能。2003 年修订的《学校督导大纲》进一步指出："督学必须告诉学校哪些方面做得好，哪些方面需要改进。督学还要看到自前一次督导以来，学校是否得到改进，督导小组的发现提供了对学校问责方面的衡量信息，这些信息必须有助于学校的改进。"

《2006 年教育与督导法案》也就是新的教育标准局建立的依据，凸显了督导促进改进与发展、提高效率，要以学校教育及教育活动的使用者和受益者为核心的原则。该法案第八部分规定了总督学的总职责是向国务大臣报告如下信息。

（1）在总督学的职责范围内报告相关活动的质量，以及这些活动的受益方所达到的标准。

（2）这些活动的质量以及活动受益方所达到标准的改进情况。

（3）这些活动作为以用户为中心活动所实施的程度。

（4）在实施这些活动与服务时对资源的有效运用情况。

（三）运行机制

《1988年教育改革法》的颁布是英国教育管理体制发展的转折点，它改变了教育体制的基本权力结构，大大增强了中央政府的教育领导权限，加强了中央政府对课程的管理和控制。同时，扩大了学校的办学自主权，地方教育局从对学校的直接管理更多地转变为规划、协调、支持和评价。与之相适应，督导体制也按此方向进行改革。在专业上制定统一的督导大纲，作为督学的行动指南。但在运行机制中，过去是由女王督学团和地方教育督导机构对学校实施督导，在改革后的英国教育督导体制下，全国教育督导制度的领导机构为教育标准局，而实际督导的组织、管理与实施则是由教育标准局委托给了中介机构。这些中介机构具有专业性和商业性特质，它们负责督学的聘用、管理、培训，以及督导的组织和实施。

教育督导中介机构是在商业性基础上与教育标准局共同工作的外部机构，教育督导机构根据教育标准局所达成的方案来安排教育督导。准市场化与竞争机制主要体现在以下几个方面。

（1）投标。教育督导任务的分配模式由原来自上而下的下达模式改变为自下而上的投标模式。由督学小组提出学校督导方案，向教育标准局投标，竞争学校督导的项目权。教育标准局实行公开招标，根据各督学小组所提出督导方案的可行性和质量进行选择。中标后，督学小组与教育标准局签订合同，获得评估经费。

（2）督学聘任关系。注册督学与教育标准局是合同关系，而不是像过去那样的隶属关系。符合注册条件者，可向总督学提出申请；准予注册后，注册的有效期由首席督学决定；如果没有特殊情况发生，注册期满后通常可继续注册。对任何由于健康状况、工作能力或工作态度不佳而未能有效地开展督导工作的注册督导，首席督学有权取消其注册。

(3) 督学小组的性质。注册督学根据教育督导对象与教育督导任务的性质组织督学小组，注册督学拥有较大的自主权。

英国政府旨在通过竞争机制提高教育督导工作的活力与效率，促进教育督导工作不断提高质量。私立性的教育督导小组是否能生存下去很大程度上取决于其能否获得更多的教育督导项目，能否中标又取决于教育督导方案的可行性和教育督导工作的质量。

二、地方教育督导制度

地方教育当局（Local Education Authorities，简称 LEAs）是英国的地方教育管理机关，目前英国有 100 多个地方教育当局。教育当局下设教育委员会，由地方议会的议员和一些有教育经验、熟悉本地区教育情况的人员组成。教育委员会再任命学校教育委员会、继续教育委员会等。教育委员会的执行机关是教育局，局长由郡议会任命。

地方教育当局的职责包括：为本地区的学校制订教育发展计划；对学校系统进行监督、评价和指导，并向当地学校传授良好的办学经验以促进教育标准的提高；与学校董事会和校长商议财政计划的修正；有权为所辖的学校董事会任命补充成员；等等。除此之外，学校每年应向地方教育当局递交报告，说明学校的教职工任用、经费安排、师资培训、教育水平的提高等方面的情况。

另外，《1996 年学校督导法》还赋予地方教育当局权力以“督导”本地区的学校，但此类“督导”只是对学校的一种观察，以便了解有关情况，从而为教育决策服务。《2006 年教育与督导法》规定，在教育、儿童服务和技能标准局（现为教育标准局）对一个地区进行督导并公布督导报告后，教育大臣可责令督导报告涉及的地方教育当局准备一份书面声明，阐明根据督导报告拟采取的行动和行动期限，地方教育当局必须依据其指定的方式在规定期限内发表声明，并将声明发送给相关人员。①

英国每个地方教育局都设立视导处，视导处的督学由地方教育局招聘和任命，他们的主要职责是协助地方议会、地方教育委员会和地方教育局把当地每所学校办得更好。因为直接管理学校的权限在地方而不在中央。

英国教育督导制度的中央和地方相对独立的现实，使各自在工作上有所侧重，在分工上相互补充，以充分发挥各自的特点和优势，同时二者又是密切合作的伙伴。教育标准局的督导侧重终结性的评估，而地方视导侧重指导和帮助。每个地方教育局都有一名女王督学与之挂钩，保持经常的联系，使地方随时在政策与实践问题上得到国家督学的帮助和指导。

与教育标准局的督导评价相比，地方督学的工作更侧重以下几方面的职能：①了解情况，提供信息；②在国家督学提供外部评价的同时，地方督学更侧重于帮助学校设计和实施更适合于自己需要和特点的自我评估；③帮助和支持学校改进工作；④协助管理教师，帮助教师更好地成长；⑤在地方和国家改革中发挥重要作用。

国家督学正式督导每所学校都要事先通知地方教育局，并广泛利用地方督学的督导材料和文献。教育督导结束后，地方督学要听取国家督学对督导过程和主要结论的说明。另外，国家督学与地方督学在教师在职培训与教育改革实验方面有着密切的合作关系。这种相互补充与合作的关系使整个教育督导体制更加有效。地方督学的工作是评价全国教育水准的组成部分。国家督学通过正式督导和报告的发布，促进了地方教育局的工作。学校和教师从国家督学的正式督导和评价中，从地方督学督导后的指导和帮助中得到最大的收益。

---

① The Stationery Office. *Education and Inspection Act 2006*. pp. 96-97.

三、教育督导与评价的类型与标准

（一）学校督导

英国的教育督导制度非常重视对学校工作的督导与评价（评估），从建立教育督导制度之日起就将学校工作的督导作为督导的对象和其他一切工作的基础。无论是形成学校性、地方性还是全国性教育质量的评价，都是根据学校督导与评价的结果而得出的。

在各级各类学校督导评价中，最核心的工作还是公立中小学校的督导评价。在女王督学团时期，女王督学一年大约督导 5 000 所小学和大部分中学。1992 年，教育标准局取代女王督学团后，为了监督学校对国家课程的实施，加强问责制，学校督导从抽样督导转变为每校必督导，每所学校从每 6—10 年接受一次督导，变为每 3—4 年接受一次全面督导。在学校督导的程序和方法上更加全面系统，制定了详细的学校督导框架。

学校督导评价将国家相关法律、政策方针、培养目标等具体化为具有行政权威和科学基础的督导评价体系。这对于促进学校工作不断规范化、制度化和科学化管理，帮助学校发现问题与差距，明确改进与发展的方向发挥了重要作用。同时，学校督导评价也是形成对一个地区乃至国家整体教育状况的认知与判断、形成教育发展决策的重要基础。

1. 中小学教育督导评价指标与标准

1992 年之前的女王督学团时代，学校全面督导评价方案的内容主要包括一级指标、二级指标和评价标准（见表 1-1）。① 二级指标是对一级指标的进一步分解。评价标准提出了如何或从哪些方面对每一项二级指标做出评价，是对二级指标的详细说明。

表 1-1　1992 年之前学校全面督导评价指标

一级指标	二级指标
校舍与资源	校舍，布置与展览，资源，图书馆。

① 王璐著：《英国教育督导与评价》，山西教育出版社 1992 年版，第 45—99 页。

续表

一级指标	二级指标
教学组织	灵活性，班组规模，学科教学时间分布，学科的相互交叉，特殊教育的组织。
课程	办学目的与宗旨，课程设置，课程的相互联系，16—19 岁课程平衡问题，多元文化，对后进生的关心，机会平等。
教学大纲与计划	教师对学生的要求，教学大纲，计划的形成。
衔接与联系	幼儿园与接收小学的联系，第六学级与中学阶段的联系，中小学与师范教育的联系。
人员、管理及领导水平	教师专业水平的发挥，教师的使用与调配，小学课程专家与顾问的配备，教研室领导能力，与工商业的联系，教师管理，有关教师的改革与试验，教师发展，领导水平。
学生管理的组织与活动，个性与社会教育	目的，人际关系，班级管理，个别辅导，出勤率，入学引导，家长与社区，早集会，课外活动，个性与社会教育，参与和主动性，忍耐与理解他人，职业教育与指导。
教与学	幼儿教学，课堂教学的组织，具有挑战性的教与学，主动性与责任感，学习技能，课堂教学，语言发展，口头作业，阅读，写作，数学，家庭作业。
考试、评定与记录	考试，评定与记录，有目的的作业批改，初等教育的评定与记录，中等与中等后教育的评定与记录。
特殊教育	普通学校中的特殊教育，特殊教育类型，特殊需求的发现与诊断，特殊教育条件，学习经验，教师之间的关系。

这一时期学校全面评价方案与标准具有以下五个特点。①当时的学校评价指标包含学校的方方面面，注重条件、过程与资源的投入与合理配备。②注重教育提供方面的质量，注重学生的学习质量，通过学生参与教学活动的质量来衡量教育质量。③每项指标的评价标准都包含阐述性文字、评价的主要内容与细节、评价的主要原则。④注重儿童的兴趣与年龄特点。⑤督导结果以报告来呈现，注重对每方面的分析与定性评价，因此全面评价最终

并没有一个总的分数，每项指标也没有权重。

英国成立教育标准局后，于1994年制定了300多页的《学校督导手册》，整个手册共包括九大部分，其中督导手册中的第二部分“学校督导框架”和第四部分“督导标准指南”对学校督导评价的主要内容、指标和标准做了说明。“框架”明确指出了学校督导评价的内容为：①学校的教育质量；②学校所达到的教育标准；③学校对所拨教育经费资源的管理是否有效；④学生在精神、道德、社会和文化方面的发展。① 围绕这四个方面，“框架”规定了对学校进行督导评价的四大指标和相应的评价标准，见表1-2。②

表1-2　1994年中小学教育督导评价指标与标准

指标	评价标准与说明	
1. 水准与质量	（1）成绩水准：评价学生的认知和理解能力以及目前所取得的成绩。	①关键学段1之前（pre-key stage 1）的学习范围；国家课程科目，包括成就目标和国家课程学科学习计划；宗教教育的课程大纲；16岁之前或以后的其他课程考试的成绩和资格证书。 ②学生在听、说、读、写方面的核心技能，在数字和信息技术以及课程总体方面的能力。
	（2）学习质量：在督导期间直接观察大量的课堂情况，评价学生多方面的学习质量。	①在知识、理解力和技能方面取得的进步，包括听、说、读、写及数字工作和信息技术方面取得的进步。 ②学习能力，包括观察力、理解力、交流和表达的能力、提出问题和解决问题的能力、灵活运用知识的能力。 ③学习态度，包括学习动机、兴趣以及专注、合作和有效工作的能力。

①② Ofsted. *Handbook for the Inspection of Schools. Part 2*. 1994, p. 5, pp. 15-35.

续表

<table>
<tr><th>指标</th><th colspan="2">评价标准与说明</th></tr>
<tr><td>2. 学校效能</td><td colspan="2">（1）学校的财政计划和管理水平。
（2）学校在人事安排、学习资源和设施分配上达到学校目标以及与其优先发展权相匹配的效率和效能。
（3）财政控制程序的效能。
（4）学校采取的任何评价其资金利用率的措施。</td></tr>
<tr><td rowspan="3">3. 学生的个人发展和行为</td><td>（1）通过观察学生的行为、与学生交谈评价学生的精神、道德、社会和文化发展。</td><td>①精神发展：学校在多大程度上为学生提供机会，比如，通过文化、音乐、艺术、科学、宗教教育和集体礼拜，反思个体生命和人类的问题。
②道德发展：学校在多大程度上提高了学生明辨是非的道德判断能力，以及学生对他人、真理、正义和财产的尊重意识。
③社会发展：学校在多大程度上培养了学生的社会适应能力、承担责任的能力、首创精神和团队合作的能力。
④文化发展：学校在多大程度上通过宗教、社会、审美和种族教育培养了学生理解自己和其他文化环境的能力。</td></tr>
<tr><td>（2）学生的行为和纪律。</td><td>①学生的态度和行为是否有助于提高成就水平，是否有助于有效的课堂学习，是否有助于提高学校生活质量，是否有助于发挥学校作为有序集体的功能。
②学校的规章制度是否有助于学生形成好的行为，是否有助于提高学校生活质量，是否有助于发挥学校作为一个有序集体的功能，是否有助于自律的发展。</td></tr>
<tr><td>（3）通过检查学校有关出勤政策和其他文件、学校考勤记录以及与学生交谈来评价学生出勤情况。</td><td>①学生的实际出勤情况：对于那些出勤率低于90%的年级或班级，督学应详细调查缺席原因并评价学校为提高出勤率所采取的行动。
②学生准时上课的情况：学校每天和每节课学生的准时上课情况。</td></tr>
</table>

续表

指标	评价标准与说明	
4. 教育质量	（1）教学质量。	①教师对所教课程具有清晰目标的程度。 ②学生对这些目标的理解程度。 ③教师对科目是否有明确要求。 ④课堂内容和教学设计的适宜性。 ⑤教学内容是否促使所有学生都以适当进度取得进步。
	（2）评价、记录和报告。	学校评价、记录和报告能够全面而准确地描述每个学生在实现国家课程的成就目标与其他目标时所取得的成绩。评价工作的过程和结果对教师、家长和学生来说是可操作的、富有建设性的和有帮助的。
	（3）课程。	①课程的内容和范围：学校课程在多大程度上有助于取得更高水平的成就，是否反映了学校的目标，在广泛性和平衡性上是否适应所有学生的水平，是否符合国家课程和宗教教育的要求，课程内容是否满足学生的需求、兴趣和能力，是否为学生的成年生活做准备，是否进行有效的组织，是否加强了课外活动。 ②机会均等：课程是否为所有学生——无论性别、能力、种族和社会背景——的能力发展配备了相应的课程进度，学校是否满足相关法案的要求。
	（4）为具有特殊教育需求学生所提供的教育。	学校教育在多大程度上使有特殊教育需求的学生以合适的进度发展他们的能力，在国家课程、宗教课程以及其他课程教育的广泛性和平衡性上是否适合有特殊教育需求的学生的能力。
	（5）管理与行政。	①学校目标和目的是否促进了学生的学习质量和成绩水平以及精神、道德、社会和文化发展。 ②校董会、校长和教职工是否有效地执行学校目标、小组目标和个人目标并促进学校质量和成就水平。 ③学校计划是否能有效地执行，是否制定了学校可达到的目标。

续表

指标	评价标准与说明	
4. 教育质量		④学校日常的行政管理和组织机构是否有效运行。 ⑤校董会、教职员工、学生和家长之间是否为达成共同的目标而建立了有效的协作关系。 ⑥在校内外是否开展了有效的沟通或建立了良好的公共关系。
	(6) 人事、学习资源和教学设施。	①教师和教辅人员：学校是否拥有合格而有经验的胜任不同课程和教学的教职工，对教职工的招聘、安置、激励制度是否有效，对人员的安排和工作任务的分配是否促进达成学校总体的目标，是否为拓展教职工的知识和技能做出有效的安排。 ②学习资源：学习资源在促进所有学生的学习质量和达到的水平上是充分的、可用的、合格的以及在课程中是否有效利用。 ③教学设施：教学设施是否充分，是否得到有效使用，是否有特殊教育的教学设施，是否与学生的年龄和数量相匹配，是否可用。
	(7) 学生的健康和指导。	学校确保学生幸福、健康和安全程序的有效性，学校有满足学生学业和个人需求的措施以及课程和就业的指导，校董会保证健康教育和性教育措施的有效性。
	(8) 与家长和其他机构的联系。	学校是否积极地与家长、社区、业界和地方当局联系，是否定期向家长汇报学生情况，对学生工作经历安排的有效性如何，学校与其他学校的关系如何，学校利用关系提高成就水平和学校质量的程度如何。

与女王督学团时代的评价标准相比，1994 年的评价方案具有如下特征：①确立了核心理念和核心指标；②与提高基础阶段教育标准的政策目标相联系，评价方案中以学生的成绩作为衡量学校质量的首要目标，特别是根据国家课程的规定，对学生在各学

段知识、技能与态度方面进行评价；③与强化督导的问责功能相联系，评价指标改变了以往重投入与过程的特点；④注重效率与公平之间的平衡；⑤对学生精神道德方面的评价指标更加明确，水平上也提高了一个层次，包括精神发展、道德发展、社会发展和文化发展四个方面，体现了道德和文化重建的教育目标和培养负责任的公民的价值取向。

2007年9月，教育标准局颁布了《每个孩子都重要——英格兰学校督导框架》，框架对学校督导的内容做出了规定（见表1-3）①，指出督学必须报告如下内容：①学校提供的教育质量；②学校教育在多大程度上满足了在校学生的需求；③学校所达到的教育标准；④学校领导和管理的质量，包括经费与资源的使用效率；⑤学生在精神、道德、社会和文化方面的发展；⑥学校在学生的健康发展方面所做出的贡献。

表1-3　2007年中小学教育督导评价指标与标准

核心指标	内涵	标准
1. 总体效能	学校教育和相关服务在满足所有学生需求方面的成效和效率，学校需要何种措施以改善教育质量。	①教育的总体成效包括所有特色教育和延展服务、学校的主要优缺点。 ②进一步改进的能力。 ③自上次督导以来学校改进措施的成效。 ④学校与其他机构合作的成效。 ⑤基础学段的成效。 ⑥中等学段的成效。
2. 成绩和标准	学生在达到挑战性目标，包括资格与学习目标方面所取得的成功，随着	①学生作业的水准。 ②学生相对于他们先前的成绩与潜能所取得的进步。不同学生群体表现出的显著差异。 ③学生喜欢学习与任务的程度。

① Ofsted. *Framework for the Inspection of Schools in England from September 2005*. www.ofsted.gov.uk，pp. 20-22.

续表

核心指标	内涵	标准
2. 成绩和标准	时间的推移学生表现出的兴趣倾向，以及不同学生群体所表现出的显著差异。	④职业技能的获得。 ⑤有助于学生社会与经济能力提高的技能发展情况。 ⑥学生的情感发展、行为、出勤率。 ⑦学生养成安全的行为习惯和健康的生活方式的程度。 ⑧学生在精神、道德、社会和文化方面的发展。 ⑨学生能否对社区做出积极的贡献。
3. 教育质量	教学、培训和学习的成效。	①教学和培训以及资源在促进学生的学习、满足所有学生的需求以及达到课程或研究计划要求方面的成效和程度。 ②在制订计划和监督学生的进步方面，考核的适宜性和严格程度。 ③对于额外学习需求的认定与满足。 ④家长和监护人参与其孩子的学习与发展的程度。
	计划与行动满足学生的需求和兴趣的成效。	①计划或活动在学生先前的成绩与经验的基础上，满足学生需求、志向以及潜能的程度。 ②计划或课程满足外部需求的程度以及对当地情况做出回应的程度。 ③丰富的活动和课外辅导有助于学生的兴趣和成绩提高的程度。 ④教育在多大程度上有利于学生的个人发展和福祉。例如，他们保持安全和健康的能力，以及他们在精神、道德、社会和文化修养方面的发展。
	学生获得指导和支持的成效。	①为了保障学生的福祉、促进个人发展以及达到高标准所提供的看护、忠告、指导和其他支持的成效。 ②向学生提供的有关课程与计划以及生涯规划方面的信息、咨询和指导的质量和可获取性。

续表

核心指标	内涵	标准
4. 领导和管理	在提高学生成绩和支持所有学生方面的成效。	①自评用于学校改进的成效。 ②挑战性的目标用于提高所有学生水准的成效。 ③学校各个层次的领导者和管理者通过高质量的看护、教育和培训领导学校的改进以及促进学生发展方面的成效。 ④为了使所有学生的潜能得到发挥，学校在促进机会均等和消除歧视方面的成效。 ⑤教师队伍的质量如何，包括招聘和遴选教师的程序以及教师在确保学生获得良好的教学和保护方面的成效。 ⑥特殊设备、学习资源以及校舍的满意程度和适宜性。 ⑦为了达到价值最大化，在资源的分配与使用上的有效性与效率。 ⑧为了促进学生的学习和发展，与其他教育机构、服务机构、雇主和其他组织在整合看护、教育和课外活动方面的合作成效，董事会和其他监督委员会行使职责的成效。

与1994年的督导评价指标体系相比，2007年的指标体系有如下不同。

(1) 核心指标及其结构有所变化，两个指标体系的核心指标都包括四个方面，但是内容和排序发生了重要变化。第一，2007年的指标体系将学校的总体效能作为评价的首要指标，学生的成绩和学业标准居于第二位。这体现出两个时期学校教育督导评价的重心有所不同。第二，1994年的指标将学生的学习质量与成绩单独设立为首要指标，与学生社会、道德、文化和行为方面的发展指标割裂开来，而2007年的成绩和标准指标中将学习成绩与社会、道德、文化和行为方面的发展指标整合起来，体现了学生全面发展的理念和对1988年改革一味强调学生学习成绩的倾向的修正。第三，2007年的指标增加了领导与管理这一核心指标，特别强调学校通过自评达到自我改进的能力。

（2）两个指标体系的核心指标都包括四个方面，但是某些指标的内涵和标准发生了重要变化。第一，在学校效能这一核心指标上，1994年的内涵和标准主要强调学校在财务、人事和资源方面的管理和使用效能，而2007年学校总体效能的内涵则强调了学校的教育和相关服务在满足所有学生需求方面的成效和效率，体现了新的基础教育政策以学生的需求为重，学校的质量最终要体现在不同能力、兴趣、文化背景的学生的不同需求得到满足的程度上，学校教育要以“顾客”或“消费者”的利益为重。这一指标第二个内涵是学校以何种措施改善教育质量，体现了新的指标将学校的自我改进能力作为衡量一个学校整体效能的一个重要方面，体现了学校督导评价的发展性功能。第二，成绩和标准这一核心指标除了包含1994年指标中所具有的学习成绩、学生精神、道德、文化、行为方面的指标，还增加了《每个孩子都重要——英格兰学校督导框架》中的有关儿童健康发展的五项指标——学生乐学的程度，职业技能的获得，有助于学生社会与经济能力提高的技能发展情况，学生养成安全的行为习惯和健康的生活方式的程度，学生能否对社区做出积极的贡献。

2. 学校督导原则和模式的最新变化

（1）成比例督导。学校教育督导与评价制度的基本职能可以概括为两个方面：一是通过评价与监督对下级政府与教育行政部门实行问责，二是通过督导评价促进学校发展与改进。英国根据《1992年（学校）教育法》设立教育标准局以后，加强了督导的问责职能，即在评价学校的质量和水准方面内容更加明确和具体，对学校达到国家所规定目标与标准的程度做出判断。同时通过外部督导的权威性促进学校的发展，要求学校必须在外部督导结束后制订行动计划。由于外部督学的权威性、督导的问责性、督导结果的公开性，外部督导给学校带来了一定的压力与焦虑情绪，学校与督导机构之间形成了某种不信任，同时外部督导也给学校工作带来了一定的负担。

2005年以来，英国教育标准局已经完成了对所有中小学第三轮督导评价工作。在此基础上，教育标准局对一些基本问题做出总结和反思。①督导评价的目的何在？是为给学校一个鉴定性的结论还是为学校发展和改进服务？②那些被扣上“失败”帽子的学校因督导变得更好还是更糟？督导是否有助于不同学校之间的均衡发展？③督导是将学校与政府、教师与督学之间的关系变得更融洽、和谐还是变得更紧张、对立？

为了提高督导效能，在新一轮督导改革中，教育标准局提出了成比例督导的理念，即针对学校的状况进行相应的督导，对于大多数状况良好的学校，缩短了督导时间，减少了督导频率，只进行轻触式督导，而对于需要特别关注的学校则进行全面督导。同时，将外部督导更多地建立在学校自我评价的基础上，使学校自我评价在整个督导过程中发挥更大的作用。

（2）强调自我评价。在以往，学校自我评价的目的主要是为外部督导做准备，为督学小组准备相关资料，而在整个督导评价过程中学校始终处于被动状态。为了充分发挥学校自我评价在整个督导评价中的作用，发挥自我评价在学校发展与改进中的作用，教育标准局2009年4月颁布的《每个孩子都重要——学校督导大纲》明确指出：“教育标准局应认识到学校自评的重要性。学校自评是对外部督导进行有力补充的一个动态机制，它对于外部督导具有重要作用，因为它使得督导能覆盖到学校所有重点问题。”①2009年教育标准局又出台了《与学校建立一种新型关系：通过学校自评提高学校效能》这一重要文件。该文件强调自评的目的是为学校改进与发展服务，为此将学校自评纳入学校管理的过程中，并成为一种持续性的发展机制。该文件还就学校如何进行自评给

① Ofsted. *Every Child Matters: Framework for the Inspection of Schools in England from September 2009*. www.ofsted.gov.uk/publications.

出了详细的指南。具体来说，学校自我评价具有以下几个方面的意义。

一是有利于增强学校对评价的自主权。强化学校自我评价是一种增权行为，使学校更多地成为评价的主体。教育标准局将学校自评确定为督导前必需环节，在很大程度上将评价权给了学校，以此达到提高学校改进能力和自我管理能力的多重功效。

二是有利于强化地方教育局的作用。在《1992 年（学校）教育法》中，地方教育局的教育管理权遭到极大削弱，而学校和国家两级的权力相应地得到了增强。对于地方教育局来说，支持学校有效地进行自我评价，既能提高本地区整体教育水平，又能在一定程度上发挥自身的教育管理功能。同时，地方教育局通过学校自评，使得地方教育发展计划与学校发展目标相适应，并与学校形成一种合作关系。

三是有利于提高学校管理水平。学校自评在一定程度上增强了学校的自主性，学校因此可以了解自身的发展状况，明确优势和需要改进之处。同时，学校自我评价过程为学校管理者们提供了提高管理水平及不断创新的环境，尤其是对新任中小学校长来说，学校自我评价可以使其较快且较全面地了解学校情况，特别是把握学校组织机构变革机制。

四是有利于促进教师的专业发展。外部督导机构的评价与学校自评最本质的区别在于目的相异。前者在于通过外部督导评价了解学校的教育质量水平和学生发展水平，后者则是通过自评促进自身发展和提高管理能力。而这主要体现在，经过专业培训，学校管理人员和教师能够科学地评价自己的教育绩效，通过这一途径，教师和管理人员获得专业发展。

五是有利于促进学校与其他利益相关者的沟通。学校自我评价提供了一个使学生、家长和其他社会相关群体参与学校管理的机会。在学校自评过程中，学校能够倾听外部的建议和反馈信息。同时，学校自我评价以教学评价为重心，学生也因此可以了解帮助他们取得进步的措施与方法。

3. 学校自我评价的内容

学校自评与外部督导所评价的核心内容是完全一致的。从外部督导评价内容来看，教育标准局2009年4月颁布的《每个孩子都重要——学校督导大纲》规定，依据《2005年教育法》第五章的要求，督学须报告如下内容：①学校提供的教育质量；②学校教育在多大程度上满足了所有学生的需求；③学校所达到的教育标准；④学校的领导和管理水平如何，包括财政资源是否得到合理利用和有效管理；⑤在校学生在精神、道德、社会和文化方面发展如何；⑥学校为其学生的福祉做出了怎样的贡献。① 根据这六大方面，督导大纲进一步细化评价内容，制定评价标准。与之相适应，学校自评在从中观和微观层面进行自评时，也要关注外部督导所着眼的六大评价方面以及因之衍生的评价标准，并据此来研制相应的自评内容和自评标准。学校自评主要包括以下几个方面。

（1）学校的特点，包括学校和学生的背景、学校教育目标和发展目标。

（2）学生、家长（包括监护人）和其他利益相关者的观点，包括这些观点是如何收集而来的、这些利益相关者对学校教育质量的看法如何、如何分析这些调查结果、学校为此采取了什么行动。

（3）成绩与标准，包括学校目前取得了哪些成绩和所达到的标准、有哪些发展趋势、有没有未达标的学生、学校是怎么获得这方面信息的、准备采取什么行动应对所发现的问题。

（4）学生发展与福祉，包括学生健康、安全地享受学习过程，达到既定学习目标，学生对社会做出积极贡献，学生为自己的将来做好准备。

（5）学校教育质量，包括教与学的有效性如何，课程与其他活动是否符合学生的需要和兴趣，对学生的照顾、指导、支持工作

① *Education Act 2005*. http://www.legislation.gov.uk/ukpga/2005/18/contents.

如何。以教与学为例，主要包括教学质量和评定两个方面。前者涉及专业知识、教学计划、有利的学习环境、教学策略的有效性、学生在学校所获得的支持以及面对的挑战等要素，而后者涉及成绩评定策略的范围和合适性、成绩评定的质量和一致性、利用评价获得的信息改善教学计划以及成绩记录和报告等要素。

（6）领导与管理，包括领导和管理者如何设定明确的发展方向，绩效监控的有效性如何，促进平等参与机会的工作进行得如何，人员、资源、食宿是否充足，和其他教育机构的联系如何，地方行政人员是否对学校的管理起到了积极的指导作用。

（7）学校整体成效与效率，包括从上一次督导至今学校取得了哪些进步，学校是否有足够实力来获取进一步发展，采取了哪些措施来提高教学质量。

为了提高自我评价的效能、信度与效度，2009 年教育标准局的重要文件《与学校建立一种新型关系：通过自评提高学校效能》对学校自我评价提出了进一步的指导框架，指出自评要回答六个关键性的问题。①

（1）自我评价是否能对学校为其所有学生提供的教育服务水平做出判断？

（2）自评是否能使我们的学校与最具可比性的优质学校相比较？

（3）是否将学校自评融入学校的关键管理系统中了？

（4）自我评价是基于广泛的有效证据之上吗？

（5）学校的关键人员是否参与到自我评价和计划中来，是否寻求了家长、学习者、外部顾问和机构的意见？

（6）自我评价是否有助于学校实现其长期发展目标？

作为一种提高学校自主管理能力的问责模式，英国在学校自评中强调四点。第一，学校自评不应仅为教育督导的目的而进行，

① *A New Relationship with Schools: Improving Performance through School Self-evaluation*. www.education.gov.uk/publications.

还要有助于学校发展。第二，学校以自评为契机，并将其融入学校日常的管理系统中去。第三，学校必须听取其利益相关者的意见并对他们的意见有所作为。第四，学校应及时更新（至少每年一次）有关其自评过程（教育标准局的自我评价表）的记录和总结，并且应包括自评行为对学生的影响以及指出还未见效的主张及建议。

作为一项以事实判断和价值判断为主要内容的活动，学校自评需要完善的评价步骤和合适的评价方法予以保障。在英国，学校自评分为三个步骤：一是对学校总体状况的鉴定，即“我们的学校有多好”；二是学校自评的方法和工具，即“我们是怎么知道的”；三是根据前两个步骤制订适切的行动计划，即“下一步我们怎么做”。①

（二）地方教育局督导（督政）

与学校督导相比，英国对地方教育当局的督导开始得比较晚。英国于20世纪70年代开始对地方教育局工作进行督导，但是并不对地方政府与教育局直接进行督导，而是通过对地方教育局所管辖学校的督导评估来对一个地方教育局的工作做出评价。此外，对地方教育局的督导在数量上很有限，每年只有2—3个。20世纪90年代后，随着学校管理权的扩大，地方教育局丧失了许多过去属于它的职能与权力，地方教育管理方面的改革在给予学校更大的自主权、提高办学效率、减少官僚体制的控制与低效方面起到了很大的作用。地方教育局的职能从对人、财、物的直接管理转变为在本地区范围内对教育发展进行整体规划、协调和监督，为学校的工作提供有效的支持和服务。

地方教育局督导的法律依据是《1997年教育法》第38款的规定：“女王总督学在教育大臣的要求下，可以安排对地方教育局的督导。”这样的督导主要是考察教育当局履行其职责的情况。依据

① 贾慧、刘朋：《注重学校自我评估：英国教育督导评估的新走向》，《外国中小学教育》2006年第1期。

《1997年教育法》和《1999年地方政府法》的相关规定，教育标准局开展了对地方教育局的一系列督导。2004年，教育标准局又出台了更加系统科学的地方督导评价计划，对地方教育局开展新一轮督导。为此，教育标准局研制了《地方教育局督导大纲》以及与之相配套的一整套评价方案与工具。由于对地方教育局的督导涉及其经费使用的效率和成效，《1997年教育法》第38款还规定女王总督学可以要求审计委员会在对地方教育局的督导中给予协助或在必要的情况下共同进行督导。

1. 2002年地方教育局督导与评价的内容、指标与标准

2002年，教育标准局首次制定了《地方教育局督导大纲》，确立了对地方教育局进行机构性全面督导的基本规定和要求。全面督导主要围绕以下几个问题展开。

（1）地方教育局是否通过改进学校质量与所有学生的成绩来促进所辖学校标准的提高以及保障社会全纳方面有效行使职能？

（2）地方教育局是否在确保所辖学校学生免受伤害，特别是在采取措施预防和解决种族歧视、帮助其他保护学生法定团体方面，有效行使其职能？

（3）地方教育局是否依法履行义务，包括执行机会平等和残障保护法，以及在其工作中，是否遵循“地方教育局与学校关系行为准则”？

（4）地方教育局在管理和行使职能时，是否确保最大的经费效率？

从以上四个督导问题中可以看出，这一时期地方教育行政的督导重点放在促进学校教育质量提高、教育公平以及经费使用的效率上。与此相适应，2002年《地方教育局督导大纲》主要从以下五个核心指标对地方教育局的效能进行全面评价：①地方教育局关于学校改进的策略；②学校改进效果；③特殊教育需求；④促进社会融合；⑤总体领导与管理。评价的标准和指标见表1-4。①

① Ofsted. *Framework for the Inspection of LEA 2002*. pp. 10-14.

表 1-4　2002 年地方教育局督导评价指标与标准

核心指标	二级指标	评价标准
1. 地方教育局关于学校改进的策略	(1) 地方教育局的社会经济背景。 (2) 学校成绩（从小学到第四学段成绩）。 (3) 地方议会的结构和运行状况。 (4) 经费状况，以及外部经费的协调。 (5) “教育发展计划”对优先发展的强调，这些优先发展如何反映国家的优先发展重点，具体活动如何得到细致的审查又如何反映当地情况。 (6) 地方教育局在实施“教育发展计划”中所取得的进展。 (7) 在上次督导所提出建议方面取得的进展情况。 (8) 地方教育局是否将资源优先分配给了重点计划。 (9) 地方教育局和地方议会是否制定保障持续改进的策略，包括最佳经费效率、业绩管理和自我评价。	(1) 地方教育局对“教育发展计划”和其他法定计划的制订与实施。 (2) 地方教育局对其教育重点计划的资源分配效能。 (3) 业绩管理过程（包括最佳经费效率）的严谨度。
2. 学校改进效果	(1) 地方教育局对于监督、挑战和干预学校加以界定以及使学校了解这些界定的程度。 (2) 地方教育局对学校的支持是否集中于最为需求的方面。 (3) 地方教育局对学校的监督和改进的效能。 (4) 地方教育局发现落后学校与对其进行干预的效能。 (5) 地方教育局是否成功实施有关提高学生在以下几个方面学业水平的国家策略：①读写；②算术；③信息技术；④第三关键阶段成绩。 (6) 地方教育局通过经费分配，如少数民族和流动学生成绩资助计划，成功实施国家策略的程度。	(1) 通过检查地方教育局对学校的监督、挑战、干预和支持来判断地方教育局对学校提供支持的效能。 (2) 督导将检查成绩数据的收集和教育局对数据的运用。 (3) 地方教育局在提高成绩方面的创新机制。

续表

核心指标	二级指标	评价标准
2. 学校改进效果	(7) 地方教育局通过支持天才学生成功实施国家策略的程度。 (8) 地方教育局通过以下措施成功促进学校自治的程度：①学校领导力、管理和治理支持效能；②为支持学校管理所提供服务的效能；③保障教师数量与质量方面的成效。 (9) 支持学校改进所提供的服务管理情况：①服务的领导力效能；②战略规划效能；③员工使用效能；④服务业绩管理效能；⑤员工的专业标准；⑥为学校改进所提供服务的效能；⑦服务的经费效益。	(4) 在引起关注学校方面的工作成效。 (5) 在促进学校自治方面的成绩。
3. 特殊教育需求	(1) 地方教育局特殊教育需求战略的效能。 (2) 地方教育局履行其在特殊教育需求方面的法定职能的效能。 (3) 地方教育局在履行其特殊教育需求职能方面支持学校改进的效能。 (4) 地方教育局在履行其特殊教育需求职能方面取得最佳经费效率的程度。	(1) 特殊需求政策的制定与执行。 (2) 分析需求和考察当前的优势、劣势的特殊教育需求政策发展和实施。 (3) 明确地方教育局的发展目标。 (4) 相关计划和项目的经费效率。
4. 促进社会融合	(1) 地方教育局提供学校学位的效能。 (2) 地方教育局执行资产管理规划的效能。 (3) 地方教育局在学校入学管理方面的效能。 (4) 地方教育局在以下几个方面的执法与经费效能：①为没有学位的学生提供入学机会；②学生出勤；③学生行为；④健康、安全、福利和儿童保护。 (5) 地方教育局反对种族歧视的效能。 (6) 地方教育局反对社会排斥的总体效能。	教育局在学生入学方面的工作是否达到了法定要求，是否实现最佳经费效益，是否提供了足够和合适的校舍，地方教育局是否成功促进了社会融合和反对种族歧视。

续表

核心指标	二级指标	评价标准
5. 总体领导与管理	（1）总体计划的清晰性、一贯性、一致性和可行性。 （2）总体计划的实施和评估程序的效能。 （3）决策（尤其是经费决策）的速度、透明度和效能。 （4）当选成员的领导力质量。 （5）高级官员的领导力质量。 （6）对支持重点计划而协调多方合作行动的效能。	

以上指标与标准体系体现出以下特点。

（1）从地方教育局职能转变的角度来评价其效能，特别体现在总体规划、领导力以及对学校的支持、服务、干预与协调的效能上；考察地方教育局是否告知学校可以对哪些服务进行选择，以及考察有关课程、官员、经费、人员、信息技术和财产方面的服务质量。

（2）特别强调结果评价，主要从学校的变化和改进上来评价地方教育局的效能，也就是地方教育局在提高学校的教育水平方面的效能。例如，第二项核心指标分解为从学生成绩的提高、引起关注学校的策略与改进、择校中的入学政策效能、学校自治中领导力的提高等方面来看地方教育局的效能，考察自上次督导以来地方教育局在支持学校改进方面所取得的进步。

（3）在对地方教育局整体规划、政策制定的评价指标中，特别强调是否有重点优先发展计划，以及在经费投入上有所倾斜。

（4）特别强调经费使用的效率，几乎在每项核心指标的分解中都提到经费使用效益问题，体现了合理使用经费、避免浪费和重复使用的理念。

（5）注重均衡发展，在强调促进学生成绩提高、天才儿童培养的同时，特别强调存在较严重问题学校的改进、特殊需求政策与效果、机会均等和多元文化教育问题，反对种族歧视。

总之，对地方教育局督导的基本理念是通过学校和学生的进步与变化来体现地方教育局的工作质量与总体效能。通过全面督导、专题督导和经费效益督导来评估地方教育局是否在以下方面履行了其法定权利和义务：①提高儿童的学业水平；②促进学校自治；③满足儿童的特殊教育需求；④促进社会融合。

2. 2004 年地方教育局督导评价指标

英国教育标准局和审计署在 2002 年大纲的基础上，于 2003 年和 2004 年共同制定了更加系统科学的《地方教育局督导大纲》以及与之相配套的一整套评价方案和工具，对地方教育局展开新一轮督导。新督导大纲的核心理念是区别性督导，也就是说对不同质量的地方教育局的督导频率与分量将有所不同，以减少督导给被督导对象所造成的负担。同时，教育标准局的外部督导评价将更多地依赖地方教育局的自评数据与结果。产生这一变化的原因主要包括以下两点。

（1）总体上来说经过第一轮的督导评估，地方教育局都取得了明显的进步与改进，因此需要投入的督导资源可以相应地减少。

（2）2001 年 12 月，政府颁布了《强有力的地方领导——优质公共服务》白皮书，旨在通过规范和督导制订一个支持地方政府改进的计划，同时通过综合绩效评估对地方政府做出了分类，包括五个类型，即优秀、良好、一般、弱、差，其目标是制定一项以风险评估为基础的督导策略，也就是说督导重点要放在那些弱和差的地方教育局上，督导的频率和比重与地方教育局的等级相适应、成比例。

对每个地方教育局的实际督导天数将根据综合绩效评估的分数以及前一次督导的等级而决定，因此督导是一种量体裁衣式的，督导资源也是根据需要做出相应调整的。与 2002 年《地方教育局督导大纲》相比，2004 年《地方教育局督导大纲》大大减少了督导团的实地调查成分，特别是对于业绩好的地方教育局的督导。在要求地方教育局为督导做准备方面，也有了进一步的精简。

与 2002 年《地方教育局督导大纲》相比，2004 年后的督导在很大程度上依赖地方教育局的自我评估。对地方教育局的书面材料要求也大大减少，督导大量使用地方教育局的网站和内部网络。这种强调地方教育局自我评估的督导制度有利于进一步减少官僚主义，减轻地方教育局的负担，缩短督导时间，将重点放在帮助地方教育局进行改进上。督导的重心从地方教育局“是什么样”转移到“为什么是这样”上来。督导推动地方教育局帮助学校提高教育经费的使用效益，监督地方教育局帮助学校提高教育质量。

从2004年1月起，英国教育标准局与审计署对地方教育局的全面督导主要围绕以下问题展开。

（1）地方教育局是否依法履行义务，以及在其工作中，是否遵循“地方教育局与学校关系行为准则”？

（2）为了确保其工作达到当地社区的教育目标，地方教育局是否与伙伴、利益相关者进行有效的合作？

（3）地方教育局在通过确保所有儿童和青少年享有适当的受教育机会、支持提高学校教育质量和所有学生的成绩来提升所辖学校的教育水准、促进社会融合方面，是否有效行使职能？

（4）地方教育局在确保在校学生不受伤害，特别是在采取措施预防和解决种族歧视问题、帮助其他保护学生法定团体方面，是否有效行使其职能？

（5）地方教育局是否有效行使职能，以确保持续地改进和提高经费效益？

（6）影响地方教育局行使其职能的有效或不利因素有哪些？

2004年，《地方教育局督导大纲》主要从以下五个核心指标的成绩来对一个地方教育局效能做出全面和整体评价：①教育的总体领导；②教育策略及其执行；③对学校教育改进的支持；④满足特殊教育需求；⑤促进社会融合。这五个核心指标又分别分解为更加具体的二级指标和三级指标，见表1-5。①

---

① Ofsted. *Framework for the Inspection of Local Education Authorities 2004*. pp. 11-15.

表 1-5　2004 年地方教育局督导评价指标

一级指标	二级指标	三级指标
1. 教育的总体领导	（1）儿童和青少年教育总体计划的效能。 （2）教育总体计划的实施。	①地方教育局做出决策的效能。 ②地方教育局有重点地进行资源分配的程度。 ③地方教育局制定促进持续改进策略的程度，包括最佳经费效益。 ④当选成员的领导能力（包括所提出建议的质量）。 ⑤高级官员的领导力质量。 ⑥在支持优先发展计划上，机构合作或协作效能。 ⑦对早期教育的支持。 ⑧对 14—19 岁青少年教育的支持。
2. 教育策略及其执行	（1）地方教育局有关学校改进的策略。 （2）地方教育局在执行学校改进策略上取得的进步。	①学校的业绩。 ②地方教育局对监督、挑战和干预进行规定的程度。 ③地方教育局在监督和激励学校改进方面的效能。 ④地方教育局对学校急需支援领域的扶持程度。 ⑤地方教育局确认和干预薄弱学校的效能。 ⑥地方教育局在履行资产管理计划方面的效能。 ⑦地方教育局关于学校场所提供的效能。 ⑧地方教育局关于学校招生的效能。
3. 对学校教育改进的支持	地方教育局对学校领导和管理的支持，包括对学校取得持续性进步的支持。	①执行国家策略，提高第一和第二关键学段学生读写和计算水平的效能。 ②对信息技术的支持。 ③执行国家策略、提高第三关键学段学生成绩水平的效能。 ④对提高少数族裔、吉卜赛人和流动学生的成绩的支持。 ⑤对天才学生的支持。 ⑥对学校管理者的支持。 ⑦地方教育局保障教师供给与教师质量的效能。

续表

一级指标	二级指标	三级指标
3. 对学校教育改进的支持		⑧在财政、人事、资产和信息管理等方面为支持学校管理所提供的计划和服务。 ⑨对学校管理效能和资金效益的支持。 ⑩对学校改进计划的支持与服务，尤其在督导、建议和学校效能服务方面。
4. 满足特殊教育需求	地方教育局特殊教育需求策略的效能。	①地方教育局在满足特殊教育需求方面依法履行义务的效能。 ②地方教育局在满足实施特殊教育需求方面支持学校改进的效能。 ③地方教育局行使满足特殊教育需求职能时，提供资金效益的程度。
5. 促进社会融合	地方教育局促进社会融合策略的总体效能。	①地方教育局对由于疾病、受到排斥或其他原因而不在学校受教育的学生的教育支持。 ②对提高学校出勤率的支持。 ③对改善在校生行为表现的支持。 ④对学校的卫生与安全、福利和儿童保护的支持。 ⑤为有看管需要的儿童提供的教育服务。 ⑥地方教育局在促进种族平等方面的效能。

第三节　英国学校督导与评价的过程和方法

实现学校督导的目标不但需要完备的制度保障、科学的评价指标体系和明确的评价标准，还需要有合理的评价方法和严谨的评价程序。方法与程序的科学、完备与合理是实现督导与评价目的的重要保障，其科学性和可行性直接关系到督导与评估结果的客观性和结论的公正性。英国学校教育督导在长期的发展过程中逐渐形成了比较完整的督导与评价程序和与之相适应的系统的方法，非常强调以充分的第一手证据、集体和专业性判断来保证评价结果的公正性和客观性。

英国教育督导的方法体系包括收集信息的方法、处理信息的方法和做出评价判断的方法。收集信息主要发生在督导前的准备和督导中督导与评价的实施中，信息处理则主要发生在督导实施中的后期和督导后的报告形成中，评价判断的形成也主要发生在督导实施的后期和督导后的报告形成中。

英国学校督导与评价的一个重要特点是非常重视信息的可靠性与准确性。1994 年督导框架中在对督导的要求中首先提出了保证督导质量和水准的原则。

(1) 督导判断必须是准确的，要建立在大量的证据基础之上，具有明确的量化指标信息的支持。

(2) 督导判断必须是第一手的，大部分信息应该来自对学生和教师工作学习情况的直接观察。

(3) 督导判断必须是可靠的，应该与框架第二部分中所规定的评价标准相一致。

(4) 督导判断必须是可信的，它们反映了事实上所取得的成绩水准。

(5) 督导判断必须是综合性的，包含了框架中所规定的学校督导的所有方面。

(6) 督导判断必须是整合的，对学校作为一个整体的结论要反映督导小组的集体意见。①

在信息的处理和分析上，英国重视督学小组成员细致的分工、科学工具的设计与运用。督学小组各个成员负责对各自负责的方面写出分析报告，对有疑问之处强调向被督导方求证，给予他们澄清的机会。在考试成绩的分析上，注重学校的社会环境、学生入学时的成绩，既要考虑全国性的绝对标准，也要考虑内部差异标准和相对标准，同时特别注重集体讨论与相互补充。

在形成判断的方法理念上，英国教育督导制度强调在分工负

① Ofsted. *Handbook for the Inspection of Schools*. Part 2, 1994, p. 7.

责各自方面信息收集的基础上，通过讨论、合作与协调，形成集体性的专业性判断。例如，1994 年的督导框架提出了整合性原则，即对学校作为一个整体的结论要反映督导小组的集体意见；而 2007 年的督导框架进一步重申判断的严谨性，对于学校的主要判断须在小组讨论的基础上达成共识。①

英国教育督导过程的最大特点是将督导的整个过程分为督导前、督导中与督导后，而每一部分都有系统的要求和相应的原则，同时具有相应的程序、方法、手段、工具作为技术支撑。

一、督导前

（一）督学小组的组建与分工

英国督学小组的规模主要根据被督导学校的规模来定，一般来说小学的督学小组规模要小一些，4—6 人，中学需要 10 人左右。在督学小组的构成上主要考虑下列因素。①学科、学段和有关全校性问题的教育专家之间的平衡。②小学的督学小组需要有能力督导整个学校特征的成员，而中学的督学小组必须保证在学科专家和有能力评价全局性问题专家之间的平衡。全校性的问题包括学校的管理，课程计划，对于学生进步和成绩的评价、记录、报告的安排，特殊教育需求，以及学生的健康和指导。③特殊需求专家，“督学小组中至少有一名成员具备为那些有特殊教育需求的小学生工作的特殊知识或经验”②。④在督学小组的构成上规定必须包含一名外行督学。这是听取外界对学校的看法，向社会负责的一项措施。

（二）通知与初访：与被督导学校建立良好的工作关系

在对一所学校正式督导前多长时间通知校方日益成为督导实践与研究中所关注的问题，恰当的通知时间将直接关系到督导评

---

① Ofsted. *Every Child Matters*, *Framework for the Inspection of Schools 2007*. p. 14.

② Ofsted. *Handbook for the Inspection of Schools*. Part 2. 1994, p. 9.

估的质量和信度。在1992年新的督导制度刚开始实行时，一般在正式督导前三个月就通知学校，导致学校过度准备甚至事先进行模拟督导。2005年之后，教育标准局意识到了这个问题，将通知时间从三个月改为一个月。从2007年起，由于开始实行学校自评，督学小组可以从网上获取学校自评的详细信息，正式督导的通知时间进一步大幅缩短。根据2007年的学校督导框架规定，督学小组通常在一周前通知学校将进行督导。但是，如果女王总督学出于对学生安全和健康的考虑，可以行使他在不通知学校的情况下督导某所学校的权力。①

一旦通知学校将被督导后，督学小组组长即很快与校长联系并与其讨论督导事宜的安排，开始与学校建立良好的工作关系。同时，要对学校进行一次初访。主要任务是向校长说明督导的目的、性质及如何进行，还要向校长说明督学小组每个成员的姓名与分工。进入教育标准局时代，初访的目的主要包括：与学校建立良好的沟通关系和有效的工作关系；达成督导具体安排的一致意见；确立督导的焦点问题，并且与学校达成共识。

《1994年学校督导框架》的督学行为准则，也强调了督学在与被督导学校建立彼此尊重和良好关系方面时应遵守的一些原则。例如，督学在处理所有督导期间所获取的信息时都要秉持保密的原则，对学校情况以及与之相关的所有个体和群体的感受都要具有敏感性，尊重教师、学生、家长与董事会成员的尊严，具有学生的利益与福祉是首要重点的意识。②

（三）收集相关信息与意见

英国督导制度十分重视督导前对学校相关信息的收集，督学小组初访的一个重要目的就是提出学校应提供的有关材料。背景信息和基础数据的来源主要有两个：教育标准局的数据库和学校

---

① Ofsted. *Every Child Matters, Framework for the Inspection of Schools 2007*. p. 11.

② Ofsted. *Handbook for the Inspection of Schools*. Part 2. 1994, p. 3.

提供的资料。此外，督学小组还要收集家长、学生和地方商界的意见。

1. 教育标准局提供的信息

在督学小组对学校进行督导前，教育标准局会向注册督学提供一份“督导前学校背景与数据”报告，此报告包括以下方面的量化信息与评论：①学校及其所在地的情况；②投入与组织方面的数据，包括经费方面的数据；③学校所在地区处境不利方面的信息；④具有特殊需求的学生的信息；⑤国家课程考试成绩及其他形式的考试成绩。[①] 此外，教育标准局还向督学小组提供下列信息：①学校的总体信息；②学生、学校和社区的信息；③成绩水准；④课程情况；⑤人员和组织；⑥经费和其他资源；⑦关于学校幼儿课程的信息。[②]

2. 学校应提供的资料

学校应该提供的信息如下：①学校的政策和规章制度；②学生成绩、学校所在地区社会经济背景和学校投入的数据；③有关课程的详细情况及课程表；④学校向家长提供的信息，包括学校简介；⑤有关学校管理方面的资料，包括学校发展计划、预算信息、教师会议和董事会会议记录、教师手册以及教职工工作职责规定方面的资料；⑥所有在教育标准局所提供的国家课程考试成绩之外的学生考试成绩数据；⑦学生的档案、报告、考勤表、特殊教育需求的证明和类似的文件。

从所收集的信息明细来看，主要包括质性和量化两方面的信息。这些信息有助于督学小组与学校达成督导重点的共识。此外，督学还需要收集以下信息。

（1）家长意见。注册督学在对学校进行初访时，一个重要的任务就是举行家长见面会。家长见面会的议程有两部分：一是注册督学说明会议目的，包括解释有关督导及其报告的性质；二是注

---

① Ofsted. *Handbook for the Inspection of Schools*. Part 7. 1994, p. 55.

② Ofsted. *Handbook for the Inspection of Schools*. Part 3. 1994, pp. 5-6.

册督学了解家长对学校的意见以及学校运作的状况。

(2) 学生意见。新的英国督导体制尤为重视学生对学校的意见，分别在督导前、督导中和督导后都有具体程序收集学生的意见。

(3) 地方商界意见。对中学进行督导前，相关机构应该邀请当地的培训和企业委员会及地方商会的代表，了解他们愿意向注册督学表达的任何意见。

综上所述，可以看出英国对学校进行正式督导与评价之前准备阶段的特点。第一，重视对学校相关背景的了解，特别是学校的社会环境、学生先前的成绩等，力求使督导与评价尽量做到客观公正。第二，重视与被督导学校建立良好的工作关系，消除它们的紧张与焦虑，减少对学校的影响和压力。第三，准备阶段所采用的方法主要有文献法和访谈法。

二、督导中

(一) 收集第一手信息：调查取证

收集第一手信息是督导期间的主要任务。关于收集第一手信息的原则在历年的督导框架中给予了充分的说明，综合起来主要有充足性原则、针对性原则、信度与效度原则。总的说来，收集第一手信息的方法可以分为以下几种类型。

1. 文献法

督导期间，督学小组成员根据各自的分工要查阅大量第一手资料，其中包括学校一级和教研室、年级组一级的有关政策与规定，课程与学科的相关政策计划，考试成绩。配合听课，要查阅教师的教案、学生的作业等。

2. 直接观察法

直接观察法是英国督学在督导期间所采用的主要方法。除了明确观察的内容与评课的标准外，还需要做即时的现场详尽记录。此外，督学还要参加学生集会、出勤登记、个别指导及课外活动。

3. 谈话法

督学的谈话法主要分为两类：一类是非正式访谈，另一类是正式访谈或座谈。谈话的方式可以是个别谈话，也可以是以座谈的形式与多人交谈。谈话的对象主要包括学生、教师、家长和管理人员。

每天督导结束后，督学小组要开会讨论当天所收集到的信息。最终的督导判断既包括对学校的总体评价，也包括对指标体系中的几大方面的子评价。这些判断既是终结性的，也是发展性的。

4. 证据记录的汇总

在学校督导过程中，督导小组组长要对所收集与分析的第一手资料和其他证据进行汇总并记录在“督导证据记录表”中。督导证据记录表是督导期间督学收集证据的一个工具，它有两个主要目的：①作为督学做出最终督导判断的依据，有助于督学小组做出客观判断；②提供给女王总督学一个关于得出督导结论的正式的证据回馈。

（二）督导判断的形成

判断的形成是督导实施阶段的另一项重要任务。每天督导结束后，督学小组要开会讨论当天所收集的信息。虽然督学小组的每个成员有各自的分工，但每个人所看到、听到的范围是有限的，不断开会讨论的过程也就是不断对信息和证据进行分析、汇总与反复论证的过程，是使判断逐渐清晰起来并得到反复修正和推敲的过程。

最终的督导判断既包括对学校的总体评价，也包括对指标体系中的几个大方面的子评价。无论是总评价还是子评价，都分为四个等级。总评价与子评价是紧密联系的，如果某一部分的子评价是“不满意”，则总评价也应当是“不满意”。2003 年，英国中小学教育督导评价的评定等级为七级。在《2006 年教育督导法》中，评价等级又调整为非常好、良好、满意和不满意四级。

这些判断是终结性的，即要对学校各项工作和总体质量所达到的水准做出评价。但是它们也是发展性的，即要提出学校需要改进的方面，指出学校未来发展的方向。

（三）反馈

反馈是英国学校督导与评价实施阶段的重要环节。在督导的最后一天，全体小组成员与校长见面，将所发现的优缺点及督导小组的意见向校长说明。与董事会见面，将督导期间收集到的信息与学校董事会分享，请董事指出明显的失误，说明模糊不清的问题，引起督学重视那些可能被忽视的重要事实，接受董事会的监督，以避免报告发布后出现学校不可接受的内容。

督学小组通过对学校证据材料的收集、分析、讨论和总结，得出关于学校督导评价的最终判断后，必须向学校高级管理人员以及董事会主席做出口头报告。口头反馈时应确保书面报告不包含那些突兀的判断。同时，那些被判定为不满意的方面或者不同于学校预期的判断应在口头反馈中清晰说明。督导结果以及学校的自评应该成为制订改进计划的基础。督导后的活动必须确保：①反馈能够有效地解释督导结果以及学校需改进之处；②为学校提供机会使它们理解为什么会做出这样的判断；③督导反馈对督导结果做出清晰而令人信服的陈述。

三、督导后

（一）督导报告的撰写与发布

学校督导评价实施阶段结束后的一个重要工作就是撰写督导报告。督导报告的公开发布使督导报告产生广泛的影响。进入教育标准局时代，为了提高督导效率，督导报告必须在督导后五周之内完成。督导报告的撰写由督学小组组长负责，在各成员所负责分报告的基础上形成总的报告。在督导结束时，每个小组成员须将自己负责的某一方面的督导情况和意见写成书面材料交给组长。

此外，督导报告在最终公开发布前的报告草案应在口头反馈会议之后寄给学校核对，学校须在一个工作日后对报告草案做出评论。学校的评论包括对报告的主要结论提出质疑或就一些事实性的数据错误进行更正。但是，如果学校被判定为“引起关注的学校”，则报告中的判断不能被变更，除非这些判断所基于的事实具有明显的错误或疏漏。而且督导报告的任何变更都应由督学小组组长负责，他在变更前必须征询督学小组成员的意见。

一般情况下，督导报告须在督导后三周内在教育标准局的网站上公布。同时，督学小组将代表教育标准局向学校所属地方教育局和校长发送一份督导报告。对于公立学校，也必须发送一份给地方教育局或董事会以及负责任命董事的个人或机构，包括那些具有宗教性质的学校或其他相应的机构。学校董事会在收到督导报告之日起五个工作日内必须发送一份报告给所有该校注册学生的家长或监护人。

作为重要文献，督导报告要做到真正使教师和领导能够理解和领会。为此，督学小组要与教师、校长、董事会、地方教育局负责人共同对报告进行研讨。教师可以对报告提出不同意见，可以就报告所提建议提出他们的要求与困难。对此，督学应及时向上级反映，并在权限范围内加以解决，如确定教师在职培训重点，组织全国性培训课程等。①

（二）督导结果的运用：问责与学校改进

在女王督学团时期，为了保证督学的建议付诸实施，当报告下发至地方教育局和学校董事会时，会随附信件一封，要求地方教育局说明三个月内计划或已经采取的措施。②1992年改革后，为了推动学校内部的发展与改进，同时也是由于学校自主权扩大，督导后会要求学校董事会在收到督导报告40天之内提出贯彻督学建议的具体行动计划。这个行动计划不仅要提交给教育标准局，而且要提交给家长审阅。

1992年，督导制度的一个重要改革是增强了督导制度的问责功能。新的改革将问题十分严重的学校称为“失败的学校”。督学

①② 王璐著：《英国教育督导与评价》，山西教育出版社1992年版，第35、36页。

的法定职责之一是发现和判断哪些学校是失败的或有可能失败的，评价的标准是学校在教育标准、教育质量、管理效率上以及学生在精神、道德、社会和文化发展上是否存在严重问题。“失败的学校”要在教育标准局的监督指导下，根据所提出的行动计划进行整改。如果学校具有明显的改进并保持了改进的成效，两年后可以摘掉“失败”的帽子。改进没有成效的，则将被关闭。应该说这一措施是与英国教育一贯提倡鼓励、避免使用“落后”和“失败”一类用语的精神相悖的。这说明了英国政府通过督学改革落后学校面貌的决心。

“失败的学校”这种做法实施几年后引发了一些争议，主要是给学校带来很大的压力和焦虑。为了更好地发挥督导的激励作用，改善督导与被督导之间的关系，从 2000 年后教育标准局逐渐将问题较为严重的学校改为“引起关注的学校”。2001 年 5 月，女王总督学办公室出台的“学校改进行动计划”明确规定，所谓要求采取行动计划的学校，就是引起关注的学校。它分为两类：一是要求采取特殊措施的学校，这种学校不能给学生提供合格的教育，而且学校的领导和管理者也不能证明有能力进行改进；二是有严重缺陷或需要改进的学校，这种学校所提供的教育水平是不能令人接受的，或者是它们与预期相比做得不够好，但是它们有能力改进。①

在学校改进行动中，地方教育局应该与校长、学校董事会以及教区保持密切的工作关系，根据督学的口头反馈立即制订行动计划。如果学校有严重缺陷，必须在十天之内采取特殊措施，并且地方教育局必须在呈递学校行动计划的同时准备一份关于学校计划和行动声明的说明。可以说，对于“引起关注的学校”而言，不仅涉及学校要承担相应的改进责任，地方教育局也要承担帮助学校改进的责任。这体现了英国学校教育督导制度改革中对地方教育职能的转变。

---

① Ofsted. *Action Planning for School Improvement 2001*. p. 3.

第四节 英国教育督导队伍建设

一、英国教育督导队伍的规模与构成

教育标准局使英国教育督导制度的发展达到了一个新的高峰。这一点突出地体现在督学队伍的规模上，与女王督学团时代相比，督学队伍在数量上得到极大的扩充。在改革前，英格兰共有460名女王督学，其中大约有40人在中央工作，其他约420人分布在七个地区工作，每个区有40—65名督学，他们分散在各区所包括的郡或市里。改革后，共有女王督学600多人，此外还有大约2 100名注册督学、8 400名普通督学，各种类型的督学加起来有1万多人。

督学的类型也发生了很大的变化，从过去单一的督学类型发展到多样化的类型。主要类型仍分为两类：一类是负责督导工作总体规划、评估工具研究与开发、对督导工作的监督等的女王督学，另一类是实际履行督导职能的一线督学。二线监控由女王督学负责，而真正在一线实施督导的是注册督学领导下的督导小组成员，具体负责对学校的督导工作。

（一）二线督学与一线督学的构成

这里发生最大变化的是女王督学的职能从主要负责一线督导转为二线政策制定、计划、工具开发与质量监控。教育标准局是英国教育督导工作的职能管理部门，只直接参与少部分的学校督导工作。原来女王督学直接对学校进行的督导和地方教育局的督导现在由中介性督导机构所签约的注册督学及注册督学所领导的督导小组进行。实际督导人员包括注册督学、督导小组成员和外行督学。

在教育标准局工作的600多名督学中，包括高级女王督学和女王督学。高级女王督学在整个督导队伍中属于高级人员，由女王任命，在英国享有较高地位，延续了女王督学团时代的传统。教育标准局的总负责人为女王总督学，他是领导全国教育督导工作

的最高长官。高级女王督学和女王督学作为女王总督学的下属，直接向女王总督学负责，根据就职条件在任期内服务。在教育标准局总部工作的女王督学主要有以下两个方面的职责。

（1）从事督导工作的领导、管理；相关政策与法规的制定；教育督导与评估框架、工具的研究与开发以及督导工作质量和督学工作的监督；当注册督学在对某一学校开展督导时，在首席督学的安排下对注册督学的工作进行监督；他们还负责对督导报告的审阅。

（2）根据需要进行少量具体督导，主要是对地方教育局、教师培训机构、独立中小学以及对需要采取特殊措施的学校进行复评。同时，在首席督学的要求下随时对本地区的学校实施一些临时安排的督导。

1992 年后英国教育督导队伍的结构更加多样化，特别是将管理、规划、政策制定、研发、监督与实际从事督导人员的责任进行分化后，体现了国家对督导工作领导与监督的重视。

真正对大量学前教育机构、中小学、职业和继续教育机构实施督导的督学是注册督学领导下的督学小组成员和外行督学。注册督学是领导一个督导小组对学校进行督导评估的专业人员，一般要求他们具有丰富的督导经验，曾经担任过督学小组负责人。注册督学由教育标准局签约的督导机构提名，之后经过教育标准局的严格评审后才能得到任命。注册督学类似于女王督学团时代的督学小组组长，所不同的是，除了负责督导过程外，还要在督导前组织投标，以获得督导项目。而一般督学被称为督学小组成员或独立督学，他们不由政府选出或指定，一般由督导中介机构负责选拔和培训。此外，《1992 年（学校）督学法》允许那些对教育感兴趣且又愿意参与的非教育专业人员为外行督学。这是这次督导制度改革的一项新举措，它要求每个督导小组必须有一名外行督学。外行督学在督导活动期间主要是参与调查学生和家长的意见、接触家长和社区、参加各种座谈会等，并不对学科教育水平做出报告。这样做的目的是保证督导的客观性和独立性。督导机构不需要支付外行督学任何酬劳，但有可能支付必要的交通费用。

（二）专兼职督学的构成

在历史上英国曾聘用过兼职督学，即根据1904年教育委员会颁布的《中等教育条例》，新改组的女王督学团设立中等教育督学处，负责对中等学校的督导。这一时期，由于中学的学科多，因此需要很多语言及其他学科方面的专家。

1992年改革以来，由于督导工作扩展，英国需要大量督学，因此又开始聘用兼职督学。目前在全国上万名督学中，绝大部分是兼职督学，外行督学也是兼职的。无论是在二线督学机构中还是在一线督导人员结构中，都有教育专业背景以外的人士参加。使用兼职督学主要有以下三个方面的原因。①督导范围和工作量加大，需要大批督学，只聘用专职督学在费用上难以承受，聘用兼职督学更能提高督导工作的效率。②由于兼职督学大多来自教育和教育管理第一线，他们的加入带来了对当下教育问题的广泛经验和知识。同时，督导经验也使他们从中获得宝贵的知识和经验，他们可以将这些宝贵的知识和经验带回到自己的工作中。③使用兼职督学能使教育工作更好地反映社会的需求。

二、英国督学的任职条件与素质要求

督导制度具有政府权威性和专业性的特点。这决定了对督学必须具有较高的要求，以确保督学的质量。

对督学素质要求的认识，英国经历了一个发展的过程，从一开始比较看重其社会地位和学历，到后来逐步发展到更详尽的专业知识背景与教学经验的要求。英国在招聘女王督学时，主要是按照以下标准和要求来衡量的：①在某一专业学科领域中达到较高水平，具有大学学历；②对教育领域具有广泛兴趣，了解教育发展的基本问题和最新趋势；③具有某一方面教学经验和出色的教学能力；④具有良好的个性品质；⑤具有迅速有效地应付文字工作的能力；⑥具有迅速适应新环境的能力。

在教育标准局时代，对督学任职条件的要求同女王督学团时期的要求基本一致，在基本条件的要求上有所提高，如学历要求为“大学学历或硕士”、至少要有十年以上的教学经验等。这一时期，由于督学的分类更加多样化，对督学素质要求最大的变化是对不同类型的督学提出了不同的要求。

（1）女王督学。对女王督学的要求是最高的，按一般惯例必须是有大学硕士学位且具有较高的学术声望、经验丰富、思维敏捷、解决实际问题能力较强的人（年龄在30—49岁）才能担任。

（2）注册督学。注册督学必须具备以下条件：具有督学资格，有五年以上参与督导评估活动的经验，有评估英语、数学、科学等主要学科的经历，有较强的分析、管理和写作能力。注册督学不是终身制，每三年要进行一次考试，合格者留任，不合格者退出。注册督学每年还要接受五天的培训。

（3）督学。督学候选人必须具有四年以上的教学经验和学校管理经验。申请做督学的人要由注册督学进行培训，经过考试合格后，由教育标准局颁发证书，即获得督学资格。

三、督学的招聘过程与见习培训

在女王督学团时代，女王督学实行公开招聘，具有一套严格的选拔程序。

（1）正式在全国性和教育性报刊上刊登广告，说明招聘条件，包括学历、工作经验要求、工资待遇、申请渠道等。申请人必须填写申请表格。

（2）招聘工作大部分由女王督学团本身完成，但招聘委员会主席由“中立”的文官特派员担任，其他成员包括高级主任督学、若干名主任督学和高级督学。另外，教科部人士与组织部门派一名平时与女王督学团联系较多的人参加。选拔委员会在众多的申请者中，选出“可能录用者”。一般每一空缺选出五名候选人。

（3）选拔委员会对“可能录用者”进行面试，即答辩。答辩的主要目的是考察候选人是否符合上述基本要求。

（4）通过口头答辩，委员会采用五分制（A—E）来评价候选人。D或E代表否定。在英国，选拔委员会中只要有一人打D或E，就给予否定。C以上才意味着值得考虑。

进入教育标准局时代后，无论是女王督学、注册督学还是督学，甚至包括外行督学在内的督导人员都面向社会公开招聘。政府将以上职位的空缺对外公开，符合招聘条件的人员均可申请应聘。女王总督学和女王督学的聘任由政府部门考核录取。注册督学的聘任，由教育标准局组织实施，并由英国女王签发聘书。督学小组成员和外行督学直接由督导签约方按照一定标准招聘合适人选。

在女王督学团时代，通过面试答辩的候选人，不能马上被任命为正式督学，还必须经过一年的培训与见习。在见习开始或结束时，见习督学要参加为期大约一周的入门学习，内容包括以下几个方面。

（1）教育行政管理人员和高级督学介绍教育体制、女王督学团的结构、教育行政与督导的关系等问题。

（2）不同类型的督学介绍职责范围、方式方法等，并展开讨论。

（3）模拟练习。假设一些实际情境，如扮演教师与督学的角色，练习如何解决实际问题。

（4）访问笔记与报告撰写技巧的学习。

（5）讨论整个督导过程。

（6）介绍督学如何组织与实施教师培训课程。

英国女王督学入门学习的内容比较全面。首先从宏观教育体制和督导的基本问题入手，逐渐向微观深入。重视理论联系实际，注重有关督导的技术性知识与手段的学习与练习。学习者的参与程度很高，许多方面学习者都要亲自参加。

在进行一段时间的入门学习后，见习督学开始为期一年的实习。实习是在各地区进行的，整个过程由地区主任督学负责。一般来说，见习督学被分配到地区的一个岗位上，在那里，如果他成功了，将被任命为督学。地区主任督学要选择一名与见习督学专业一致或相近的有经验的现任督学作为见习督学的导师。地区主任督学与导师共同安排见习督学的培养计划。整个见习期分为三个阶段。

第一阶段，时间为6—8周。在这段时间内，见习督学大部分时间用于跟随导师一起工作，在工作过程中，导师随时给予讲解。有时见习督学也与其他督学一道访问学校，目的是让见习督学扩大视野，了解其他方面的情况。

第二阶段主要是让见习督学在督导结束时，撰写督导报告，然后交导师加以修改。另外，这一阶段，导师在事先周密安排的情况下，派见习督学独立进行一些专项督导工作，然后将访问笔记和书面报告交给导师征求意见。这一阶段主要是解决见习督学独立工作和撰写报告的能力问题。

第三阶段是在总结第一、二阶段的基础上，发现见习督学的不足之处，对明显的薄弱点要进行专门指导，对所缺乏的经验要安排补上。

在见习期结束后，地区主任督学向高级主任督学和主任督学写出见习报告，并做出最后决定。实践证明，这种见习师徒制度是很有效的，但也有不足之处。例如，如果见习督学与导师之间产生分歧，见习督学会担心得不到公正的评价。为了弥补这一不足，英国主要依靠地区主任督学发挥监控和调节作用。他要与见习督学经常接触，如果认为有必要，他可以换一名导师。

在教育标准局时代，女王督学一般在全英格兰地区公开招聘，由总督学、主任督学及文官委员会成员组成选拔委员会。根据条件，应聘者要经过笔试、答辩后方有可能成为“候选人”，再经过培训、见习、适用，合格者予以录用。①

注册督学与普通督学不是由政府选出或指定的，督导中介机

① 钱一呈主编：《外国教育督导与评价制度研究》，中央广播电视大学出版社2006年版，第8页。

构负责督学的选拔和培训。督学的招聘过程是公开透明的。督导中介机构以广告的形式公布所需要的督学及其必备条件。如果有人觉得自己适合，即可应聘。随后督导中介机构对那些符合条件的应聘者进行培训。应聘人员经过培训后再到女王督学团那里接受审核，如果合格就会成为独立的督学。

所有督学都应当受过适当的培训，并根据详细的标准得到审核。对于满足选拔标准的候选人，首次培训需要几个月，其中包括见习。一旦督学开始了督导工作，就要有持续不断的专业发展以训练他们的督导技能，并跟上教育发展的步伐。接受培训的督学可以参与督导，督学在他们首次督导后，要由女王督学做出评审。

第五节　分析与讨论

英国教育督导制度最显著的特点体现在相对独立性、政府权威性、高度专业性、评价体系的科学性以及发挥第三方在督导中的作用等方面。

一、相对独立性

英国教育督导制度强调自身要具有相对独立性，认为这是保证监督、评价做到公正、公平和客观的重要因素。正如2003年《学校督导大纲》所指出的："尽管国家教育标准局与其他部门工作联系紧密，并且在教科部部长的要求下承担督导工作，但它独立于英国教科部。国家教育标准局的这种独立性能够促使其公正地督导和报告教育问题。"这种独立性包括以下几个层面的含义。

（1）在级别上，教育标准局为准部级机构，总负责人英国女王总督学为副部长级，具有直接接触国务大臣的权力。教育标准局直接向教育大臣及议会负责，并非对教育行政职能部门负责，避免了行政的干涉。

（2）督学提供的报告，任何人都不能更改。

（3）在业务上独立于教育部，教育标准局自行决定履行其职能的工作方式以及自行做出判断。

（4）在学校督导过程中，督学小组成员应不曾参与过与被督导学校相关的工作以确保评价和判断的公正和客观。

二、政府权威性

督学在英国教育发展中的作用非常大，督学在人们心目中的威望也很高，其原因是多方面的，首要的一点是英国从法律和行政上赋予督学权威，这样保证了督学履行其职能。英国非常强调督学的行政性权威和地位问题，与督学的地位直接相关的权威包括以下几点。

（1）进入相关教育机构和使被督导者配合的权利，也就是说督学具有进入各种相关教育机构的权利。英国从法律上规定督学有进入各种办学机构的权利，这就意味着被督导机构有义务接受督学的监督，在督导过程中配合督学的工作，提供督学因工作所需要的相关信息。督学有权利获得与工作相关的各种信息，包括观察和了解被督导机构与学校管理和教学有关的任何活动，具有访谈、听课、获取有关学校的任何信息和资料，与任何人交谈的权利。

（2）与督导结果相关的权利。督导机构的评价职能赋予它根据国家相关政策制定自己的标准，以此对教育机构的优劣做出终结性判断的权利。1992 年国家教育标准局成立后，督学又被赋予对表现差的学校判断与认定为“问题”（失败的）学校，最终的裁决通过报告的公布而对学校的奖惩（学校的声誉和市场）产生巨大的影响。为了保证督学的意见和建议得到落实，1992 年的改革还规定学校必须提出改进方案，从而对促进办学水平乃至整个教育质量的提高产生直接影响。

（3）影响决策的权利。一方面，督学通过具有说服力的督导报告对教育决策产生重要影响；另一方面，督学也具有参与决策过程和重大问题讨论的权利。例如，20 世纪 70 年代英国在强调教育规划的时候，在教科部内成立了计划处、政策处，其中的重要会议都要有高级主任督学和主任督学参加，高层的决策会议也要有高级主任督学参加。

三、高度专业化的督导队伍

英国督导制度强调督学的专业性，从一开始就将女王督学定义为自治的专家团体。这一传统一直延续至今。同时很重视督导队伍的专业化建设，重视督导人员的配备与构成、招聘程序的公开与公正、督学的培训与见习和持续性的专业化发展。督导工作的性质决定了督导队伍的专业性特点，这种高度的专业性正是英国督学崇高威望的核心所在。英国督学的专业性是产生影响、保持其威望的重要基础和保障。

英国具有一支专业化的督导队伍，这得益于政府给予督学十分明确的身份定位。专职督学是专家型、自治型的公务员，具有自己的职级系列，如高级主任督学、主任督学、高级督学、注册督学和普通督学，并且有与职级相对应的工资制度和职务晋升制度。这为专职督学提供了职业保障。兼职督学主要来自于学校经验丰富的教师和校长，他们仍然是教师编制，做兼职督学要经过培训。

四、督导评价过程与方法的科学性

英国在制定学校督导评价标准、构建指标体系和开发相关工具上成效显著，研发了一整套系统、完善的督导评价方案与框架，成为中小学教育质量保障体系的核心部分，在提高中小学教育质量方面发挥了重要作用。作为领导全国教育督导工作的机构，教育标准局的重要职能之一就是出台有关教育督导和评价的政策和法律，研发教育督导评估框架，科学地构建评价体系、标准和方法，开发各种评价工具，同时及时总结督导工作中的经验，吸取教育评价的先进理念，进行制度创新。例如，近年来提出了成比例督导和问题学校改进的举措，使教育督导评价工作在变革中得到不断完善。

五、运行机制的准市场性

借助第三方中介机构来管理和实施督导，发挥第三方机构的专业优势是英国教育督导制度的一大特点。教育标准局与全国三个中介机构签约，委托它们具体实施学校督导项目，而这些中介机构又以合同的形式聘用督学，并负责他们的培训和管理。英国政府旨在通过竞争机制提高督导工作的活力与效率，促进督导工作不断提高质量。

六、注重督导信息系统的建设

为了提高督导工作的科学性和延续性，英国国家督导制度不论是女王督学团时期还是后女王督学团时期，都配备强有力的秘书班底，专门负责信息的处理、分析和保存。在信息化时代，教育标准局、督导中介机构十分重视信息系统的建设，有一个系统的有关所有学校的背景信息、以往督导情况和数据、学生成绩的数据库，便于对学校的发展和改进进行比较分析，也是具有影响力的政策咨询、反馈和建议的强有力的支撑。

七、以督导推动学校的发展与改进

通过督导促进发展是英国督导制度一向坚持的职能。2003 年修订的《学校督导大纲》进一步指出，督学必须告诉学校哪些方面做得好，哪些方面需要改进。督学还要看到自前一次督导以来，学校是否得到改进，督导小组的发现提供了对学校问责方面的衡量信息，这些信息必须有助于学校的改进。进入教育标准局时期之后的一个重要改革是督导与学校改进直接挂钩，并在机制上予以保证，明确规定督导之后学校提出行动计划。在学校改进行动中，地方教育局与校长和学校董事会保持密切的工作关系，根据督学的反馈意见制订行动计划。学校的行动计划应达到以下几个要求：①针对性，行动计划具体到学校；②可行性，包含可行的行动；③鉴别性，正确区分支持、监督和评价；④精确性，有确切的成本预算；⑤问责性，指定所涉及的人；⑥量标性，运用学校改进的成功标准来衡量。

第二章 法国教育督导与评价制度

第一节 法国教育督导制度的历史沿革

一、18世纪下半叶至19世纪上半叶：萌芽与建立

在1789年法国资产阶级大革命前，法国教育主要受教会势力控制，当时已经出现了教育督导的萌芽。对小学，教会通过“传教访问”，了解学校情况，实行对学校的监督管理。对中学，18世纪下半叶，当时的巴黎议会议长罗兰·德埃塞韦尔最早在其发表的文章中开始使用“督导”这一词语，同时在他主持制订的“教育计划”中提出了改革教育内容、组织国民教育和建立教育监督机构等要求。大革命初期，制宪会议提出，由国家的代表监督学校。1792年，法国著名教育家孔多塞建议，设立由四个人组成的机构，监督和领导中小学。经过多次修改和补充，有关原则列入了1793年度提出并经议会通过的法案第六条：“每县设一个督导办公室，负责监督和领导国立学校。”此后，法国又提出了许多关于督导制度的方案，通过了一些法令。但是，

这些文件的内容不够统一，特别是在谁来督导小学的问题上反复很大，时而是家长，时而是地方，时而是国家，一直没有定论。①

法国正式的教育督导制度建立于 1802 年。法国系统的督导制度的建立与拿破仑欲实行中央集权的努力密不可分。根据这一形势，当时著名的政治家、议员塔列朗于 1802 年提出了一份教育法草案，其中再次谈到督导问题。草案提出，建立督导制度是“为了不间断地监督学校和教学工作”。草案写道：“三名由教育总长任命的总督学，要完成他们的重要使命就必须仪表堂堂，神情庄重。他们是政府在学校里的耳目，要认真视察全国的国立中学，向政府报告学校的情况，包括学校的成绩和缺点。”② 这一方案配合了拿破仑的整个政治改革，推动了法国教育督导制度的建立。

1802 年 5 月 1 日，以拿破仑为首的法国政府颁布了《国民教育总法》，对法国的教育管理制度实行改革。该法令规定建立教育督导制度，设立督导机构。督导机构的职责是：监督学校管理，督察初等、中等和高等教育，考察教师素质。因此，《国民教育总法》的颁布和实施标志着教育督导制度在法国的正式建立。《国民教育总法》第 90 条规定：“帝国大学总督学由教育总长从该大学的官员中任命，其数量至少 20 名，至多 30 名。”第 91 条规定：“这些总督学按大学 5 个学院的分类分成 5 组，他们不具体属于一个学区，而是根据教育总长的命令，轮流访问各个学区，视察学区、国立中学和市立中学的学习和纪律情况，了解学院教授、中学校长和教师的表现及能力，检查学生，监督学校的行政和财会事务。”第 93 条规定：“每个学区另设 1 至 2 名督学，在学区长领导下，视察并督导其所辖地区的学校，尤其是市立中学、私立学校、寄宿学校和小学；这些督学由学区长推荐，教育总长任命。”③

1802 年 7 月 11 日，法国政府颁布法令，任命天文学家德朗布雷、数学教授德波尔克斯和前中学校长、文学教授诺埃尔三人为

---

①②③ 顾明远主编：《外国教育督导》，人民教育出版社 1993 年版，第 49、49、50 页。

学业总督学。这是法国历史上首批国家教育总督学。其职责为：组织和监督全国的国民教育体系，督察学校，审查教育候选人并提出任用建议，挑选享受国家奖学金的学生人选，关注中学校舍的建设和管理。1804 年 11 月，法国政府又任命 5 名法律学校总督学，其任务为：视察法律学校，挑选教员，监督学校行政和人事工作，寻找校舍。1808 年 9 月 21 日，法国政府再次任命 18 名帝国大学总督学，其任务为：视察学区和学校，了解大学、高中和初中的教学以及管理和财务情况。

总督学是法国督导体系中最早出现的督导人员，1808 年，法国政府规定，每个学区设 1—2 名学区督学，按学区长的指示对中学和小学进行督察。1835—1840 年，教育部部长基佐下令在各省设省督学，负责对初等教育的检查与评估。1837 年，法国政府又设立了幼儿教育总督学。1840 年前后，法国已初步建立起包括总督学、学区督学和省督学在内的三级教育督导体系。作为教育行政管理体系的一部分，法国的教育督导体系在保证中央政府教育政策的贯彻落实、对各级各类学校运行和教员职工的工作进行监督管理和评价方面发挥了重要作用。

19 世纪上半叶是法国教育督导制度的初创阶段，制度尚不健全。确定教育方针、制定教育大纲、全面督察教育机构是教育督导工作的重点。总督学的设置、任命和任务都由政府法令予以确定和公布。由于这一时期法国处在大革命后复辟和反复辟斗争尖锐的时期，政权频繁更迭，督导制度的设置和督学的任命受到政局变化的影响很大。总的来说，这一时期有以下几个特点。①中央、学区和省三级督导制度已初步建立。②督导的范围广泛，包括高等教育、中小学教育和学前教育。③虽然已有按学科分工的萌芽，但事实上实行的还是全面督察。④督学任务繁重。1830—1848 年，总督学对中学进行了 2 371 次视察，对大学进行了 380 次视察，并撰写了大量调查报告。⑤督学学历层次高。1830—1848 年，先后任命的总督学共有 38 名。其中 60％获得了文科或理科学士学位，34％毕业于高等师范学院，23.6％拥有博士学位。

二、19 世纪下半叶至第二次世界大战结束：巩固与发展

（一）中央督导制度的发展

19 世纪下半叶到第一次世界大战爆发是法国教育督导制度开始向多元化、专业化发展和逐步走向健全的时期，呈现出以下一些新的特点。

（1）督学的政治地位得到明显提高。从 1852 年起，教育总督学的任免改由教育部部长提名、共和国总统颁布任免令。

（2）在教育部内独立设置督导机构。1854 年，拿破仑三世签署法令，正式成立教育总督导处，内设负责高等教育的总督学 8 名，负责国立、市立和私立中等教育的总督学 6 名，负责小学教育的总督学 2 名。

（3）总督学的队伍人数明显扩大。虽然 1888 年取消了高等教育总督学，总督学（不包括幼儿园总督学）的人数还是从原来的 16 名增加到 31 名。

（4）督学队伍的专业化倾向得到发展，总督学的等级制度开始形成，中等教育总督学、财务总督学、幼儿园总督学在招聘条件、工作领域和待遇等方面的差别日趋明显。同时，总督学专业化倾向体现在两个方面。第一，总督学按学科专业进行分工，特别是在应用外语、艺术、体操、手工劳动和职业教育等领域尤为突出，出现了一些专业性很强的督导机构。第二，按督导工作性质进行分工，对学科督导和对学校其他工作的督导开始分离，由此也出现了一些新的机构。

这一阶段，督导工作的任务和范围包括以下几个方面。

（1）高等教育。高等教育总督学的任务是视察大学和学院。1875 年后，因多部法律先后确认了高等教育的自治地位，承认了高等教育的法人地位，高等学校享受独立核算，完全实行内部自治。1888 年，政府取消了对高等教育的督导。对高等教育的监督评估直到 20 世纪 70 年代后才重新开始。

（2）中等教育。中等教育总督学从 1852 年的 6 名增加到 1914 年的 16 名。中等教育督导工作最初的重点是对教职员进行个人评

估。1853年，教育部部长富杜尔要求除做好对教职员的个人评估外，应在视察学校的总报告中关注其他方面，就学校的物质和财务管理、奖学金管理、校园纪律、学习的引导、学生课外作业等问题提出自己的建议。

（3）初等教育。初等教育总督学的人数从1852年的2名增加到1876年的8名，1914年达到11名。初等教育总督学的任务主要有三项：视察初等师范学校、小学和初等小学，评估初等督学、学区督学、初等师范学校校长和教员，监督小学的运作和改革的落实情况。

（4）学前教育。1830年任命了第一位幼儿园总督学，到1881年幼儿园总督学人数增加到8名。

（5）职业教育。1919年，法国通过了第一部职业教育法，技术教育总督学随之于1921年设立。①

20世纪上半叶欧洲爆发了两次世界大战，对法国教育督导制度的发展产生了一定的影响。在两次世界大战期间，法国国家教育督导体制中共设置9类总督学，即中等教育总督学、初等教育总督学、初等小学教育总督学、幼儿园总督学、行政事务总督学、图书馆和文献总督学、体育总督学、驻阿尔及利亚总督学及殖民地和海外领地总督学。

这一时期，督学队伍进一步扩大，专业化分工进一步发展，督导工作中对教职员的个人评估得到了加强和发展，但对教育机构的总体评估却有所削弱，这一趋势引起法国教育部的关注。1908年2月17日，法国教育部部长加西通·杜梅格致函法国教育总督学，要求总督学在开展教员个人评估的同时，努力加强对学校的总体督察评估。1920年3月12日，法国政府第一次以法令形式将中等教育总督学的任务明确规定为两项：对教员和管理人员个人工作的评估、对学校教育教学情况的总体考察。此后，总督学到学校督察后要向教育部部长提交两份报告，一份是有关学校教育

① 顾明远主编：《外国教育督导》，人民教育出版社1993年版，第52页。

教学总体情况的报告，另一份是对教员和管理人员个人进行评估打分的报告。由于后者存入档案，对其晋级、升迁、调动影响很大，因此教员和管理人员要求评估结果跟本人见面。教育部部长考虑再三后决定，从1933年1月开始，总督学对教员和管理人员个人的评估报告通过校长跟教员和管理人员见面，经教员和管理人员本人签名后，再由校长呈报教育部，这一做法一直延续至今。

（二）地方督导制度的发展

1854年6月14日，法国教育行政法规定“每个学区设数量与所辖省份相同的学区督学”，称为“驻省”学区督学，协助学区长工作；各省设公立教育委员会，学区督学为当然成员。1886年10月30日颁布的小学组织法规定“公立或私立初等教育机构由学区长、学区督学负责督导”。次年1月18日的法令指出：“只有学区督学和小学督学有权保证学区关于小学教师的任命、罢免和调动决定的执行。”

19世纪中叶，省级初等教育督学由每省一名逐步发展到每个分学区一名。到1889年初等教育督学的总数达400名。上面提到的小学组织法明确规定了初等教育督学的使命，并决定在各省设幼儿学校督学。①

三、第二次世界大战结束至今

二战结束后，法国教育督导制度一方面不断接受法国教育改革的挑战，另一方面继续朝着多样化和专业化方向发展，一些教育督导的新团体应运而生。

首先，在国家一级，1968年中等教育总督导按学科划分为数学、物理、自然、哲学、文学、历史和地理七个团体，技术教育出现了工业技术总督导和经济技术总督导两个总督导团体。学前教育、初等教育和师范教育组成了联合总督导团体，艺术教育、困难儿童教育、农业教育、劳技教育和家政教育也形成了相应的联

① 顾明远主编：《外国教育督导》，人民教育出版社1993年版，第53页。

合总督导团体。

其次，由于人口、学生人数和学校数量的增长以及教育和教育行政管理体制改革的不断深入，1964 年，地区教育督学开始产生，与学区督学一起，协助学区长对学区范围内的教师进行督察评估。

再次，1965 年设立了国民教育行政督导处，将原来分散在部内各部门的行政总督学统一在一个新的督导机构中。督导处工作人员不必深入课堂，但有权过问与教育有关的所有问题，并且负有从行政和经济的角度对公立大学进行督导的职责。这一举措从一定意义上是将 1888 年中断的对高等教育的督导予以恢复。

1968 年，法国爆发学生运动，教育督导制度也受到批评和指责。广大学生、教员和社会各界对教育督导制度的批评主要集中在两点。第一，总督学队伍的高度专业化导致了过分强调对学科和教育个人表现和教学质量的考核评分，忽视了对教育宏观和带有全局性问题的研究，教育督导未能起到对国家教育质量的宏观监控和对教育政策开展深入研究的作用。第二，督学制度存在逾百年，但国家一直没有统一的督学章程，督学的聘任无章可循。总督学的聘任实际上由同行推荐、部长任命，督学团体过于封闭。这些负面声音导致了部分教师拒绝督学进入课堂的局面，直到 20 世纪 80 年代才有所缓解。

鉴于各界的指责，1970—1988 年，历任教育部部长都对教育督导制度进行了理性的改革调整。1980 年，法国公共教育总督学处正式改名为国民教育总督学处，并按专业划分督学工作小组。从 1984 年开始，国民教育行政总督学加强了对高等教育的宏观调研，同时总督学向社会公开招聘。1986 年实行教育管理体制改革后，地区教育督学开始在教师评估和管理中发挥主要作用，国家总督学则转向宏观评估和调研。

从 20 世纪 80 年代末开始，法国教育督导制度进入了一个根本性的改革时期，政府制定和颁布了一系列有关教育督导的法规，如 1988 年修订的《国民教育行政总督导章程》、1989 年颁布的

《国民教育总督学特别章程》、1990 年颁布的《地区—学区督学和国民教育督学特别章程》等。这些法规重新调整了法国教育督导的工作中心和方向，标志着法国教育督导的发展历史进入了一个新的阶段。

第二节　法国教育督导机构的设置与职能

现行的法国教育督导制度，按照行政隶属，可分为中央和地方（学区和省）两级；按照任务职责，可分为教育教学督导和教育行政督导两个领域。在法国，督导人员包括四种类型：国民教育总督学、国民教育行政总督学、地区—学区督学和国民教育督学。前两者属国家督学，后两者属于地方督学。法国督学人数：中央一级 220 人，学区一级 600 人，省一级 1 600 人，全国各级专职督学总数为 2 420 人。

法国的行政区划分为中央、大区、省和市镇四级，与此相适应，现行的法国教育督导制度从层次上分为中央、学区和省三级。法国共有 22 个大区、96 个省，一般每个大区辖 2—7 个省。每个省由专区组成，每个专区被分为几个乡，每个乡包括若干市镇，市镇是法国最小的行政区划单位。此外，法国还有 5 个海外省、4 个海外领地、2 个具有特殊地位的地方行政区。

与欧洲其他国家相比，法国行政体制最大的特色就在于其中央集权的管理模式，这一点在教育领域也不例外。

一、国家教育督导机构及督学职责

国民教育部是法国主管教育事务的行政领导机构，全称为国民教育、研究和技术部。国民教育部内的机构纵向分五层：部长、部长办公厅、司局、处和科。部长由内阁总理提名、总统任命，下设 1—2 名副部长。从 1988 年开始，国民教育部部长升为国务部长，地位高于一般部长，仅次于总理。这不但说明了教育在法国的特殊地位，也说明法国从政治制度上赋予国民教育部部长的崇高权力。国民教育部部长的权力十分广泛，不仅有部门组织权、部门领导权、行政决定权，还有教育法律法规制定权。教育部内的司局横向分为三类，即监督部门、行政业务部门和咨询部门。

在中央一级，教育督导机构设在国民教育部，属监督部门，由教育部部长领导，向教育部部长负责。根据职权范围的不同，教育部内设两个总督导处。国民教育总督导处和国民教育管理与科研总督导处。中央一级督学人数大约有 220 人。从教育行政系统上来说，教育督导部门直接接受部长的领导，比其他司局的地位要高。

（一）国民教育总督导处

1980 年，过去的公立教育总督导处改称为国民教育总督导处。目前，该处有总督学约 160 名。国民教育总督导处设国民教育总督导主任一人，由教育部部长在现任的国家教育总督学中任命，任期五年，可以连任。根据主任的建议，由教育部部长任命一名副主任和若干名助理，协助主任工作，任期一年，可以连任。总督导处属于履行监督职责的司局，直接对教育部部长负责，掌管对全国高等学校的行政和财政事务、中等及中等以下学校各方面工作的督察、指导与评估。

法国国民教育总督导处的内部结构体现了高度的专业化，在机构设置上使督导工作与学科、学段相匹配。1996 年 10 月 9 日，教育部法令规定，国民教育总督学共分 20 个学科组和两个专门组，其中包括一个初等学校教学督导小组对全国的小学教学进行督导，一个学校生活及环境督导小组对全国的学校设施和学生的学校生活进行评估，其余为不同学科的教学督导小组。所有总督学根据其学科专业特长，被编入不同的学科组和专门组。各组由教育部部长任命组长，组长负责协调小组工作，任期两年，可以连任。在这些组中，总督学的任务是凭借其深厚的专业功底，全面开展对本学科的研究和建设，有效地检查和保证本学科的教学质量。该处大约有 160 名国民教育总督学，在督学数量上也充分地保证了各项工作的开展。

法国政府和教育部的不同文件，对国民教育总督导处的任务和职责有不同的论述，反映了不同时期国民教育总督导处的工作重点。1964 年 9 月 5 日的两个法令规定，该处的任务是：检查教学人员的能力和方法，尽量向他们提出教学方面的建议；监督各种教改方案提出的管理和教学措施的落实；完成部长交给的调查研究任务；就业务范围内的工作向部长提出报告和建议。1980 年 1 月 4 日的指示，为该处规定了三项密切关联的任务：参与教育教学人员的招聘和培训工作；观察教育体制的运转状况，进行检查和评估；就普通教育的体制和组织、教学内容和方法等问题提供信息和建议。从 1983 年开始，国民教育总督导处的工作重点，除了对教师和学校的个别观察与督导之外，增加了对整体教育系统的宏观协调和评价。1985 年，法国教育部的一份文件，在谈到该处的使命时列出了以下四项内容：评价教育体制，这是它的主要任务，只有审查了教育体制的效率、结果和潜力，才能正确制定和实施教育的总政策；评价教师的教学质量并记分；参与教师的招聘和培训工作；与有关专家学者合作，制定中小学教学大纲。①

以上论述反映出法国国民教育总督导处的任务从关注微观和教师扩展到对国家教育制度和总体教育质量进行宏观监控、研究和评价。1989 年，这一职责被第一次写进法律。这一变化，是 1989 年以后法国教育总督学在任务、职责方面最主要、最深刻的变化，使得总督学与教育部部长之间的距离被拉近了，强调了总督学对教育部部长的建议咨询功能。上述规定扩大了国家教育总督学的使命，其任务、职责与过去相比有了很大不同。虽然总督学仍作为专家、学者和学科带头人，继续有权从事对学科和本科教师、学区督学的督察评价工作，但宏观督导和评价的任务成为另一个焦点。从法国教育的发展来看，1986 年实施权力下放之后，对初等和中等教育机构的行政管理权已经交给地方，中央教育行政管理部门的职能转向宏观管理。在这种情况下，总督学的任务

① 顾明远主编：《外国教育督导》，人民教育出版社 1993 年版，第 55—56 页。

职责突出强调了对国家教育制度和总体教育质量进行宏观监控、研究和评价，这是法国教育行政管理体制改革的必然结果。

从国民教育总督导处的内部组织和分工来看，其职责任务在侧重教育教学领域的同时，扩展到宏观领域。综上所述，其职责为以下几点。第一，对国家的教育制度进行宏观监督和评估，包括教育类型、教学内容、教学大纲、教学方法、教学程序和实施方式。第二，参与各地对教学和教育质量的督导检查工作，参加对地方督导人员、学校负责人、教学人员和方向指导人员的招聘和培训，并对他们的工作做出评估，使地方督导机构能较好地在学区长的领导下，行使其权力和职责。第三，根据教育部部长的指示，为改进和实施教育政策，围绕教育部的中心工作和全国基础教育中的热点问题进行调研，提出属于其权限范围内的意见和建议。

1989 年，为适应宏观评估的新的职责，根据对全国基础教育专题调研的不同课题，总督导处所有总督学分别组成不同的调研小组。随着总督学的工作中心转向宏观的对国家教育政策和教育质量的监控和评价，总督学在专题调研方面的任务日益加重。所有的调研题目都根据教育部每年的年度工作计划拟定，一般都是法国基础教育中的热点难点问题或涉及全局性的问题。总督学被安排在不同的专题组中，在地区督学的协助下深入有关地区开展工作，其调研结果要以书面报告形式呈送教育部部长。自 1991 年后，政府决定，总督学每年度的调研报告必须呈送给法国总统，由国家文献馆汇编成册，公开出版发行，以使全社会都能了解教育的现状和问题。

（二）国民教育行政与科研总督导处

1965 年 4 月 14 日，国民教育行政与科研总督导处根据政府法令设置，其中规定，国民教育行政总督学队伍包含三个职级：总督学、副总督学和督学。每个职级分别包含若干职级：总督学分四个职级，副总督学分五个职级，督学分六个职级。大约有 60 名督学。

国民教育行政与科研总督导处的主要职责是：在教育部部长的直接领导下，代表部长或以部长的名义对教育部、学区、公立学校及所有隶属于教育部或得到教育部资助的机构的行政、财务、会计及经济方面事务的运行情况和效益进行监督和检查，对涉及上述机构的行政诉讼案件提出咨询意见。同时，国民教育行政与科研总督导处还负责对国家的教育制度进行研究和评估，参加由教育部部长委托的教育系统内行政、财会人员的招聘和培训。另外，受教育部部长委托，国民教育行政与科研总督导处或到某一学区对该学区内的公立教育和培训机构的运行情况等进行调研，或处理突发的紧急和特殊情况，或应外国政府和国际组织要求提供有关的咨询意见等。

国民教育行政与科研总督导处行使职权的范围很大，纵向从学前教育到高等学校和科研机关，横向涉及除教学以外的所有行政和经济事务。其工作分为三类：日常督导、点上调研、专题调研，其中调研为其工作重心。每年国民教育行政与科研总督导处都要根据教育部部长的工作计划确定自己的年度调研计划和题目，如大学的房产政策、中央教育体制的行政展望研究等。调研课题中的大部分是由国民教育行政总督学独立完成，约有 20%由其与国民教育总督学、青年和运动总督学、经济总督学以及内务总督学等合作完成。自 1984 年以来，教育部决定，国民教育行政总督学的年度督导总报告和专题调研报告由国家文献馆汇编成册，公开出版。

国民教育行政与科研总督导处内设主任一人，由教育部部长任命，任期五年，负责领导全面工作。主任下设秘书长一人，负责日常事务的协调和组织。国民教育行政与科研总督学在主任的领导下，自行组织活动、决定调研方案、提出改进措施并保证实施。

国民教育行政与科研总督学为了更贴近教育督察对象，按地区划分为巴黎大区、中央、东部、中部、西北部、西部、东南部七个分组，每组辖 3—5 个学区，由教育部部长根据主任建议，指定一人为组长，组织和协调分组工作，任期一年。各组每月必须举行一次例会。另外，每组还在所辖学区内，由教育部部长提名、主任任命，分别指定组内国民教育行政总督学一人担任学区通讯员。而由主任、秘书长和分组组长组成的国民教育行政总督导领导集体，每月举行两次例会，国民教育行政总督学每年举行全体会议2—3次，讨论调研题目、布置工作、举行学术讨论会等。

国民教育行政与科研总督导处具有很强的教育行政督导的特点。从1965年成立以来，就发挥着对整个教育体制进行评估和监督，以及为全国教育发展和学术研究提出建议的作用。其中一个重要任务就是负责审核和规范所有教育部门的管理、财政活动。

国民教育总督导处和国民教育行政与科研总督导处虽然是两个不同的机构，但在组织结构和任务使命上有相似之处。从2003年以后，这两个机构在很多专题调研方面进行了合作，包括：义务教育（小学与初中）、高中（普通教育、技术职业教育）、高等教育与设在高中的高中后教育，科研；学生的辅导与学业跟踪，人员培训与人员管理政策，终身教育，教育权力下放与地区教育政策，评估（对象、方式、研发）。至今，每个学区还保留一名国民教育总督导代表和一名国民教育行政与科研总督导代表，作为学区联络员负责沟通相关工作。

除了这两个总督导机构之外，教育部还下设了图书馆事务总督导处和青年体育事务总督导处两个机构。前者早在1822年就已经存在，负责检查高等教育机构的资料文献服务工作和对地方图书馆进行技术监督。后者于2002年正式产生，负责对中央和地方的青年体育事务进行督察，这两个督导机构设在教育部门之内，但它们也会与诸如文化与传播部、青年体育事务部等相关部门进行合作，具有广泛的影响力。

上述总督导主任、副主任、助理、各学科组和专门组主任、学区通讯员，共同组成国民教育总督导委员会。作为决策咨询机构，该委员会就重大问题进行磋商，如总督导主任人选、向教育部部长呈递的建议等。总督导主任或由其指定的一名总督学代表任该委员会主席，并行使最后决定权。另外，教育部部长还在法国或国外熟悉教育和培训的知名人士中，任命一些人士为该委员会合作成员，参与该委员会的活动，任期两年，可以连任，但人数不得超过 10 人。

二、地方教育督导机构及督学职责

学区是国民教育部设在地方一级重要的教育行政管理单位。它属于国民教育部在各地区的直辖机构，与地方政府没有任何行政隶属关系，具有较高的独立性，但在实际工作中仍然需要地方政府的参与、支持和配合。学区内设学区长一人，属于高级公务员，由总统批准、部长会议任命。学区长是教育部部长在地方的代表，与同级地方行政长官没有行政隶属关系，只对教育部部长负责，体现出了高度的独立性和一致性。学区长下设学区教育局，局内机构也含行政、监督和技术保证、决策咨询三类。也有学者将学区教育管理的职能分为服务和运行两大类，前者负责统计、信息、资料、接待、后勤、培训等工作，后者负责高等教育、中等教育、学校生活、继续教育、学徒培训、考试、私立教育、人事、财务等工作。

地方督学包括地区—学区督学和国民教育督学，两者均归学区长领导，但在工作的地域范围、学段、学科专业等方面有进一步分工。通常，地区—学区督学主要在学区范围内工作，负责督导初中、高中和职业高中等机构；国民教育督学主要在一个省的范围内工作，负责对小学、初中段的职业技术教育和学前教育机构的督导。地区—学区督学内又分学科督学和学校生活督学，其中前者占多数，涵盖中学所有的学科；后者则主要设有信息方向指导督学，负责督导中学内方向指导和方向指导人员的工作。1990 年颁布的《地区—学区督学和国民教育督学特别章程》规定，地区—学区督学将成为对本地区内教育和培训机构的领导人员、信息和指导中心主任、学校教师进行督导评估考核的主体。

国民教育督学是 1990 年由原省督学、教育技术督学和信息及指导督学重组的一个新的督学团体，其内部分为小学督学、技术教育督学、学徒教育督学和信息方向督学，主要在省的范围内督察初等教育、幼儿教育机构的教学工作，并负责管理和评价教师及有关人员。

地区—学区督学和国民教育督学的主要职责是协助学区长，保证国家、政府的教育法律和教育部部长决定的教育政策在本学区实施，具体包括以下几个方面。

(1) 对教师进行评估和打分。对学区内小学、初中、高中负责教育教学、学业方向指导的个人和小组的工作，如学科教学、教学组织、教学程序、教育政策的实施情况，尤其是教育行为进行直接的监督和评估。

(2) 专业的督察指导。督学根据不同专业深入课堂，通过听课、谈话、查看学生作业和作品以及各种教学档案等，对中小学、职业培训机构中的教育教学和学业方向指导人员的教学水平等进行检查和指导，核实教学阶段，检查国民教育目的和计划的落实情况。

(3) 参与教师培训。督学的一个重要任务就是推动学区内的岗前培训、在职培训和轮岗培训，其主要工作是参与培训中心各种培训方案的设计，推荐胜任培训教师工作的人选，提供需要接受培训的教师名单，与国民教育总督学合作对培训中心的教学经验进行评估和推广。

(4) 参加学区招聘学校教师和公职人员的工作。督学在招聘工作中所起的作用是：作为考试委员会的重要成员，参与整个招聘的组织，如制定考试大纲、出考试试卷、监考、主持口试等。

(5) 根据学区长和教育部或总督学的要求，履行赋予其的特殊职责。

20 世纪 80 年代中期之前，法国地方督导的工作重点都放在对教师的个别督导评价上，每个督学通过对教师个人直接的教学督导，间接地为学科的建设和发展、为提高他所从属的学科或专业的教育质量做出贡献，并以此帮助学生获得成功。1985 年后法国基础教育的责任全部下移至学区和省，因而地区督导的任务和职责也随之变化。首先，地区督学和学区行政长官的关系日益密切，这使得地区督学从过去主要附属于总督学转向同时依附于学区长，接受双重领导，从过去着力在学科领域转变为优先完成行政管理部门的指令性工作。其次，督学要将政策及教育部的指示传达给教师，在两者之间起着桥梁的作用，以使官方规定和在教室中观察到的实际情况尽可能吻合，并对教育体制的运行进行监督和评估。这种评估远远超越了单纯的学科评估，导致督学渐渐失去了与学科的联系。

职责的变化意味着以下几点。第一，督学不再仅仅是学科专家，同时也是公务员，后一身份要求其围绕学区长的工作来安排自己的日程，学科督导被降到第二位。第二，督学必须服从行政命令，完成别人为其设计的工作目标，对自己时间的支配力减弱，并且对工作行为方式没有太多的选择余地。第三，新的工作角色大大加重了督学的工作量，并对个人素质提出更高要求。种种改变说明，法国教育体制改革必然要求督学从单一督导某学科的教育教学质量，转向对教育制度整体运行的宏观监控，转向扮演地区教育行政长官直接合作者和技术顾问的角色。尽管在转变的过程中，督学会产生各种不适应，但仍然无法阻挡督导制度的重新规范。

三、联络员机制

在法国，教育部部长为每个学区指定一名总督学为联络员，负责监督各学区每年的教学工作计划与一般任务的实施。这一制度是从 1989 年开始实行的。教育部部长根据总督导主任的建议，在现任总督学中为每个学区任命一位非常驻的学区联络员，任期三年，可连任一次。联络员制度的意义在于，监督各学区每年的教学工作计划与一般任务的实施，完成中央一级总督导处的一些督导和调研任务，通过联络员制度起到联系中央和地方的桥梁作用。

担任学区联络员的国民教育总督学按要求较长时间地深入某

一学区。在学区内，联络员一方面依靠地方督学的合作和帮助完成年度调研计划，另一方面有责任帮助制订所在学区的督导工作计划，并指导和协调地方督学的工作。学区年度工作计划由学区长和国民教育总督学驻学区联络员共同制订，其主要作用在于通过具体规定地区—学区督学和国民教育督学参与完成日常工作和国民教育总督导年度工作计划的方式，来明确地区—学区督学和国民教育督学的职责和任务，确定督学各项职能的必要平衡，分配工作任务。

四、法国政府教育评估机构——法国教育部评估与预测司

法国教育部评估与预测司成立于 1987 年。它的成立和发展对整个法国的教育体系产生了重要影响，甚至有学者认为，评估与预测司的成立不仅标志着法国教育管理向现代化转型，更体现出一种深刻的文化变革。① 在教育部评估与预测司成立之前，大部分涉及评价的工作（包括教育督导在内）都显得十分主观，不仅在观念上落后，而且在实际操作中缺乏数据的基础。1989 年颁布的《教育指导法》明确提出，评估不仅要让全社会知晓学校运行的情况，更要为各行政管理层提供手段和工具，帮助他们进行决策。正是基于这样的理念，评估与预测司承担了法国大部分教育体系的评估工作。这充分体现了法国中央集权的教育管理模式，与欧洲其他国家利用第三方评估的做法有很大差别。

作为教育部内部的重要机构，评估与预测司主要服务于国家高层决策，通过研发一套标准的评估工具，对整个教育体系的运行状况进行质量监控。为了方便基层的学校和教师使用这些评估工具，它还通过教育部在学区和地方设置的网络对工具的使用进行培训，因此也建立了一个高度信息化的运作模式，与教育部的信息系统保持密切联系。此外，它还兼具一定的研究功能，与法

① ［法］雅基·西蒙、热拉尔·勒萨热著，安延译：《法国国民教育的组织与管理》，教育科学出版社 2007 年版，第 327 页。

国教育学界保持着密切联系与合作。评估与预测司负责对整个教育体系进行评估，但不直接接受总督导部门的领导。

教育部评估与预测司的职能范围不断扩大，其评估的对象不断拓宽。与一开始针对整个宏观教育体系进行评估相比，近期还开展了针对学校和某项教育政策进行的评估。总体来看，评估与预测司主要在以下四个方面开展工作：一是对整个教育体系进行评估，这以每年定期发布的《学校状况》报告为代表；二是对学生学习状况进行评估，主要分为诊断性评估和总结性评估；三是对学校进行评估，这以“高中运转状况指数”为代表；四是对教育政策试点进行评估，如对缩小班级规模的政策进行评估。①

第三节　法国教育督导与评价的类型、方法、标准

在教育督导学的相关理论中，督导与评价（或评估）之间的关系比较明确，即两者既相互包含又有所侧重。总体来说，评价是手段，而督导是目的。但是，这一点对于法国来说并不太适用。在法国，督导与评价是两个有着清晰边界的概念。教育督导部门的主要工作是对学校教学进行检查和监督，这主要体现在通过评定教学人员来实施督学工作。督导部门还要承担一定的行政监督任务，即对学校的运行状况进行监督。而评估与预测司则着眼于整个教育体系，它能够为所有层次的相关人员——上至议员、部长，下至学校教师——提供一套可靠的数据标准来判断教育体系的运行状况。

一、教育督导工作

中小学的教育督导与评价一直是法国教育督导工作的核心。督导具有“督学”和“督政”两方面的内涵，在法国，后者体现得

① ［法］雅基·西蒙、热拉尔·勒萨热著，安延译：《法国国民教育的组织与管理》，教育科学出版社 2007 年版，第 330 页。

更加彻底和全面。在“督学”上，法国通过国民教育总督学及其下属的各级督导人员来实施；在“督政”上，法国更加偏重于教育经费和学校财务管理方面，主要由国民教育行政总督学来实施。

（一）学校督导

1. 学校督导的类型

在法国学校督导中，教学督导是督导工作的重点。一般来说，可以从督导人员的专业组成、督导对象、督导频率等角度，将法国的学校督导工作分为不同类型。①

从督导人员的专业组成角度来看，法国的学校教育督导类型可以分为课程督导和专题督导，而前者又可进一步细分为学科督导和专门督导。前面在介绍国民教育总督学的工作时曾经提及，总督学按照所督导的学科和专长分为 12 个学科组和 2 个专门组。学科组以学科为重点开展工作，形成了所谓的分科督导；专门组往往横跨多个学科（如经济和社会科学等），形成了专门督导。专题督导主要是国民教育总督导处根据国家当年政策关注的热点问题开展的有针对性督导，其督导内容往往超越课程的范围，对学校教育的其他方面进行诊断，提出对策。

从督导对象的角度来看，法国的教育督导类型可以分为学区督导、学校督导、校长督导和教师督导。学区督导是近年来为了贯彻国家教育政策的实施而进行的非常规督导，由国民总督学团负责实施，对全国的学区进行一次地毯式的检查。学校督导是最为传统的督导方式，一般由总督学和地方督学配合完成。校长督导主要由地方督学负责，每年考核一次，着重考察校长的教育领导力以及在管理学校人力资源和促进教育公平等方面的能力。教师督导是法国较为有特色的督导方式，与教师的晋升和调动挂钩，每 4—5 年评估一次。该评估实行百分制，其中校长的评价占 40%，督学的评价占 60%。

① 唐一鹏：《法国教育督导制度的现状与趋势》，《比较教育研究》2013 年第 10 期。

从督导频率来看，可以将法国教育督导分为日常督导和重点督导。前者主要是指一些常规性督导，也称为普遍性督导，即每个学校和相关人员都必须接受的督导；后者主要是指对新学校、新教师或者年度中心工作所要求的事项进行特别督导。

2. 学校督导的方法与标准

法国不同层次督导人员在工作中的着眼点和对象有所不同，因此没有统一的方法。中央一级对各级各类教育负责，但是以中等教育为主；学区一级对普通教育负责，也以中等教育为主；省一级负责学前、小学和初中教育，但以小学教育为主。国民教育总督导处的作用主要是参谋顾问、监督检查并重，然后才是宏观指导。地区教学督学既接受上级的领导，同时又要对下级进行指导，工作较为复杂。省督学的着眼点主要是对基层学校进行指导，因此其工作最为具体和微观。法国地区学科督学对于学校的督导评价主要围绕着教师的教学质量进行，特色鲜明。

学科督学对于学校的督导在于对教师教学工作的质量进行检测，主要从教学准备工作、课堂教学、与他人的关系、个人进修四个方面进行。

（1）教学准备工作。教学准备工作是一切教学活动的基础，教师应该重视教学准备工作，包括对教材进行选择、删减不必要的内容、使用系列教材、教学方法的使用、教学评价手段的使用等。每个教师都应当能够随时展示自己的备课成果，并且能够以表格的形式将其呈现出来，详细说明所使用的教学材料与教学目的之间的关系。教学准备工作主要由以下几个方面构成。①每堂课的教学目标（可实践、可操作）。每堂课的目标应该以期望学生达到的水平为出发点，包括：每堂课的目标；新的知识（评估的基点）；学生前期需具备的知识，必要的资料和材料准备，使用的教学方法；学生作业，每堂课不能没有学生独自做作业的时间；测验。②教学内容。教学内容应该与教学目标相一致，教师需注明新知识点，并且明确学生在课堂结束时应该掌握哪些知识。为了体现教学内容的恰当性，一般要求教师为每次课准备一份“教学法”

的单子，单子上需写清教材、工作、课程类别、时间、课程资料、课程目标、教学方法、评估标准等。督导人员可以从“教学法”单子上看出教师备课的认真程度。③教学过程设计。为了上好每堂课，教师应该设计好整个教学过程，包括知识的传授、方法的传授、专业技能的传授、学生作业。

（2）课堂教学。课堂教学重在督导课堂技术和师生关系两个方面。①掌握课堂技术。教师应该熟练掌握各种不同的教学方法（解释的方法、提问的方法、实验的方法、示范表演的方法），并且熟练掌握各种教学手段（粉笔、黑板、投影仪、电影、录像、模型、电脑）。②师生关系。师生关系反映教师对于课堂的管理是否有效，首先是教师的总体态度（衣着，流利又严谨的书面和口头表达），其次是他对学生产生的影响（全班学生的注意力、教师在学生中的权威性、学生积极认真的参与程度）。教师必须对全班学生的反应高度注意并迅速准确地进行分析，及时发现有困难的学生或积极性不高的学生。这其中有三点需要特别加以注意。一是学生的笔记。检查学生笔记是教师的职责。二是学生个人作业，包括训练性作业和测试性作业。训练性作业的目的是为了让学生消化所学，而测试性作业的目的是阶段性总结，两者缺一不可。三是小组合作作业。这能够帮助学生提高团队合作能力和责任感，也突出了教师的协调能力。

（3）与他人的关系。这里的与他人的关系，是指与学生之外的其他教师、行政人员和校外人员的关系。①参与教学小组活动。参与教学小组工作表明教师能够与自己的同事合作，有分享教学资料和互相帮助的意愿。②与行政部门的关系。行政部门对于教师的评语是由学区负责人向校长提出并由校长最终决定的。这一评语是教师取得职称评定和晋升的条件。教师应该明确自己的管理职责，如学生出勤、课前点名、与学生家长联系等。另外，教师也需要与行政部门保持良好的关系，共同促进教学改进。③与合作单位、周围人员的关系。教师要与社区、与有合作关系的机构保持良好的关系，才能够得到更广泛的支持和帮助。④参与特种活动。督导小组会根据教师的特长和能力，让教师参加一些特别活动。这些活动能反映教师的才干和教学积极性，也能够加强教师和督导人员之间的交流。

（4）个人进修。新技术、新知识的不断发展，要求教师要紧跟技术进步，及时更新所学。这不仅反映教师本人的职业修养，也影响教师的教学水平。个人进修的主要形式包括参与培训班、参加进修活动、在大学里继续学习等。

（二）督政

在法国教育督导制度创立的初期，教育督导工作主要体现在督政上，即检查各级各类学校是否按照国家规定对学生实施正规教育。后来，随着历史发展，特别是法国中央管理权限的不断下放，督导工作的重心转向督学，而督政工作主要体现在中央和学区一级。此外，由于督导系统和行政系统、咨询系统之间关系密切，经常协作解决问题，所以相当一部分督导人员要兼顾行政工作和咨询工作。由于学区一级主要以督学工作为主，而以督政工作为辅，下面我们主要对中央一级的督政工作进行介绍。

1. 国民教育总督导

国民教育总督导的首要职能是咨询和建议。由于国民教育总督导主要以教学督导为主，其督政职能主要体现在对于“督导工作的督导”，也就是说，国民教育总督导要对其下属的所有督导工作进行督导。国民教育总督导必须对全国的督导工作进行宏观的部署和安排，并确定每个阶段督导工作的重点。传统上，总督学也承担对某个特定领域的评估活动，但现在转变为对教育制度普遍运行情况进行评估。

2. 国民教育行政与科研总督导

早先，国民教育部内设置过行政管理部门总督学，主要负责监督国民教育部下属各司局、院校的行政管理。1965 年，新的政令宣布成立一个更高级的监督机构，负责监督从幼儿园到高等教育各层次的教育机构。1999 年的法令明确指出国民教育行政与科研总督导处负责监督、调研、信息建议和评估的长期性任务。该机构的成员负责在行政、财务、审计和经济领域内，对国民教育、高等教育与科研部的机构进行监督和评估。他们还参与教育人员的聘用、培训与评估。

国民教育行政与科研总督导主要对各级教育行财政进行监督和评估，其方法主要是通过实地调研，并以调研报告的形式进行发布。近几年涉及的几个专题有大学的不动产、教育和科研人员的代际更新、大学的财政储备、大学自治的实践、教研人员的晋升、继续与成人教育学院集团的财务状况、初等教育经费分配等。

二、教育评估工作①

（一）法国教育评估体系

上述督政与督学工作主要由督导部门开展，而教育部评估与预测司则主要进行评估工作，着眼于整个教育体系，为所有层次的相关人员——上至议员、部长，下至学校教师——提供一套可靠的数据标准来判断教育体系的运行状况。经过几十年的探索与发展，法国已经形成了较为完善的基础教育质量测评体系，主要包括教育系统监测、学生学业诊断和学校发展评估（如图 2-1 所示）。其中，教育系统监测主要指国家测评，学生学业诊断包括教师自主选择的测试、国家统一规定的测试，学校发展评估主要是以学校为主体的增值性评估。

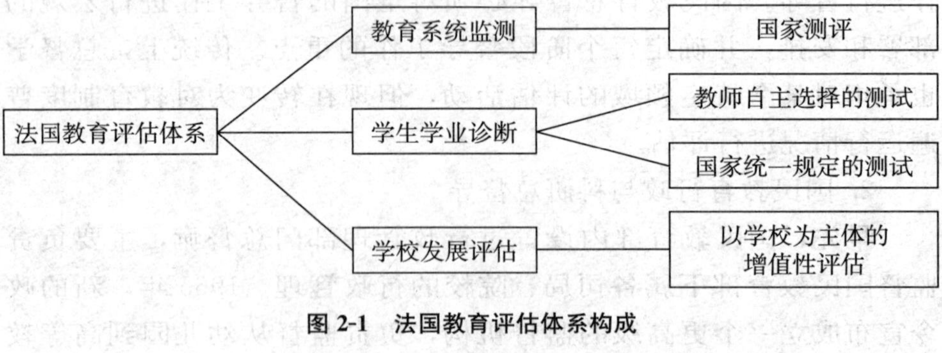

图 2-1　法国教育评估体系构成

① 杨涛、辛涛、董奇：《法国基础教育质量测评体系探析》，《比较教育研究》2013 年第 10 期。

1. 教育系统监测（国家测评）

国家测评是法国根据国家基础教育发展目标，结合国内实情和发展需要而研发的阶段性测评，目的是了解全国学生整体学业水平的发展状况和变化趋势，比较不同群体、不同地区差异，分析学生学业状况与各相关教育政策、环境因素的关系，考察某项教育政策的效力。经过多年的调整改进，法国国家测评形成了自己独特的整体设计思路。

国家测评在两个教育阶段结束时进行，评估对象是五年级、九年级学生，即法国小学、初中阶段毕业生。测评的内容主要以国家课程标准和《共同基础法》为依据，并考虑到学生学业水平变化等特点，经过不断探索确定学生在毕业阶段应该获得的基本领域中的重要技能和生活态度，包括口语和写作、外语、社会态度、社会学习、科学、数学六大领域。目前已形成一定的周期，自2003年开始，每年测评一个领域，每六年为一个评估周期。为了对学生成就变化进行追踪比较，在周期性测评基础外，还有一个补充研究——长期趋势测评，其评估对象为五年级学生，仅涉及最基本的语言、数学两个领域。从1987年开始，每十年进行一次。

2. 学生学业诊断

学生学业诊断是由教师对学生个体实施学业成就诊断的评估，目的是让教师有效甄别每个学生学习的当前水平和存在的问题，以便采取有效的改进措施，提高教学效果。经过不断的完善，目前学生学业诊断又分为两种：一种是教师自主选择进行的测试，另一种是国家统一规定的测试。教师自主选择的测试使用范围最广、频率最高的是教师根据自己的教学进度可随时进行的诊断测试。诊断评估从1989年开始。这类测试可以帮助教师直接通过具体测试题目，分析班级中每个学生在所学知识和技能上的优势和不足，判断是否具备进入下一阶段学习的能力，并及时改进教学方式，给予个别指导，提高教与学的效果。国家统一规定的测试的组织方式与教师自主选择的测试基本一样，参与测试的对象为小学阶段二年级和五年级的所有学生，测试内容仅为法语和数学。

3. 学校发展评估

学校发展评估是对学校整体办学力量和水平的综合评估。学校发展评估的主要目的是帮助学校获得自我发展的信息，科学合理地分析自己的优势和不足，促进其在现有基础上制定适当的政策，不断提升自我。评价学校时不能仅仅考虑学生的学业成绩等指标，还要综合考虑与学生相关的影响因素，如学生原有的成绩基础、家庭社会背景等，利用“增加值”更能体现实际效果。因此，学校发展评估是以学校自我评估为主要方式。而且，每学年末，学校委员会要召集校长、教师和家长代表共同对机构运行状况进行评估，在考虑社会经济条件和当地环境的前提下，确定学校实现国家教学目标的具体方法、实施环节中的一些具体措施，以及根据学生需求明确具体的教学项目和课程活动等。

总体上来看，法国基础教育评估体系具有完整性和层次性。在管理上，体现了高度的集中化和制度化。在内容上，法国基础教育质量测评体系重视标准制定，重视对核心能力的测评。在结果使用上，法国基础教育质量测评体系体现出多样性、实效性。

（二）近年来评估与预测司开展的主要工作

法国教育部评估与预测司的职能范围在不断扩大，其评估的对象也在不断拓宽。与一开始针对整个宏观教育体系进行评估相比，近期还开展了针对学校和某项教育政策进行的评估。总体来看，预测与评估司主要在以下四个方面开展工作：一是对整个教育体系进行评估，这以每年定期发布的《学校状况》报告为代表；二是对学生学习状况进行评估，主要分为诊断性评估和总结性评估；三是对学校进行评估，这以“高中运转情况指数”为代表；四是对教育政策试点进行评估，比如对缩小班级规模的政策进行评估。①

① ［法］雅基·西蒙、热拉尔·勒萨热著，安延译：《法国国民教育的组织与管理》，教育科学出版社 2007 年版，第 330 页。

1.《学校状况》

《学校状况》是法国教育部评估与预测司最具有代表性的评估工作和成果之一。该报告每年出版一期，至今已经出版十几期，对法国从幼儿园一直到高等教育，从普通教育到继续教育等各级各类教育的情况进行综述，并对教育体系的效率和效益进行评价。一般来说，该报告从成本、活动和结果三个维度来对教育总体情况、初等教育、中等教育、高等教育、继续培训五个方面的内容进行评价。在2003年出版的《学校状况》中，其评估指标体系见表2-1。①

表2-1 教育状况评估指标

成本	活动	结果
	整体	
01-教育支出	02-国民教育人员编制 03-人员支出 04-就学时间 05-优先发展教育 06-对大学生的社会补助	07-阅读能力 08-未取得任何资格就离开学校的学生数量 09-毕业人员的培训和学位层次 10-社会各层次达到的教育层次 11-学位文凭与失业风险 12-学位文凭、社会状况与收入 13-男女生学业成绩 14-对男生和女生的指导
	初等教育	
15-初等教育支出	16-初等教育学校的入学率与接待条件	17-进入初中第一年的知识水平评估
	中等教育	
18-中等教育支出	19-中等教育的入学率 20-中等教育学校的接待条件	21-接受第四层次和第五层次培训的情况 22-中等教育毕业生的就业和职业前景

① [法]雅基·西蒙、热拉尔·勒萨热著，安延译：《法国国民教育的组织与管理》，教育科学出版社2007年版，第331页。

续表

成本	活动	结果
	高等教育	
23-高等教育支出	24-高中毕业生与应届学生进入高等教育机构的情况 25-高等教育主要阶段的录取情况 26-高等教育的入学率	27-进入大学第二阶段的情况 28-第三阶段学生学业成功率 29-高校毕业生的就业和职业前景
	继续培训	
30-继续培训的教育支出		

2. 诊断性评估与总结性评估

诊断性评估是利用评估工具对每个学生的优势和弱点进行分析诊断，帮助教师在教学中采取相应的教学手段和措施。除了对学生进行评估之外，诊断性评估还对班级、学校、区域进行评估。总结性评估仅在每个学段结束时对学校、班级和学生进行抽样评估。这种评估的结果很少用来对学生学业进步提出切实的建议，但是可以通过纵向比较发现整个教育水平的变动趋势。

在法国，大规模的诊断性评估和总结性评估都是由教育部评估与预测司完成的，这体现了该司工作的重要性。随着跨国学业测试项目的不断推广，法国也参加了诸如 PISA 和 PIRLS 等国际项目。这部分工作，目前也由教育部评估与预测司负责。

3. 高中运转情况指数

在教育部评估与预测司成立以前，对高中进行评估在法国是不可想象的事情。这主要是因为法国中央集权的教育行政管理模式使得不同学校的运行状况基本相同，教育督导工作基本能够保障学校有序运转，没有单独进行评估的必要。近几十年来，一方面，地方教育权力不断得到加强，学校（特别是高中）获得了更大的自主权，也体现出充分的多样性，因此有必要对其进行评估；另一方面，媒体上宣传的各种高中排名容易造成恶性竞争，对学生身心发展不利，需要国家建立一套客观而公正的指标体系，来说明各个高中的运转情况。由此，评估与预测司公开发布了高中运转情况指数，为社会各界了解法国高中的运转情况提供了参考。①

与媒体排名不同的是，高中运转情况指数从不同视角来审视学校质量，它主要采用以下三个指标：高中毕业考试通过率，参加高中毕业考试的学生比例，取得高中毕业证的学生与中途离开学校的学生之比。高中毕业考试通过率是最传统的指标，也是媒体经常炒作的指标，但它并不能全面衡量一所高中的质量。参加高中毕业考试的学生比例能够很好地衡量学生整体就学情况。取得高中毕业证的学生与中途离开学校的学生之比则反映了学校选拔和教育学生的严格程度。

当然，高中运转情况指数的计算一直在调整，特别是要考虑到该学校所接受的学生类型，如多大比例的学生来自弱势群体家庭等。只有这样，才能更加客观公正地衡量一所高中的运转情况。总之，高中运转情况指数发布的初衷是为了纠正高中排名带来的错误导向，因此，对它的使用和解读都应该更加慎重。②

4. 缩小班级规模政策评估

在法国，小学班级规模一直是一个热门话题。不少家长认为，小班授课能够让学生更多地得到教师的指导，从而提高学习成绩。因此，要求在小学阶段控制和缩小班级规模的呼声不断。

对此，小学评估高级委员会利用教育部评估与预测司研发的工具展开调查。结果表明，对于 20—25 人的班级规模来说，进一步减少学生人数，对于学生的成绩没有任何影响。但是对于弱势群体来说，学生能够从缩小班级规模中受益。

---

① ［法］雅基·西蒙、热拉尔·勒萨热著，安延译：《法国国民教育的组织与管理》，教育科学出版社 2007 年版，第 334 页。

② 王晓辉：《法国教育评估初探》，《比较教育研究》2009 年第 5 期。

从这个例子就可以看出，教育部评估与预测司往往要和其他部门（如督导部门和评估高级委员会等）展开合作，才能充分发挥其职能。很多时候，受限于自身的职能范围，评估与预测司更多地关注评估工具和指标体系的研发，而将具体的评估工作留给相关职能部门。

第四节　法国教育督导队伍建设

法国各级教育督学属于国家公务员，并划入公务员等级中的第一等 A 级，作为教育管理人员队伍中的重要组成部分，其录用和培训受到国家的高度重视。法国公务员的录用条件分为基本条件和特殊条件两部分。基本条件适用于所有公务员，如必须具备法国国籍、享有公民权等。督学的录用除了必须具备基本条件之外，还通过法律，规定了特殊的任职条件和录用程序。

法国督导人员分为三类，分别为学业督学、学区学业与教学督学、国民教育督学。国民教育总督导处内部的督导人员组成 14 个专家小组，其中包括 1 个初等学校教学督导小组（对全国的小学教学进行督导）、1 个学校生活及环境督导小组（对全国的学校设施和学生的学校生活进行评估）、12 个中学不同学科的教学督导小组（对中学各个学科的教学进行评估）。

一、中央督学录用条件及程序

国民教育总督学必须从年满 45 岁的正式公务员中挑选，必须以公务员身份在国民教育领域服务十年以上，其中至少有五年从事教学工作；必须持有以下文凭之一：国家博士学位、具备指导研究导师资格、大学教师职称、中学高级教师职称或被承认的同等职衔。

国民教育总督学的招聘由一个专门的考核委员会负责，该委员会包括七名国民教育总督学、七名中央政府或受其保护的公共机构负责人、七名大学教授，由总督导处主任任主席。上述人员均由教育部部长正式任命。委员会首先对所需职位的确定提出建议，并在国民教育部机关刊物上正式公布招聘信息和招聘条件；然后对申请者提供的所有材料进行审查筛选，从中为每个空缺职位列出一份有排序的候选人名单；最后提交教育部部长，转呈共和国总统，由总统以法令形式正式任命。另外，每五个职位中，有一个职位由部长会议讨论通过，以法令形式直接任命。

国民教育行政总督导团体内各职级人员均要通过逐级选拔产生。国民教育行政总督学主要从教育系统内具有相当资历的文职行政人员、大学行政管理顾问、大学总务主任、任职十年的省教育局局长等具有丰富行政管理经验的国家公务员中选拔。选拔由国民教育部部长或由其代表主持的委员会负责，该委员会由四名部长选择的中央行政司局长、国民教育部行政总督导处负责人及两名由国民教育部部长指派的该部成员组成。国民教育行政督学任职满一定年限，至少达到第三职级，以及大学行政秘书长、高级文职行政人员等可成为副总督学的候选人。至少达到第四职级后的副总督学或在服务机构和中央行政机关任主任、副主任的负责人，才可能被任命为总督学。总督学的年龄必须在 45 岁以上。总督学、副总督学和督学的任命，要根据国民教育部部长提名决定，通过法令宣布。

总督学上岗任职不须经过专门的脱产培训，但如果本人提出要求，总督导处可以安排其不定期参加实习、学术讨论会和短期培训。

二、地方督学的录用条件、程序及培训

地区—学区督学必须具备以下条件：具有一定职称的大学教师，中学高级教师，学校或其他教育机构负责人，至少任职已满五年的国民教育督学。上述人员必须年满 40 岁，并在教育、管理或督导部门全日制服务满五年或相当于五年。

国民教育督学的任职条件为：至少具有大学三年级学习文凭或被承认的同等学力文凭，或者持有中学教师资格证书，已经是

国民教育部所属范围内的教育、教学、指导和管理机构的正式公务员，同时在上述机构已全日制工作五年，年龄在40岁以上。

地方督学的录用比总督学复杂。每年，新增地方督学的职位按照专业由教育部和国家公职部协商后正式公布招聘信息。新督学的录用绝大多数必须经过公开的竞争性考试，考试由一个专门考试委员会负责。该委员会成员和主席由教育部部长任命，由总督学、地区督学和来自高校与教育有关的其他系统的代表组成。所有愿意参加应聘督学考试者须首先将个人申请材料送交所在学区教育局，学区核实后再转呈教育部部长。考试委员会将对所有提交的书面材料进行审核筛选，提出有资格参加考试的候选人名单，合格者参加考试。

地方督学必须集中接受上岗培训，这是法律规定的任职必备条件。其他领导人员则采用在职培训形式，主要在学区内进行。

地方督学培训时间为两年。第一年，以在校学习为主，共22周，课程含基础课、专业课和选修课三部分，后两者根据学员将要从事的具体工作岗位设计，具有针对性。教学采用讲座、案例分析、实验和学员自学研讨相结合的方法，理论联系实际。经过第一年的学习，学员要获取三方面知识：与督学职业有关的一般知识、学科专业必备知识以及履行督学职责的基础知识。第二年，主要用于实习和撰写论文。实习由培训学校统一协调，将学员派到各学区教育局，先后到局内不同部门担任职务。实习结束时，由学区长对学员实习期间的工作表现和能力做出书面评价，不合格者继续实习一年，如仍不合格，则送回原来单位。实习完成后，合格者返校撰写论文。论文题目由学员自选，但必须是实习所在学区教育中的热点问题，论文必须在学校指定的一名校外专家指导下完成。论文完成后，由撰写者本人送交专门的考核委员会评审。至此，培训学校将综合学员的平时学习成绩、实习表现和考核委员会对论文的评审意见给出最终评价报告，并签署意见统一结业，颁发结业证书。最后，根据国家教育行政委员会、培训学校校长和学区长的评语和意见，由教育部部长正式任命为督学。

第五节　分析与讨论

一、法国教育督导的特点

法国教育体制具有中央集权的特性，因此常常成为我国的首要考察对象。法国是国际督学常务大会①成员国之一，与欧洲其他国家相比，法国的教育督导有如下几个特点。

（一）督导与评估工作相对独立

在世界范围内，督导的起源早而且发展历史悠久，评估则是最近几十年才在国际范围内风靡起来的，特别是 TIMSS、PISA 等具有国际影响力的大规模测试展开之后。在一些国家，督导工作与评估工作基本上融合在一起，特别是在日本，轻督导而重评估已经成为趋势。但是在法国，督导和评估工作是截然分开的，由总督导部门和教育部评估与预测司两个独立的机构开展。这一点是法国教育督导的一大特色。

在法国，督导工作和评估工作在性质、内容、方法上都有很大区别，但在功能上又相互补充，保证了法国教育事业的健康发展。相比之下，由于历史悠久，督导在行政体系上更为完备，形成了从中央到地方的三级体制，而且在人员的选拔和任用上，已经形成一套完整的机制。评估部门则是法国国民教育部下设的一个普通司局机构，在地位上比总督导部门要低，而且没有全国的分支行政体系，侧重于宏观层面的教育评估工作。

（二）重视学科督导与教师督导

法国教育督导历来重视对学科教学工作的督导，无论在中央一级还是地方一级，督导人员首先必须是学科教学领域的专家，能够对学校教学工作起到指导作用。在中央一级，督学被按照学

---

① 国际督学常务大会是一个定位欧洲、服务欧洲的督导联合会。它旨在促进欧洲各国督学之间的交流，协同推进欧洲教育督导的发展与改革。http://www.sici-inspectorates.eu.

科专长分入各个学科组；在地方一级，督学与学校有着更为紧密的联系，需要经常深入中小学校进行实地监督、调查工作。

在学科督学的工作中，最重要的一个环节是对教师的督导和考核工作。正如前面的案例所陈述的那样，特别是对于地方督学来说，到学校中对教师的教学工作进行评估是其主要工作之一。不仅如此，学科督学对于教师的评价决定了其职称晋升与工作调动，可见其重要性。

（三）机构分工明确，督导范围广泛

法国督导历史悠久，而且在职能和机构上相对独立，使得其影响范围比一般国家更为广泛。在法国，督政与督学相互独立，分别由国民教育总督导处和国民教育行政与科研总督导处两个部门负责，前者负责对幼儿园和中小学进行督导，后者则主要对学校运营的行政、财政方面进行督导，其中包括各类高等学校。

法国教育督导的监督范围还不止基础教育和高等教育，甚至对于相关体育文化事业也有所涉及。比如，法国教育部下设图书馆事务总督导处和青年体育事务总督导处两个机构，前者主要对高等学校的图书馆和地方图书馆进行技术监督，后者则对各级各类青年体育事务进行督察。

（四）学区联络员制度加强了中央与地方的联系

督导作为一种国家教育行政管理机制，很容易由于行政色彩过浓而导致行政部门与学校实际相脱离，造成督导工作的形式主义和走过场。法国很早便注意到了这一点，并且采用了联络员机制加以解决。

联络员机制的建立，拉近了教育行政部门与学区之间的距离，起到了良好的中介和桥梁作用。学区联络员长期深入某一学区进行考察，并与学区长共同制订学区工作计划，保证了国家教育发展与学区实际的良好结合，有效促进了地方教育的发展。

二、存在的问题及发展趋势

经过二百多年的发展，法国教育督导为法国培养高素质人才提供了坚实的制度保障，在很多方面的先进经验都非常值得其他国家学习。但是，也正是由于历史悠久，法国教育督导发展存在着较为严重的“路径依赖”现象，即旧有的制度和体制难以突破，使得教育督导事业面临着一些问题。

（一）行政色彩过重，服务功能不强

法国是一个中央集权国家，其行政管理力度在整个欧洲是最大的，这一点在教育领域也不例外。法国完善而健全的教育督导制度和法令，一方面保障了其教育发展，另一方面也束缚了地方的教育自由。教育督导在法国诞生之初，就是为了保证全国上下能够执行相同的教育政策，这一点至今仍然没有发生改变。

（二）督导对于教育宏观发展的指导作用不突出

传统的督导工作过于细致和集中，重心工作基本上放在学科教学上，忽略了学生身心健康和全面发展。不仅如此，在很长一段时间内，缺乏宏观监控手段，导致教育督导对于法国教育长期发展的指导不足，这也是后来法国政府决定建立教育部评估与预测司的初衷。毕竟，在世界范围内，大规模教育测评和基于数据的教育政策制定已经成为主流。因此，进一步加强对于教育工作的宏观指导对于法国教育督导来说十分重要。

虽然存在以上问题，法国教育督导还是有很多值得借鉴的地方，特别是在为整个国家的教育事业发展、为政府制定教育政策提供建议上，已经体现出越来越重要的地位。法国很多重大教育政策的制定和实施过程中都有各级督导人员的参与。比如，在关于“学校分区图”的激烈争论中，就有来自督学和教育部评估与预测司的声音。①

与法国的总人口相比，法国拥有的各级各类督导人员数量在整个欧洲都名列前茅。但是，与英国、荷兰等国逐步向多元化、基于风险的督导迈进相比，法国无论在督导人员聘用还是在督导方

① 王晓辉：《学校分区图——法国教育均衡的政策工具》，《比较教育研究》2010年第12期。

法上显得较为保守。而且，在法国，教育督导过分侧重于教师考核，而大部分评估功能主要由教育部评估与预测司来负责，这也与欧洲其他国家整合督导与评估的做法不太相符。总之，法国是一个特立独行的国家，在教育督导上有着自己的独特理念。

第三章
德国教育督导与评价制度

第一节　德国教育督导制度的历史沿革

德国教育督导制度的发展与德国教育的发展是一脉相承的，是随着教育制度的国有化而建立和发展起来的。从国家建立教育行政制度以来，教育监督和督导就始终贯穿于教育行政管理中。

德国教育督导制度的发展脉络相对清晰，从早期启蒙时代的重“督”不重“导”到二战结束后的“民主视导”，再到目前的教育质量评价，德国教育督导逐渐把督导的重心转移到通过评价促进教育质量的提高上来。

一、教育国有化与国家监督的开始

德国学校的起源可以追溯到中世纪的基督学校，直到14世纪，德国才出现不是由教会所开办的市立学校，但教育权力仍掌握在教会手里。最初的学校事务由县市管辖，地方当局对国民学校的监督则委托神父或牧师负责。

德国是世界上最早实行义务教育的国家。德国宗教改革的领袖马丁·路德早在1530年便建议“政府当局应该强令臣民送其子女上学”①。当时就提出了国家监督的思想，他认为，国家应该像强迫公民服兵役一样，强迫人们把子女送到学校中接受教育，政府也应发挥教育的监督功能，保证义务教育的进行。②

进入17世纪之后，德意志各邦国相继以立法的形式对义务教育做出了规定，如安哈尔特-贝恩堡（1605）、魏玛（1619）、哥塔（1642）、符腾堡（1649）、普鲁士（1717）和萨克森（1763）。③ 不过，在很长一段时期内，有关义务教育的规定只是停留在纸面上的一种意向，并没能得到落实。直到1825年，普鲁士才率先在其境内贯彻落实了义务教育。④ 16—17世纪宗教改革和启蒙运动之后，各地王侯与教会重视教育，增强了国家对教育的控制权力。

17世纪到18世纪中期，初等学校的主要变革是学校的管理权由教会转移到政府手中，强迫儿童入学变成了人们所公认的和必须强制执行的公民义务。在16世纪时，初等学校是教会的附属机构，儿童入学被看作对教会尽义务，而到18世纪末，德国的初等学校已成为政府管辖的机构，并且受教育已属于公民的义务范畴。⑤

18世纪后期，义务教育在全国得到普及。18世纪末开始，德国教育制度国有化，国家大规模地制定法规，1763年腓特烈二世颁布了《普通学校规章》。这是18世纪中期后，普鲁士公国所颁布的重要教育法令之一，其中可以看出当时就设有负责教育督导的视学官。法规第26条“每年的观察”中这样规定：“我们要求各个地区的教育主管和视学官每年都要对他们管辖的所有学校进行巡视，着重了解学校的办学条件，检查家长和学校当局是否积极督

① ④ Rudolf W. Keck (et al.). *Wörterbuch Schulpädagogik*. Regensburg: Klinkhardt, 2004, p. 426, p. 426.

② 孙启林主编：《世界主要发达国家义务教育均衡发展比较研究》，东北师范大学出版社2009年版，第75页。

③ Hans-Joachim Laabs (et al.). *Pädagogisches Wörterbuch*. Berlin: Volkseigener Verlag, 1987, pp. 337-338.

⑤ 滕大春主编：《外国教育通史》（第3卷），山东教育出版社1990年版，第179页。

促学生坚持上学，牧师是否认真执行规定、尽职尽责。他们要经常访问学校，对教师进行指导，特别要注意了解教师是否具备任教的能力，指出有待改进的地方。关于这些情况，教育主管和视学官每年都要向当地的高级行政官员提交一份报告，以便进行进一步的调查和处理。"①

1794 年，普鲁士以法律规定中小学校与大学为国家事业。1872 年，普鲁士制定法律，规定学校的监督权属国家，不属教会。普鲁士所制定的这些普通教育法将管理学校视为国家的权力，从而建立了国家教育行政制度，学校事务由政府办理和监督。后来县市自治权力扩张，自己也兴办地方学校。

19 世纪，德国渐渐将教育行政从教会手中接管过来。同时德国教育行政也受到各州文化自治权的影响，因此各州保留了自己管理学校的主权。而德国教育督导可以追溯到 18 世纪末，德意志普鲁士邦用立法的形式宣布将学校归于国家管理并对其进行监督。1872 年，德国中央政府颁布《学校教育法》，进一步明确了国家对学校教育督导的职责和范围，并规定对学校教育督导的职权属于政府。

二、教育督导制度的正式确立

德国教育督导制度正式始于 1919 年的魏玛宪法。1919 年的魏玛宪法第 144 条中规定："所有的学校受国家监督。学校监督由作为专家培养的专任公务员来实施。"②

1949 年，德意志联邦共和国成立。德国现行的督导制度是以 1949 年颁布的《德意志联邦共和国基本法》（以下简称《基本法》）为依据建立的。《基本法》确立了国家对学校教育的督导权：全部的学校教育事业置于国家的监督之下。德国政府对学校教育进行

① 夏之莲主编：《外国教育发展史料选粹》，北京师范大学出版社 1999 年版，第 402 页。

② 刘淑兰主编：《教育评价和督导》，华东师范大学出版社 2000 年版，第 259 页。

督导的目的是：保证分布在不同区域的同级同类学校的教学内容和水平的统一性，不允许学校脱离国家的管理。因为教育事业属各州的文化主权，亦即整个教育事业（包括私立学校）是处在各州的监督之下。[①] 学校监督由教育行政当局进行，包括三方面的内容：①对教育活动的专业监督；②对教师的业务监督；③对学校设置者的法律监督。[②]

从《基本法》所规定的督导内容我们可以看出，在很长一段时间内，德国的督导都是重“督”而不重“导”的。“督”是为了发现问题，“导”是为了解决问题，两者是相辅相成的，而解决问题才是实施督导制度的最终目的。

三、“民主视导”备受青睐

二战后，在世界教育民主化思潮的推动下，教育督导中重“督”不重“导”的做法开始受到责难，“民主视导”备受青睐。在这种国际潮流之下，德国的教育督导改革也努力将督导人员从过去的令人生厌的“检察官”角色向能够调解各种纠纷和提供各种咨询服务的“专家”角色转变，并采取了适当的措施加以调整。20世纪70年代后，德国在教育审议会的建议下对督导进行了改革，即以1973年的《劝告》为准绳，使学校监督与学校、督学与教师的关系从原来的命令关系向协作关系转变，集中体现在以下三个方面。

(1) 强化学校监督的指导建议职能。学校监督除了行使指导建议职能外，还要发挥监督控制的职能，但以前者为主。

(2) 将实行指导建议职能和监控职能在人员上和组织上进行分离。因为督导人员同时拥有指导和控制职能，在实施上有可能危及协调关系，因此《劝告》指明，首先要将对学校教学方面的指导建议活动与监控活动分开进行，也就是不能同时进行两项活动；

① 顾明远主编：《外国教育督导》，人民教育出版社1993年版，第91—92页。
② 刘淑兰主编：《教育评价和督导》，华东师范大学出版社2000年版，第259页。

其次要求在人员上分离出来。

（3）督学权力的行使是有条件的。从尊重教育的自身规律和教育的自由权出发，强调督学虽然有权力命令学校和教师修正他们的教育判断或决定，但是其权力的行使是有条件的，并以法的形式规定了条件的内容。另外，1969 年以后德国也为实现从多领域的督导向单一学校专门督导的转化以及按照教学科目进行督导而做出了巨大的努力。

二战结束后的这段时期是德国教育督导制度高速发展的黄金时期。教育督导的定位不仅从“专制”过渡到“民主”，而且形成了颇具特色的学校专门督导特色，专注教师和教师质量的督导也在这一时期初具规模。这些变化都是德国教育督导系统趋于完善的重要标志。①

第二节　德国教育督导机构的设置与职能

联邦德国教育督导机构模式属于混合型督导制度模式，其特点是，教育行政部门同时也是督导机构，行政部门兼有督导职能。尽管是一体化模式，但在内部设置上，有明确的分工或督导人员。德国的教育行政管理与其他国家相比，其突出特点就是体现了教育督导贯穿在整个教育行政管理之中，即采取不把教育行政人员和督导人员分开，而是教育行政部门的领导要兼负学校督导工作的做法，所谓教育行政管理就是教育督导。其目的是把教育行政工作和督导工作协调和统一起来。有教育家认为：“健全的教育行政应处处含有视导作用，而有效的视导更必须深入教育行政组织之中，以便其本身成为教育行政机能的一部分。”②

德国是一个联邦制国家。二战后确立了地方分权制——各州

① 刘淑兰主编：《教育评价和督导》，华东师范大学出版社 2000 年版，第 260—261 页。

② 顾明远主编：《外国教育督导》，人民教育出版社 1993 年版，第 91 页。

管理教育，联邦没有实权。依照德国《基本法》，德国文化教育由各州自治。在这种体制之下，各州享有绝对的文化教育自主权，享有教育立法和行政管理的最高权限。① 德国的教育联邦主义使各州教育产生了很大的差别，为了在教育政策上使各州取得最低限度的统一，德国建立了一系列协调机构，主要有以下四种：各州文化教育部长联席会议、科学审议会、德国教育审议会、联邦与州教育规划与促进委员会。②

（1）各州文化教育部长联席会议建立于 1949 年。文化教育部长联席会议是联邦各州文化教育部长之间的一个自愿的、自我协调和互通情报的工作团体，其任务是“讨论跨地区具有重要意义的文化（教育）政策事务，旨在形成共同的意志和代表共同的愿望”。参加者均是各州掌有教育大权的州文化教育部部长，讨论各州共同性的重大教育问题。主要职能包括：①比较与协调各州学校毕业资格，各州的学校教育制度可以是不同的，但在毕业时都要达到大致相同的水平；②研制统一的学校教育质量标准，特别是在德国参加欧盟 PISA 测试、成绩排名落后的情况下，联席会议决定在德国洪堡大学设立教育质量评估研究所，具体研发各学科质量标准，组织进行与 PISA 测试相一致的国内监测，目的是提高基础教育质量；③协调各种证书颁发机构的标准和资质。

（2）科学审议会建立于 1957 年 9 月 5 日，它包括科学委员会和管理委员会，主要任务是对高等学校的发展、教学和科研提出建议，协调各州的高等学校规划，对经费使用提出咨询和审议紧急项目的拨款等。

（3）德国教育审议会建立于 1965 年 7 月 15 日，它由一个教育委员会和一个政府委员会组成，主要任务是提出联邦教育事业发展计划，提出有关教育结构的建议和经费需要等。

（4）联邦与州教育规划与促进委员会是德国另一个重要的教

---

① 张可创、李其龙著：《德国基础教育》，广东教育出版社 2005 年版，第 72 页。

② 吴文侃、杨汉清主编：《比较教育学》，人民教育出版社 1989 年版，第 289 页。

育协调机构，建立于1970年，是1969年修改《基本法》的结果。根据修改后的基本法精神，联邦与州可以在教育规划上进行合作。为此，联邦与州于1970年6月25日签订了《联邦—州行政管理协定》，成立了联邦与州教育规划与促进委员会。它代替教育审议会制订联邦教育计划，协调联邦与各州的教育政策，提出教育预算和促进科学研究，在这个委员会中联邦与州各拥有11票表决权。

以上四个机构各自负责的内容不同，但是目的是一致的，就是减少各州之间的教育差距，促进教育平衡、协调发展。

在德国，联邦教育研究部内并无专门的督导机构和督导人员。但是上面提到的几个全国性协调机构在一定意义上发挥着咨询、互通信息和视导的作用。特别是近年来各州文化教育部长联席会议的一个工作重点是研制全国教育标准和教育评估政策。为此，在其领导下在洪堡大学设立教育质量评估研究所，目的是提高基础教育质量。具体职能：一是研究基础教育阶段各学科的国家教育水平标准；二是开发设计用于德国国家教育质量监测考试的题库；三是在全德范围内抽取样本，实施国家考试，对教育标准进行测量；四是开展各种与实施国家教育标准有关的研究，向联邦政府提供全国性常模和成绩测试结果。

在联邦以下，教育督导机构分为三级：州文化教育部、区教育厅（行政公署教育处）、县市教育局。各级教育行政机构也就是教育督导机构。在各级教育行政机构中，教育行政长官即是教育督导的负责人。在负责人之下，设人数不等的督学长，分别管理各自负责的区域、学校和学科教学；在督学长之下，按学校和学生人数的多少，设若干名督学。

由于各州教育制度不同，所采取的督导制度模式也有所不同，以混合设置型模式为主，但也有个别州采取了单独设置型模式，如汉堡市。德国督导机构职责范围主要涉及中小学、职业学校和中等专业学校的督导与评价，不涉及对高等教育机构的督导与评价。

一、州一级的教育督导

德国教育行政主权属于各州，州享有教育立法和行政管理的最高权限，并且是最高教育检查与监督机关，州文化教育部是最高的教育督导机构，可以直接发布教育督导命令，负责制订教育督导计划，并具体实施督导。① 各州主管教育行政的机构名称各异，有的州称文化教育部，有的州称教育部，柏林、汉堡、不来梅则称教育局。

各州文化教育部一般设部长 1 人，副部长 2 人。部长为国会议员，由州行政领导任命，经州议会通过。② 一般而言，部下设司，司下设科。一般情况下设有总务司、教育计划司、学校教育司、教师教育司、高等教育司、艺术与成人教育司。学校教育司下面再分小学、普通中学、高级中学和职业学校各科。

作为州的最高一级教育行政机关，各州文化教育部代表国家行使对教育的管理和检查职能，全面负责一个州的教育规划、组织、管理和督导工作。在学校教育系统，州文化教育部的主要职责是与各地区教育局、地方教育局共同完善学校教育体系，发展符合学生需求的特色教育，完善教学计划、课程形式和考试方式，研制符合各级各类学校特点的教育标准，促进普通教育领域和职业教育领域学生个性、能力最大限度的发展。此外，还肩负着非公立学校和成人教育的管理职责。在教师的招聘、选拔、进修和培训方面，在学校的建设和课外、校外活动方面，文化教育部也担负着协调各部门、各单位关系的职责。

各州文化教育部的主要职权有：设立和管理州立学校，以设立高等学校、师范学校及高级中学为主；监督和视导州内各级各类学校，包括私立学校，但原则上以督导中等教育为主（初等教育由地方教育局督导）；负担地方学校教师的人事费（包括薪金、退休金和抚恤金等）；研制学校建筑设备标准并审核校舍建筑计

① 刘淑兰主编：《教育评价和督导》，华东师范大学出版社 2000 年版，第 261 页。

② 马健生主编：《比较教育》，高等教育出版社 2010 年版，第 281 页。

划，补助地方学校新建经费和私立学校的经费；拟订各州教育计划，研制和颁发州课程标准，选择和认可中小学使用的教科书；任命州立学校教师及审核地方学校任用教师情况；任免各级各类公立学校的校长；负责中小学教师的资格考试，办理教师在职进修教育；监督和管理社会教育（如成人教育）；负责管理完全中学的毕业考试；等等。

各州文化教育部既是州教育事业的立法、管理机构，也是教育督导机构，教育督导工作融入各司的管理工作中。

但也有少数州或直辖市单独设立教育督导部门。例如，直辖市汉堡市在市教育部内设独立的督学处，根据所属学校及学生数共配备 24 名督学，其中 16 名督学分别负责 7 个区的督学工作，8 名督学负责法律监督工作。每位督学配备 1 名工作秘书。大约 2 名督学负责一个区 38 所学校的督察。督学处分为小学教育督导科、初级中学督导科和高级中学督导科。

由于实行地方分权，所以在不同的州，各级教育督导机构所承担的职能是不同的。一般而言，州文化教育部负责初等或中等教育的督导，但是原则上以督导中等教育为主。也可授权下属教育行政机构行使督导权。不管在何种情况下，州文化教育部都是教育督导工作的最高主管机构。

在一些不设县市教育局的地区（如汉堡、不来梅），州文化教育部要负责初等教育的督导。在没有设区教育厅的地区（如巴伐利亚、霍尔斯泰因），由州教育部直接负责中等教育的督导。完全中学、中等专业学校由州文化教育部与有关主管机构合作进行督导，农业学校由州文化教育部与农业部合作实施督导。

而在另一些州（如北莱茵-威斯特法伦、下萨克森和巴登-符腾堡），由于设区教育厅，中等教育督导由教育厅负责。由于德国属中等教育范畴的学校类型较多，具体到不同类型的中等学校，行使教育督导权力的机构又有所不同。一般而言，完全中学的教育督导由州教育部或区教育厅负责。在中等职业技术学校的教育督导工作方面，县市教育局负责部分时间制职业学校，区教育厅负责全日制职业学校。中等专业学校则由州教育部与有关主管机构合作进行督导，如农业学校，即由州文化教育部与农业部合作实施督导。

由于是各州（直辖市）教育行政部门负责对学校教育进行监督和管理，因此各州（直辖市）教育行政部门对学校教育督导的管理方法也不尽一致，各具特色。例如，巴伐利亚州各级学校教育督导机构对学校教育中的义务教育的实施、课程计划、教学质量、教学组织、人事管理、经费等进行重点督导，实行对学校教育的职能、业务、法规和行政的综合督导。该州的督学每人负责对80—100名教师的督导，对所属教师的工作每四年评估一次，评估结果报上级主管部门。督学还要参与关于学校规划、资金、教师、学生、教学和课程问题研究，同时要和其他机构密切合作。

下面以黑森州的督导机构为例说明德国州文化教育部的人员编制情况（1984年）。黑森州的首府是威斯巴登，其面积为2.1万平方公里，人口550万。学校督学组织分为三级：最高一级——州教育部（威斯巴登）；中间一级——三个区教育厅（达姆斯塔特、吉森、卡塞尔）；最低一级——26个教育局。全州中小学共计2 014所，其中公立学校1 887所，私立学校127所（占学校总数的6.7%）。学生共914 323名，教师44 523名。教育督导员113名，行政管理督导员27名。人员配备情况如下：平均每350名教师配备1名教育督导员（督教师），平均约1万名学生配备1名教育心理学者（负责家长和学生的工作），每650名教师设1名行政工作人员（官员），每2名督导员、2名心理学者、2名工作人员配备1名秘书（职员）。有些教育局还专门配有一些执行特殊任务的督导员，所以整个州督导员与教师的实际比例为1∶335。①

从以上数据中可看出，即使在20世纪80年代，德国督学的配备比例还是很高的。这反映出德国教育督导在很早就达到了较高水平，这与德国重视基础教育质量的理念密切相关。

---

① 顾明远主编：《外国教育督导》，人民教育出版社1993年版，第94页。

二、区教育督导

德国联邦各州的地方行政划分有所不同，较大的州下面设区政府，区下面设县市，县市下面再设乡镇。较小的州不设区级政府，州下面就是县市及乡镇。有的州如果设区级政府，那么该州地方教育行政机构则分区和县市两级。地方一级的教育行政机构主要有区教育厅和县市教育局。

德国只有在较大的州才设有区教育厅。在设有区教育厅的州（如北莱茵-威斯特法伦、下萨克森和巴登-符腾堡），区教育厅有厅长、秘书、教育督导人员及工作人员，负责教育事务的监督和普通行政事务的监督，教育部授权教育厅负责视导区内的中小学，但以完全中学和职业学校为主。巴登-符腾堡州、下萨克森州、北莱茵-威斯特伐利亚州的中等教育督导是由区教育厅及中学校长来负责。较州文化教育部和县市教育局而言，区教育厅的督导工作较少，主要起着承上启下的沟通作用。

三、县市教育督导

德国县市地方教育局是最基层的教育行政管理机关，地方教育局一般设局长一名、副局长一名和两名督学，由他们组成领导层。从这一点可以看出督学的地位很高，参与决策。一般而言，县市教育局负责初等教育和部分时间制职业学校的督导工作。

有的县市教育局不设统管全局的局长，而是由县市主任秘书和督学共同负责，督学长同县市主任秘书共同领导全局工作，其主要任务是督导学校教育并兼办教育行政、预算和人事方面的工作。由此也可以看出督学位高权重。督学长由州教育部任命，一般由校长提拔上来，教育局督学长的名额多少视局管辖区域而定，有时有五六名督学长，彼此分工合作，发挥集体督导功能。

督导人员配备情况各州不同。下面以黑森州卡塞尔县的督导机构为例说明县市教育局的人员配置概况。① 卡塞尔县面积为

① 顾明远主编：《外国教育督导》，人民教育出版社 1993 年版，第 94 页。

1 292 平方公里，人口为 22.5 万。公立学校 76 所，学生约 3 万名，教师 1 634 名。该县教育局设 3 名教育督导负责小学、初级中学、实科学校、综合中学和特殊学校的督学工作。1 名教育业务督导员（教育局领导）负责完全中学、综合中学和职业中学的督导工作。1 名行政业务督导员（法学家），4 名学校心理学者，3 名工作人员（官员），5 名秘书（职员）。督导人员与教师的比例为 1∶326.8。

由此可知，德国州、县级的督导机构人员的配置情况是相似的（黑森州的督导人员与教师的比例为 1∶335，卡塞尔县的督导人员与教师的比例为 1∶326.8），这也从一个侧面反映出了德国均衡的教育资源。

第三节　德国教育督导的内容、过程与方法

一、学校督导评估内容与指标

德国教育督导主要是对学校的督导。德国实行分权制，各州制定适合自己的督导标准，根据自身的情况和特点研制相应的督导评估方案。下面以黑森州学校质量框架和巴伐利亚州外部评估的质量领域框架为例来分析德国教育督导人员在评价学校质量时的标准和指标。从中可以看出德国教育督导所关注的焦点和热点问题。

（一）黑森州学校质量参考框架

黑森州学校督导团进行督导工作的一系列原则是建立在黑森州学校质量参考框架基础上的。框架把学校质量分为 7 个一级指标，再在一级指标下分出若干个二级指标，如表 3-1 所示。

表 3-1　黑森州学校质量参考框架

一级指标	二级指标
前提条件与物质环境	教育政策与法律法规 人力与物力资源 学校所在地对教育的投入 学生与学校环境 外部支持

续表

一级指标	二级指标
质量改进的目标与策略	学校改进计划 内外部评估
专业性	职业技能的保持与发展 员工内部的交流与合作
学校文化	教育理念 校园生活 与外部环境的合作与交流
教与学	课程的机构与跨学科的能力 结构清晰、讲解清楚的教与学过程 处理各种复杂学习情境的能力 引导良好的学习气氛和学习能力
学业成就	实验与动手能力 交叉学科的学习能力 教育轨迹（成长记录）与毕业证书 毕业生的受欢迎程度与被认可度 持续的成就

由于各个学校的情况不同和督导时间的限制，不是所有的标准都会在每一次督导过程中采用，即使会采用，深度和广度也会有所不同。在每次的实际督导过程中，督导人员会根据学校的实际情况选择需要优先督导的指标。

（二）巴伐利亚州外部评估的质量领域

巴伐利亚州外部评估的质量领域包括 4 项，共 14 个维度、37 项标准，见表 3-2。

表 3-2　巴伐利亚州学校外部评估质量领域

一级指标	二级指标	三级指标
办学条件	学校的位置 教师 学生的整合	

续表

一级指标	二级指标	三级指标
办学条件	物质和资金资源 地方或者组织上的特点	
学校的过程质量	学校领导和管理	人员管理 领导 工作的安排
	教师或课代表的工作	教师的合作 职业发展 进修 与家长的合作（拓展活动）
	学校文化	学校氛围、生活 学生的作用 家长的作用 学校的开放 课外活动
	学校发展和学校特色	学校发展过程 质量保障
课程和教学的过程质量	课程质量	课程引导 课堂气氛 动机 组织结构 目标导向 个性化的帮助 独立学习 课程形式的灵活性 学习效果的保障 成绩的提高
	教师保障质量的方法	教师之间的课程合作 课程创新

续表

一级指标	二级指标	三级指标
学校工作的结果、对结果的处理	学习结果的水准	学校确定要达到的成绩 比较工作 决定学校发展道路 辍学者 重读率 毕业考试
	监督	对成绩和发展结果的处理 用于改善教学质量
	满意度	学生的满意度 教师的满意度 家长的满意度

比较发现，两个州的指标都很重视办学条件、校园文化、课程与教学过程、学习结果和学校改进。除了一些共同的元素外，各自有所侧重。黑森州在校园文化指标中列出了教育理念这一指标，在学业成就指标中包括了毕业生的受欢迎程度与被认可度这一指标。而在巴伐利亚州的指标体系中，在学校的过程质量中特别强调学校发展和学校特色，在结果指标中的满意度指标也特别引人注目。

德国的教育督导包括内部评估和外部评估。到目前为止，内部和外部的评估被普遍认为是最有效的保障教育质量的工具，对于教师、学校领导、教学监管、家长和对教育感兴趣的公众来说，这些工具为各个学校和教育事业更加专业的发展奠定了基石。内部评估由学校对自身情况进行调查反思，对学生考试成绩进行分析研究，听取家长意见，改善学校工作。外部评估由州教育评估机构组织实施（也就是由督学人员进入学校组织实施），主要关注学校的办学思想、办学行为、整个面貌和教师队伍。①

① 李帅军：《德国教育督导制度的特点及启示》，《辽宁教育研究》2006 年第 10 期。

二、督导过程与方法

下面同样以黑森州和巴伐利亚州学校督导评估过程为例来反映德国的情况，进而映射出德国教育督导过程的面貌。

（一）黑森州学校督导评估过程

黑森州学校督导团每4—5年对一所学校评估一次。一个督导工作小组根据学校的规模可以由2—4个成员组成。在具体的个案中会从学生家长或是企业中挑选一名名誉会员加入督导小组，便于从学校外部的视角得到有关学校的整体情况。同时工商业的代表也会增补进来对职业学校进行督导。在一些个案中，邀请其他州的督导人员合作参与本州的督导实践也是允许的。黑森州学校督导团每年会在400—500所学校中随机挑选，然后根据区公立学校办公室所在的区域以及这些区域内不同的学校类型进行分层。

在黑森州，所有的督导人员都使用相同的督导公文、指标体系和评估工具对学校实施外部评估。对不同类型的学校的督导工作的内容和方式大体上是一样的。只是针对不同学校相关督导标准的编制有所不同，特别是那些特殊支持的学校和职业培训学校。在这种情况下，督导人员就可以根据被督导学校的不同特色灵活选择更适合本学校的督导标准和原则。

整个督导过程分为四个阶段，持续时间大约18周。

（1）准备阶段。①根据被督导学校提供的相关材料制定督导的目标、过程和方法（大约在督导前的9—10周）。②督导团的领导通过电话联系被督导学校的校长（大约在督导前的9周）。③寄送给被督导学校相关的材料（大约在督导前的8周）。④研究学校提供的相关材料并反馈给学校改进办公室（大约需要4周）。

（2）实施阶段。走访被督导学校，观察课堂，实施访谈，听取学校陈述及相应的反馈（2—4天）。

（3）完成与撰写报告阶段。①立即分析收集到的所有数据，并形成报告（走访学校之后）。②以电子邮件或其他方式将初步的报告反馈给学校以便于学校及时更正可能不够准确的地方（访问学校之后的6—8周）。③最后，将最终报告的电子版发给学校和相应的区公立学校办公室，同时将报告的摘要发给当地县市的行政部门（在分析会议召开前的2—3天）。④在学校举行的“分析会议”期间陈述并且递交督导报告。会议的具体日期是由督导团的领导与学校的校长商议决定的（学校访问后的8—10周）。

（4）后续阶段。被督导学校必须将学校督导的结果渗透到学校未来的发展规划中，并且学校未来的发展目标必须与区公立学校办公室制定的目标保持一致。学校专门督导的指导方针、工作框架包含以下几个方面：描述和记录学校督导的过程以及在督导期间发生的一系列需要说明的事件，记录相关材料的分析过程，形成相关的学校报告，掌握学校的基本数据，在督导期间督导团要与学校达成工作一致性协议（责任、行动、程序）。

在督导过程中采用的主要方法如下。

（1）问卷法。问卷发放给学生、家长、教师和学校的领导。问卷的设计包括了黑森州学校质量参考框架所提的所有一级指标和二级指标。问卷的答案分成从反对到支持的四个层级，当问题无法回答时，可选择“不知道”。问卷通过网络的方式发放，被调查者可以凭借各自的登录密码登录在线的网站进行填写。对于无法使用网络的特殊情况，会发放给学生和家长纸质的问卷。

那些被邀参与回答的被试者是随机挑选的，并不是所有的家长和学生都必须参与。但是就问卷而言，作为最基本的调查方式，是面向所有人的。特别需要指出的是所有的教师必须回答。在线答疑方式的评估反映的是受访者瞬间的主观反应。针对班主任的问题与其他受访者的问题有所不同，它要求班主任可以用自己的语言反映有关学校的环境，特别是学校管理和组织方面的问题。

（2）访谈法。访谈对象的选择是基于黑森州学校质量参考框架提出的不同指标。受访者中除了教师以外，还包括许多非教育人员，如教学秘书、学校管理者和图书管理员。

（3）观察法。①课堂观察。观察的重心放在教师的教学过程。每个观察时段大约是20分钟，可以是一节45分钟课的开始、中间或是结束部分。观察的目的不仅仅是关注教师的教，更重要的是观察课堂文化以及学校改进计划所涉及的主要领域的改进是否实现（增量评估）。对课堂教学很有限的观察是为了对学校主流教学实践有深入的了解，这对形成关于学校的整体认识是至关重要的。学生的学习过程以及学习的条件也是观察的重点。应该清楚的是，不可能观察到学校中每个教师的课堂。因此，只能人为地根据年级和学科选择教师进行观察。另外，还要注意的是每次进入教室的督学人数只有一两名，目的是为了尽量不影响教师的正常教学，也为了观察到学生们在课堂上最真实的表现。②参观学校。参观学校的目的是形成整体的印象，对学生学习的物理环境以及教师和学校管理人员的工作环境有一个初步的认识。在参观的同时，督导人员会对学校的空间环境、仪器设备、教室的布局进行详细的记录。在参观过程中，督导人员需由学校的管理者以及当地行政部门的相关负责人陪同，如有不明白或有疑问的问题可以随时提问，而相关人员要无条件地配合并告知实情。

（二）巴伐利亚州学校督导评估过程

巴伐利亚州对学校的督导过程较长，主要有准备、实施、结论三个阶段。

（1）准备阶段。校长需要提供大量背景材料，如教学、教师、管理、对外联系、正在执行的项目等。学校需回答多份问卷，学生、教师、家长代表也须填写。问卷有两种形式：网上问卷和纸质问卷。所填问卷一律不署名。网上问卷的评定是通过州属学校质量评估机构来进行的。

进驻学校的评估小组由4—5人组成，成员包括一名领队（通常是外地校长）、两位专家、一位经济界代表，有时还包括一位家长代表。这样选择评估人员的原因是为了全面了解学校情况，倾听社会各界的声音，将评估结果的误差减少到最小。

评估要求学校方面和评估人员实事求是和真诚坦率。真诚坦率的前提就是保护，巴伐利亚州的外部评估要求所有的小组成员签署一份声明，他们要做到保密，保护数据信息。声明一式三份，一份评估人员保留，一份交给学校监督，一份交给质量代办处。

为了保证评估小组每学年能有十次进入学校评估的机会和尽可能使他们的工作专业化，要规定他们的工作时间：每年要在学校监督区（一般来讲就是行政区）内工作30个小时及以上。

（2）实施阶段。经过前期的收集资料后，评估小组就正式开始入驻学校评估。评估小组一般在受评学校工作三天，三天的具体工作任务大致相同，但侧重点不同。

第一天，先考察学校大致情况，形成整体印象。接着分两个小组去听不同的课，尽量涉及多个年级。听完课后，两个小组的成员分别要与校长和副校长面谈，开诚布公地进行意见交流。评估小组要着重注意了解校长及其在学校发挥的作用及所承担的工作任务。之后，一个小组与分管教育的市长谈话，另一个小组与管理学校房产的部门会谈。第一天的工作重点是全方位地了解学校情况。

第二天，两个评估小组继续听课，注意观察课堂上学生的反应和课间的休息情况。听完课后，两个小组的成员都要与学校的教辅人员、秘书接触，了解情况，甚至与午餐管理协会的成员见面，与教师团队见面，更加全面地了解这个学校的教育情况。第二天的工作重点是了解课堂教学情况。

第三天，两个小组上午继续听课，下午再次与校长、副校长谈话，并且要去图书馆查阅藏书情况，检查学校的计算机联网情况是否达标。第三天的工作重点是查看教学软硬件设施的配备情况。

（3）结论阶段。综合三天的实地调查和之前获得的资料，评估小组要对学校的教育情况做一个总体的评估。对评估成绩前10%的学校，由州教育评估机构向社会公布，作为其他学校的榜样，也有助于家长选校。对其他等次的学校，则由州教育评估机构书面通知校长，并抄送给地方教育局，不在媒体上公布。这样做的原因是为了保护学校，督导的目的是为了提高学校的教学质量。督导机构反馈给学校的不只是等次，更重要的是具体的工作指导意见和学校发展建议。学校对这些意见和建议非常重视，校长会组织全校教师认真研读，总结经验，吸取教训，制订和完善学校未来发展的具体方案。

由于督学基本上是教育部门的领导，他们的工作有一定的自主性。在学校办学条件建设（设施配备、班级建设、教师队伍建设）的督导上，他们主要采取参加会议、与有关部门协商、协调、合作、调查、研究等方式；在教学工作督导上，他们则采取听课、与师生谈话、组织研讨等方式。工作方式是十分民主的，他们既是督导人员，同时也担负辅导、咨询任务，是教师的知心人。督学与教育内部、外部，与上级、被督导者广泛联系、密切接触，疏通情况、协调关系。

采取外部评估的主要方法有问卷法、访谈法和观察法。这三种方法各有利弊，将三者结合起来使用能够保证评估结果的客观性、准确性和公平性。

第四节　德国教育质量评价与监测

一、PISA与德国教育质量问题

1997年，经济合作与发展组织（简称经合组织）创立了一个国际学生评价项目，简称PISA。它由参与国家共同开发，针对在校的15岁学生进行标准化国际测试。它在主要的工业化国家对义务教育结束后的学生（15岁）进行每三年一次的测量（2000年，2003年，2006年……），评估学生在义务教育结束后对进入社会和终身学习所必需的知识和技能的掌握情况。从宏观上看，各参与国希望通过比较研究，分享有关教育资源、设施、教育体制方面的数据，获得完善教育决策与教育发展的一些指标。从微观上看，PISA主要测试评价在义务教育阶段结束时，学生是否获得必需的应对生活的能力，是否有继续学习的能力。测试评价涉及阅读能力、数学基本素养、学科综合能力、科学素养四大领域。每次的评价侧重点各不相同，PISA2000的评价侧重点是阅读素养，

PISA2003的评价侧重点是数学素养，PISA2006的评价侧重点是科学素养。在每一次的测试中，阅读、数学、科学素养领域的内容不是以学校课程为依据，而是以当今社会生活中所需的重要知识和技能为依据。所采用的测试方式是纸笔测试，每个学生测试时间总共两小时，学生先用20—30分钟回答背景问卷，提供他们自己和家庭的相关信息。PISA的题型包括选择题、封闭式建构型问答题和开放式建构型问答题，这些题型根据一篇有关现实生活情境的背景短文分组组织。

1997年10月协调德国联邦各州教育的重要机构——德国文化教育部长会议决定德国普通教育学校将参与大型的国际比较研究项目PISA，以便客观地了解德国学生在各能力领域中的表现。2000年的测试结果表明，在参与的32个国家中，德国学生的阅读和计算能力远在中等水平之下，芬兰、韩国和加拿大名列前三位，俄罗斯、拉脱维亚和巴西名列最后三位。德国有6 000名学生参加了测试，在阅读方面名列第21到第25位之间，数学能力名列第20至第22位之间，自然科学基础教育位于第19至第23位之间。如果进一步审视测试结果的细节，德国的尴尬情形就更加突出。例如，10%的参试学生不具备最基本的阅读能力，仅具备最基本阅读能力的占13%，达到最高阅读水平的只占9%，均低于经合组织成员国的平均水准；大约42%的学生承认没有读书的兴趣，其比例在所有国家中名列前茅；在数学方面，25%的男学生对高于小学水平的数学问题没有把握；在自然科学方面，德国学生的能力也大大低于经合组织成员国的水平。

PISA评估结果不仅引发了德国教育界的大讨论，也震动了德国社会各界，舆论一致认为，学生水平的下降反映出德国教育在体制、教师培养和教学方式上都必须进行改革。面对这种情况，德国教科部部长布尔曼女士表示，联邦政府和所有联邦州政府都不能袖手旁观、坐视不管，需要对评估结果做出响应。联邦政府将负起责任，使德国教育重新在国际社会中具有竞争力，其中一个重要项目就是制定全国统一的教育标准，包括对教育目标和学生能力的评价体系。

二、全国性独立的教育评估机构——教育质量评估研究所

为了落实联邦政府的改革目标，提高学校办学的自主权，使教育质量从输入转向关注结果，从内容转向注重能力，德国文化教育部长联席会议决定成立一个学术研究型教育评估机构——教育质量评估研究所，这个研究机构挂靠在德国柏林洪堡大学。2003年12月这个研究机构正式成立，目的是改进基础教育质量，其核心任务是进一步研制相关的国家性教育标准，同时评估这些教育标准的可行性，并从学术角度督促标准的落实。该机构具有以下四项任务和职能。

（1）研究基础教育阶段各学科的国家教育水平标准。

（2）开发设计用于德国国家教育质量监测考试的题库。

（3）在全德范围内抽取样本实施国家考试，对教育标准进行测量。

（4）开展各种与实施国家教育标准有关的研究，向联邦政府提供全国性常模和成绩测试结果。

同时，该机构还为各个学科研制相关的能力模型，根据这些模型提出学生在特定学段应该达到的能力水平；研制开发相应的任务库或者试题库，通过这些任务或者试题的完成来判断学生是否达到教育标准所要求的能力；开发计算机支持的测试与评价系统。从这个研究机构的使命看，它所涉及的是学科教育、教育科学与心理学交叉学科层面上的教与学的研究。

以研究为主要任务的研究所还承担着一定的教学任务，为“课程与教学”以及“实验教育研究”方向的师范生开设“学业成就评定”等课程，让未来的教师及时了解教育学以及心理学研究的成果，了解哪些因素影响着学生的学业成就，在这些因素中个体因素（智力、学习策略、学习压力等）、教学因素（班级管理）、校外因素（家长支持）分别起着怎样的作用。该课程的开设，还希

望师范生们能积极参与这一领域的理论与实践问题的研讨。①

三、不同层次的教育质量检测工作

为了加强对教育质量的监控和评价，各州都相应地建立了教育质量评估研究所，配合教育督导机构对各类教育的评价和研究工作。研究所要掌握每年每所学校自评的情况，并规划和落实每年评估的学校计划，提出督导报告。

经过多年的建设与发展，德国已经形成比较完整的国家教育标准，并在16个州强制执行，充分表明了各州文化教育部长联席会议推进德国基础教育改革的决心和力度。2006年，各州文化教育部长联席会议通过决议，确定了德国考试系统的三个层次。

第一个层次是国际化的大规模考试。要长期参加抽样测试的国际评价，在小学阶段参加国际阅读素养进步测试及国际数学和自然科学测试的评价，在初中阶段参加PISA的评价，以建立德国在国际教育质量评估标准中的位置。

第二个层次是基于国家教育标准的国家考试和国家教育尺度的确定。在小学三年级和初中三年级通过全国性抽样，定期开展国家考试，以便掌握全德基础教育整体状况，对各州之间教育情况进行比较，以促进全德基础教育对国家教育标准的贯彻实施。此外，德国还提出了2009—2016年国际评估和国家考试规划。教育质量监测评估研究所在借鉴学习测评经验的基础上，2009年第一次在全国中小学开展了教育质量监测评估，并且向全国公布各州和各校的排名。这大大推动了全德国中小学教育质量监测评估水平的提高。

第三个层次是各州开展的全州范围内的测验系统。为了应对测试项目，德国各州都成立了研究所。比如，柏林专门成立了教育质量评估研究所，其职责包括：为各州参加“国际学生评价项目”统测命题，对统筹试卷与国际水平进行比较分析，提出试卷

① 徐斌艳：《PISA引发的德国教育改革》，《现代教学》2006年第6期。

统测后的教育质量监测的建议与对策。各州教育监测的目的是为各州教育部门掌握本州教育状况、进行教育决策以及提出各种学校教育质量改进计划提供初评数据。

督导部门注重开展符合地方教育发展实际和特点的教育质量监测与评估。例如，柏林市于 2005 年专门成立了教育督导办公室，组织实施一校一报告的教育质量监测与评估。该督导办 2005—2008 年已对柏林市每所学校进行过一次“地毯式”的督导与教育质量监测评估，并把监测评估报告通报各校教职工大会，同时向社会公示。到 2009 年，该督导办在柏林市所有学校教育质量监测与评估报告基础上，通过统计学校的升学率和留级率，判断各校的教育质量与水平。

德国巴伐利亚州文教部从事教育质量监测的专家阿贝特先生认为，由于德国是联邦制国家，16 个州的教育部门对教育质量监测与评估都有很大的自主权，由此形成了各具特点的教育质量监测评估指标和管理制度。阿贝特先生认为，巴伐利亚州的教育质量监测评估，一方面在国际教育质量比较下进行，另一方面在自身管理体制的监测评估中形成特色。比如，当经合组织公布德国与北欧国家“国际学生评价项目”监测评估报告后，由于德国的监测评估成绩低于北欧国家，引起了政府及教育部门的震动。由此，德国 16 个州文化教育部长联席会议研制了各州相对独立又能协调全国通用的教育质量监测评估标准、各州之间学生毕业文凭互相认可管理办法，以及共同加强对教育质量督导与监测评估实施意见等。这使得德国形成了既能在全国统一开展“国际学生评价项目”测评，又有各州之间自行开展教育质量发展水平的监测评估态势。①

由此可见，近年来，德国在提高基础教育质量上下了不少功夫。所采取的方式是采用科学的方法提高质量评价的科学性和准

---

① 杨国顺：《欧洲三国教育质量监测评估考察报告》，《教育发展研究》2008 年第 9 期。

确性，并且加强对学校自评的重视，综合利用内外部评估结果。此外，增加各州范围及全国范围内的测评，让学生适应测评，并力求在国际范围内的测评中获得好名次。从德国的努力中我们可以看出其对国际排名的重视，但是最终目的还是通过这些排名来了解教育情况从而进行改进和提高。比如，要求广大教师重视加强中小学生阅读、数学和自然科学教学。

第五节 德国教育督导队伍建设

一、督导人员的主要职责

德国教育督导人员的工作和职责主要是围绕着学校教育质量的方方面面而展开，督学人员所有工作的核心是处理与学校、教学有关的各种关系。以汉堡市的教育督导为例，汉堡市教育督导的任务主要有：一是在学校的教育质量、教学内容和达到目的方面发挥掌舵的作用，二是掌握学校教学人员的配备、教师专业发展和再教育、学校领导选拔等，三是在学校改革过程中给予学校督导、帮助和咨询，四是解决学校的问题为教育部提供意见。总的来说，德国教育督导的工作内容主要包括以下四个方面。

（1）学校的规划和建设。在学校的规划和建设方面，督学的主要职责有：参与讨论建校规划和经费预算，根据州教育部修订的教科书目录审定学校用书，参与讨论或决定班级规模，参与教师的分配等。督学在学校组织、学校发展和学校建设问题上，作为国家的代表和办学部门经常进行磋商。督导人员可以参加学校专业会议、教师集会，发表个人意见。督导人员有时还参加市里有关学校的规划、资金等工作的研究，由此可以看出督学在与学校管理相关的问题上具有较大的权威性。

（2）课程和教学。对学校课程和教学的监督，是督学经常性的基本工作。在这方面，督学的任务主要包括：①参与州教育行政当局主持的课程标准的制订，参与教育厅或教育局有关教师、学生、教学、课程等工作的研究；②检查学校教师的授课是否符合课程标准的要求；③审查学校学科教学的年度课程计划；④协调不同学校之间的课程计划，以保证各校教学质量和教学水平的平衡；⑤协同校长检查教学质量；⑥评价教师的工作情况；⑦检查学生的学习成绩；⑧监督各种考试（尤其是高中毕业考试）的举行，参与主持考试工作和审阅试题。在中等教育里，督学还要视导中学的毕业考试。

（3）对教师及其工作的监督。督学的典型职责是人事管理。从新教师的聘用、教师的职务晋升、教师的分配和调动、教师的教育和教学工作，直到教师的在职进修，无一不是督学工作的内容。督学对教师的资格考试和在职进修也要进行督导。在教师工作的督导方面，督学的作用是至关重要的。一方面，督学有权对新任教师、任职两三年的教师进行教学评估，并经教师的同意，对其进行辅导；另一方面，在教师的职务晋升中，督学实际发挥着“上传下达”的联系人的作用。在教师晋升校长的职务时，首先由教师本人提出书面申请，然后由督学到校对该教师的业务水平、教学工作和品德进行考核，并听取其他教师的意见。通过考核后，督学写出报告，由上级教育行政机关审批。审批通过后，由督学将结果通过教师本人。此后再经半年到一年的试用期，经过再次考核，由州教育部下达任命。具体地说，督学要了解和评价教师的教学是否符合法定的标准，所运用的教育和教学方法是否恰当，检查教师执行教学计划和组织教学的能力，使用辅助教材、教具、实验设备的能力，以及灵活解决教学中各种问题的能力，并提出相应的改进意见。督导人员在视察学校时，每个督导人员完全有资格和义务检查校长、教师和非授课教育人员或技术人员所采取的决定及措施的合理性和实用性。有时也可对此提出异议以及给有关人员一些业务上的指示。

（4）学生管理。在学生管理方面，督学的工作主要是配合学校对学生入学、升学、转学等做出决定。

概括起来，德国教育督导的主要职能有业务监督、公务监督、法律监督三个方面。

（1）业务监督。业务监督是指督学从课程设置、人事安排和组织教学方面对教师进行监督，也就是说，由督学从教育科学的角度关心和促进学校工作，督促教师遵守一般的规范和秩序，按照专业的要求把教学和教育工作纳入正常的轨道。这种监督主要体现为对教师工作的指导、检查、考核和评价。①

（2）公务监督。公务监督通常是对正式教师的工作行为进行督导和评估。这既是指对教师任职情况、工作态度的监督，以决定教师的晋升、解职，同时也指对学校组织和日常工作的监督，如对教师会议、校务会议、学生自治会和家长会的监督。

（3）法律监督。法律监督是指根据各州颁布的有关教育法律条款衡量和检查教师的情况，同时也指对其他行政部门在处理设立学校、提供教学用具等一系列教育外部事务中的工作情况的监督。比如，检查办学单位采取的决定和措施有无违法行为。②

重视对教师的督导是德国教育督导制度的特色和亮点之一，这与当前世界上重视教师专业发展、重视教师教育质量提高等潮流不谋而合。

一般来说，督学按照学校类型来分工，如基础学校、主要学校、特殊学校、职业学校。督导人员要对自己所负责学校的人员状况、组织结构十分清楚，如学校的地理位置、校舍情况、设备好坏、学生数、教师数、班级数、学生状况、校长和教师的情况等。为此，督导人员要经常去学校视察、听课，每次听课后督导人员要和校长、任课教师一起讨论本堂课的教学效果。③

二、督学的权力

德国督导人员的权力很大：有权参与下级学校教育局人事工作，确定哪位教师有任校长的资格；有权参与课程建设、检查教学组织；有权随时进入学校，听课、与师生交谈、辅导教学工作；

① 张可创、李其龙著：《德国基础教育》，广东教育出版社 2005 年版，第 89 页。

②③ 李春生主编：《比较教育管理》，江苏教育出版社 2008 年版，第 73、72 页。

有权与教会、警察局、文化机构、法院、家长委员会等相关部门和团体接触，研究有关青少年教育中社会各方面应尽的义务；等等。由于督导人员本身就是行政人员，又多为教育行政方面的长官，因此，他们有权在督导中出谋划策，处理解决问题。

作为国家的代表，督学对教师的工作具有权威性的指导权力。但在另一方面，为了防止督学滥用权力，保证教师的教育和教学自由，各州教育法一般都对督学的职权范围做了明确规定，并允许教师如不同意督学的评价结论，可向有关教育当局申诉，由教育当局进行裁决（但在实践中，这种情况很少发生）。在黑森州和下萨克森州，甚至允许学校在不同意督学评价的时候，可自做评估，并向行政法院起诉。

三、督导人员的选拔程序与条件

在德国，教育督导人员实行公开招聘制，由州文化教育部发出公告，申请人可以是当地的，也可以是外地的，应具备多年执教经验，具备担任督导者的知识水平、优良品德和组织能力。① 具体来说，选拔程序如下：①向社会公开招聘条件；②申请人提出申请；③进行一次规范性考核（考核包括一次对公开课的评价，本人做一次有关教育学的学术报告，接受一次面试）；④考核后，由区教育行政机关向州文化教育部提出候选人名单，最后由州文化教育部或市教育局任命。②

德国督导人员的选拔方式简单而严格，采用严进宽出的方式，最终能够成为督学的人员都是德高望重、具有真才实学的学术型及管理型人才。督学在德国具有很高的社会地位，吸引了不少校长及学校管理人员报考。

从选拔条件来看，督导人员要求具有大学以上学历，学过教

① 顾明远主编：《外国教育督导》，人民教育出版社 1993 年版，第 103 页。

② 朱琦、杨辛、蔡雯卿著：《问题与探析：当代教育督导研究》，天津教育出版社 2006 年版，第 59 页。

育专业。有的人在大学期间就学过学校和课程评估专业课程，有的人已获得博士学位。从资历上看，要求具有多年的执教经验，通常担任过校长、副校长或新教师培训等职。

新任督学可参加定期的、由地方举办的、在老督学指导下的进修教育。各级督导人员也可通过集会、听课、参加学术讨论会及参观等方式来达到进修目的。新任督学学习、培训的内容有教育课程、法律课程和领导科学有关的课程。已担任多年督学的人员也需定期进修有关新的课程。①

四、督导人员的待遇

在德国，中小学教师、中小学校长、大学教授、教育机关的督导人员都属于国家公职人员，终身不被解聘，工资由政府发放。他们社会地位高，生活有保障。而在公职人员中，督导人员的工资待遇又是偏高的。

根据《联邦德国公务员工资法》规定，一名小学教师月工资约 4 000 马克，完全中学教师月工资 4 550—4 830 马克。一名超过 180 名学生的小学校长月工资约 4 640 马克。一名超过 1 000 名学生的综合学校或完全中学或职业学校的校长月工资约 5 850 马克。一名负责小学、普通中学、特殊学校的督导官员的月工资约 5 300 马克，一名负责完全中学或职业学校或担任部门领导的督导官员月工资约 5 850 马克。一般督导官员的月工资超过一般中小学教师工资1 000马克左右，与中小学校长相当或高于中小学校长。②

按照《联邦德国薪金法》规定，国家公职人员的月工资分为 A、B、C 三类。A 类属于中下级官员的工资，B 类为高级官员的工资，C 类为大学教授工资。中小学教师、校长、一般教育督导人员工资属于 A 类，A 类工资分为 16 个等级。负责小学和一般普通中学的督导人员定为 A15 级，负责完全中学或职业学校的督导人

① 李素敏编著：《教育督导学》，河北大学出版社 1996 年版，第 128 页。
② 顾明远主编：《外国教育督导》，人民教育出版社 1993 年版，第 97 页。

员定为A16级，由各州政府发放，统一按《联邦德国薪金法》实施。一个年龄40岁以上的教育管理人员月工资都可以超过4 000马克。其工资水平超过工人平均工资，但低于企业公司工程师工资水平；其生活水平按照联邦德国统计为中等偏上水平。联邦德国国家公职人员除基本工资外，还享有地区补贴、婚姻补贴、子女补贴、职务补贴。

不管是按照《联邦德国公务员工资法》的规定还是按照《联邦德国薪金法》的规定，督学人员都有较高的薪资收入和待遇，终身不予解聘，具有很高的社会地位。虽然中小学校长的工资与一般督学人员的工资差距不大，但在一定程度上督学人员会比校长更有社会地位，这也是吸引许多中小学校长再来报考督导人员的原因之一。

第六节　分析与讨论

一、德国教育督导机构的特点

德国一直以来都重视教育且教育质量优良，这与发达的教育督导制度不无关系。德国教育督导制度有不同于其他国家的一些特点，这是德国因地制宜、因势利导发展适合自己国情的督导制度的结果。

（一）教育督导机构设置的非独立性

这里的非独立性是就教育督导机构与教育行政管理机构二者的关系而言的。虽然德国的教育受到了较强的地方自治的影响，教育督导的职责各州有异，但大体上相近。在体制上，德国教育督导的特点是教育督导机构与教育行政机构是一体化的，没有独立的督导系统和督导机构。除联邦外，各州、区和县市三级教育行政机构均设有督导人员。这些督导人员是经过严格选拔，由上级教育机构任命的，他们同时又兼任教育行政官员，这样就形成了与教育行政机构一体化的三级教育督导机构。教育督导贯穿于整个教育行政工作中。但是，在一体化的教育行政机构中，教育督导的事务与行政事务又是明确分开的，以确保教育督导的相对独立性。因为教育督导人员本身是教育行政官员，是校长和教师的上级，对教师的任用、分配、晋升和解聘，以及校长的任用都负有参与考核和建议的职责，而这些又以教育教学业务上的督导为基础，以平时在教育督导中加深对校长、教师的了解为基础，所以这种督导事务与行政事务的分离也是相对的。

这种设置把决策与监督一体化，提高了管理效率，避免了一些冲突和矛盾，有利于督学工作的顺利实施。

其缺点是德国的教育督导人员既要负责教育督导工作又要负责教育行政工作，有时也会因行政事务而影响了督导工作；而且督导人员的职责过多，承担了许多本该由学校承担的监管职能。此外，教育督导人员的工资或与校长工资相当，或略高于校长工资，这影响了校长申请当督导人员的积极性。

（二）教育督导人员的权威性

德国教育督导人员的权威性建立在业务权威和身份权威基础之上。

业务权威来源于督导人员多是教育领域的专业人士，或是具有多年教育或管理经验的校长或教师。因此，从某种意义上讲，业务权威就是专家权威，即其在某领域具有相对的专业知识和发言权。这在督导人员的申请条件中得到很好的体现：教育督导人员应具有多年的执教经验，具备担任督导者的知识水平、优良品德和组织能力，大学学历，学过教育专业，等等。

身份权威的获得源于联邦德国特殊的教育督导机构和教育行政机构一体化的教育管理体制。教育督导者既是专业的教育督导人员，又是教育行政官员。这种双重身份使德国的教育督导人员对学校提出的意见和建议更有约束力。现实反映这种身份权威的就是德国现行的教育行政的双重领导制。它明显地体现在县市教育局。教育局不设统管全局的局长，而是由县市政府中掌有实权的主任秘书和州教育部派任的有教育经验的督学共同负责。主任秘书负责行政，督学负责学校的督导工作，但督学本身又是教育局的领导，他的工作在教育局内不受他人的指挥。他对学校的督导有决定权、处理权，真正是校长和教师的顶头上司，确实可以帮助校长和教师解决问题。这也是建立双重领导制的目的。

但是，督导人员在使用其权限时，要照顾到各方面的关系，绝不能滥用职权，要防止命令式的督导。对属于办学部门和校长权力范围内的事务，督导人员只能给出建议和协助，无决定权。有的州还规定，学校可以反对督导人员对学校所做的不适当的教育评估和教学措施，必要时可到行政法院进行起诉。另外，督导人员在考核教师工作时，事先应通知教师本人。如果教师对考核结果有异议，认为不公正、不合理，则有权控诉。这也体现了德国教育行政工作中的民主化和法制化。

（三）教育督导职责的广泛性

在德国，教育督导人员既是教育督导者，又是教育行政人员，因此，他们的职责就不仅限于在一定的时间段内对学校进行外部评估。他们还必须真正参与到学校日常教育教学的过程中，切实行使学校管理者的职能，不仅包括学校的规划与建设、课程与教学、教师的管理、学生的管理等学校的内部事务，也包括学校与其他相关机构的合作。例如，若学校开设宗教课，督导人员有时要与教会进行工作协商；在个别青少年犯罪问题上要与青年局、法院接洽；督导人员每个月要参加家长顾问委员会的一次会议；督导人员要就高年级学生的就业实习与相关企业部门合作；督导人员要与警察局等联系学校“交通安全课”的组织和活动问题；督导人员还要与文化机构（博物馆、剧院）联系，为学校和学生安排活动；等等。

综上所述，我们可以看出德国教育督导人员职责的广泛性和复杂性。当然，督导人员在每项工作中虽不做具体的工作，但处处体现了督导人员的督导作用。

（四）教育督导报告的内部性

德国教育质量的测试由学校独立进行，测试结果只由督学和学校掌握，不予公开。目的在于了解教育质量是否达到学校规划目标的要求，以有针对性地对某些学科学习较差的学生进行学习指导，掌握学生学习的实际水平和发展趋向性能力，在学生毕业时由学校做出向不同类型学校升学分流的推荐方案。例如，对小学毕业生，毕业时可分别推荐到面向上大学的完全中学、面向接受专科教育的普通中学和面向接受职业教育的学校等。当然，这些分流并非“一分定终身”，以后那些发展趋向有变化的学生，仍可有新的选择。德国教育质量测试不做学校间、地区间教育质量的横向比较。根据德国联邦文化教育部长联席会议雷沫尔女士介绍，一个重要原因，就是避免因横向比较给一些学校的声誉造成影响，成为家长不按要求送子女就近入学而助长择校就读的因素。同时，不做横向比较，也有利于学校在比较宽松的条件下办出有专长的学科，办出学校的特色。

（五）教育督导分工协作

教育督导工作分工具体，州文化教育部、区教育厅与县市教育局分工协作；学校的教育质量问题涉及多个方面，督导机构是主要的负责机构，但是也需要其他机构的协助。德国教育督导注重督导机构与多方机构协同合作，共同完成督导评估。

（六）重点对教师进行督导

在对德国督学职能、任务的梳理过程中我们不难发现，对教师的督导一直是督学人员工作的重点。即使对教学课堂的观察，督学人员对教师教课的水平与质量的关注也多过对学生课堂反应的关注。德国加强对教师的督导一点也不奇怪。这表明德国已经意识到教师质量的优劣是直接影响教学质量的关键因素。虽然在相关文件中没有明确地把对教师的督导单列出来，但是对教师的重视已经渗透到整个督导过程中。

（七）教育督导工作以督学为主

教育督导工作以督学为主，旨在提高学校的教学质量。到学校进行实地评估的评估小组人员既有专业的督导人员，也有非专业人员，包括经济界、家长代表，这样的人员组合更能保证评估结果的准确性。学校督导评估注重双向互动，在评估小组进驻学校期间，校长可就学校校舍建设等问题提出要求，如评估组认可，就进入申请程序。督导评估既具权威性，又不失民主。

二、德国教育督导制度的展望与发展

从19世纪德国教育督导制度初现端倪，到二战后的民主督导，再到目前不断改进测量手段和工具来达到更客观、全面、准确的评估，德国一直在督导方法上寻求不断的突破。

2004年，德国文化教育部长联席会议专门组建了教育进步研究所，以便从全国的角度对各州的教育标准达成情况进行比较评议。同时，德国国际教育研究所、马克思—普朗克人类发展研究所等一批高水平研究机构也参与了教育质量保障研究和工具开发工作，并在研发过程中参照和借鉴了第三次国际数学和自然科学测试研究、国际阅读素养进步测试研究、国际学生评估计划等著名国际教育成就比较工具的思想方法和技术手段，从而保障了德国教育质量保障体系本身的质量。①

① 冯大鸣著：《西方六国政府学校关系变革》，上海教育出版社2011年版，第90—91页。

第四章
荷兰教育督导与评价制度

第一节　荷兰教育督导与评价制度的历史沿革

荷兰是世界上最早建立教育督导制度的国家之一。1801 年，荷兰颁布了第一部教育法律《初等教育法》，教育活动日趋规范和具备法律效力。在国家对教育越来越重视的背景下，荷兰的教育督导机构——荷兰教育督导局应运而生，它标志着荷兰教育督导制度的开始。值得一提的是，这比英国教育督导制度的建立还要早 38 年。

在教育督导局成立后的半个世纪里，教育督导的主要任务是敦促地方政府和教师在法律范围内为所有儿童提供教育机会。此后，控制学校、使学校运行符合国家的法律法规要求、使教育体系与国家体制保持一致成为督导的主要职责。

1917 年，荷兰的公立学校与私立学校达成和解，私立学校（当时主要是新教学校和天主教学校）争取到了与公立学校同等的财政待遇，这意味着国家财政的教育负担加重，更多的学校向政府提出财政补助要求。在这样的情况下，教育督导的职能主要是与中央政府和地方市政当局协商解决学校的物资设备问题，如学校建筑、教科书等。

20 世纪 20—70 年代，督导的职责出现分化：一方面，要继续发挥激励和控制职能，使学校运作与法律法规保持一致；另一方面，要与中央和地方政府一道，安排教育事务。1969 年，荷兰颁布《义务教育法》，法律规定所有年满 5 岁的儿童必须接受为期 12 年的义务教育。在这一阶段内，教育督导的评价职能开始萌生。

20 世纪 70 年代，教育督导的评价职能逐渐扩大。荷兰政府重视教学目标、教学内容和教学方法问题，并且试图建立一些新的法律和政策，资助了一系列非强制性的国家课程发展项目和学校创新项目。教育督导局必须跟进评估这些项目的实施状况和效果。因此，教育督导局在当时开展了许多国家级的评估项目。

20 世纪 80 年代，荷兰的教育督导与评价制度开始呈现出非控制性、去中央集权化的趋势，学校得到更多的自主权，可以自评教育质量并对自己负责。80 年代以来，督导的评价作用越来越重要，但是人们普遍认为这一作用发挥得不充分。因为督导只评价学校发展的某些方面，而且仅仅评价数量有限的样本学校。如此一来，教育督导的学校控制职能、激励咨询职能以及评估职能之间的关联就被打破了。针对出现的这些问题，“整体学校督导”的体系逐渐在 20 世纪 90 年代发展起来，一开始仅针对高等教育，随后逐渐推广到中小学和职业教育领域。这一理念要求教育督导工作要定期开展，并对所有学校进行全方位的监督指导工作，以解决督导不力、职能削弱、督导片面化的问题。因此，随着教育质量成为发展主题。

1995 年，欧洲一些国家的教育督导机构共同成立了国际组织——教育督导常务国际会议，其口号是“更好的督导，更好的学习”。成立跨国组织的目的在于促进国与国之间教育督导事务的沟通与交流，促进督导工作的专业发展，同时合作开展一些教育督导与评价项目。荷兰教育督导局在 2001 年发布的报告中指出，督导局用国际上最广泛理解的教育质量特征作为“质量观”来指导督导工作，足见荷兰对教育国际交流的重视，所以加入国际组织必定对其督导制度的发展及国家教育质量的提升有助推作用。① 目前，教育督导常务国际会议已经有 32 个成员国。

1998 年，荷兰颁布《教育督导局地位章程》，对督导工作的独立性做出保障。《教育督导局地位章程》规定，督导局是相对独立的，国家教育文化科学部（以下简称教文科部）不能对督导局的督导工作进行干预，学校的质量如何、是否需要发展等问题应由督导局决定。

近些年来，荷兰教育的去中央集权化继续加强，加之教育自由的传统和受到教育治理理念的影响，政府不断放宽对学校的管控，在注重学校自主性发展的同时不断强调校本管理和学校绩效。2001 年，教文科部出台的《教育督导法》做出规定，要增强教育督导体系的自主性。《教育督导法》还提出一个“比例性”的督导原则，意即在督导频率上对不同的学校区别对待。学校的自治权经过这些政策改革日益扩大，学校可以在国家督导框架内自行决定教育目标、教学方法和评估方式。当然，与此同时，学校自身肩负的责任也逐渐增大。教育督导局则将工作重心转到提升教育质量上，使督导工作更具针对性和指向性，同时力求降低督导给学校带来的负担。这些原因共同推动了“基于风险的督导体系”的形成。

2007 年，荷兰教育督导局首先在成人与职业教育领域推行基于风险的督导。这一督导模式以管理学的“风险管理”为理论基础，运用在教育领域就是根据一系列指标，分析学校潜在的教育质量低下问题，结合分析结果，有针对性地对存在质量风险的学校进行督导，同时减弱对优秀学校和风险低下学校的督导力度。这一举措取得良好的效果，也受到学校的欢迎。2008 年，荷兰开始在中小学和特殊教育领域推行风险督导模式；2011—2012 年，

① Ministry of Education Culture and Science. *The Inspectorate of Education of the Netherlands*. 2001，pp. 23-24.

风险督导模式进一步推广到高等教育领域。至此，在全国范围内形成了基于风险的督导体系，风险督导也成为荷兰教育督导制度最具代表性的一个特点。

第二节 荷兰教育督导与评价机构的设置与职能

荷兰教育体系的一大特点是实行中央集权的教育政策与学校的分权行政管理相结合的教育行政体制。荷兰《宪法》规定：政府需要通过立法创造有利的适合公立学校和私立学校的教育条件；省政府的职责主要是通过法定监督和司法裁决形式介入公共学校和私立学校的管理，所有地方学校都应接受这种规定并以校董事会形式加以具体化；市政当局对公立以及私立学校也有一定的权力和职责。

与其他国家不同，荷兰教育行政虽然也分为中央和地方若干层级，但是由于荷兰学校自主权较大，省和市级教育管理的权限并不是很大，地方教育行政没有设立督导机构。教育督导的职能主要由中央设立的教育督导机构及其地区办公室负责。

一、机构设置

荷兰中央级的教育管理机构是教文科部。教文科部下设执行委员会和21个核心部门，此外还有包括教育督导局在内的10个半独立行政机构。

荷兰负责全国教育督导工作的机构为教育督导局，它是在教文科部领导下的一个行政机构，但不设在教文科部内。教文科部对教育督导局负有最终决定的法律责任，但教育督导局并不直接隶属于教文科部，而是具有相对独立性的机构。

荷兰教育督导局由一名首席督学和两名主任督学负责。教育领域的每个分支——小学和特殊教育、中等教育、高等教育、职业与成人教育——都由两名主任督学中的一名分管，如图4-1所示。首席督学和主任督学皆由教文科部部长任命。

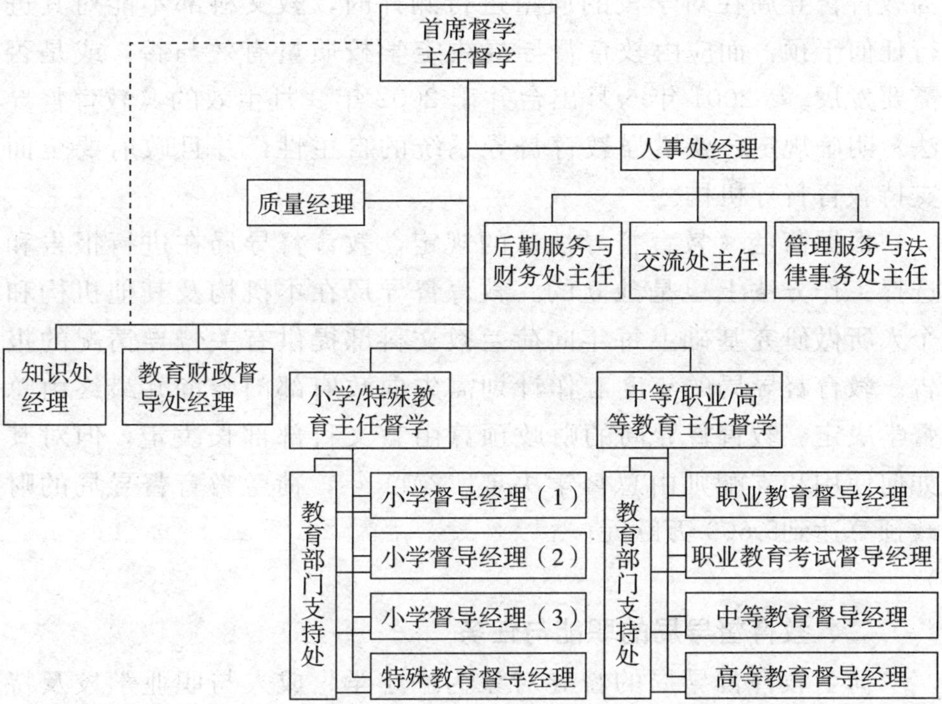

图 4-1　荷兰国家教育督导局内部组织结构

荷兰政府所在地为海牙。为了切实保障督导局的独立性，免受教文科部的过度干预，荷兰教育督导局总部设在乌得勒支市。另外分别在兹沃勒、佐特梅尔、蒂尔堡、莱瓦顿设有四个地方督导办公室，这四座城市分别坐落于荷兰的东部、南部、西部、北部。每个地方办公室都设有一名协调督学作为负责人，市以下还有若干名地方督学。

教育督导局共有 450—500 名全职员工。所有地方办公室均有 20—40 名负责中小学和特殊学校督导的督学。除督学以外，还有若干支持性员工。另外，高等教育督导局和负责督导框架发展和数据管理的中央小组等部门均设在乌得勒支市。

为了强化教育督导的法律地位，荷兰政府于 1998 年颁布了教育督导的专门法律，即《教育督导局地位章程》，对教育督导局的地位做了规定：教育督导局是相对独立的。此“相对独立性”表现为教育督导局在对学校的质量进行测评时，教文科部不能对其进行任何干预，而应由教育督导局决定学校质量有效与否，或是否需要发展。① 2001 年 6 月出台并于 2002 年 9 月生效的《教育督导法》明确规定：要增强教育督导系统的自主性，并且政府要全面支持教育督导机构。②

根据荷兰《教育督导法》的规定，教育督导局在进行报告和选择工作方法上也是独立的。教育督导局在本机构及其他机构和个人所做研究基础上每年向荷兰教文科部提供有关督导情况的报告。教育督导局的年度工作计划需先向政府部门咨询并最终由总督学决定。教育督导局的财政预算由教文科部部长决定，但对其如何使用和支配则由总督学决定。2011 年，荷兰教育督导局的财政预算达到5 600 万欧元。

二、教育督导局的职能与任务

荷兰教育督导局的督导对象为中小学、成人与职业学校及特殊教育学校，并且公立学校、私立学校一视同仁，接受同等方式的教育督导。只要学校遵守宪法和其他的法律法规，教育督导局并不会对与学校思想基础相关的教育教学内容或宗教教育内容进行督导。

在高等教育方面，教育督导局的角色则不同，教育督导局一般不对高等学校进行直接督导，但是对高校认证机构荷兰-佛兰德认证组织有权进行督导。③

新《教育督导法》第三条对教育督导局的职责的规定，教育督导局的主要职能包括：评估并促进教育质量的提高及教师的发

① 姜美玲：《当前荷兰基础教育督导体系及其启示》，《全球教育展望》2002 年第 9 期。

② 刘朋：《荷兰教育督导监督职能演变及其启示》，《外国中小学教育》2006 年第 5 期。

③ *The Education System in the Netherlands 2006*. http://english.minocw.nl/english/education/index.html.

展，评估并督促法律法规的执行，评估高等教育质量及认证体系，评估并督促财务执行，评估并促进地方政府的托儿工作，对学校的各个方面或整个教育体系的情况进行报告，执行法律规定的其他任务，执行部长命令或授予的制裁。①

根据有关规定，教育督导局要承担如下任务。

（1）咨询任务。教育督导局的咨询职能主要体现在在学校督导的基础上向教文科部提出一些建议，问题的范围十分广泛。

（2）课程发展。督学没有课程发展的任务，但专家督学以顾问身份在全国性的专题督导后参加到课程发展等工作中。

（3）建数据库。教育督导局建立数据库，将每年的督导结果和重要的教育信息收录进数据库以供使用。一般而言，数据库主要为教育督导局内部服务，如果他人有需求，通过合理的程序，也能获准进入数据库了解相关信息。

（4）考试监督。教育督导局负责对中学的考试过程进行监督，审核年度考试中的不规范行为。此外，还根据教文科部的具体考试标准对成人职业学校自身设立的考试进行督导。

（5）处理投诉。根据法律，所有学校的受教育者都有投诉的权利，如果学校、校董事会、独立的投诉机构不能对投诉做出令人满意的处理，投诉者可以向法庭提出上诉。虽然教育督导局并没有处理投诉的法定义务，但可以作为调解中介，帮助处理投诉问题。在督学的帮助下，如果问题得到了解决，就能免于将事情发展到求助独立投诉机构或法庭上诉的地步。如果投诉对象是督导局，那么可以向督导局内的投诉委员会说明相关问题。

教育督导局还设有独立的服务处，其中的特殊督导人员专门处理一些极特殊的问题，如教育领域发生的性虐待和性胁迫、身心暴力伤害、歧视和极端主义等。

（6）财务和人事管理。这方面的事务主要包括学校会计的年

---

① *The Inspectorate of the Netherlands*. http://www.sici-inspectorates.org/web/guest/home.

度财务报告、学校预算管理、学校基金管理、合并或关闭学校、职员的任用与替换等。教育督导局发挥的作用限于对管理状况进行督导，不会直接涉及具体事务，因为在学校高度自治的背景下，相关事务的权力和责任在校董事会。

第三节　荷兰教育督导与评价的类型与过程

一、教育督导的类型

荷兰根据教育督导目的的不同将督导分为以下几种类型。

（1）定期质量督导。定期质量督导针对中小学每四年进行一次，而对于成人和职业学校则每三年进行一次。其督导结果将公之于众。在基于风险的督导实施前，教育督导局每四年对所有学校进行一次全面督导，而在风险督导实施后，教育督导局只对质量出现风险的学校进行督导与评估。

（2）补充督导。定期督导后，教育督导局会进行补充督导以检查学校质量是否下降。补充督导完成后，教育督导局才会决定是否结束督导。

（3）质量改进督导。当教育督导局在补充督导之后发现学校质量严重下降，则会进行质量改进督导。在质量督导报告中，如有证据证明学校质量低下，督学会紧接着进行一次质量改进督导。《教育督导法》第11条规定："如果教育督导局发现学校质量不合格，则须对其进行调查，并且对学校质量的改善工作进行督导。"质量改进督导的时间由学校质量好坏程度而定，一般不会超过两年，在特殊情况下，还会进行中期进度督导。

（4）临时督导。临时督导是教育督导局为了回应社会趋势、传媒的报道、家长的申诉而进行的临时性督导。它属于非全面督导的一种。

（5）专题督导。专题督导是非全面督导的一种类型，旨在调查整个教育体系某个方面的质量情况，而不是针对某所特定学校的质量或者专题进行的督导。例如，2007年教育督导局围绕以下专题开展了专题督导项目：职业和成人教育的教育改革，中学教学时间的遵守情况，成人职业学校教学时间的遵守情况，国际学生的行为规则，中学的退学政策，中学和成人职业学校的提早离校生的情况，人事安排政策，教师培训课程的质量等。①

（6）主题督导。主题督导针对学校发展的某一个方面，如小学的跨学科教学、职业学校教育与法律的一致性、大学预备学校的数学教学质量等。2011 年，教育督导局开展的主题督导涉及以下主题：学生学业成就、教师质量、教学时间、学生的基本技能、学校管理成果等。

（7）督导项目或课题。督导项目也是非全面督导的一种类型，是教育督导局从 2006 年开始在学前教育机构（托儿所、日托中心）进行的一种督导。该督导项目是在教文科部部长和四个最大城市市长及市议员提议及要求下进行的。②

（8）年度督导。年度督导由于只进行一天，因此其范围有限。该类督导是为了视察学校表现、更新学生成绩报告单、讨论质量保证体系和学校的发展、分析可能威胁学校发展的风险而进行的。在基于风险的督导实施后，年度督导实际上是对每年的年度风险进行分析。

二、督导过程与方法

上述督导与评价模式体现了风险督导实施以来荷兰教育督导的主要理念和特点。除此之外，荷兰所有的中小学和特殊学校，包括没有检测出风险的学校，都要接受四年一次的常规督导。风险督导虽然是一种高效的实施手段，但要把握国家教育发展的情况，仅仅依靠风险督导难免存在疏漏。因为一旦学校没有检测出风险，政府就会对其给予很高程度的信任，而学校的发展情况不

① *The Inspectorate of the Netherlands*. http://www.sici-inspectorates.org/web/guest/home.

② *The Inspectorate of the Netherlands*. http://www.sici-inspectorates.org/web/guest/blueBook.

可能永远保持高标准、高质量，所以仅实施风险督导，就有可能使学校“一次被赋予信任，长久难以受到真正的管控”，学校发展将处于缺乏外部监督和制衡的地步。因此，以四年为周期，在全国范围内进行一次常规教育督导是非常必要的。四年一次也不会对学校教学等事务带来过度的干扰，它有效地平衡了国家管控和学校自主发展的关系，既体现了荷兰的国家特点，又把握了教育作为一种社会公共事业的根本特性。

常规督导的形式多种多样，可能是质量督导，可能是主题督导，也可能是专门为了收集教育信息和数据的督导。督导流程与英国等主要欧洲国家相似，一般分为“准备—实施—报告”三个阶段。①

（1）准备阶段。一般在督导前一个月，督学通常会以约定方式通知学校，并向学校发放督导通知书和标准化管理问卷。该问卷主要针对学校管理小组、学生管理者、任课教师和部分家长代表，旨在获取尽可能丰富的有关学校的信息。督导人员和助手将通过分析相关文件和报道，如学校工作计划、学校自评报告、会议记录、网站信息、工作汇报等，形成对学校的总体印象。

（2）实施阶段。首次见面会上，学校管理小组将对学校情况加以介绍，并提供更多支持性信息，主要包括学校概况、课程体系、学习时间、专业发展、沟通系统等。督学将审查学校管理系统及其秩序。为了获取更清晰全面的关于教学质量的信息，督导人员必须深入课堂，与教师座谈，以获得一些具体内容。同时，还必须与学生及家长座谈。

（3）报告阶段。督导报告分为两种：口头报告和书面报告。在学校督导结束后，督导小组召开学校管理小组会议以商讨最初的发现和结论。督导报告强调学校发展的优势和不足，并提出相应发展规划。几周后，学校将收到书面报告，主要包括个体学校机

① 王璐著：《英国教育督导与评价：制度、理念与发展》，高等教育出版社 2010 年版，第 154—175 页。

构评价报告、教育现状评价报告以及科目督导报告、国家层次上的项目评价报告等。报告最终在网站上公布。

督学在进行学校督导时往往同时使用以下几种方法。

（1）访谈。访谈包括以下几个方面。①教师访谈。访谈内容包括质量督导所涵盖的所有方面和指标。②学生访谈。主要内容涉及安全、支持、指导和教学时间、教学方法、学校氛围、教师的关注等。③除教师以外的其他学校职员的访谈。在特殊学校与成人职业学校，督学还对教师以外的其他员工，如负责协调的工作人员和护理员进行访谈。在职业学校，学生一般都有工作，其所在的公司通常也会接受督学的访谈。④学校董事访谈。访谈内容包括质量督导所涵盖的所有方面和指标。⑤家长访谈。在中小学，督学会对家长进行访谈及询问，除了解有关家长在学校事务中的参与情况外，其他访谈内容与学生访谈内容相差无几。在成人和职业学校，督学一般不对家长进行访谈。

（2）问卷调查。如果哪所小学没有向教育督导局提供有关学生考试成绩的信息，教育督导局会致信学校要求上交材料。而其他各级学校不会接到教育督导局的调查问卷，因为它们会自动向教育督导局提交学生的成绩。每所学校都要向教育督导局提供年度问责文件，以用来核查学校是否出现风险。

（3）课堂观察。在进行质量督导时，督学会进教室观察并听课，还会观察学生在走廊、会议室、图书馆、实验室等地的日常生活，旨在评估学校的教育质量。

（4）测试。在中学，督学会分析学生在学校自己组织的考试以及全国考试中的分数。此外还会对学校的考试程序等进行评价，以评估考试的可信度（确定是否包含所规定的教育目标）。

教育督导局审查的学校文件包括学校规划（学校发展目标及教育目标、员工招聘政策）、学校指南（申诉程序与学校和家长的大概信息）、护理计划（学生的护理和指导机构）。在特殊学校，督学还会对学生档案、学生的护理计划和安排等进行审查。

三、教育督导框架与指标体系

为了能够更好地进行评估，教育督导局需要构建教育督导评估的框架。在教育督导局首要功能为“质量保证”的荷兰，督导框架往往是标准化的，包括若干质量指标和效果评估标准。

2009 年最新版的中小学教育督导框架取代了 2005 年构建的小学督导框架以及 2006 年的中学督导框架。初等、中等学校督导框架与成人职业学校督导框架略有不同。新版督导框架是在荷兰已经实行风险评估和督导的情况下构建的，体现出新督导模式的特点是为基于风险的督导过程提供督导和评估依据。此外，荷兰越来越多的学校自发地将督导框架作为学校自评的框架。

2009 年的中小学教育督导框架包含五个方面：①教育结果（学生成绩）；②教学和学习过程；③特殊需要的提供和法律法规的指导；④质量保证；⑤法律条例（见表 4-1）。

表 4-1　荷兰中小学教育督导框架指标

	一级指标	二级指标（质量关键点）
维度 1	教育结果	质量关键点 1：教育结果应与小学生的基本标准相符合。
维度 2	教学和学习过程	质量关键点 2：学校所提供的课程（初等教育要求能为学生下一步的学习和生活做准备）。 质量关键点 3：教师给予学生足够的时间来熟练掌握课程知识。 质量关键点 4：学校氛围——安全并相互尊重。 质量关键点 5：教师讲解清晰，能够有效地组织教学活动并使学生充分参与到教育活动当中。 质量关键点 6：教师有效调整课程、教授学科知识的学习时间以使其适应不同学生的发展。
维度 3	特殊需要的提供和法律法规的指导	质量关键点 7：教师能够系统地跟踪学生的成长。 质量关键点 8：给需要的学生提供额外的关怀。
维度 4	质量保证	关键质量点 9：学校拥有质量保证体系。
维度 5	法律条例	

该教育督导框架包含9个质量关键点，每个质量关键点又可以具体化为多个指标。这些指标，根据其作用可以分为关键指标及规范指标，其中规范指标更为重要，在一些情况下具有十分重要的参考价值。例如，当一所办学条件较差或质量不过关的学校需要质量督导时，规范指标对于督学是否做出督导的决定，具有重要的参考意义。

教育督导评估框架的中心部分由教育的结果或产出构成，如质量关键点1所描述的。教育成果可以定义为：达到或符合特定教育目标的学生数量。这个教育成果的定义，还包括学生完成教育目标所花费的时间、学校对于那些水平较低的学生给予的关照。

通过对荷兰中小学教育督导框架的分析可见，它包括以下内容：学生成绩、教学时间安排、学校提供的课程、学校氛围及社会安全、对学生的关怀、教学质量、对法律法规的遵守情况。

教育督导框架既是衡量学校整体质量的方法，也是有效的诊断工具。根据评估结果，学校可以改进自己的教育质量。值得注意的是，教育督导框架是针对广义上的优质教育而提出的，并非其中所有的质量关键点都是法律所规定的。实际上，荷兰的学校董事会在设计学校的教育方面拥有相当大的自主权。教育督导局不能强迫学校使用固定的方法对每个质量关键点或关键指标要求的内容进行改变。

第四节　荷兰基于风险的教育督导模式

近年来，受权力下放与教育治理理念的影响，荷兰政府致力于放宽管制并注重学校的自主性发展，同时加强校本管理及学校绩效责任与意识。因此，教育质量发展的职责首先由学校本身负责并承担。在督导框架范围内，学校有权决定教育发展目标、教育方法、教材及评估方法等。而教育督导局则有权对各学校进行评估与督导，只是教育督导的重点在转向提高教育质量的同时也注重减轻督导对学校的负担。

以上各种内外因素促成了2007年荷兰教育督导局在成人职业学校实施“基于风险的督导”。之后，荷兰教育督导的模式与方法有了很大变化。教育督导局不再每四年对所有学校进行同等程度的督导，而是因地制宜地重点督导表现不佳或质量出现风险的学校；对于较好的学校，教育督导局则可降低督导频率与程度。

需要指明的是，荷兰教育风险督导是一个体系，并不仅仅指基于风险的督导，还包括学校自评督导和质量专题督导等。它们的共同点在于都以风险分析为基础，根据风险分析的结果确定具体的督导方式。

一、基于风险的督导模式之理论基础

基于风险的督导是使用风险分析和监测的一种督导模式，其理论源于风险管理。

风险管理理论首先应用于金融业、保险业、银行业。目前，这一管理思想已普遍应用于服务业，并在教育机构中也有所应用。一些国家的政府机构对风险管理和风险分析的兴趣逐渐浓厚，主要是因为风险管理可以成为一种保持和重建政府信用、缩小社会诉求与政府政策差距以及提高政府组织有效性的手段，加上对公共利益的诉求为风险分析的发展提供了有利环境，各种数据的储存为了解风险也提供了便利。

近年来，风险管理在公共领域的应用越来越普遍，“效率”“效力”“问责”“督导”不再仅存在于盈利机构。多数西方发达国家尤为重视公共机构的效率和公共问责。例如，在荷兰，政府机构的公共问责及半公共组织的自评、教育督导局的风险督导已成为典型案例。

荷兰基于风险的督导与风险管理有着密切联系。风险管理作为各个经济单位通过对风险的识别、估测、评价和处理，以最小的成本获得最大安全保障的一种管理活动，是由组织或企业自身进行的。其针对所有可能给组织或企业造成威胁的风险，并且在识别风险后组织或企业便采取措施规避风险的发生，或者减少风险发生时造成的损失。

不管是企业的风险管理抑或教育督导局的风险督导，非常重要的相似性便是检测出存在的最大风险，从而消除风险，确保机构的质量提升与安全。不同之处在于风险管理是组织或企业内部本身要针对风险管理采取措施进行改进，而荷兰教育督导局作为外部机构在基于风险的督导过程中，只负责识别风险，要求学校做出改进。实际上，基于风险的督导可以作为组织或机构风险管理政策的内部措施，其他的组织或机构，包括企业也可以像荷兰教育督导局或美国职业安全与健康局那样采取同样的风险管理措施，即有选择性地针对最大风险进行督导。

在荷兰实施基于风险的督导前，教育以外的领域已存在基于风险的督导。美国职业安全与健康局是首个将风险管理与督导相结合的机构。该机构强调，增加督导次数并不会对减少风险产生影响，并且也没有足够的督导人员来控制和管理美国各级各类企业。因此，美国职业安全与健康局提出了一个新的策略：基于风险的督导。其背后的理念既简单又颇具吸引力，即将重点放在高风险的企业，而非所有企业。与美国职业安全与健康局持同一理念的哈佛大学管理学方面的教授马尔科姆·斯帕罗（Malcolm Sparrow）指出，要对所有事物进行督导是不可能的，或者说是非常昂贵的，因此不得不进行基于风险的督导。①

美国职业安全与健康局和荷兰教育督导局两者进行的基于风险的督导主要区别有两点。①使用的领域不同。美国职业安全与健康局基于风险的督导是在企业领域内将风险管理与督导相结合，荷兰基于风险的督导是在教育领域内将学校评估中的风险管理与督导相结合。②对“风险”的定义不同。美国的“风险”是对企业有所影响的某个安全事件发生的可能性，而荷兰基于风险的督导中的“风险”侧重于教育机构或学校在某项教育督导指标体系中的不达标与质量下滑的可能性。

值得注意的是，以上两个机构基于风险的督导的核心理念一

① Sparrow, M. K. *The Regulatory Craft: Controlling Risks, Solving Problems and Managing Compliance*. Washington: Brookings Institution Press, 2000.

样，即有选择性地对比较重要或较大的风险进行检查或督导，并预防风险发生，其目的都是为了减少风险并提升质量。

二、基于风险的教育督导模式之流程

荷兰从 2007 年起开始实施基于风险的教育督导，旨在减少教育督导给学校造成的负担和不便，并提高督导的效率。

基于风险的督导实施后，教育督导局只重点督导教育质量低下（检测出风险）并且成效不令人满意的学校。提供优质教育（没有发现风险）并且办学效率良好的学校，接受督导的次数便会减少。因此，教育督导局对学校进行督导的频率与强度都是基于学校的教育质量是否出现风险，而督学对于确定学校教育质量是否出现风险或低下则均是建立在风险分析基础之上。由此可见，整个基于风险的教育督导始于风险检测与分析。

基于风险的教育督导模式有其特定的流程和构成要素，流程、要素及各要素之间的关系如图 4-2 所示。

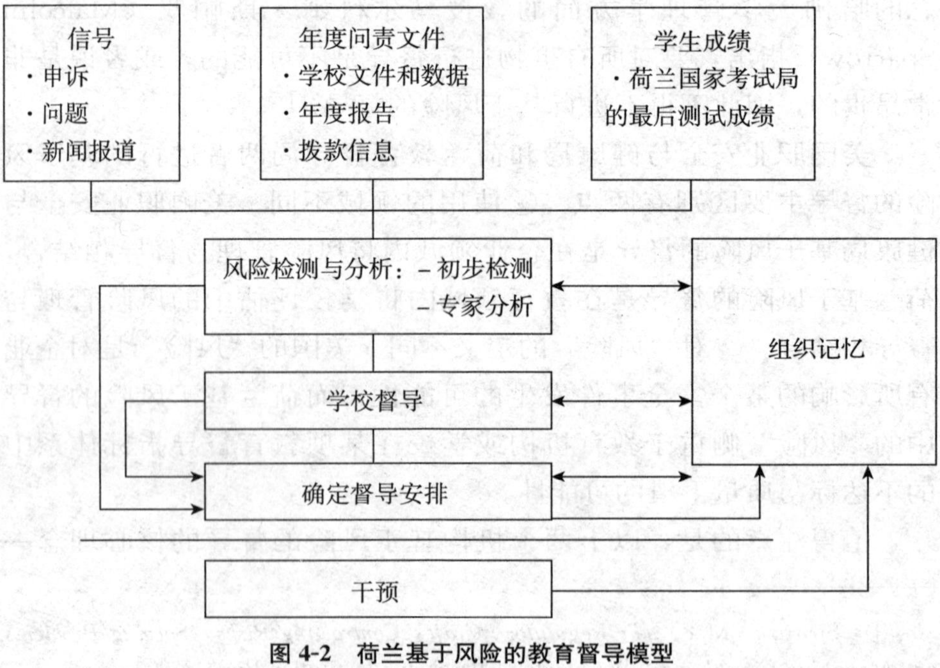

图 4-2　荷兰基于风险的教育督导模型

（一）风险检测与分析

风险检测是基于三个风险要素。第一个风险要素为“信号”，即学校教育质量的潜在不足，它是表明学校是否存在风险以及预知学校质量出现问题的迹象，因此尤为重要。学校教育质量存在潜在不足的迹象主要指，关于学校发生的可能导致教育质量下降的信息，包括学生家长提出的申诉、报刊中的相关文章和报道、主题督导调查结果等。第二个风险要素为校董事会的年度问责报告，包括学校运营状况的文件等。从2008年开始，所有学校每年必须上交有关学校教育质量、所取得的成绩及财政状况的年度报告。教育督导局使用整合分析模式对这些文件进行分析，并得出有关学校风险的结论。第三个风险要素为学生的成绩。教育督导局每年都会从除特殊学校以外的所有学校收集有关学生表现的各种信息，并加以分析，做出关于可能出现的风险的结论。

以上三个风险要素中，学生的表现和成绩以及年度问责报告包含的均为历史性、非即时性信息。其中学生成绩的退步也可归结于过去的原因。而“信号”作为学校教育质量潜在不足的迹象，较后两个风险要素更易更新，因此能为督学提供更多来自学生、家长及媒体对教育质量看法的最新信息。

教育督导局每年都会向学校收集有关学生表现、考试成绩及年度问责文件的信息。因此，教育督导局至少每年对所有学校进行一次风险分析。另外，如果出现任何紧急的“信号”，教育督导局都会立即采取措施安排风险分析。

风险初步检测与分析是对以上三个风险要素，即信号、年度问责文件、学生的成绩的督导。每个学校的年度风险分析至少一年进行一次，主要用于查明学校是否存在风险（该年度风险分析也被称为年度督导）。若无风险，教育督导局会假定学校在下次风险分析之前都将表现良好，督学则不会对学校采取进一步措施和调查，而是对其安排“基础”督导（最少量的督导）；但如果学校在初步检测阶段检测出风险，就会接受进一步的分析。

专家分析是对风险分析阶段被检测出风险的学校进行的进一

步调查和督导。教育督导局通过使用组织记忆和从网站等公共资源获取的学校信息，以案头调研的形式进行进一步调查。基于这些信息，教育督导局能判断学校是否真正存在问题，若没有问题就只会对这类学校安排“基础”督导，若有问题则会继续进行问题监测和学校督导。

教育督导局每年都将公布对所有学校进行风险分析的结果。若一所学校不存在风险，教育督导局也不会注明它完全没有任何问题（事实上几乎每个学校都或多或少存在若干问题）。在这种情况下，教育督导局宣布风险并未显现，或者预测出学校潜在的不足。

风险检测阶段一般是由分析师和督学共同完成，督学团队会有一到两名分析师以便对学校进行质量督导。

（二）学校督导

对于通过专家分析仍确定存在质量风险的学校，督学会联系学校董事，并在学校做进一步调查和问题检测。督学会要求学校提供更具体的信息，访问学校的董事成员，以探明董事会是否意识到可能存在的问题，并且确定问题是否能够得以解决。督学还会通过参观、访问学校，并参照教育督导框架中的指标进行质量督导，来了解具体可能存在的问题。督学会在进行质量督导之前的一个月告知学校。

督学在学校督导过程中通常使用督导评估框架，但并不需参考框架中的所有质量关键点或指标，往往只使用预期能够发现问题的指标。督学基于在风险分析中得知的全校各方面教育质量的信息，有针对性地使用督导框架的部分指标和质量关键点进行督导和调查。例如，如果督学在此前风险分析和专家分析阶段了解到学校的教学方面存在问题，便会主要对督导框架中有关教学的指标部分进行督导和调查；若督学尚不清楚学校出现质量风险的方面，则有可能运用完整的督导框架进行督导。

督导框架包含了教育成果和其他有关教育过程的关键点。如果根据教育督导局的评估标准，一所学校缺乏一组相应的指标，则该学校将被判定为弱校或极弱校。当学校的教育结果与三年前相比有不足时，这所学校也被判定为弱校。当学校的教育结果缺少两个及以上的关键指标时，该学校被判定为极弱校。

一般而言，督学在督导过程中应使用同样的判断标准，但有些情况，当督学在检查某一学校时会发现一些情况不适合采用既定的判断和评估标准，而是采用其他标准。在这种情况下，督学需要给教育督导局提交这些情况。无论何种情况，当一所学校将要被定位为弱校或极弱校时，教育督导局内的特别委员会将对督学的判定进行第二轮的评价。

最后，督学会做出一个有关质量督导结果的报道，描述该校教育质量存在的问题与不足以及学校遵守法律规定的情况。该报告是进行督导安排的基础。

（三）确定督导安排

在没有出现重大问题和风险的学校，督学会进行基础督导；在出现风险的学校，督学则进行“定制”的督导，还会描述学校出现的问题以及关于学校需要改进的意见。此外，督学还要确定学校改进的期限和改进的方式。该督导安排环节是风险评估（基于风险的教育督导体系）的主要支柱，其重要性不容忽视。

（四）干预

教育督导局进行基于风险的督导，其最终目的在于提高学校的教育质量。在干预阶段，督学将对出现问题的学校采取措施，督促其改进不足，并解决质量问题。同时教育督导局会对学校的改善工作进行质量改进督导。如果学校没有做出改进，教育督导局会通过额外督导或者施加制裁和压力。这样，督导安排将重新调整，当所有相关问题都得以解决后，教育督导局会对该校安排一次新的基本督导。

针对弱校或极弱校进行质量督导花费的时间通常更长。由于并非所有质量关键点或指标都必须考虑，校董事会可以通过与教育督导局的沟通，进而建立自己的质量改进计划。该计划的实施必须在两年以内将质量提升到令人满意的程度。

在学校改进质量工作的同时，督学会检查工作进度以及质量改进的结果。如果改进工作进行时间达到了最高限制的两年，督学就会进行四次督导。在一年结束后会有关于改进的中期督导与检查，在整个改进工作结束后还会有终期检查。在两年内督学会有两次与校董事会的谈话。由于基于风险的督导的实行，教育督导局能估算出激励学校质量改进所花费的时间。

如果学校达到质量改进的目标，便会在下一年重新得到基本的督导。反之，则有几种可能性：如果改进非常重要但还未完成，教育督导局会再给学校一些时间去完成改进工作（最长的延期为一年）。工作完成后，督学会再次对改进状况进行检查。若质量还未充分提高，或在中期检查期间学校没有实现质量进步，教育督导局会加大监督力度，如采取正式警告等方法。如果这样仍未见效，教育督导局会向教文科部部长提交该学校为极弱校的报告。教文科部部长有权对该校实施行政处罚或经济制裁，甚至关闭该校。但事实上关闭学校的情况极少出现。

三、基于风险的督导中学校自评的运用

荷兰的教育督导体系是外部督导与内部评估的结合，即由总管教育督导事务的教育督导局实施的基于风险的督导与学校自身开展的自我评估的结合。其中，学校自评构成了整个基于风险督导体系的基础。

学校自评被视为帮助学校改善的工具，其主要目的首先着眼于促进学校教育发展，但学校自评也有问责的功能。学校应该向政府和教育督导局提供有关质量、可获得性、学校效率等方面的信息。该职责与增加学校的自治相伴随，被称为垂直问责。自从包括荷兰在内的整个欧洲教育出现实施扩大学校自主权之后，更多的人呼吁学校通过自评表明其提供的教育质量情况。

尽管学校有义务进行质量监控，但学校并没有法律义务进行自评。政府希望由学校自行决定如何控制和提高自身质量及是否进行自评。事实上，荷兰很多学校都会开展自评。总体而言，小学

和特殊学校与中学相比，较少进行自评；多数学校的自评还不够成熟。职业和成人学校虽无义务进行自评，但教育督导局和其达成共识：所有职业和成人学校应该将自评当作质量监控必须报告的一部分。

在某种程度上，学校能自主选择自评方式、自评的质量指标及所要改进的重点。许多学校通过从私人公司或学校所在地区的学校指导中心聘请专家以帮助它们开展自评或改善工作。有一些项目机构负责公共资金，这些机构能帮助学校进行自评和质量保障。

学校自评的目的在于评估、监督和提高学校教育的质量。学校自评被认为是教育督导评价的重要基础，为外部督导人员提供一种信息来源。教育督导局会将学校自评的数据与督导数据或现实情况进行比较，使得学校自评成为教育督导局决定是否将对学校进行基本督导（最少量督导）或对学校质量进行进一步督导的因素之一。由于自评报告是学校问责文件和报告的重要组成部分，教育督导局会在风险检测阶段对其进行分析。因此，有效、可靠、相关、最新的自评可以在基于风险督导的第一阶段，即风险分析时派上用场，教育督导局由此可能认定学校在接下来的一年表现优秀。此外，教育督导局也制定了具体的学校自评的评估工具列表，该评估工具列表列上了学校自评要审核的学校质量的主要方面，并且还会审查学校对自身的评估是否包含足够的外部评估信息。

由此可见，学校自评在督导体系中占据重要地位，尤其在基于风险督导的准备阶段。学校自评结果将对督导人员最终的学校质量评估报告产生重要影响。荷兰教育督导人员还将学校自评的结果应用于学校质量评估，他们的决策中有一部分甚至很大部分是在学校自评的基础上制定的。而且学校自评在督导框架中所占比例较大，这使得荷兰与其他国家相比，学校自评在教育督导中的作用更大。

四、基于风险的督导结果的运用

1998年以前，督导报告只向学校和教文科部官员公布。1998年后，教育督导局开始将督导报告公之于众，旨在促进学校保持并提高教育质量，并为学校管理者和其他相关人员提供有关学校质量的信息，而教育管理者将这些信息作为教育决策和管理的基础。

教育督导局的督导报告从2000年以后均在其官网上发布。根据不同督导类型和督导的不同目的，荷兰教育督导报告大致可分为：①质量督导报告；②专题督导项目报告；③临时督导报告；④年度教育报告：荷兰教育状况；⑤教育督导局的职员所撰写的文章或在会议中所做的演讲。其中最重要的为《年度教育报告：荷兰教育状况》，该报告每年五月出版并由教文科部部长提交至议会。

根据不同的目标受众与督导评估目的，教育督导报告还可进行如表4-2所示的分类。

表4-2 荷兰教育督导报告类型

报告类型	目标受众	发布方式
对学校质量的评估。	学校董事会，学校咨询委员会中的家长。	公开发行并在网络公布。
对学校教育质量的专题调查结果。	教文科部部长、议会、教育机构、公众。	公开发行并在网络公布。
临时督导的结果（当出现严重的申诉，或部长提出督导要求，媒体进行相关报道后进行的督导）。	委托督导的人或组织，通常是教文科部部长。	多数是公开的，有时保密。
荷兰教育状况年度报告。	教文科部部长、议会以及教育机构和公众。	公开发行并在网络公布。积极向媒体报道，广泛传播。
文章或演讲稿。	所有利益相关者。	公开。

五、基于风险的教育督导实施效果及影响

自2008年以来，基于风险的教育督导使荷兰弱校与极弱校的

数量均有所下降。2009 年，初等教育领域极弱校从 1.5%下降至 1.3%，弱校从 7.4%下降至 5.9%，而表现良好的学校则从 91.1%上升至 92.8%。中等教育领域的质量进步则更为明显，极弱校由 1.9%降至 1%，弱校则由 10.9%降至 8.4%，表现良好的学校由 87.2%上升至 90.5%。基于风险的教育督导所产生的效果是相当成功的。

风险检测法的另一个结果是，教育督导局与校董事会工作衔接方式更加透明。从此，董事会代替校长成为学校质量的最终负责人。但是，学校的管理层以及教师同样决定着学校的质量。这也能解释为何在过去的一段时间，教育督导局出于督导的目的，更多的是与学校的管理层而非学校董事会打交道。有关荷兰基于对极弱校的研究证明，绝大多数表现不佳的学校（超过 90%）是该校表现不佳的管理层所致。

第五节　荷兰教育督导队伍建设

一、督导人员的任用条件

荷兰督学具有很高的社会地位，因此荷兰对督导人员的要求是比较高的。

督导人员必须具备大学或同等学力，必须有丰富的教育经验和知识，如果有教育管理方面的经验将会受到优先考虑。但不排除少数督学是以教学工作为其职业生涯起点，之后边从事教学边接受非全日制的大学教育。

一般而言，督导人员要有担任过教师的经验，最好具有八九年的不同教学领域的教学经验，同时有担任过学校领导、顾问、培训师或在职培训师的经历。具体说来，荷兰欢迎那些在教学岗位上工作过数年的教师，担任过学校领导、辅导员、教师培训师和服务培训师的人员从事督导工作。

督导人员的聘用并没有特定的入职考试，但最近荷兰开始采用一些评估程序来选拔督导人员。聘用会看中督导人员的写作能力、教学评估能力、与校董会和学校管理人员交流的能力。在与学校的交流过程中，督导人员的权威性和专业性是非常重要的，因此他们要拥有超群的交流能力，反应敏捷，善于发现问题，并能对形势做出迅速的分析。

督学的选拔条件如“必须个性成熟”及“具备丰富经验”使得许多督学的年龄偏大，一般超过 35 岁。因此，督学工作被看作“生命职业的终结”。但在最近十年，该情况已有所改变，督学队伍与以前相比趋于年轻化。由于教育督导局制定积极的政策以激励年轻员工发展成初级督学，因此在主要办公室从事测量工具及数据库研发、学校督导数据分析的年轻员工人数比以前有所增加。

二、督导人员的培训

2011 年，荷兰教育督导局共有 524 名员工，其中全职员工 473 名。① 与所有教育机构的人员培训模式一样，教育督导局的职员培训也分为职前培训和在职培训两个部分。

（一）职前培训

新的督导人员将被安排为期四个月的职前培训以适应新工作。培训的形式通常是群组培训，即同时对一组新任职的督导人员进行培训。培训内容包括办公室的相关工作指导，以及跟随一名经验丰富的督学进行学校实地巡视。通过对学校的视察，新的督学逐渐接管督导工作。

培训过程包括的内容还有教育督导局的历史发展、督导工作的确切定义、督导框架。关于督导工作的确切定义，要求对比教育督导局的角色定义与接受督导的校董会的角色定义，从而更好地理解被督导方的体验和感受。还要培养督导人员在学校评估过程中注重“主体间性”。这也是荷兰教育督导理念的一种体现，它把督导方和受督导方都视为主体，二者不是主体与客体的关系。

① *The Inspectorate of Education of the Netherlands 2012*. http://www.onderwijsinspectie.nl/english.

对主体间性的关注表现为通过视频培训，督导人员利用视频短片和相关信息来评价学校的教育氛围，保证学校的一些隐蔽性教育不因督导人员的介入而受到影响。

（二）在职培训

教育督导局设有一个专门团队负责职员的在职培训，培训师是教育督导局的员工、相关领域的专家、大学教授等。教育督导局会开设一系列课程和研讨会，有经验的督导人员可以有选择地参加有利于自己知识、技能提升的活动，所有员工都要学习掌握新的督导框架、测评工具、督导程序。教育督导局要求所有在职督导人员每年都要抽出十个工作日接受在职培训。

三、教育督导局和督导人员的监督评价

除了人员的选拔和培训，一个机构的队伍建设通常还包括对机构及人员的监督评价。特别是教育督导局这样本身就从事监督评价工作的机构，如果缺乏对它的监管，就会导致权力得不到约束。荷兰在这方面做了许多工作，监督体系分为内部监督评价和外部监督评价。

（一）内部监督评价

首先，接受督导的学校要对督导人员的工作做出评价，撰写书面反馈意见并邮寄给各市的协调督学或者督导工作组的领导。其次，教育督导局召开常规的自我评价讨论会，评估工作通常以对大量学校的督导情况为基础，比如分析不同地区间督导结果的可比性，以保证督导评估的客观和公正。教育督导局还会通过问卷调查的方式掌握组织内部员工间的沟通状况和工作氛围，并做出评估。另外，每名督学人员的年度工作表现都由其分管领导进行评价，并层层递推，即首席督学评估主任督学，主任督学评估协调督学，协调督学评估地方督学。

教育督导局设有一名质量主管，全面负责教育督导局的质量保障工作，教育督导局的内部年度审计和评审工作都在质量主管的领导下开展。

（二）外部监督评价

教文科部成立建议委员会，对教育督导局的工作进行外部监督，委员会直接对教文科部部长负责。建议委员会有权定期与首席督学、主任督学讨论督导发展、内部审计等事宜，有权获取所有相关文件，并能就相关问题对任何人提问、与任何人讨论。

2007—2011 年，教育督导局接受 ISO 17020 管理体系的认证，认证工作由荷兰认证委员会负责，该委员会对荷兰所有组织机构工作的安全性、质量和监督进行认证。因为教育督导局现在的发展已经涉及行政管理方面的问题，所以还根据包括外部审计和独立审计的 ISO 9001 质量标准制定了更广泛的质量体系。

教育督导机构和人员应该具备独立性、专业性、权威性（权威性可分为行政权威、专业权威和道德权威），这样才能保证其职能的有效发挥。① 通过对荷兰教育督导制度的历史回顾与队伍建设研究，我们不难发现，荷兰拥有“宪法—义务教育法—教育督导法—各级各类学校的督导框架和大纲”这一健全的督导立法体系。立法是督导独立性和行政权威的有力保障，其自上而下的科层制组织结构也是行政权威的来源。人员选拔标准和培训制度保障了专业性和专业权威。督导机构和人员的道德权威同样源自人员选拔与培训机制，有序的内外监督手段也是道德权威构建的重要基石。

第六节　荷兰教育督导发展趋势

近年来，伴随着荷兰教育政策的变化，荷兰教育督导局的工作出现了一些新动向，更加重视以下方面的督导。

第一，“积极的公民”和“社会融合”已经成为中小学课程的一部分。“积极的公民”是指他们有意愿和能力成为社会的一分

① 苏君阳主编：《教育督导学》，北京师范大学出版社 2012 年版，第 268 页。

子，并为社会发展积极做贡献。“社会融合”是指在荷兰的文化背景下，公民的社会参与度、工作参与度、家庭参与度。新的教育目标使得相关问题成为荷兰教育督导框架规定的督导内容之一。进入督导的范围将更好地促进学校肩负起相关的责任，在教学中注重培养学生作为公民和融入社会的能力。2006 年的相关法律明确指出教育督导要指导学校在教学过程中促进学生成为积极的公民，更好地融入社会。

第二，重视对青年问题的督导。荷兰政府设立青少年事务整体督导项目，由五个督导部门联手合作，分别是青少年健康督导局、健康与护理督导局、就业与收入服务督导局、公共秩序和安全督导局以及教育督导局。2012—2015 为第一个工作周期。这五个部门的加入，目的在于通过以风险分析为导向的工作方式，选择和优化对于青少年重要的社会问题，帮助他们在青春期的困境中更好地成长。

第三，荷兰教育督导局还将在以下方面做出长远的政策规划：更加关注教师质量，更加关注存在学业表现不佳风险的学生，以结果为导向的教育，更优质的教育管理和治理。

第四，加强对高等教育的督导。荷兰高等教育的质量保障过去一直由荷兰佛兰德认证组织负责。法律规定高等教育机构必须每六年就对其授予学位的项目进行一次认证。教育督导局仅对高等教育开展一些临时督导和主题督导。但是，荷兰高等教育的质量近年来不断出现问题，质量评定低下的学校比以前增多，因此教育督导局开始加强对高校的督导力度。教育督导局首先于 2011—2012 年在高等教育领域引入了风险督导模式，又从 2012 年开始开发高等教育年度风险分析的办法，采用类似于初中等教育的方式，根据风险分析的结果决定督导方式和力度。

第五，荷兰的教育督导理念和职能也会有一些新的发展。荷兰政府一直在为减轻社会机构和人民的行政负担而努力。“对学校的信任”已经成为教育督导最重要的原则。正是基于这个原则，教育督导局开始调整对学校进行评估的方式：对于低风险、高质量、管理得当、保障机制健全的学校，只进行最低限度的督导，而对存在风险的学校加大了督导的力度。

第七节　分析与讨论

综上所述，荷兰教育督导制度，从机构设置、人员选拔、学校督导方式及过程、督导框架和指标体系，尤其是其新颖的基于风险的督导模式上促进了荷兰教育领域质量的提高及督导方式、方法的改进。根据上述分析，我们认为，荷兰教育督导制度具有以下几个特点。

一、建立并完善教育督导的立法基础

2002 年生效的《教育督导法》是荷兰教育督导的立法基础，使教育督导局能进行专业化和独立的督导。同时《教育督导法》也规定教育督导必须满足三个条件：①督导必须考虑教育自由以及学校自身的责任；②督导不能给学校带来太大负担；③督导必须提供有关学校的质量发展趋势的信息。该法为教育督导工作的展开奠定了完善的立法基础，也确保了督导工作的专业性和权威性。其他相关督导法如《高等教育督导法》对教育督导局在高校的督导角色做了法律规定。因此，《高等教育督导法》也是教育督导的重要法案。而 2006 年 8 月生效的《教育专业法》规定了中小学、成人职业学校的教师及教育工作者的能力标准，还提供了有关课程质量、优质教育、专业要求的条件，以及进行中小学、成人职业学校主动督导的要求。

二、教育督导局保持较高的相对独立性

从机构的设置上看，荷兰的教育督导局相对独立于教文科部，并不设在教文科部内，而是设在离教文科部较远距离的乌得勒支市。而教育督导局的督导对象包括了全国中小学、成人与职业学校及一些学前机构，以上机构都隶属于教文科部之下。教育督导

局在督导学校过程中并不受教文科部的干预，有权自行决定督导方式，撰写督导报告及结果，因此教育督导局是以第三方的身份参与督导。该机构设置的独立性地位确保了荷兰学校教育督导的客观性和公正性。

三、教育督导过程中重视多主体参与

在分权化的过程中，荷兰教育督导局越来越重视各方意见和力量在教育督导过程中的体现。事实上，用于评估学校质量所用的教育督导框架及指标体系是教育督导局与各级各类学校共同协商制定完成的，反映了全国性的共识。教育督导局的督导对象包括学校、教师、学生、董事会、校长等，并且在进行督导过程中会访谈多方的利益相关者，以达到公平公开的评估结果。教育督导局的督导报告也要满足学校、政府、社区及家长等各方面的信息需求，在报告的形成过程中，也多次征求各方意见。最后形成的督导报告要在网站上向社会公开报道。

四、建立可操作性、标准化的教育督导框架

荷兰各级各类学校教育都有相应的督导框架评估。作为教育督导局用于评估和督导的工具，督导评估框架是反映学校质量必不可少的部分。在技术上，它划分为质量方面的一些标准。这些质量标准通过指标值变得更具有可操作性。督学在学校访问参观期间，或课堂观察及听课时，要使用标准化核对表。

五、外部规范与内部自我约束相结合

荷兰的整个教育体系具有很完整的质量保证和督导监控体系，学校内部评估和外部评估能实现紧密结合。教育督导局进行外部评估是为了监控学校绩效质量以及确保学校取得进步。

在国家层次上，教育督导局的外部评估为决策制定者和公众提供有关教育系统以及学校间质量差别的信息。同时，政府和教育督导局可以把外部评估视为改进学校的工具。外部评估的另一

个职责是发展。人们普遍认为教育督导局进行的独立评估对教育的发展做出了重大的贡献。督导报告为学校提供了有关其优势与劣势的反馈，并且指出了学校发展或者促进学校内部评估的方法。同时，督导报告还能反映学校自评的结果。学校进行自评，即内部评估的主要责任在于确定提高质量的方法，主要作用在于关注发展。学校自评被视为帮助学校改善的工具。学校自评同样也具有问责的作用。在荷兰，学校自评很好地融入督导体系中，并且教育督导局的许多决定都基于学校自评，因此学校的问责取向得到某种程度的加强。

在荷兰，学校自评既有内部评估的目的，也有外部评估的目的。如果学校已经进行了恰当的自评，督导团可能不会再对其进行严格的外部评估。因此，荷兰内部评估与外部评估的问责与发展达到了良好的平衡。

荷兰教育督导体制内外部督导结合的另一个体现是对教育督导局本身的评估。在教育督导局内，质量保障由质量主管负责，总督学负责评估协调督学，而首席督学则对总督学进行评估。其工作方式为：①抽取一些学校，要求它们对督学的工作做一个书面反馈并将反馈意见秘密发送至督学团队负责人或者协调督学；②教育督导局在大量学校督导分析的基础上定期举行自评会议或讨论，例如，分析两个地区评判的可比性，以保证教育督导局所做评判的客观性；③通过问卷调查评估组织内的沟通以及氛围情况；④协调督学每年都要对每位督学进行评估，通过向学校发放问卷来评估每位督学。

教育督导局的外部评估通过教文科部部长任命的一个外部咨询委员会负责。该委员会有权获取所有文件，并能与任何人讨论所有问题。因此，对教育督导局的内外部评估可以达到对教育督导局的监督，保障督导工作做到更加公平、公正并具有科学性。

六、重视督导效率

荷兰基于风险的教育督导体系的基本督导原则之一为比例性。

对于该原则应从两方面进行理解。首先，对学校进行督导的频率和形式要根据学校的质量以及质量下滑的风险而定。这意味着表现不好的学校以及教育督导局预料质量会呈下降趋势的学校比那些表现好的学校更快接受督导，而且督导的频率更频繁。这实际上指的是风险督导。其次，对学校进行督导的程度和范围要根据学校自评报告的数据而定。这意味着教育督导局不应该重新调查学校自己已经适当做出评估的教育质量方面。这里包括了基于学校自评的比例督导。因此，教育督导局的比例性督导既提高了督导的工作效率，减轻了督导工作对学校造成的负担，同时也通过强调学校自评的作用提高了学校本身在督导评估中的主动性与积极性。

七、宏观、微观督导并重

荷兰既有使用全国性的统一督导框架对所有学校进行的全面督导以及年度的风险分析，也有服务于不同目的的督导类型，如旨在调查整个教育体系某个方面的质量情况而进行的专题督导。多种督导方式并存的局面构成了完整的教育督导体系，为确保荷兰教育质量的提高奠定了良好基础。

我国学者大多对荷兰教育督导与评价制度持积极肯定的态度。有学者指出，荷兰的教育督导与评价体系找准了政府的定位，督导人员的素质过硬，为督导工作奠定了坚实的立足点，督导评估运行机制完备和学校督导程序的发展具有可持续性；① 还有学者从督导立法的角度进行分析，认为荷兰拥有完备的教育督导法律体系，立法层次高，内在逻辑关系清晰，层层推进，可操作性强，实现了“协调增益”的政策效果。② 这些观点涉及荷兰督导的法律与制度建设，彰显了荷兰教育在法律与自由之间实现平衡、完善机

---

① 姜美玲：《当前荷兰基础教育督导体系及其启示》，《全球教育展望》2002 年第 9 期。

② 王璐：《教育督导制度法制建设的国际比较研究》，《比较教育研究》2011 年第 3 期。

制建设的优势与特征。

尽管我国与荷兰的教育管理体制存在诸多差异，但面临的教育实践问题却有很多相似之处。荷兰的教育督导实践经验，包括基于风险的教育督导模式，在操作层面上对我国有不少启示。与荷兰相比，我国教育督导制度的发展相对滞后，关键在于我国尚缺乏完善的立法体系，没有高素质的专业督导队伍，督导机构的定位也不明确。首先在立法上做好工作，继而推动机构与队伍的建设应是荷兰给我们的有益启示。

第五章
芬兰教育督导与评价制度

2000—2012 年，芬兰连续在五届国际学生评价项目（Programme for International Student Assessment，PISA）中获得举世瞩目的成绩（见表 5-1）①，且在英国知名教育出版公司皮尔森集团（Pearson Education Group）2012 年 11 月发布的全球教育系统排名中位列世界第一，引得世界各国教育实践工作者和理论研究者络绎不绝地赴芬兰考察，以期“解开芬兰教育奇迹之谜”。② 据统计，芬兰国际流动与合作中心前处长帕希·萨尔伯格（Pasi Sahlberg）在 2000—2011 年接受了世界各地媒体的百余次采访，前后应邀做了 250 余场关于芬兰教育的专题报告。③ 如今，高质量、高均衡的教育已经成为人们眼中继湖泊、森林、诺基亚之后的又一“芬兰名片”。

① 《国际学生评价项目》。http://www.oecd.org/pisa.

② Pearson Education Group. *Index of Cognitive Skills and Educational Attainment*. http://thelearningcurve.pearson.com/index/index-ranking.

③ Pasi Sahlberg. *Finnish Lessons: What Can the World Learn from Educational Change in Finland*. New York: Teachers College, Columbia University, 2011, p. 4.

表 5-1 芬兰 2000—2012 年“国际学生评价项目”中各项成绩国际排名

	PISA 2000	PISA 2003	PISA 2006	PISA 2009	PISA 2012
阅读	第一	第一	第二	第三	第六
数学	第四	第二	第二	第六	第十二
科学	第三	第一	第一	第二	第五

一般认为，芬兰高质量、高均衡的教育与其高度分权的管理体制、高素质的师资队伍、持续增长的教育经费以及基于结果理念建立的教育评价制度密切相关。

第一节　芬兰教育督导与评价制度的历史沿革

随着社会公众对教育事业的关注度不断提升，芬兰各类利益群体迫切需要教育系统增强透明性，独立的外部教育评价活动以及教育机构的自我评价活动便应运而生并随之得到蓬勃发展。芬兰教育评价制度的发展以 20 世纪 90 年代为分水岭。在此之前，芬兰实行中央集权的教育管理体制，并在全国范围内建立了教育督导系统。90 年代芬兰的公共管理体制改革削弱了中央政府对教育的管理权力，形成了地方自治的教育管理体制，并废止了旧的教育督导制度，代以外部评价与自我评价相结合、以提供信息为目的的教育评价系统。

一、规范指导时期：教育督导制度的建立与转型

在 20 世纪 90 年代以前，芬兰的中央政府对全国教育进行统一规划和严格管控，并在全国各小学设置督学负责监督和指导学校日常教学工作，建立了以教育督导为基础的教育质量保障体系。芬兰这一阶段的教育评价活动强调自上而下的行政规范功能，因而我们不妨称其为“规范指导时期”。

1866 年，芬兰颁布的《小学管理条例》规定：“要从值得信任

的且有志于从事人民教育工作的人群中任命督导人员。”① 1869 年，芬兰在教育与文化部之下成立“教育监事会”（全国教育委员会前身），负责督导、监管全国教育。1885 年，芬兰的教育管理部门制定了教育督导工作条例，并规定督学的一项重要工作便是“对帮助、支持的需求评价”。

1957 年，芬兰颁布的教育督导工作条例再次明确了全国教育委员会和小学督学的教育督导职责，规定初等学校督学要负责监察教育法规的执行，为学校教育工作的改进提供咨询、指导服务。

1958 年，芬兰加入了国际教育成绩评价协会（International Association for the Evaluation of Educational Achievement，IEA），并参与了大型的跨国教育质量评价和比较活动。值得注意的是，与半个世纪以后参与 PISA 的动机不同，芬兰在 20 世纪 50 年代加入 IEA 并参与跨国教育质量评价和比较活动更多是出于学术理论研究的需要，而非教育管理实践的需要。② 1968 年，芬兰成立教育研究所，并成为 IEA 的合作伙伴，其主要职责之一便是对学习结果进行全国性的评价。

随着 20 世纪 70 年代综合学校制度的引入，芬兰的教育行政管理机构发生了重组，教育管理、决策权也发生了一定的转移，教育督导工作便由中央政府、教育委员会下移至当时的省教育厅，由省政府聘请综合学校所开课程相应学科领域的教育工作者担任督学，负责监督、指导“国家综合学校课程”目标的落实。综合学校制度在全国推广后，督学的工作重心逐步聚焦于监察教育法规的执行，而日渐弱化咨询、指导功能。

---

① Heikki K. Lyytinen. *The History of Education Evaluation in Finland*. http://www.ekk.edu.ee/vvfiles/0/lyytinen.pdf.

② Hannu Simola，Risto Rinne，Janne Varjo，Hannele Pitkänen & Jaakko Kauko. Quality Assurance and Evaluation（QAE）in Finnish Compulsory Schooling-A National Model or Just Unintended Effects of Radical Decentralisation? *Journal of Education Policy*，2009（2）.

在1976年以前，芬兰的综合学校每三年要接受一次省督学团的督察。而在1976年以后，省政府只有出于特定原因才开展督导工作，省教育厅的教育督导职能遭到削弱。到了20世纪80年代末，尽管芬兰各省政府依旧要负责指导教育发展，但不再提及督学，“督导员”一词也从此销声匿迹。①

随着以地方自治为基础的分权式教育管理体制的形成，以督导制度为代表的一系列传统教育管控系统逐步消失。1991年，芬兰宣布正式废除学校督导制度。

二、信息指导时期：教育评价制度的形成

20世纪90年代，芬兰地方教育决策权进一步增强，学校以及教育提供方（主要是市政当局）可以依据国家和地方发展目标独立开展教育活动。国家对于地方政府、学校具体的教育、办学活动不再予以过多干预。但是，地方行政和学校自主权的扩大需要在相应标准和框架下进行，芬兰在国家层面通过信息、支持和拨款等方式引导教育事业的发展，并通过教育法规来提出教育目标，通过全国教育委员会制定的国家课程、资格框架来指导地方教育活动，芬兰的教育评价制度也随之进入了一个新的时代：信息指导时期。

先前隶属于芬兰教育与文化部的全国教育委员会是芬兰国家层面最主要的教育质量评价机构，负责起草和审核国家核心课程框架与标准，并对全国各类教育活动进行质量评价。② 1995年，芬兰出于评选“高质量教育机构”以协助国家进行绩效拨款的需要，在教育与文化部之下成立了高等教育评价委员会，专门负责大学与多科技术学院的教育教学评价工作，高等教育的质量保障工作自此从全国教育委员会中剥离出来。1999年，芬兰建立了基于分

① Heikki K. Lyytinen. *The History of Education Evaluation in Finland*. http://www.ekk.edu.ee/vvfiles/0/lyytinen.pdf.

② Finnish National Board of Education. *Tasks and Services*. http://www.oph.fi/english/about_us/tasks_and_services.

权原则的现代教育法规体系，明确了芬兰国家主持的外部教育评价工作的法律地位，并规定办学方要对自己所提供的教育服务开展内部自评，且有责任积极参与国家主持的教育质量外部评价。

2003年，芬兰在高等教育评价委员会之外成立教育评价委员会，专职负责全国基础教育和高中教育的评价工作。2009年，芬兰修订了《基础教育法》《普通高中教育法》《职业高中教育法》《成人教育法》等一系列教育法案，划清了国家教育评价工作的承担主体及各自职权范围：教育评价委员会负责高等教育之前阶段的教育质量评价；高等教育评价委员会负责高等教育阶段的教育质量评价；全国教育委员会负责开展学生学业成就国家测评；而教育与文化部宏观制订各类教育评价和学业成就测评计划，并为教育评价工作提供财政资助。

第二节　芬兰教育评价机构的设置与职能

芬兰废除了以教育督导制度为基础的教育质量保障体系之后，市场竞争和各级各类教育评价成为改善和保障芬兰教育质量的两股中坚力量。

与芬兰的教育行政管理体制相适应，教育评价工作由上至下分为国家、地方（区、市）及学校三个层次。

一、国家层面

（一）机构设置

教育与文化部是芬兰最高教育行政主管部门，负责全国的教育、科技、文化、宗教、青年和体育事务的管理工作。芬兰所有公立教育机构以及公共基金投资的私立教育机构，从义务教育到高等教育均要接受教育与文化部的指导和监督。教育与文化部下设教育政策司，成人教育与培训司，高等教育与科学政策司，文化、体育与青年政策司和行政司等。此外，教育与文化部下辖全国教育委员会、芬兰研究院、教育评价委员会、高等教育评价委员会、大学入学考试委员会等专家咨询机构，协助教育与文化部处理教育评价和监督等工作。

在芬兰国家层面，教育与文化部负责制订宏观教育评价计划，为教育评价活动提供财政资助，而教育与文化部制定的各项方针政策也成为教育评价活动的重要依据。与教育督导制度所不同的是，教育评价工作不是由一个部门负责，而是分别由几个半官方性专业性组织负责。它们是隶属于教育与文化部的全国教育委员会、芬兰高等教育评价委员会和芬兰教育评价委员会。它们在教育与文化部的领导下开展评估工作，但同时又具有相对独立性，保持评价工作的专业性和自治。

1. 全国教育委员会

在成立高等教育评价委员会和教育评价委员会之前，芬兰全国的教育评价工作一直由全国教育委员会（及其前身教育监事会）具体负责，国家教育评价工作及相关研究工作主要包括：制定全国性教育质量指标，开展系统评价、主题评价、现状评价和学业成就测评，以及开发评价模型、评价方法和评价标准。自 1994 年以来，芬兰全国教育委员会发表了约 110 份教育评价报告及其他 32 份学生成就测评报告。①

1995 年，芬兰成立高等教育评价委员会，全国教育委员会的教育评价活动开始集中于基础教育和职业教育，而不再涉及高等教育。2003 年，芬兰教育评价委员会建立，全国教育委员会仍然承担教育评价工作，但主要负责学生学业成就测评，具体包括：确定各种定性和定量的教育评价指标，定期评价综合学校和职业学校学生的数学、母语及第二官方语言水平，开展多项教育现状年度评价工作，参与 PISA 等国际教育评价项目。

2003 年，芬兰在全国教育委员会和高等教育评价委员会之外，

① Finnish Education Evaluation Council. *New Directions in Educational Evaluation Evaluation Programme 2004-2007*. Publications of the Finnish Education Evaluation Council，2005，pp. 3-9.

单独设立负责基础教育与高中教育评价工作的芬兰教育评价委员会。此后，在教育评价工作上，全国教育委员会主要担任国家核心课程框架及其评价标准的制定和学生学业成就测评等工作。

2. 芬兰高等教育评价委员会

芬兰教育与文化部在1994、1995、1996、1997—1998年四次委托高等教育委员会组织评选高质量教育机构以协助政府进行财政拨款。为使评选工作更加客观、科学，芬兰于1995年年底在教育与文化部之下成立高等教育评价委员会。该委员会是一个相对独立于教育行政机构和高等院校的第三方专家组织，由大学专家、多科技术学院专家、工商界代表及大学师生代表组成。

芬兰高等教育评价委员会由评委会与秘书处组成，评委会属于决策部门，秘书处为执行部门。评委会人员由教育与文化部任命，每四年进行一次人员更迭。具体而言，评委会的权力与职责包括：决定芬兰高等教育评价委员会的总体运转程序与人员分工，决定在其届期内的芬兰高等教育评价委员会的总体活动规划和年度工作计划，总体掌控芬兰高等教育评价委员会的年度财政预算与活动报告，从总体上决定高等教育评价委员会所要开展的高校教学质量保障活动，对高校教学质量评价的最终结论做出决定和评判，就秘书处的人员构成事宜向教育与文化部提出相应意见或建议，等等。① 秘书处设1位秘书长、3位总规划师、6位高级顾问和1位行政助理。秘书长统一领导、规划秘书处的各项活动，对秘书处的行政及财政事宜负总责，并负责芬兰高等教育评价委员会所有正式出版物的编纂工作。总规划师和高级顾问主要负责具体设计和研发芬兰高等教育评价委员会所要开展的高校教学质量保障活动计划及实施方案。总规划师还要和秘书长一起，对秘书处的活动进行年度总结与汇报。行政助理的主要职责则包括担当秘书长的日常秘书、担当会议秘书、具体掌管财政事宜及其他行

---

① Finnish Higher Education Evaluation Council. *Standing Order of the Finnish Higher Education Evaluation Council*. 2011.

政管理事宜。①

芬兰高等教育评价委员会的宗旨是：①为高校内部教育质量保障活动提供一定的支持与协助；②为高校改进与发展教育质量提供可资借鉴和学习的信息数据与建议；③积极传播与宣扬高校教育所取得的好的经验与做法；④为教育与文化部及其他利益相关者及时提供用以支持相关决策的最新的有关高校教育质量的信息数据。其具体职能主要包括三个方面：①协助高校及教育与文化部开展有关高校教育质量评价与保障活动；②开展针对高校教育质量及高校内部教育质量保障体系的评价与审核活动；③积极参与并投身合作国际性的高等教育质量评价与保障活动。

3. 芬兰教育评价委员会

与芬兰高等教育评价委员会性质相似，芬兰教育评价委员会也是一个相对独立于办学机构和教育行政机构的全国性专家组织，隶属于教育与文化部。当初，芬兰之所以要在全国教育委员会之外单独设立两个第三方教育评价机构是考虑到全国教育委员会本身属于教育行政机构，而由其独立主持教育评价活动将影响教育评价的中立性。

芬兰教育评价委员会主要负责小学、初中与高中教育的外部评价工作，其职责主要包括四个方面：①协助教育与文化部开展教育评价工作；②评价教育提供方的教育活动；③开展外部教育评价；④在教育评价方面参与国际合作。

其宗旨有三：①收集、分析信息以便为国家教育政策的制定和教育发展提供依据；②收集、分析信息以便为地方教育发展决策提供依据；③支持学生的学习、教育工作者的工作和学校的发展。

近些年来，这种多评价机构共存的格局暴露出职权交叉、组织重叠等诸多问题。为了简化机构、集中资源，芬兰于 2014 年年初合并、裁撤现存的教育质量评价保障机构，建立了单一的、第

① Finnish Higher Education Evaluation Council. *Standing Order of the Finnish Higher Education Evaluation Council*. 2011.

三方的全国教育质量评价中心，以此增强教育质量评价活动的集权性和独立性。①

4. 其他评估机构

除了以上带有政府性质的教育行政管理部门，芬兰的许多大学及教育科研机构也积极参与了国家的各类教育评价活动，如设在韦斯屈莱大学的教育研究所和设在赫尔辛基大学的教育评价中心等。此外，芬兰统计局为教育评价工作提供了重要的数据来源，经合组织、欧盟等国际组织主持的教育评价活动也是芬兰整个教育评价网络的重要组成部分。

由国家主持的外部教育评价和办学方组织的教育质量自评，以及来自国际组织的各类跨国教育评价有机构成的教育评价网络成为芬兰现行教育质量保障制度的核心部分，如图 5-1 所示。②

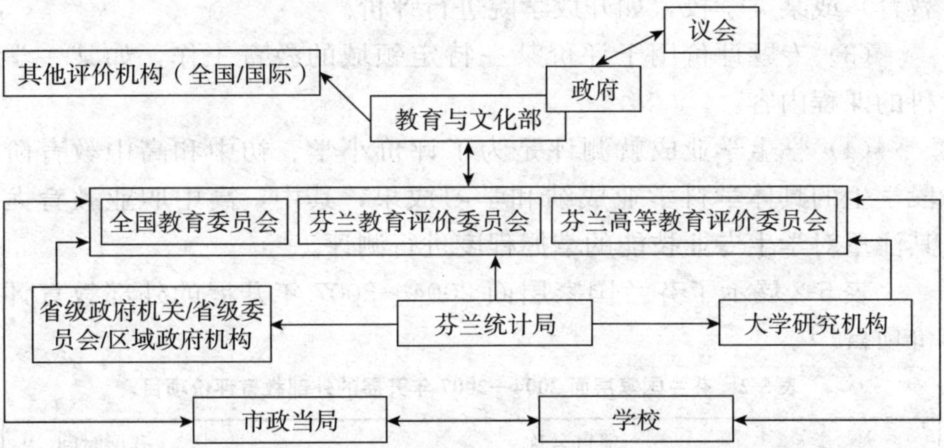

图 5-1　芬兰教育评价网络

（二）职能与任务

整体上，芬兰国家层面开展的教育评价活动主要涉及以下领域：①教育的供需、受教育机会、学生流量；②整个教育系统及各

① Ministry of Education and Culture. *Education Evaluation Plan for 2012-2015*. Publications of Ministry of Education and Culture，2013.

② Heikki K. Lyytinen. *The History of Education Evaluation in Finland*. http://www.ekk.edu.ee/vvfiles/0/lyytinen.pdf.

组成部分的结构与功能；③教育质量与可获得资源之间的关系；④教育政策发展趋势及教育领域的变化；⑤课程与教学大纲；⑥学业成就；⑦教育系统的效力、效率和经济性；⑧评价中的重点时兴领域。其具体任务主要包括以下几个方面。

1. 实施外部教育评价

芬兰国家层面开展的外部教育评价由四部分组成：系统评价、现状评价、专题评价和学生学业成就测评。其中，系统评价、现状评价和专题评价偏重体制方面的评价，而学生学业成就测评重在评估学生的学业产出。

（1）系统评价致力于评价整个教育系统或其中某个部分的职能，以及现行教育政策及其实施情况。

（2）现状评价一般专门针对某一阶段的教育（如小学和初中教育）或某类学校，如开放学院进行评价。

（3）专题评价用于评价某一特定领域的教育工作，如某一学科的课程内容。

（4）学生学业成就测评是为了评价小学、初中和高中教育阶段学生的具体学科学业成绩和学习成果，其中，高中职业教育尤其注重对学生专业技能的掌握程度进行测评。

表 5-2 展示了芬兰国家层面 2004—2007 年开展的外部教育评价项目。①

表 5-2　芬兰国家层面 2004—2007 年开展的外部教育评价项目

项目名称		开展时间
系统评价	资格结构（职业教育）	2005—2006 年
	课程改革（职业教育）	2005—2006 年
	区域效力与教育作用（高中教育、职业教育、成人教育）	2005—2006 年

① Finnish Education Evaluation Council. *New Directions in Educational Evaluation Programme 2004-2007*. Publications of the Finnish Education Evaluation Council, 2005, pp. 49-51.

续表

项目名称		开展时间
系统评价	学生受教育机会与教育平等（高中教育、职业教育）	2006—2007年
	成人学习预备条件与学习中的平等	2006—2007年
	无党派公民教育与积极的公民身份	2004—2007年
	基础教育安全（小学和初中教育）	2004—2005年
	年轻人的职业教育选择、学术表现与辍学	2005年
现状评价	使用瑞典语的教育发展现状（小学教育、初中教育、高中教育、职业教育、成人教育）	2005—2006年
	基础教育现状（小学和初中教育）	2005—2006年
	使用瑞典语的教育中的教师资格	2006—2007年
	特殊需求教学、补救教学和学生福利服务（小学教育、初中教育、高中教育）	2004—2005年
专题评价	工作场所的学习	2004—2005年
	中等职业教育为成人提供的教育机会	2004—2007年
	小学和初中教育阶段的艺术教育	2005年
	小学和初中教育阶段的艺术教育	2006—2007年
	教育信息技术的使用（小学教育、初中教育、高中教育、职业教育、成人教育）	2006—2007年
	学前教学质量	2003—2004年
学业成就测评	二年级数学学业成就测评（小学教育）	2005—2006年
	二年级母语学业成就测评（小学教育）	2005—2006年
	数学与母语学业成就测评（小学和初中教育）	2003—2005年
	九年级数学学业成就测评（初中教育）	2006—2007年
	九年级母语学业成就测评（初中教育）	2006—2007年
	九年级数学学业成就测评（初中教育）	2003—2004年
	艺术教育学业成就测评（小学和初中教育）	2006年
	九年级母语与文学（芬兰语）学业成就测评（初中教育）	2003—2005年
	九年级母语与文学（瑞典语）学业成就测评（初中教育）	2003—2005年

续表

项目名称		开展时间
学业成就测评	学会学习（高中教育）	2005—2006 年
	学会学习与大学入学考试（高中教育）	2006—2008 年
	学会学习、大学入学考试与接受下一阶段学习（高中教育）	2008—2009 年
	学业成就测评策略、体系和项目的设计与试行（职业教育）	2003—2005 年
	全国学业成就测评（职业教育）	2005—2007 年

2. 支持教育提供方和校方的教育自评工作

国家教育评价机构有责任协助教育提供方（主要是市政当局）和学校开展教育自评工作。一方面，协助教育提供方和学校建立自己的教育评价模式、评价方法和评价标准，并在实践中检验其成效；另一方面，通过建立教育评价信息网络支持其自评工作，并在国家教育评价中充分利用地方和校方的自评结果。此外，为教育提供方和学校提供教育评价方面的专门培训。

表 5-3 展示了芬兰 2004—2007 年国家教育评价机构支持教育提供方和学校开展教育自评活动的有关项目。①

表 5-3　芬兰 2004—2007 年国家教育评价机构支持教育提供方和学校开展教育自评活动的有关项目

项目名称	开展时间
学校和教育提供方质量保障与自评	2004—2007 年
学徒制培训的质量与自评	2004—2007 年
职业教育质量、质量管理建议和质量指标	2004—2007 年
教育提供方教育评价模式的建立与质量建议	2004—2007 年

① Finnish Education Evaluation Council. *New Directions in Educational Evaluation Programme 2004-2007*. Publications of the Finnish Education Evaluation Council, 2005, pp. 3-51.

3. 评价并授予质量奖

教育与文化部每年要依据其所任命的特定的奖励委员会的举荐，向表现优秀的职业教育机构和学徒制培训员授予年度质量奖，而全国教育委员会及其组建的外部评价小组负责该质量奖的评估工作。此外，教育与文化部下属的成人教育委员会负责向表现优秀的成人教育机构授予质量奖，亦由全国教育委员会任命专门的评价小组进行质量奖评审。

4. 开展评价方法研究

为了使教育评价活动更具科学性，芬兰的国家教育评价机构（主要是全国教育委员会）不仅积极利用国内外专家的已有相关研究成果，还会在各类教育评价项目或单独的教育评价方法研究项目中专门组织、开展教育评价方法研究，包括国家层面和地方、校方层面的教育评价模式、评价方法、评价标准以及教育评价网络平台和门户网站的开发与建立等。芬兰的教育评价方法研究尤其强调评价方法的多视角性、区和自治市教育评价组织的广泛参与以及信息技术在教育评价中的运用。

表 5-4 展示了芬兰 2004—2007 年国家教育评价机构开展的教育评价方法研究项目。①

表 5-4　芬兰 2004—2007 年国家教育评价机构开展的教育评价方法研究项目

项目名称	开展时间
教育评价网络	2004—2007 年
教育评价员培训（专家库）	2004—2007 年
教育评价指标	2004—2007 年
教育评价中的信息系统与技术	2004—2007 年
教育评价结果在教育发展中的运用	2004—2007 年
职业教育质量	2004—2007 年
教育评价效力元分析	2004—2007 年

① Finnish Education Evaluation Council. *New Directions in Educational Evaluation Programme 2004-2007*. Publications of the Finnish Education Evaluation Council，2005，pp. 3-52.

5. 支持教育评价国际合作

芬兰全国教育委员会和教育评价委员会通过建立国际教育评价网络、宣传其评价活动、在国家教育评价系统发展过程中积极引进国际专家力量和参与国际教育评价项目等举措支持教育评价国际合作。

表 5-5 展示了芬兰 2004—2007 年国家教育评价机构开展的教育评价国际合作项目。①

表 5-5　芬兰 2004—2007 年国家教育评价机构开展的教育评价国际合作项目

项目名称	开展时间
“欧盟职业培训发展中心”内的合作（职业教育、成人教育）	2004—2007 年
北欧合作（小学教育、初中教育、高中教育、职业教育和成人教育）	2004—2007 年
欧盟、经合组织：成人能力水平与教育参与	2004—2007 年
国际学生评价项目（PISA）	2005—2006 年

6. 提供付费服务

除了各种无偿的教育评价服务，自 2005 年起，芬兰国家教育评价机构还会根据有关政策提供一些付费教育评价服务，如教育评价委员会和高等教育评价委员会每年合作组织全国教育评价研讨会等。

二、地方（区、市）层面

（一）省和区级

芬兰全国有 6 个省，省下分为 20 个行政区。各省设立了相应的省级行政机关，各地区设地区办事处和地区委员会。省政府下设省教育与文化处专管省内教育事务。在行政区之下，芬兰共设有 342 个自治市，各市设立市政委员会。由于芬兰实行高度的地方

① Finnish Education Evaluation Council. *New Directions in Educational Evaluation Programme 2004-2007*. Publications of the Finnish Education Evaluation Council, 2005, pp. 3-52.

自治制度，其342个自治市构成了芬兰国家最基本也是最主要的行政管理单位，并且是芬兰公共教育的主要提供者。

芬兰在实行地方自治后，区级政府和自治市获得了极大的教育管理权和评价权。芬兰《基础教育法》等国家官方教育文件明确规定，地方政府有责任对所辖区域的教育活动开展自评，并有义务为国家外部教育评价提供有关的准确信息、数据。

在2010年以前，根据《省政府法案》的有关规定，省教育厅每年都要根据国家教育目标和地方发展需要制定该年教育评价目标，以现有统计数据和部门专门数据为基础对省内教育活动开展自评，并每年公布一次评价报告。除了定期的省内教育自评活动，省政府办公厅根据公民的举报，有责任对任何教育承办者的办学资格及其合法性展开调查与监督，但这种监督只是一种非主动的监督。除非学校被投诉，一般情况下省政府办公厅不干涉学校的办学活动。2010年实行行政区划改革后，区教育评价工作改由中央派出机构区国家行政机构和具有自治性质的区教育委员会负责。

（二）市级

根据芬兰《市政法》规定，每个市的市委员会应任命一个审查委员会负责评价市委员会所确立的发展目标的实现情况，其中就涉及本市的教育自评。自治市作为最主要的教育提供方，有责任评价其所提供教育的有效性，并积极参与国家外部教育评价。自治市的教育自评主体由市委员会、市审计委员会、市教育委员会和市教育管理部门共同构成。尽管国家规定各区、市有义务开展定期的教育自评并公布评价报告，但根据地方自治原则，具体的评价模式、评价方案和评价方法均由各区、市自行决定。例如，赫尔辛基市教育委员会经常通过“校间同行评价”对学校的办学质量进行评价，具体来讲就是让各校校长及部分教师对其他学校的办学质量及其校长工作进行同行评审。此外，赫尔辛基市教育委员会普通教育处处长每四年会对各校校长进行一次专门的审查和评价。①

表 5-6 展示了芬兰 2004—2007 年开展的一些市级教育评价项目。②

表 5-6 芬兰 2004—2007 年开展的一些市级教育评价项目

项目名称	开展时间
学前教育和基础教育的区域可获得性	2004—2007 年
学生福利管理变革	2003—2004 年
平等的教育机会（中等教育层面）	2006 年
后中等教育的教育配置	2004—2007 年
毕业生就业及其深造机会	2004—2007 年
学生下午活动	2004—2006 年

三、学校层面

学校既是芬兰教育评价的最基层评价主体，亦是其主要的评价客体。自芬兰教育评价制度由督导制转型为评价制后，校方自评在整个教育评价系统中有极其重要的作用和地位。学校自评的主要内容包括评价其教学服务的可获得性和有效性等，主要形式通常有学校自评、教师自评和学生自评三部分。

在三种评价形式中，学生学业成就测评占主要地位，其评价结果已成为国家开展外部教育评价的重要信息来源。学生学业测评的目的是为了鼓励和指导学生的学习，及时反馈学生学业进步和存在的问题，同时也为学生家长和有关教育机构提供信息，并有助于教师和校长评价学校的教学效果。芬兰学校的学生学业测评结果呈现形式多样，其中最常见的是根据制定的课程目标和教

① Joke Voogt，Helena Kasurinen. *Finland：Emphasising Development Instead of Competition and Comparison*. http://www.oecd.org/edu/ceri/34260381.pdf.

② Finnish Education Evaluation Council. *New Directions in Educational Evaluation Programme* 2004-2007. Publications of the Finnish Education Evaluation Council，2005，pp. 3-55.

学大纲对学生成绩划分等级。课程中对每学程应以何种方式做出评定都有具体规定。当一个学程的学习结束后，就需要对学生的学习情况进行等级评定。评定的目的在于让学生知道自己在本学程的学习中的达标程度。评定的依据是笔试、学习过程中的表现以及学生的自我评价。评价结果以"课程报告"的形式呈现，教师除了用数字给出评定等级外，还可以辅以评语的形式。

值得强调的是，学生的课程报告成绩并非由教师独立评定，而是师生共同决定。例如，蒂卡科斯基高级综合学校（Tikkakoski Upper Comprehensive School）在每门课程结束后，让学生填写一张成绩自评表（见表 5-7）①，要求学生根据学校制定的统一评分系统给出自己所预期的课程分数，评价自己的学习习惯、学习行为、课程参与度以及课后作业完成情况，填完后交给任课教师进行评分。如果师生给出的成绩相差两分以上，师生将就此进行一次谈话，但事实上通常情况下师生给出的分数大多高度一致。②再比如，美湾高级综合学校（Meilahti Upper Comprehensive School）也要求在每门课程结束时，任课教师通过与学生讨论协商，对学生在此门课程上所掌握的知识、能力以及学习态度和出勤率给出成绩。此外，该校专门设计了一套用来了解学生的学习态度和学习习惯的调查问卷（见图 5-2）③，并要求师生和家长共同填写。

表 5-7　蒂卡科斯基高级综合学校学生成绩自评表

学科	课程分数	学习习惯	学习发展	学生分数
母语				
数学				
其他				

①②③ Joke Voogt, Helena Kasurinen. *Finland: Emphasising Development Instead of Competition and Comparison*. http://www.oecd.org/edu/ceri/34260381.pdf.

七年级第一学程学生习惯自评

在这个学期，我最重要的目标是：________________

我实现目标的程度：很好□　一般□　不好□

积极参与课程	
完成家庭作业	
记得携带课本和我所需的东西	
养成好习惯	
准时上课	
正常上课	

G=好　M=一般　T=还需努力

教师评价：________________

分数：________________

备注：________________

教师签名：________________

家长评价：________________

家长签名：________________

图 5-2　美湾高级综合学校学生学习习惯问卷

除了平时阶段性的课程评价，学校会在学生毕业的时候给出一份具有全国可比性的终期学校报告，供学生申请下一阶段教育之用。

综上所述，芬兰国家、省/区、市和学校开展的评价活动在评价目的、内容和方法上各不相同，见表 5-8。①

① National Board of Education. *A Framework for Evaluating Education Outcomes in Finland*. Publications of the National Board of Education, 1999, p. 64.

表 5-8　芬兰各级教育评价活动概览

评价主体（谁评价）	评价内容（评价什么）	评价目的（为什么评价）	评价方法（如何评价）
教育与文化部 全国教育委员会 芬兰教育评价委员会 芬兰高等教育评价委员会	教育的效力和效率 教育改革趋势与教育领域的发展 教育专题领域 基于国际教育视角的现状分析 教育与其他社会子系统的关系	实施教育政策 实施课程 获得技能、知识方面的国家层面的信息 跟进改革 了解发展需要 提高教育标准 了解大众有关教育的观点	评价研究与项目 现状描述、比较和主题评价 数据与指标 基于抽样的全国测试 国际比较 专家报告 人民选择监控 元评价 民意测验
区域行政机构	区域内的教育需求与供给 区域内的学校网络功能	满足区域教育发展需求 国家需要	调查、比较 报告 监测
市政当局/联合市政当局	地方教育服务的效力、效率与经济性	地方需要 区域需要	参与外部评价 自我评价 调查、比较 报告 监测
学校	教育活动产出 校本课程功能 学校运营基础与概况 学业成就 管理文化与工作	校际比较 活动发展 改革跟进 地方与区域需要	自评 参与外部评价 比较学业成就 外部审计、标杆管理 讨论 问卷

第三节 芬兰教育评价的依据、原则与程序

一、评价依据

与多数国家不同的是，芬兰自20世纪90年代废除教育督导制后，在很长一段时间内没有制定过任何国家层面的教育评价指标。这一方面是因为芬兰教育评价制度自转型后，主要的教育评价权力交给了地方政府以及学校，且极为注重教育提供方、学校以及师生的自我评估。因此，长期以来，芬兰国家层面的外部教育评价活动的主要依据只有教育法律法规、相关政策文件，包括《基础教育法》《普通高中教育法》《职业高中教育法》《大学法》《多科技术学院法》《成人教育法》《教育评价委员会法》《高等教育评价委员会法》，以及芬兰教育与文化部每四年颁布一次的“教育与科学研究发展规划”和全国教育委员会制定的国家核心课程与建构的资格框架。教育提供方、学校则根据国家发布的具有宏观指导意义的政策和自己的需要，在全国教育委员会和两个第三方的教育评价委员会协助下，自行建立自己的教育评价标准体系。

直到20世纪末，芬兰政府为了使国家层面的教育评价活动更具针对性，开始着手建立一套专门的教育评价标准体系。1999年，芬兰全国教育委员会正式颁布了第一个全国性的教育评价指标体系——《芬兰教育成果评价框架》。但该框架仅给出了宽泛的教育评价维度而并未给出较为具体的指标，各类自评可以以此框架为参考，但并不具有强制性。在该框架颁布十年后，芬兰教育与文化部于2009年专门针对基础教育阶段颁布了相对具体的全国性教育评价标准体系——《基础教育质量标准》。这成为芬兰教育政策制定者了解教育效果、发现不足、规划年度预算、推动区域合作以及学校和自治市评价教育活动和业务合作的一种重

要工具。[①] 但芬兰以信息服务为目的、反对标准化管理的教育评价制度决定了该标准体系依旧只是一种参考性材料，而非政策文本。

（一）《芬兰教育成果评价框架》

芬兰全国教育委员会于 1999 年颁布的《芬兰教育成果评价框架》旨在考察教育目标的实现程度和教育资源的利用情况。该框架将教育评价内容划分为效能、效率和经济性三大维度。

根据《芬兰教育成果评价框架》的定义，有效的教育指教育能够高效地培养人才，促进个人的精神成长和社会、文化以及工作生活的发展；有效率的教育指教育系统、教育行政以及教学工作的功能、灵活性和时间安排达到了相对最佳状态且教学质量较高；经济的教育指教育资源依据教育目标得到了最合理的分配，教育资源量与所提供的教育服务量比例协调且能良好适应所提供的教育服务的结构和组织。[②]

在每个维度之下，《芬兰教育成果评价框架》又设定了若干下位的评价指标，如图 5-3 所示。[③]

在教育效能下的二级指标设定为教育供需匹配性、学业成就、学会学习技能、沟通技能、终身学习五项评价对象。教育效能注重结果。

教育效率下设定了教育供给，及时性与反应能力，教学安排、教学质量和合作伙伴，教育期限，辍学/毕业，重复教育与前期学习认证，人力资源，设备，规章与约定，学习管理文化十项二级指标。

---

① 田腾飞：《芬兰基础教育的质量标准及其评估机制探析》，《比较教育研究》2013 年第 4 期。

②③ National Board of Education. *A Framework for Evaluating Education Outcomes in Finland*. Publications of the National Board of Education，1999，pp. 22-23，p. 31.

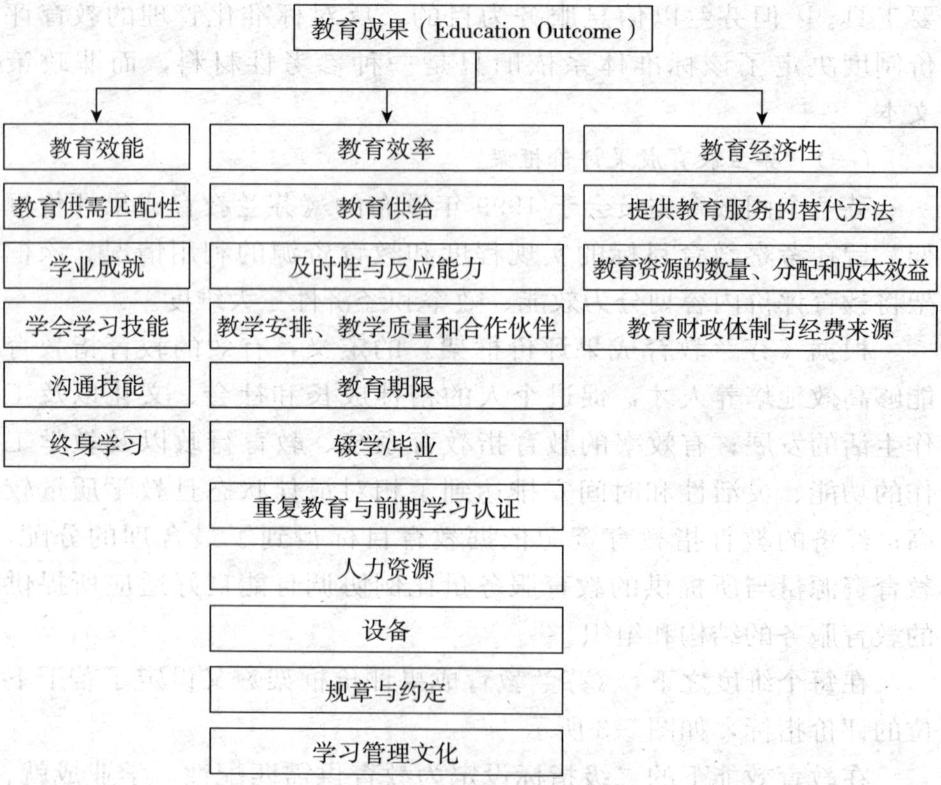

图 5-3　《芬兰教育成果评价框架》划分的评价维度

教育经济性下设定了提供教育服务的替代方法，教育资源的数量、分配和成本效益，教育财政体制与经费来源三项二级指标。教育的经济性主要关注资源的分配与使用的合理。

在具体的操作中，这些评价指标被转化为若干具有代表性的指标或参量。芬兰全国教育委员会联合芬兰统计局负责设定国家教育指标，并协助地方建立地方教育评价指标系统。校方自评时既可以参考国家或地方指标也可以设定一套自己的校本评价指标。为了使评价结果更能反映教育目标的实现程度，全国教育委员会等教育评价组织要根据教育法规、政府决策、课程框架以及地方、校方的实际情况为每项指标设定质量标准，以便于进行比较分析。例如，全国教育委员会为综合学校的每门学科设计了一套评价标准。表 5-9 举例说明了芬兰教育评价内容的维度划分、各维度所含评价对象及评价标准之间的关系。①

表 5-9　芬兰教育评价的评价维度、评价对象及评价标准之间的关系

教育产出评价			
评价维度	效能（学习）	效率（教学）	经济（财政）
评价对象（举例）	学会学习技能	教育时限	投入产出率
评价指标（举例）	作为学习者的自我形象	教育期限（日/年）	每学分的成本（货币单位）
评价标准（举例）	作为学习者的积极自我形象	个体学习项目期限合理	上年度/教育成本的 90%

（二）《基础教育质量标准》

芬兰教育与文化部于 2009 年颁布的《基础教育质量标准》将基础教育的评价内容划分为与学生直接相关的内部要素和服务于内部要素的外部要素两部分。其中内部要素包括课程实施，教学与学习安排，学习、成长和福利支持，包容与感化，家校合作，安全的学习环境六项评价指标；外部要素包括管理、人员配置、办学经费和评价四项评价指标（见表 5-10）。②

表 5-10　芬兰《基础教育质量标准》

项目		实施主体	指标内容
外部指标体系	管理	自治市和学校	为实现其使命与价值制定策略，协助上级教育部门与学校管理的程序和措施，有明确的教育与培训目标，为教学活动和学校发展制订计划，管理人员和教职员工执行监测制度的情况，校长和管理人员有明确的工作职责与时间安排，为教师教学、家校合作所创造的适宜条件，鼓励自力更生和自我持续发展的措施，教学领导。

① National Board of Education. *A Framework for Evaluating Education Outcomes in Finland*. Publications of the National Board of Education，1999，p. 29.

② 田腾飞：《芬兰基础教育的质量标准及其评估机制探析》，《比较教育研究》2013 年第 4 期。

续表

项目		实施主体	指标内容
外部指标体系	人员配置	自治市和学校	教学人员的结构、数量和专业符合学校的发展；人才规划；用人方式；根据社会事务和健康部的建议，教学人员需协助学校卫生和社会服务工作；组织新进人员上岗培训，积极为教师持续发展创造机会；建立员工发展规划和追踪系统（如绩效评价）；持续监测和发展员工的福利。
	办学经费	自治市和学校	为保证学校教学正常运行提供基本资金，为使教育目标最佳达成而合理分配教师培训资源，围绕教育教学中心任务合理规划财务，监控整个办学经费系统的可持续发展。
	评价	自治市和学校	开发评价系统和有计划地开展教育评价；评价活动应符合评价系统的要求；评价所获取的信息用于提高教学质量，以及确保教学的正常运行和利于财务规划；对评价系统进行元评价；共同商讨评价原则。
与学生有关的指标体系	课程实施	自治市	制定教学大纲和开发相应的课程资源，明确课程的主要参与者和合作伙伴，课程内容应考虑特殊儿童的教育需求，确保语言课程及其有关教育资源的获取，对课程实施评价。
		学校	教师需参与课程的编制、评价和开发，并通过各种手段支持课程决策；在课程的编制、实施、评价和开发上加强区域之间的合作；家长和其他合作伙伴应参与课程的实施、评价与开发；学生应参与课程的评价与开发；为学生提供课程与教学信息；课程应基于学校的自我发展和持续发展。
	教学与学习安排	自治市	教学既要实现教学大纲要求的既定目标，又要考虑不同学生的实际需求；对学校教学活动中额外资源的分配，应基于学校特殊需要的多少和不同语言和文化背景的学生人数的多少而定；决定学校是否应做特别的安全工作。
		学校	教学方法的选择和有关信息的收集应与教育目标一致；根据学生的个性和潜在知识选择教学和评价方法；学校的设施、设备和教材的水平应根据学生的需要进行有区别的配置；教学所需材料的采购、利用、保护和维护应坚持可持续发展原则；根据课程要求，对学校的教学活动和学生学习进行评价；学校教育实践不断向前发展。
	学习、成长和福利支持	自治市	针对特殊学生的教学，应有一个系统的、多专业的支持网络；教育部门和学校应共同规划教学，进行数据共享；为学校学生辅导和学生福利配备足够的人力资源；促进教学与社会服务、医疗保健以及福利管理工作的信息交流；联合克服儿童早期教育及其相关问题；安全工作主要由本地负责，在适当情况下加强跨区合作。

续表

项目		实施主体	指标内容
与学生有关的指标体系	学习、成长和福利支持	学校	教师应准备足够的知识和技能等为有特殊需要的学生服务；开展灵活多样的教学活动以支持和满足学生的需要；让家长充分了解学生；学校采用多专业合作，实行早期干预，并评价其效力；为促进学生的成长和职业生涯的规划实施监控。
	包容与感化	自治市	应出台儿童青少年包容与感化决策的措施，定期对包容与感化政策进行评价和开发。
		学校	学校文化对学生及其监护人是开放和互动的，学生活动是目标导向的、系统的和有效的，为学生辅导提供足够的资源，学校教学及其有关的活动应将学生纳入其中，支持参与式和互动式教学法。
	家校合作	自治市	地方课程应明确家长与学校在家校合作中的目标、政策和内容，为学生家长建立包容性的环境。
		学校	家长和学生一起评价家校合作的设计和开发；促进家庭和学校、学校和班级、班级和学生三个层面的合作；为学生的学习和成长在家校之间建立一个双方支持并良性互动的环境；家校合作应考虑学校教职人员的工作量，并提供足够的资源和支持；发挥信息技术在家校合作中的作用。
	安全的学习环境	自治市	学校工作环境应是健康和安全的；安全检查应定期进行，并对存在的不足进行及时纠正；校舍、家具和设备应恰当，并提供灵活的使用空间；学校设施应适用于所有学生和教职员工；学校的设施应有年度维修计划；所有设施应达到有关技术标准的规定；教育与培训活动应促进当地的福祉和确保安全性；建立统一和明确的危机应对机制；学校的安全信息应定期进行更新；学校的安全计划和学校之间的合作应定期更新，并评价其表现。
		学校	兴建学校设施应考虑学生和教职员工能够较快适应；为教师和学生建立一个相互影响的场所；对教职员工和学生的安全予以考虑；师生员工应共同维护校园设施；校舍建设应按照可持续发展的原则；学校应通过职业安全与健康风险评价和风险识别；风险测评应定期更新，并采取必要的措施及时纠正；定期公开安全与福利信息；按照有关学校编制规定人数招生，并定期评价学生及其监护人；安全和福祉的问题应尽早解决。

1999 年的《芬兰教育成果评价框架》充分体现了基于结果的评价模式，旨在考察教育目标的实现程度和教育资源的利用情况，特别强调教育的效能、效率和经济性。而 2009 年的《基础教育质量标准》则更加注重教育投入与过程，从管理、教学人员、教学与课程、学校环境的安全性、家校合作等方面来考察一个学校的质量，这两个评价指标共同构成了芬兰学校教育评价的维度和观测点。

（三）芬兰教师课堂教学评价指标

尽管芬兰并没有国家层面的具体教育评价指标，但其各类教育评价活动多少会呈现出一些共同“偏好”。韦斯屈莱大学教育研究所的彭迪·倪侃恩（Pentti Nikkanen）、约尼·瓦利嘉伟（Jouni Valijarvi）曾经运用 19 国参与的“教师课堂观察与反馈国际评价体系”项目研发的“教师课堂观察与反馈量表”对芬兰全国的专家、学者和从事一线教学工作的中小学教师以及学校管理者进行了多次调查，归纳了芬兰在进行教师评价（包括外部评价和自我评价）中最常用的 7 项一级指标和 22 项二级指标（见表 5-11）①，并进一步提炼了最被芬兰教师和学校管理人员认可的 5 项核心指标：能运用各种评估方法；营造所有学生都能够积极参与的学习环境和氛围；教师表现出良好的沟通技能；能够清晰地阐明教学目的；提供学习机会，使学生成为主动的学习者。

表 5-11　芬兰常用的教师课堂教学评价指标

一级指标	二级指标
评价	教师给予学生明确、详细、建设性的反馈。
	能运用各种评估方法。
	根据教学目标和目的进行评价。
整体引导和因材施教	营造所有学生都能够积极参与的学习环境和氛围。
	全面了解并充分考虑学生的差异。

① 孙河川著：《教师评价指标体系的国际比较研究》，商务印书馆 2011 年版，第 88 页。

续表

一级指标	二级指标
清晰、有条理的课堂教学	教师表现出良好的沟通技能。
	能够清晰地阐明教学目的。
	安排合理、结构得当的课堂教学。
教学技能	能够调动学生参与学习的积极性。
	具备很好的提问技巧。
	运用各种教学方法和策略。
促进学生主动学习以及发展元认知（自我管控）的能力	帮助学生开发解决问题的能力和自我管控的策略。
	提供学习机会，使学生成为主动的学习者。
	培养学生的批判性思维能力。
	把教学材料与学生的日常生活和经验相联系。
课堂氛围	重视所有的学生。
	提倡积极的互动和参与。
	教师与所有的学生形成互动。
	教师对学生给予高期望。
课堂管理	课堂学习时间最大化。
	清晰可见的班级规章制度。
	及时有效地处理学生的不当行为和课堂干扰。

二、评价原则

芬兰教育评价活动的总原则主要包括：教育评价要以教育决策为基础，教育评价的合法性建立于教育法规的基础之上；教育评价者要秉持中立态度，整个评价过程要注重公平性；教育评价的对象是整个学习环境，重点评价受教育机会；要记录和论证评价方法，尽可能保证评价方法的信度、效度和可比性；教育评价要以服务性为导向，评价活动要以支持教师工作和学生学习为目的，评价结果不得挫伤教育提供方、学校及师生；国家要为地方和校方的自评活动提供支持，外部教育评估要以教育提供方和校方的自评结果为基础；保证教育评价的透明性，重要的评价结果要予以公布，教育提供方和学校要能够获得与自己有关的评价反馈结果；等等。

三、评价程序

尽管不同的评价项目有着不同的评价方案，但基本都包括描述现状、分析优势与不足和目标实现情况、提出下一步发展目标三个基本环节。其评价过程包括：组成评价小组，分析教育活动目标，形成评价依据；基于目标分析界定评价对象；确定评价标准和评价指标；收集有关数据（既包括定量的也包括定性的）；处理和分析所收集到的数据；得出评价结论，撰写评价报告。

其中，数据的收集与处理是整个评价过程的核心环节。芬兰的教育评价数据主要通过现有数据库和实证调查两种途径获取。现有数据库主要有以下几类。

（1）统计资料、教育指标。评价中使用的基本数据包括师生数量、学校数量、申请继续教育以及继续教育提供情况的统计资料、教育服务提供量、毕业生数据以及教育投入和资助数据等。来自芬兰统计局、芬兰地方和区域当局联合会提供的数据，以及全国教育委员会是这些信息的重要来源。

（2）专家评价报告和有关科研成果。芬兰的教育评价可聘请国内或国际专家参与，他们的研究报告和有关科研成果既可以单独拿来使用，也可以辅以其他资料、证据运用于评价工作。

（3）经济学分析。在评估教育资源使用、发展和分配时会使用到经济学分析。来自本国或国际的前期经济学分析结果可能会被运用于教育评价之中。

（4）来自大学入学考试、离校和能力考试的数据。来自芬兰大学入学考试中心的数据在高中教育的国家评价中起到了核心作用。除了大学入学考试数据，芬兰还在职业教育领域开发了离校考试数据，它所提供的数据也被运用于更广泛的教育评价项目之中。成人职业教育中的各种资格考试和能力考试也为教育评价做出了贡献。此外，语言能力国家合格证书考试系统为评估成年人的外语能力水平提供了数据。至于正式的外语教学，基于语言考试法的考试为这方面的评估提供了有关数据和信息。

（5）试题库。为了更简便地界定综合学校学生的学业成就水平，芬兰开发了一个综合学校试题库，集中囊括了一系列基于国家课程框架和覆盖基础教育阶段各学科、各层次等级的测试题集，各学校可以从中抽取试题对学生开展学业测评。题库的题目全部是以国家课程框架为基础发展而来的。

第四节　分析与讨论

一、"和而不同"：芬兰教育评价制度改革道路的选择

正如大卫·卡门斯（David Kamens）所认为的那样，教育改革很少是一个纯粹的教育过程，更多是一个与政治紧密相连的过程。① 与其他国家一样，无论是宏观的公共管理体制，还是具体的教育管理体制，抑或进一步定位到我们所讨论的教育评价制度，芬兰的改革道路选择无处不体现着其执政党的政治理念。

一般而言，学者们习惯根据教育领域权力矩阵中各种权力的均衡情况将教育改革划分为国家主义、市场主义和带有折中色彩的第三条道路三大模式。国家主义常被称作"第一条道路"，是左派政治理念的反映，在 20 世纪 60—70 年代曾盛行于大多数国家。在东方，表现为苏联共产主义；在西方，表现为凯恩斯式的"福利妥协"。在教育领域，主张这一理念的国家将教育视为绝对的公共事业，强调国家和政府在其发展中的"积极干预"和"亲力亲为"，教育评价则是作为一种为政府监管、规划教育事业提供反馈信息的手段而存在的。

进入 20 世纪 80 年代后，尤其到了 80 年代末期，新自由主义替代国家主义、规划主义成为主流，多数国家的公共管理体制改

① David H. Kamens, John W. Meyer and Aaron Benavot. Worldwide Patterns in Academic Secondary Education Curricula. *Comparative Education Review*, 1996 (2).

革走向了高举自由市场经济大旗的第二条道路。关注质量和产出、标准化和问责制的新公共管理改革在世界各国如火如荼地进行着。然而，无论是鼓吹国家主义的极“左”思想，还是信奉市场主义的极“右”思想，都与生俱来地存在着诸多先天优势与不足。例如，强调政府对教育的统一规划和干预有利于促进教育的均衡化发展，但也容易使教育缺乏足够的灵活性和多样性；强调市场的调节有利于提高教育的效率，增强教育多样性，但也容易损害教育的公平性。因此，继国家主义和市场主义之后，历史上出现了试图将自由市场经济和国家干预相结合的“第三条道路”。在这一思想指导下，迅速形成了全球性的教育改革浪潮。与市场主义类似，“第三条道路”同样强调标准化考试和高风险问责。

与国际趋势相一致，芬兰的教育管理体制也发生了“由左向右”的转变。1987年，芬兰以社会民主党和中间党形成的左翼联盟破裂，右翼政党夺得多数议会席位成为执政党，并建立了右翼—左翼联盟内阁。民族联合党党魁哈里·霍克里（Harri Holkeri）从偏左派的社会民主党人毛诺·科伊维斯托（Mauno Koivisto）手中接过芬兰总理一职，教育与文化部部长和全国教育委员会理事长也相继由信奉自由保守主义的偏右派人士担任。右翼党派的上台及其对教育管理话语权的掌控，使得芬兰中央集权式的教育管理体制被颠覆，国家对学校管理冗繁的干预被摈弃，直接的管理被内在的规范所取代。

与当时多数国家的选择类似，芬兰在教育管理体制的改革道路选择上也摆脱了“老左派”和“老右派”的极端思想束缚，试图探索出一条能够超越“左、右”且有机结合政府力量和市场力量的道路。首先，芬兰的改革始终是立足于其高福利国家这一前提，将教育视为公民的基本福利，秉持了第一条道路中国家要干预教育发展的原则。与此同时，芬兰又将多数的教育管理、决策权交给了地方政府乃至学校甚至是个人，并确立了国家在教育领域中服务而非监督的角色。在教育质量保障方面，也采用了许多第三条道路的做法，如强调以“结果管理”替代“标准管理”。①

然而，与典型的走第三条道路的英国所不同的是，芬兰在教育管理和质量监测制度改革过程中并没有选择带有“国际趋势意味”的强调竞争、选择、标准化、问责的“盎格鲁-撒克逊”模式，而是走出了一条具有芬兰特色的“第四条道路”，即在注重政府干预和市场调节的基础上，强调对专业力量的信任（见图 5-4）。例如，国家层面研制的教育质量评价指标仅仅是一种供教育提供方、学校及个人进行自我评价时作为参考的工具，而不具有任何的强制性的约束色彩；强调整个教育评价活动的专业性；等等。

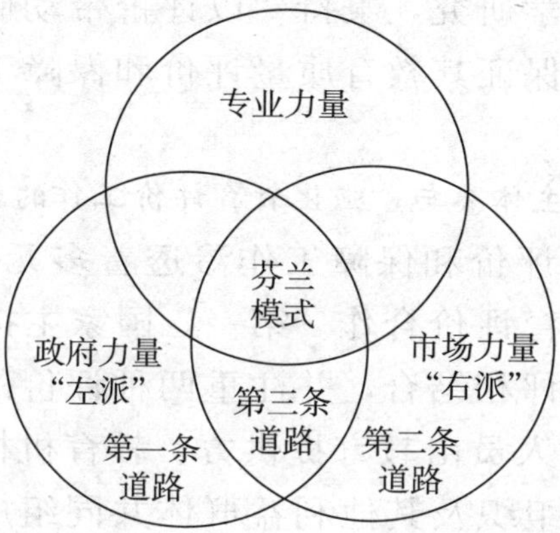

图 5-4　超越“左、右”的芬兰教育评价模式

二、独立、专业、合作与服务：芬兰教育评价制度的基本特点和改革趋势

（一）减少外部力量干预，强化教育评价工作的独立性

与改革之前的教育督导制度不同，芬兰现行教育评价制度依托于“非行政性的”第三方教育评价，教育质量评价和保障工作呈现出较强的独立性。首先，虽然芬兰的教育质量评价和保障机

① Johannesson，I. A.，Lindblad，S. & Simola，H. An Inevitable Progress? Educational Restructuring in Finland，Iceland and Sweden at the Turn of the Millennium. *Scandinavian Journal of Educational Research*，2008（3）.

构多设于教育行政管理组织之下，但其工作人员并非一般的教育决策者或教育管理者。其次，芬兰法律保障各级各类教育质量评价和保障工作享有充足资源。例如，教育与文化部有责任向全国教育委员会和两个教育评价委员会的教育评价工作提供足够的财政支持，但不得干预其具体工作。

（二）加强教育评价研究，强化教育评价工作的专业性

芬兰的教育质量评价和保障工作具有极强的专业性。一方面，相关工作人员多为教育质量评价和保障领域的专家，而非由其他教育行政工作者兼任。另一方面，芬兰的教育质量评价和保障工作紧密联系相关科学研究，秉持“以评价带动研究，以研究促进评价”原则，充分保证其教育质量评价和保障工作的专业性和科学性。

（三）鼓励多方主体参与，强化教育评价工作的合作性

芬兰教育质量评价和保障工作渗透着多元参与的治理理念，强调各种形式的教育评价合作。第一，国家主持的外部评价与办学方开展的内部自评相结合，并注重两种评价的沟通与合作。第二，教育质量评价人员由教育提供方、教育机构、教育行政人员和教学人员、学生组织及其他利益群体共同组成，强调参与主体多元化和兼顾社会各方的需求。第三，积极参与国际教育评价项目，并定期考察其他国家教育评价的最新实践，注重通过国际合作丰富、改善本国的教育评价技术。

（四）弱化监督管控功能，强化教育评价工作的服务性

自 20 世纪 90 年代中期起，芬兰的各种教育法规就明确规定教育质量评价和保障工作要以为公众及个人决策提供信息服务为目的，教育评价报告要对公众公开，但不得进行任何形式的排名，报告结果不得对教育提供方、学校及师生造成伤害。① 概括来讲，

① Hannu Simola，Risto Rinne，Janne Varjo，Hannele Pitkänen & Jaakko Kauko. Quality Assurance and Evaluation（QAE）in Finnish Compulsory Schooling-A National Model or Just Unintended Effects of Radical Decentralization? *Journal of Education Policy*，2009（2）.

芬兰的现行教育质量评价和保障制度强调以评价获取信息，以信息服务决策，而尽可能弱化带有干预性质的监督和管控。

三、摘去“光环”：理性看待“芬兰模式”

PISA 使得芬兰这样一个十余年前在教育领域还不为人知的北欧小国转眼间成为“教育奇迹”和“教育神话”。自此以后，人们乐此不疲地赴芬兰“朝圣”，归纳出各种所谓的“芬兰模式”，并有意无意地夸大芬兰在教育方面的先进性，甚至将其神化为“教育《圣经》”。有学者认为，人们目前对芬兰教育改革的研究在某种意义上已经超出了教育本身，而成为政治家支配权力的一种政治工具。①

芬兰教育到底有多神奇？数不胜数的言论宣称芬兰是一个没有考试、没有竞争、没有排名、没有绩效问责的国家。事实上，我们在前文中就已经提到，芬兰的学生平时要面临着频繁的形成性测试，而且芬兰的高中生在毕业时也要参加全国统一的大学入学考试，其成绩同样将作为进入高等教育的凭证。尽管芬兰不会将国家组织的外部教育评价结果以排名的形式呈现，但其组织这些评价的一个重要目的就是为教育提供方、学校、学生与同行间形成有效比较提供信息数据，从而促进其发展。芬兰高等教育评价委员会成立的初衷也是为了评选带有“标杆性质”的“高质量教育机构”以协助其进行绩效拨款。芬兰的许多教育法规也明确指出教师要为学生的学业成绩负责。此外，人们常认为芬兰人不在乎排名，但实际上芬兰的各种教育网站挂满了与 PISA 排名有关的新闻和评论，并以在 PISA 中的突出表现而自豪，2012 年，芬兰 PISA 成绩的下滑也迅速引起了全国对其教育效能的反思。

更有意思的是，当人们鼓吹芬兰的教育评价和质量保障制度改革不走“寻常路”时，芬兰人自己却毫不讳言地表示其实践无

---

① Simola, H. The Finnish Miracle of PISA: Historical and Sociological Remarks on Teaching and Teacher Education. *Comparative Education*, 2005 (4).

处不渗透着“当红”的新公共管理理念，如强调产出本位、结果管理和绩效问责。除此以外，与其他分权制国家类似，芬兰的中央和地方政府在教育质量评价中的关系也没有多么“和谐”，同样是充满争议和较量的。芬兰全国教育委员会对于自己在地方教育的评价和管理方面的微弱话语权表示了较大的无奈和不满，且认为国家层面设定的各种教育质量标准、发布的各种外部教育评价结果不具有行政约束性是一种不合理的做法。芬兰议会中的教育与文化委员会也曾指出“国家层面的教育评价工作对市政当局和学校产生的影响还很小，其评价结果也并没有真正地运用到促进学校的发展中去”。而与此恰好相反的是，代表地方政权的芬兰地方与区域当局联合会却认为中央政府不应越过地方当局而直接插手学校层面的教育评价事务，抱怨国家的外部教育评价过于纷繁复杂，存在着许多不必要的重叠，各种教育评价之间也缺乏合理的协调。① 由此可见，芬兰国家组织的外部教育质量评价和教育提供方、学校自行开展的内部自评并没有像它宣称的那样得到有效的结合。

因此，尽管芬兰的教育评价制度有许多值得我们借鉴的经验，如强调独立性和多元参与等，但我们完全没有必要去无限夸大所谓的“芬兰模式”，甚至将其经验、做法奉为“金科玉律”。哈努·西莫拉（Hannu Simola）等学者曾指出，芬兰“以评价代督导”的教育质量保障制度“仅仅是芬兰激进分权运动的非预期效应，如果将这种教育质量保障制度称作‘芬兰模式’则有点言过其实”。②作为研究者，我们应当摘掉芬兰教育“奇迹”和“神话”的光环，而从批判者的角度去理性认识其“是”与“非”。

①② Hannu Simola，Risto Rinne，Janne Varjo，Hannele Pitkänen & Jaakko Kauko. Quality Assurance and Evaluation（QAE）in Finnish Compulsory Schooling-A National Model or Just Unintended Effects of Radical Decentralisation? *Journal of Education Policy*，2009（2）.

第六章
西班牙教育督导与评价制度

第一节 西班牙教育督导制度的历史沿革

一、教育督导制度的设想

西班牙的教育督导具有悠久的历史传统。由于君主制政体及宗教因素的影响，西班牙最先产生了皇家巡视制度。1371 年，卡斯蒂利亚王国的恩里克二世（1333—1379）就派遣宫廷巡视员到各地进行监督指导，并有专门人员（神职人员）负责对学校的视察监督。卡洛斯三世（1716—1788）在全国境内主要学校设置常任视学官，指导、监督日常教学活动的开展。

西班牙于 1812 年颁布了《加的斯宪法》，依据宪政思想，将教育督导的职能赋予了一个行政机构——学业事务局。这一机构拥有很大的权力，能够指导、巩固和监督教育事务的发展，尤其关注大学事务。当时的初等教育事务主要由地方政府负责，它同时还负责管理学校教师。这一时期主要是省级及地方政府控制、掌握当地的教育权，教会不断被排挤出教育事业的中心。

1812—1849 年，西班牙有多次建立教育督导制度的尝试，这也被认为是西班牙由旧的封建体制走向民主共和政体的标志之一。

1836 年 8 月 4 日，西班牙里瓦斯伯爵向王室提交了一份提案，即《里瓦斯伯爵提案》。这份提案主要是讨论“第三级教育”中学校建设和专业设置的问题。他在文中专门用一个章节论述应在省、市、城镇等地建立相关学术委员会，由它们向本地区学校派遣视学人员，保障教学质量。但这一提案并未得到女王伊莎贝尔二世（1830—1904）的采纳。

1838 年，西班牙出台了《索麦若罗斯计划》，它主要对中等及高等教育机构提出了若干建议与要求，并在结尾再次提出了建设正式教育督导制度的提议。但由于相配套的教育行政体制还不完善，教育委员会建制还不成熟，最终未能产生任何实际效果。1840 年，有人又提议在地方设置专职督学以取代地方教育委员会对学校的监督管理，但由于预算不足，提议未能执行。

二、教育督导制度的确立

西班牙最早关于教育督导的文字表述出现在 1849 年的《皇家敕令》中，由当时的教育部部长布拉沃·穆里约（Bravo Murillo）签署。同年颁布的《皇家命令》详细规定了各省督学人员在初等学校巡视时应做的工作。

1887 年 6 月，时任西班牙经济发展部部长的卡洛斯·纳瓦罗·罗德里格（Carlos Navarroy Rodrigo）向国会建议制定一部教育督导法律。受到当时流行的教育自由组织的影响，他建议将教育督导划分为中央与省级两个层次，并以之规范督学的选拔机制与职责范畴。

1913 年，西班牙政府尝试建立了一套更具体的督导章程，女性被允许加入到督导人员的队伍中，同时建立了西班牙督学联合会。1924 年的《皇家命令》规定了督导活动的最根本目的是通过政府行政手段，监督、实现教育部对全国教育的统一规划，甚至赋予督导人员可决定关闭学校的权力。1925 年 10 月，政府又补充规定督导人员的职责之一是检查在校教师是否有反国家、反社会的言论和思想。当时督导人员的选派都是由军政府统一分配，并随机分配到各个地区执行特定任务。

1931 年，全国范围内有 167 所学校配备了固定督学。1932 年，政府出台了一部新的教育督导条例，确定了中央督导的固定机制。同时对督学的任命要求进一步提高，不仅要求具有相应的工作能力，还要具备充分的教育理论及实践基础。各省都建立了督学组织，以统一日常工作，并定期公示工作重点与进度。1936—1939 年，西班牙国内经历了三年内战，国内遭遇了大清洗，政治环境混乱，社会生活动荡不安，在教育督导领域内有 84 名督学被罢免，其余被流放。但在一派萧条中仍有令人振奋的发展——1938 年，西班牙在全国范围内建立了中等教育督导模式。

三、教育督导制度的巩固与发展

1939 年 1 月 26 日，弗朗西斯科·弗朗哥（Francisco Franco，1892—1975）的军队成功占领巴塞罗那，宣告了西班牙内战的结束，开始了军事专制统治。政府为了加强对学校的控制和监督，对教育督导制度进行了进一步的改造和发展。1945 年，政府颁布了《初等教育法》，建立督导委员会，以之作为中央督导和省级督导的协调机构。同时，政府在教会和社会团体中建立了并行的教育督导制度。1953 年，法令要求中央官员、省市领导给予督学更多的支持，以帮助他们实现“爱国主义”的督导方针。1973 年，西班牙建构了“服务性综合督导模式”，算是真正意义上国家的统一督导模式。

1978 年宪法制定后，西班牙确立了自治区地方自治的宪政体制，教育督导随即进入了新的发展阶段。《大宪章》第 27 章第 8 条规定：“各级政府应监督、认定教育体制发展，以保障法律赋予的权利与义务的实现。”根据这一条款，西班牙建立了一个新的教育督导框架，明确了新的实施细则。同时根据各地区的实际情况，督导制度也不断进行调整、完善，形成了新的特点和功能。1981 年，根据《巴斯克及加泰罗尼亚地区法令》建立了“高阶督导”制度。1984年，建立了职业教育技能督导团体。

第二节　西班牙教育督导机构的设置与职能

根据西班牙宪法规定，西班牙教育行政管理体制共分为三个层次：中央、自治区和省（市），各级均设有相应管理部门。中央设立教育、文化与体育部，自治区一级设立教育委员会，省（市）一级设立地方教育局，分别负责该级别教育行政管理工作。

目前西班牙具体的教育督导工作主要由各自治区及省（市）教育行政管理部门负责，中央教育管理部门只负责确定政策方向，调整、监督各级督导活动的进行。在西班牙，教育督导部门并不是独立于教育行政机构之外，而是附属于教育行政管理部门之内。每一级别督导机构的特点和作用都有其各自的侧重。

一、中央教育督导机构

西班牙现在的中央教育主管机构为教育、文化与体育部。西班牙中央一级的教育督导主要由教育、文化与体育部管理，其下设专门的教育督导办公室，为全国教育督导活动的主要负责单位。教育、文化与体育部的分管部长兼任督导机构的负责人，另有一名司局级领导（国家督学）专门负责督导办公室的日常工作。教育、文化与体育部内的督导办公室不负责具体的督导活动，它的职责是：①监督各自治区教育发展规划与活动安排；②设计、推广好的教育督导实践措施；③提升部门教育督导活动执行能力与竞争力。

教育、文化与体育部的督导办公室还向全国17个自治区派遣国家督学，负责监督各自治区政府贯彻执行中央宪法的情况和各省（市）督学的督导工作。

西班牙教育督导的目的是为了达到以下两个目标：一是保障所有参与到教育和学习进程中的机构和个人的权益，遵守并且保证相关的法律法规的履行；二是为实现教育质量和教育体系的改革和完善做出贡献。为了达到以上的目标，教育督导机构应具备以下的职能：①从教育管理的视角出发，控制并监督机构教育计划和教育服务的运作和执行情况；②在教学实践的改善、教育机构的运作以及教育革新和全体教员的完善等方面充分开展合作；③在地区范围内，参与针对教育体系的评估，尤其是针对教学机构、领导职能和教育职能的评估；④监督有关法规、规章和其他对教育体系有影响的法律在学校里的遵守情况；⑤向学生的父母提供相关权益和责任义务方面的咨询、指导和信息服务；⑥获得通过督导评估收集有关教学中心、教育服务部门的活动信息，以及任何教育部门所需要的教育信息。

二、自治区教育督导机构

西班牙各地区实行高度自治，除国家级教育督导机构外，西班牙的 17 个自治区教育厅中都设有专门的教育督导机构，督导机构中设有总督学、副总督学、督学。自治区教育厅教育督导机构的主要职能包括：①监督法律法规内容是否得到执行；②监督所发放的教育文凭、资格证书是否符合要求；③保证受教育机会均等。

由于各自治区的实际情况有所差异，不能一概而论，但考虑到它们所采用的理念与模式大同小异，故这里选择马德里自治区作为代表来说明自治区教育督导机构的职能。

马德里自治区政府负责自治区教育的行政机构为教育、青年事务与体育委员会，其下设的教育规划局中有专门负责地区教育督导工作的教育督导办公室。督导办公室由一名主任负责，其下设有三个科室：评估科、行政管理科和监察科。马德里自治区教育督导办公室的具体职能有如下几点：①研制每学年的《教育督导行动计划》；②监督、核实《教育督导行动计划》的执行情况；③在马德里自治区内加强与各级力量在教育督导活动中的合作；④配合地区教育规划局的日常工作。

马德里自治区分为五个区，分别为东、南、西、北和中部地区，各区分别有督导小组。

三、省（市）教育督导机构

在制定详细的教育决策上，省（市）级的教育局是最直接参与的教育行政单位。省教育厅督导办与自治区教育部没有上下级关系，只有工作协调关系。省教育厅工作也享有较大的自治权。例如，卡斯蒂利亚-莱昂自治区内的塞哥维亚省在省教育厅设有督导办公室，省教育厅督导办的主要职能包括：①监督学校的办学行为与质量是否符合法律规定；②向学校与教师提供课程、管理等方面的咨询；③监督与评价学校在教学组织运转、教师行为、学校领导与管理、家长与学生等方面是否运转正常。再如，马德里市政府的家庭、社会服务与公民参与部内设有家庭、儿童、志愿服务、教育与青年事务局，负责马德里市的教育活动，其中教育与青年事务办公室为主要负责单位。马德里市并未设有明确的教育督导部门，其工作被涵盖在上述部门的日常工作中。

第三节　西班牙教育督导与评价的职责范围和类型

一、教育督导范围

西班牙最初的教育督导对象为小学，后来扩展到中学。从 20 世纪开始，教育督导的范围又扩大到职业教育和成人教育。进入 21 世纪后，随着各自治区教育督导力量的加强，国家教育督导的范围又有所调整。据西班牙教育、文化与体育部官方公报，《针对 2004—2005 学年的教育督导活动计划》列举了以下范围：①对学校、教育规划和教育服务进行监督、评价和咨询；②对与国防部签有协议的教育机构（学校等）的监督、评价和咨询；③在隶属于教育、文化与体育部的外围单位内开展教育督导活动的协调工作；④对学校、项目计划和教育服务设施进行评价。

西班牙教育、文化与体育部还规定：教育督导的职能由隶属于教育督导机构的官员和督学按有关规定履行和完成；为了履行这些职能，督学可以进入公共或者是私有的教育中心（学校）里面；在履行职能的时候，督学应得到相关的公共机构的帮助，应有相应的管理资源和必要的技术人员的支持。

二、教育督导与评价的类型

（一）学校督导与评价

学校督导与评价指的是针对学校的各个方面进行的评价，包括外部评价和内部评价，其中涉及多种评价的工具和方法。这些工具和方法也可以作为督导评价的指标来看待。

1. 外部评价过程、指标与方法

学校督导的外部评价是各地方教育督导部门根据教育、文化与体育部的通知所开展的专项督导与评价工作，频率为 3—6 年一次。督学根据其年度或几年度的时间表制订督导计划。每次学校外部督导都会由 2—3 名专职督学组成督导小组，对目标学校进行督导工作。整个过程大致分为以下几个阶段。

（1）督导准备阶段。督导人员会分析关于学校的一些资料和文件（用一天的时间）。当一个督导员想要进行一次完整的评价时，首先会获得学校的一些相关资料，如时刻表、课程表、教师情况、学生情况等。小组成员一起研究目标学校的相关资料并提出有针对性的调查计划。

（2）学校考察阶段。督学对学校进行参观访问，这个过程持续 3—4 天。

（3）完成阶段。督导人员会利用 2—3 天的时间撰写一份简单的视察报告。这份报告将会得到学校的领导团队的分析。最终的报告会发给学校和整个教育体系的公共部门。

外部评价过程中所使用的调查方法及工具大致有如下几种。①

（1）问卷。针对不同的群体发放不同的问卷，主要涉及学校领导（校长、副校长）、教师（学科主任、普通教师）及学生等。

（2）访谈。针对上述目标人群，获取第一手资料。

（3）观察。主要是观察课堂教学，观察教师与学生的表现。

---

① 闫丽春：《西班牙教育督导制度与评价》，《中国民族教育》2012 年第 5 期。

（4）考试成绩。参考教师对于学生的评价了解学生的学习情况。

（5）课程大纲。通过对大纲内容的检查，解决学生学习困难的问题，以符合督导评价的标准。

（6）学校教育计划、预算报告。了解学校发展状况，监督学校对财政拨款的使用情况。

（7）其他。根据督导计划的安排进行不同的测试，目的在于评价班主任、任课教师的工作情况。判断的结果也会被用于考察教师的专业进步程度。

在一个对学校的完整外部评价中，有十个领域需要进行视察，每个领域都包含一些需要进行评估的因素，这十个质量维度是：①学校环境；②人力及物质资源；③获得的外部支持；④学校组织与功能；⑤学校行政管理；⑥学校各类团体建设；⑦学生状况；⑧教师状况；⑨教师与学生关系；⑩学生成绩。通常来说，每一次督导活动都会把精力重点放在一两个问题上，做到有的放矢，集中力量解决问题。

2. 学校自我评价

西班牙强调学校自我评价的重要性。在质量保证问题上，学校自我评价也是一个重要的环节。学校通过自我评价，严格按照法律的规定，调整发展的方向，达到法律规定的发展目标。与外部评价相比，自我评价能够使学校更好地形成对自己的认识，了解自身的发展优势与所面临的问题。2006 年，西班牙教育法规定，教育行政机构要为学校的自我评价提供支持和便利。

自我评价所涉及的内容与外部评价大致相同，这里不再赘述。

（二）对学校管理者的评价

对学校管理者的评价主要从其管理能力、组织能力与对规章制度的理解能力等方面进行评测，评价所依据的指标有很多，总的来说是“知识与能力并重”，既看重他们的工作能力，也看重他们的学历及文化素养。督导小组通过审查学校准备的相关人员的各项资料，结合对相关人员的访谈了解，形成一份书面报告。在督导活动结束后，会将结果反馈给学校。

（三）对学生的评价

对学生的评价主要是由各科教师对学生表现及学业成就进行评价。所采用的评价标准由所有教师讨论得出，没有统一的工具和标准，每所学校都会有自己的侧重。具体来讲，每个学习阶段的评价过程是不同的，大致程序是由教师每三个月撰写一次评价报告，每学期结束的时候也要形成一份报告，内容包括学生在校期间的成绩表现和思想品德表现，并给出一定的评级。报告要反馈给家长，以便学校和家庭一起促进学生的发展和进步。同时还有一部分评价报告要装入学生档案，内容涉及学生情况调查表、医学或心理学诊断书、个人的特殊发展需要和课程适应性等问题。学校会根据评价的结果为学生接下来的学习划定等级，为制订相应的帮扶计划提供参考。

（四）教育质量监测

近年来，西班牙十分重视学校评价与教育质量的监测工作。在教育、文化与体育部内成立了教育评价研究所，负责协调全国的教育评价工作。在教育评价研究所内下设了一个由各自治区评价工作负责人组成的技术团队，负责相关评价计划和工具的研发以及各自治区评价工作的指导。学校教育评价与质量监测主要在以下三个层面上开展。①

1. 国际/欧洲层面

西班牙组织学生参加了国际和欧洲学生教育质量评价项目(PISA 项目)；在中等教育阶段，参加了阅读与数学能力测评与 15 岁学习成绩测评，经合组织中学教师教学效果评价，欧盟 15—16 岁语言能力、外语能力（英语和法语）测评，世界教育评价协会组织的小学四年级阅读和算术成绩测评，以及中学二年级德育/智育

① 中华人民共和国教育部：《教育督导制度与教育质量监测考察团赴西班牙、德国、荷兰考察报告》。http://www.moe.edu.cn/publicfiles/business/htmlfiles/moe/moe_626/201012/113449.html.

测评和初中数学和阅读测评等。通过这些测评，西班牙可以充分了解本国基础教育在欧洲乃至世界范围内的水平。通过认识自身不足，西班牙有针对性地采取措施，提升教学质量，增强学生的国际竞争力。

2. 国家层面

西班牙成立国家教育评价中心，负责全国范围内学生学业成就评价工作。具体来说就是随机抽取50所学校进行与欧洲和国际测评项目相关的学生质量测评，根据所得结果制定国家级的教育发展战略。

3. 自治区层面

以西班牙卡斯蒂利亚-莱昂自治区为例，近年来在自治区内实行的评价项目包括：①由自治区四所大学牵头，对中学阶段西班牙语能力进行测评；②针对提高毕业率、降低辍学率为目的的评价；③以推广职业教育为目的的职业教育评价。学校评价主要包括外部评价和内部评价。外部评价团队主要由督学和教育评价部门的人员组成。学校外部评价的内容主要包括：①对学校所处环境的评价；②对学校人、财、物资源方面的评价；③对学校教育、教学、管理过程的评价；④对教育质量成果和结果的评价。学校先进行内部评价，在内部评价的基础上进行外部评价。评价结束后由评价团队写出学校督导评价报告，对学校的成绩和问题做出分析，并要求学校写出改进计划。学校评价实行学校自愿参加的原则，数据显示参加评价的学校数量正在逐年增加。

第四节　西班牙教育督导队伍建设

一、任职资格和条件

西班牙各级专职督学必须在公务员队伍中选聘。也就是说，要想进入专职督学的行列，必须先进入公务员队伍；或者说，只有先通过公务员的考试后，才有资格参加专职督学的选拔考试。

西班牙的国家督学，按条件在全国挑选，其条件是：有大学本科及以上的文凭；参加全国公务员统一考试，并取得公务员资格；至少有六年教学经验。国家督学不参加考试，是挑选出来的。一旦取得国家督学资格，将是终身的。目前，西班牙共有 15 位国家督学分别从事某一方面的工作。

二、选拔程序

西班牙自治区及省级督学的选拔程序如下。①

（1）成立选拔组织。成立由地方教育管理部门任命的评审委员会，这个委员会的职能有四项：一是竞争阶段的业绩评估；二是各个测试的评定、鉴定工作；三是按照有关部门的通知和考期，负责选拔过程的进展；四是被选中的候选者的名单表格的制作和发布，以及将这些名单表格上交给组织这次选拔的组织机构。评审委员会由一名主席和四名委员组成，主席由教育、文化与体育部从国家督学中任命，评审委员在督学中抽签决定。

（2）进行资格审查。按照组织委员会制定的办法对参选者的职业行为及其作为教育工作者的特殊的、具体的业绩进行评估。只有通过审查者，才可能进入录用考试阶段。

（3）举行录用考试。考试内容主要是教学法方面的知识、行政管理知识和教育法规方面的知识。这些知识又分 A、B 两部分：A 部分主要是国家教育、文化与体育部颁布的法令及规定；B 部分由地方教育行政部门制定，内容包括不同的教育水平和教育阶段的自身特点、教育方法、学校的组织和行政管理以及地方教育行政法规等。录取考试分笔试、口试进行。

（4）实践试用期。试用期将持续三个月或一个学期，试用结果将由地方教育督导部门进行评价。被鉴定为“合格”的候选者的名单将上报教育行政部门，由其给以“专职督学”的任命。进入专职督学队伍后，督学还要参加地方教育行政部门定期组织的教育

---

① 中华人民共和国教育部：《赴瑞典、西班牙、意大利教育督导考察报告》。http://www.moe.gov.cn/publicfiles/business/htmlfiles/moe/moe_626/200601/13751.html.

督导领域的“岗位竞争”，参加督学业务培训和教育。

三、督学的权力

为了保证督学顺利开展工作，西班牙教育行政部门对督学的权力做了一些具体规定：有权参观公共的或者私有的教育中心、教育服务设施；监督所有教育中心（学校）开展的教育活动、学术活动，并督导教育服务方面的运作状况；检索并且核实有关的学术资料和管理文档，且得到一切相关的报告资料；分析教育中心、教学计划与教育服务等方面的组织与运转情况，以及教学实践的状况；与社区不同的教育部门和教育中心的各个单位举行会议；对教育环境中发生的冲突或者矛盾进行调解；协调所有来自教育中心外部的支持；实现针对教育中心、教育计划、教育服务和教育职能方面的外部评价；对教育方针的执行、学校布局、教师需求及其分布、教育资源配备提出建议；促进相关的法律法规的更新、传播及相关经验的交流；等等。

第五节　分析与讨论

一般认为，监督与指导是教育督导制度的两个基本或主要的职能。如何发挥好这两个职能，在不同的国家、不同的历史时期，有着不同的选择。① 西班牙教育发达，教育普及程度高，重视教育质量的提高，这与西班牙重视教育督导制度的建设有很大关系。教育督导的影响不仅存在于它自身的实施过程中，而且存在于对和它有联系的对象的影响中。② 督导活动不仅仅是单纯的教育研究活动，更是关乎国家发展的大事。西班牙督导制度有如下特点。

① 刘淑兰：《国外教育督导制度职能的演变》，《比较教育研究》1995 年第 1 期。

② 洪成文：《90 年代国外教育督导发展轨迹初探》，《比较教育研究》2001 年第 6 期。

一、健全各级教育督导制度

西班牙在政治上实行地区自治，各自治区情况复杂，相互之间差异很大。中央—自治区—地方三级行政体制在教育行政，也包括教育督导制度中体现得很明显。中央负责在督导政策上提纲挈领，指挥全局；自治区政府负责具体督导计划的制订与实施，也会派遣具体督导小组深入学校进行工作；省或市等地方教育督导办公室的职能就在于贯彻上级督导部门的指示，认真履行督导活动的要求。三个级别，各在其位，各安其职，使得整个系统和谐有序。同时，中央督导机构向全国 17 个自治区派遣国家督学，负责监督各自治区政府贯彻执行中央宪法的情况和各省督学的督导工作。

为了健全教育督导制度，西班牙通过对相关法律的建设确立了教育督导制度的地位。西班牙《大宪章》明确规定，社会公共机构对学校有进行检查和督导的义务与责任。《教育系统总体组织法规》规定社会公共管理机构应该为保障相关法律的执行和教育体系质量改善而履行督导职能。

二、督学能力出众，业务素质过硬

西班牙对于督学不仅要求有出众的工作能力，而且要求具备相应的理论知识。各类督学都必须经过严格的筛选和培训，掌握专门的督导知识和技能，保证一定的学历水平，并要求有一线教学的经验。督学上岗，也要经过严格的笔试和面试，合格后方可上任。在任期间，每年还必须参加一定时间的工作培训，不断巩固、提升工作质量和业务水平。

三、督导评价类型多样

西班牙的督导活动，从纵向来说，涵盖从初等教育、中等教育一直到高等教育的各级各类教育形式，能够很好地把握教育发展的动向；从横向来说，它涉及教育过程中的方方面面，如不同对象（教师、学生、管理者等）、不同内容（教学、管理、财政等）、不同类别（督学、督政等）等，为此开发了相应的评价指标和工具。近年来为适应教育质量监测的国际趋势，西班牙开展了多层次的学生教育质量监测项目。

第七章
美国教育督导与评价制度

第一节　美国教育督导与评价制度的历史沿革

教育督导在美国公共教育发展中占有很重要的位置，从公共教育活动产生之日起美国就具有教育督导活动。伴随着公共教育事业的发展和教育管理理论与实践的探索，美国教育督导逐渐形成了以教学视导为主、与教育管理密不可分的特征，并产生了科学督导、人际关系督导、临床督导、发展性督导等一系列重要的教育督导理念。因此，研究美国教育督导制度具有重要的理论与实践意义。

美国教育督导制度的历史发展大致可以分为四个阶段：①公共教育事业的产生及早期的教育督导（17世纪初至19世纪初）；②专职教育督导人员的产生及其督导活动（19世纪至20世纪初）；③现代教育督导的发展（20世纪20—80年代）；④美国教育督导的新发展（20世纪80年代以来）。①

① 曾德琪：《美国教学督导的历史发展及其作用之演变》，《四川师范大学学报》（社会科学版）1995年第3期。

一、早期公共教育事业活动与教育督导的产生（17 世纪初至 19 世纪初）

美国教育督导的产生与发展是与公共教育产生与发展的历史联系在一起的。由于公共教育的承办主体是政府机构，因此，政府机构必然对公共教育实施的效果做出一定的检查和控制，使其按照自身的意志来开展教学工作。正是在这种意义上，最初的教育督导活动出现了。有学者指出，“学校督导这种特殊的职能及其机构的产生是公众对由公共基金所负担的学校进行控制的结果”①，因此，美国的教育督导产生及发展的历史总是与公共教育产生与发展的历史交织在一起。早期公共教育的主要目的是在新大陆定居下来的移民中普及基本的教育。1647 年，马萨诸塞州通过了一项法案，要求每 50 户以上的居民点出资聘请教师，教授孩子们读、写、算，每 100 户以上的居民点应设文法中学。

市镇委员会审查和聘请教师并负责学校的督导工作。当时，督导工作主要是为了“确保教师有成熟的宗教和道德的信仰”。因此，美国教育督导从一开始就与对教师的监督结下了不解之缘。

到 18 世纪初，学校督导的组织和内容都有了进一步发展，变得更为具体了。1709 年，波士顿地区成立了由牧师、市镇委员及市民代表组成的“学校委员会”。代表们走访学校，视察校舍，考察学生的学习情况，检查教师的教学是否符合宗教的教义。当时学校的设立没有规定的标准，政府所指派的是非专业的督导人员，因而督导方式不够规范。据资料记载，这些非专业的委员会定期或不定期地检查学校办学条件和设备以及学生的学业成绩，但很快，这种委员会就成为监督和控制教师的组织，教师与监督人员之间出现了很大的矛盾。以说教、指挥和评判为特点的教育督导有时会导致学校教师被解聘。②

---

① 曾德琪：《美国教学督导的历史发展及其作用之演变》，《四川师范大学学报》（社会科学版）1995 年第 3 期。

② 黄崴主编：《教育督导学》，中国人民大学出版社 2011 年版，第 45 页。

18世纪初，马萨诸塞州开始实行教师检定制度。建立教师检定制度的原因是教学工作已具备一定的专门性，而“人人可以从事教学工作”的状况已不适应教育事业和社会发展的要求。同时，学校和学生的数量日益增多，学校事务日趋复杂，对学校工作进行检查、指导和辅导的必要性越来越明显。

以往的教育督导活动都是教育部门以外的机构进行，1800年马萨诸塞州正式授权地方教育委员会鉴定和聘请教师，并负责视察指导学区所属学校的工作。这标志着教育督导成为教育管理的组成部分。教育督导从教会人员、家长、公民委员会人员移交到专业教育管理人员手里，由学区区长和校长们执行教育督导的职责。

当时的视察与指导往往由非专业人员进行，他们关心的只是学校能否有效地传授读、写、算技能，视察指导往往流于空泛，对改进教学并无重大意义。

由于在殖民地时期学校的发展还处于初始阶段，学校督导活动非常有限。尽管教师是被督导的对象，但早期的督导活动对教师的教育教学活动仅限于一般的行政性视察，还谈不上专业性的指导与帮助，指导教师改进教学并不是初期学校督导人员所关心的问题。这主要是由于这个阶段美国教育督导制度对学校的督导是由非教育人士承担，主要有教会人员、家长、公民委员会人员，尤其以教会人员为主。

然而最初的督导实践也说明，在美国公立教育产生的同时，就出现了教育督导活动，督导是教育管理的重要组成部分，也是教育管理的重要手段，是监督教师行为的一种重要行政手段。

二、专职教育督导人员的产生及其督导职能的变化（19世纪至20世纪初）

19世纪20—30年代，蓬勃发展的工业革命使美国的经济得到了迅速发展。工业革命不仅对普及教育提出了迫切要求，也为教育发展提供了必要的物质基础。马萨诸塞州教育厅厅长贺拉斯·

曼极力提倡德国的教育经验，也在一定程度上推进了美国公立学校的发展。这一时期兴起了“公立学校运动”，其目的是广泛建立由公共税维持、公共行政机关监督，向所有儿童免费开放的学校制度。它从新英格兰地区的初等教育领域开始，逐渐推向除南方以外的其他各州。① 1834 年，美国出现了第一所公立小学。1852—1853 年，马萨诸塞州和纽约州相继颁布了强迫义务教育的法令，给南北战争后各州普及初等义务教育打下了基础。由于“公立学校运动”的推动，学校数量迅速增加，1859 年，仅马萨诸塞州就有4 000 多所初等学校。

经济的发展、社会生活的变化对教学内容和教学方法的改革也提出了新的要求，学校增设了新的课程，教师也开始使用更为复杂的教学方法。这些发展和变化不仅扩大了学校督导工作的范围，也使督导工作变得更加困难，由非专业人士组成的“学校委员会”已难以胜任学校督导工作。②督学的专业化成为亟待解决的问题。19 世纪 60 年代，时任马萨诸塞州昆西学校管理委员会主席的查尔斯·弗朗西斯·亚当斯就曾对督导申请者的资格提出过质疑。他描述说，申请督导的人选中“既有不务正业的律师，也有不登讲台的牧师，还有不修边幅的校长”，可能任何接受过教育而又没有工作的人都认为自己有资格担任昆西的督导。③

在这种背景下，专职教育督导人员取代了非教育人士对学校进行督导，出现了以专家身份从事教育督导的情况。这是美国教育督导发展中有着重要意义的一步。正如易斯贝利所指出的，由于当时“城市学校委员会面临的任务如此繁重，将学校管理工作中督导教学的那部分工作交给专职人员来承担就是顺理成章的了”。这一时期出现了以下类型的督导人员，促进了督导工作的专业化。

---

①② 曾德琪：《美国教学督导的历史发展及其作用之演变》，《四川师范大学学报》（社会科学版）1995 年第 3 期。

③ ［美］韦恩·厄本、杰宁斯·瓦格纳著，周晟、谢爱磊译：《美国教育——一部历史档案》，中国人民大学出版社 2009 年版，第 242 页。

(一) 学监

19 世纪中叶，一些大城市的学校委员会开始聘用专职人员来帮助视察学校。起初，这些专职人员地位低，权力小，被称作“代理巡访员”或“学校办事员”。显然，学校委员会一开始并不情愿把督导学校的权力下放给这些专职人员，但是教学的日益专业化迫使委员会不得不放弃这部分权力。后来，这些“代理巡访员”统称为“学监”。到 1870 年，全美已经有 29 个学监，负责管理并督导学校的教育教学工作。①

早期学监的督导工作主要是视察走访学校。有些城市对学监每期视察学校的次数均有法律的规定。他们具有与督导相关的权威，为了考察教师的工作，他们到学校听课，检查学生作业，召开教师会议等。有相当一部分学监已经开始把帮助教师提高教学能力作为自己的目的。这使得教育督导的性质开始产生变化，从过去的监督和行政性督导逐步向专业性的指导帮助转化。他们认为督导的目的不应该仅仅去发现和解雇不合格的教师，而应该把帮助不合格教师成为合格教师作为自己的任务，他们对自己的作用有了新的看法，在 1893 年的一期《教育》杂志上有一篇文章这样写道：“学监首先应该是教师的教师，他应该是一位有丰富经验的教师，是一位能对其他教师的教学进行品评的行家。成功的督学的价值，很大程度上在于训练教师，使他们能更好地工作。”②

由于当时绝大多数中小学教师没有受过专业训练，培训教师成了当时学校督导长的一项重要工作。他们除了亲自给教师上示范课，还组织教师互相观摩，交流和推广成功的教学经验。早期学校督导长的任务是相当繁重的。在有些地区，一位督导长要视导近 900 名教师。

19 世纪末，美国学校系统的科层制逐渐发展起来，在这个系统的顶端设置一名管理者就显得尤为必要。集管理与督导于一身

①② 曾德琪：《美国教学督导的历史发展及其作用之演变》，《四川师范大学学报》（社会科学版）1995 年第 3 期。

的学校督导长最终占据了这一组织设计的塔尖，负责领导整个学校系统，对所有下属机构的管理都负有责任。自此，督导和管理更加紧密地结合在一起。

（二）校长作为教育督导员

19 世纪初，受工业革命影响，由于学校规模的扩大，为了管理上的方便，一些学校董事会往往会指定一名教师兼管学校的日常事务，如负责维持学校纪律、划分班级、管理校舍、向上级汇报学生注册及出勤人数。这些“教师组长”或“主任教师”当时并没有行政权力，他们的作用仅相当于一名兼职的办事员。

到了 19 世纪中叶，随着学校人数的成倍增长，教育的管理工作也日益繁重。学区学监在管理教育的过程中，不得不把督导教师的职责进一步下放给校长。最初，校长除了要进行督导教师的教学工作外，自己还要承担教学任务，到 19 世纪 70 年代，大多数校长才逐渐从教学工作中解脱出来，成为全脱产的行政教学管理的专职人员。

（三）学科督导员

学监和校长作为教学督导员的共同特点是，他们首先是行政管理人员。20 世纪初，一些大城市出现了“学科督导员”，他们是真正意义上的专业督导员，即没有行政头衔的督导员。他们的出现使教学督导深入到学科领域，并使教学督导更加专业化。

19 世纪末和 20 世纪初，城市小学普遍增设了音乐、美术、手工等课程，由于缺乏受过专门训练的教师，一些学区聘用了一些特殊课教师到各校巡回上课，或指导训练这些学科的任课教师。为了更好地组织这些活动，一些城市中心办公室设立了特殊学科督导组。这种做法以后推广到其他学科，于是设立了英语、数学等学科的专职督导员，到 20 世纪 20 年代，州、市两级普遍设学科督导处，配备了各科督导员。1925 年，巴尔对底特律市学科督导员的工作进行了调查，发现他们的工作可归为 13 类，其中最主要的包括：到各校听课，视察教学；培训教师，比如组织示范教学，召开教师会议或直接辅导教师；选择和准备教材教具；协助督导长聘任教师；进行教学研究，出版教学刊物；等等。可见当时学科督导员在督导教学方面起着重要作用。①

此外，在20世纪初，一些城市的中心办公室也开始聘用“普通督导员”，与学科督导员不同，他们不负责具体学科的督导工作，而是协助学监做好各年级和学科之间的协调工作。在不少城市还聘有专门从事学校调查研究的“研究督导员”。

这一时期美国的教育督导具有以下特征：督导人员从非教育人士向专职教育督导人员转化，督学的专业化程度得到提高；学科督导、教学指导与帮助和教师培训开始受到重视。在州和地方学区逐渐配备了负责某一教育阶段、某一教育类别和某一教学科目的辅导人员，使教育督导工作逐步正规化，教育督导工作的内容也日趋复杂。督导人员成为一种较为受人尊重的角色，他们的工作和教学密不可分，他们的兴趣点主要在课程与教学方面，提升办学效益是他们的工作宗旨。以提高学校的教学质量为特点的美国教育督导的辅导性从这一时期开始凸显，并一直延续至今。

三、现代教育督导制度的发展（20世纪20—80年代）

美国真正的现代意义上的教育督导制度是在20世纪20年代开始发展起来的。1922年，布尔顿在《督导与改进教学》一书中对教育督导给出了一个定义，认为教育督导是一个为提高教学而进行的有组织的活动，主要任务是“提高教师的教学水平，选择组织教材，考察教学效果，提高在职教师水平以及对教师进行评价”。布尔顿的定义被称为第一个现代教育督导的定义。1938年，巴尔、布尔顿和布鲁克勒在《教学督导：提高教学的原则与实践》一书中指出，“现代督导”与“传统督导”的区别在于：“传统督导”是自上而下具有权威性的行政督导，教师是被监督的对象；“传统督导”缺乏明确的目的，在实践上有相当的随意性；而“现

① 曾德琪：《美国教学督导的历史发展及其作用之演变》，《四川师范大学学报》（社会科学版）1995年第3期。

代督导”目的明确，是一个科学的、民主的、有组织、有计划的改进和提高教学的活动。他们的这些论述为教育督导理论及原则的发展奠定了基础。①

20 世纪 20—50 年代，美国教学督导在理论与实践上受到了其他领域学科的深刻影响，成为一个独立的研究领域，形成了现代教学督导理论，并作为一门课程在大学的教育学院开设。巴尔、布尔顿和布鲁克勒的《教学督导：提高教学的原则与实践》等成为重要的教材。1929 年，教学督导成为全美教育者协会的一个独立分支并于 1944 年正式定名为教学督导与课程发展协会。

20 世纪 50—80 年代，社会科学的迅速发展影响到了督导的职责和角色的变化。社会科学准则成为学区和学校管理工作的核心。社会学、管理学等科学成为开展督导工作的理论基础。

（一）科学管理督导

科学管理督导源于 20 世纪早期弗雷德里克·泰勒（Frederick Taylor）及其后继者的思考和工作。1911 年，泰勒的《科学管理原理》出版后，“科学管理运动”席卷了整个美国。这一新兴的管理模式以提高生产效率为宗旨，其影响却远远超出工业管理的范围。泰勒认为科学管理的秘诀在于：①确认最好的方法；②在研究基础上制定一套工作体制；③告诉工人预期的目标；④在体制中训练工人；⑤指导和评估，确保工人服从。

当把教师看作高度精练课程及教学体系的执行者时，科学管理理念被引入了学校督导之中。在这种教学体系中，教师受到严密监督，以保证其教学是按照设想的方法，遵循既定的指导方针和教学议定书进行的。在管理者等级分明的氛围中，控制、责任和效率是重点。②

科学管理理论对教育尤其是教育督导的影响广泛而深远。教

---

① 钱一呈主编：《外国教育督导与评价制度研究》，中央广播电视大学出版社 2006 年版，第 177 页。

② 曾德琪：《美国教学督导的历史发展及其作用之演变》，《四川师范大学学报》（社会科学版）1995 年第 3 期。

育家、教育管理工作者将学校看成是与工业组织等同的机构，主张把工业管理的原则和技术运用到学校管理与督导中去。当时把科学管理的原则运用到教学督导中去的是芝加哥大学年轻的教育管理学教授弗兰克林·巴比特，他认为，督学的任务是向教师提供如何进行工作、如何达到标准、如何采用各种方法及如何使用设备的详细指导。科学管理原则在教学督导中的运用实际上是对当时教学督导中存在的主观性和随意性的反映。

曾任底特律市副督导长的巴尔注意到即使是那些很有能力的督导员对同一位教师的同一堂课的评价也常常会有不同意见，他因而感到光凭教学督导员的主观经验与一般教学原则不能有效地指导教学，巴尔后来成了科学督导的积极倡导者。科学督导要求科学地研究教学过程，寻找教学规律和最有效的教学方法。于是，科学督导就不仅同建立严格的管理监督措施，而且同建立科学的评估体系联系在了一起。①

虽然工业管理理论对教学督导的发展起到了促进的作用，但把学校看成与工业组织相等同的观点忽视了教育组织的特点，对教学督导也产生了消极影响。这一时期的学区教育督导更像是一位商业管理者，也正是由于对学校及教师过于苛刻的管理，导致督导经常与教师发生矛盾。②

（二）人际关系与民主督导

科学管理主张教学督导寻求教学规律，这对改变教学督导的随意性和主观性，建立科学的评估体系具有积极的影响。但是，行为科学与管理领域的研究成果却表明组织成员有自己的需要、情感和价值观念，而这些是影响他们工作效率的重要因素。1924—1932年，哈佛大学商学院从事工业管理研究的教授埃尔顿·梅奥在西部电气公司霍桑工厂的著名试验表明，工人与管理人员之间

① 曾德琪：《美国教学督导的历史发展及其作用之演变》，《四川师范大学学报》（社会科学版）1995年第3期。

② 郭清芬：《美国学区教育督导角色的演变及启示》，《教学与管理》2009年第6期。

的关系可能比其他环境因素更能影响生产效率。

霍桑效应对全世界的管理产生了深远的影响，动摇了科学管理的原则，一个以人际关系为中心的管理体系开始形成并风行于工业、商业与公共事业的组织活动中。人际关系理论注重人的社会心理需要，主张通过创造良好的人际关系来调动工人的积极性以提高劳动生产效率。① 该学说认为：职工是“社会人”，企业中存在非正式组织，新型的领导能力在于提高职工的满足程度。② 人际关系学说和行为科学对教育行政管理理论具有重要影响，主要体现在：①重视行为的社会动因，用权利共享和自下而上的参与代替等级控制；②尊重教师人格，鼓励学校和教师的自主精神；③教育督导是协调和服务性质的工作，是教育行政人员指导教师改进教学、提高教学效率的活动。自此，教育督导观念开始发生转变。③ 当把这种理论用于学校教育时，教师就会被视作一个拥有自己权利的完整的人。督导者要表现出对教师的兴趣，并在教师间创造出一种满意度。参与是一种非常重要的督导方式，其目标是要让教师感觉到自己对于学校是有价值的，是很重要的。“个体感受”和“融洽的关系”是人际关系理论的口号。④

这些新理念深刻影响了教学督导的理论与实践，教育督导中引入了人际关系理论，民主督导开始在美国出现。民主督导认为教师具有自我管理、自我提高的能力，教学督导因而不应该是自上而下的监督与控制，而应该是督导员与教师合作的、民主的过程。过去在科学管理背景下的“科学督导”是由督导员研制课程和教学方案及教学标准，教师的任务是按规定的要求教学，“民主

① 曾德琪：《美国教学督导的历史发展及其作用之演变》，《四川师范大学学报》（社会科学版）1995 年第 3 期。

② 苏君阳主编：《教育督导学》，北京师范大学出版社 2012 年版，第 63 页。

③ 钱一呈主编：《外国教育督导与评价制度研究》，中央广播电视大学出版社 2006 年版，第 176 页。

④ ［美］托马斯·J. 瑟吉奥万尼、罗伯特·J. 斯特兰特著，王明洲等译：《教育督导：重新界定》，江苏教育出版社 2005 年版，第 11 页。

督导”则强调教师参与教学的决策过程以及个人的创造性，督导工作就是要创造一个良好的工作环境，使教师能心情愉快地工作。督导员开始避免使用具有权威性的称呼，把自己称为“资料员”“咨询员”“教师助手”。教育督导的热门话题是士气的重要性、团体的聚合力和合作解决问题等。① 教育督导变得越来越重视督导者和教师之间关系的培养。将民主的原则运用到教育督导中，冲击了传统督导的概念，对督导的理论和实践产生了积极的影响。②

此后的教育督导理论更加强调指导、帮助功能。教育督导如果流于消极的指责，往往于事无补。如果督导人员采用鼓励、暗示、示范和批评的方式，采取友好谨慎的态度与教师共同探讨问题，就能赢得教师的信任，使教师感到督导人员对他们的工作很有帮助，而不是代表官方对他们进行监督和指责。视导与被视导者之间建立起友好的关系，视导工作才能达到目的。③

在“民主”“人际关系”“创造性督导”的名义下，有些地方的督导工作由于积极鼓励教师的参与，确实取得了较好效果。但在另一些地方，民主督导实际上成了“撒手主义”。有些督导员为了搞好人际关系则把为教师提供茶水、点心作为自己的工作，把民主督导与对教学质量的控制完全对立起来，对教学督导产生了消极影响。④

（三）人力资源督导

1967年，美国督导与课程发展理论联合会结束了一项为期四年的研究，并发表了一份报告。在这份报告中，威廉·卢西欧（William Lucio）探讨了科学管理和人际关系管理的督导观，并提出了人力资源督导的新观点。区分人力资源和人际关系是很关键的，因为人力资源并不仅仅只是另外一种类型的人际关系，它代

①④ 曾德琪：《美国教学督导的历史发展及其作用之演变》，《四川师范大学学报》（社会科学版）1995年第3期。

② 苏君阳主编：《教育督导学》，北京师范大学出版社2012年版，第63页。

③ 顾明远主编：《外国教育督导》（第二版），人民教育出版社2002年版，第117页。

表了对需求的更高关注，包括潜在的需求和满足感。人力资源督导理论的假设是：①管理者主要是为了经济（教育）利益而负责组织企业生产的要素——钱、材料、设备和人；②人们并不是天生就对组织需求有消极或抵触情绪，他们之所以这样，是他们在组织中的经历导致的；③动机、发展的潜能、假定的责任能力、愿意为组织目标而调整行为等都存在于人，管理部门的职责之一就是让人们认识并发展这些人性特征；④管理部门的一个非常重要的任务是安排好组织的条件和操作方法，让人们最大限度地朝着组织目标努力，同时能成就自己的目标。①

（四）临床性督导

科学督导纠正了传统督导的随意性和主观性，但过多地将学校看成企业；人际关系督导注重人的情感因素，但往往过于强调宽容，容易造成大撒手。临床性督导结合科学督导的理性和人际关系督导的注重督导者与被督导者的关系，回归到督导评估的本质。

“临床”是医学上的专业用语，最早是 1958 年由莫里斯·科根借用到教育领域的。临床性教育督导模式注意的焦点集中在教师工作的第一线课堂。在实际的教与学的环境中，督导人员通过对教师的教和学生的学的双边活动的观察，依据所获得的第一手材料，向教师提供课堂上的必要帮助，从而使课堂上的教学发生变化，最终达到提高教师的教学水平的目的。

罗伯特·戈德哈默认为：“督导人员与教师之间的关系是面对面的关系，临床督导意味着把督导的距离拉近。”② 临床督导以改进讲授和促进专业成长为意图，强调与教师面对面的接触。

戈来特洪（Glatthorn）将临床督导定义为：临床督导是旨在改进教学的精密程序，包括同教师一起商讨教案，视察教师教学，分析观察教学所获得的数据以及给教师提供反馈意见。根据戈来

---

① ［美］托马斯·J. 瑟吉奥万尼、罗伯特·J. 斯特兰特著，王明洲等译：《教育督导：重新界定》，江苏教育出版社 2005 年版，第 12—14 页。

② Robert Goldhammer. *Clinical Supervision*: *Special Methods for the Supervision of Teachers*. New York: Holt, 1969, p. 54.

特洪等人的研究，临床督导具有以下八个主要环节。

（1）明确督导者和被督导者的关系，建立互相信任和互相合作的融洽工作关系，努力使被督导的教师成为积极主动的同事而不是唯唯诺诺的下属。

（2）同教师一起商讨教案，共同备课，督导者和被督导者齐心协力共同确定教学目标、基本观念、教与学的方式方法、教学内容、教具以及评估的方法。

（3）制定现场观摩和听课的策略，督导者和被督导者协商收集相关的数据。

（4）督导者现场观察被督导者的教学实况。

（5）分析观察教学所获得的数据，寻找出教与学两方面规律性的行为和偶发事件，并将二者区分开来。

（6）制定督导者和被督导者会谈的策略，制定会谈的目的和程序。

（7）督导者和被督导者面谈，一起分析数据，找出成功与失败的原因。

（8）重新回到计划和备课环节，明确下一步的努力方向，提出改进的方案，并开始准备下一单元的教学。

由于临床督导具有很强的指导功能，因而受到了教师的普遍欢迎，被视为是一种很好的督导方式。①

四、美国教育督导的新发展（20世纪80年代以来）

（一）发展性督导与合作性督导

1. 发展性督导

20世纪80年代后，受到人力资源开发理论的影响，美国教育督导由传递式督导向发展性督导转变。督导不再局限于传递与指导，而是给教师充分的自由。以教师的需要为出发点，督导的目

① 钱一呈主编：《外国教育督导与评价制度研究》，中央广播电视大学出版社2006年版，第177页。

标并不局限在在教师原有的水平上为教师创造更好的工作条件，而在于不断地提升教师的工作潜能，让教师自身的能力得以发挥，并且让教师在最大的限度之内获得自我实现。

2. 合作性督导

从20世纪80年代开始，美国从工业社会向信息化社会转变。在信息化时代，沟通、合作是学校管理的基本理念。教育督导也较为重视与学区委员会、学校校长、教师及社区公众等的沟通。

这一阶段的教育督导除了保留前一阶段注重人际关系、民主管理、亲临第一线指导教学、组织建设和人力资源开发等内容外，又增加了建立同事间合作关系、教师之间互教互学、讲究教学的艺术性、学科之间的互相配合及彼此协调、教师个人特长发挥等多项内容。

与此同时，教育督导同社区、工商团体及家长的合作得到加强。目的不仅是改进教学，同时还强调教师对工作环境和工作本身的满意程度，以及对整体生态环境的重视。对整体生态环境的重视使得教育督导与社区教育紧密结合在一起。以佛罗里达州为例，许多中小学均设有专职或兼职的教育督导人员负责社区教育，不少学校设有专职负责社区教育的副校长。这样的社区教育同扫除文盲、在职培训、职业教育、正当的休闲娱乐联系在一起，极受社区的欢迎，也很容易得到工商企业的赞助。课程设置包括高中文凭补习、计算机、桥牌和交谊舞等，可谓是五花八门，应有尽有。白天是正规的中小学课程，晚上则成了社区教育的场所。①

（二）《不让一个孩子掉队法》对教育督导的影响

20世纪90年代以来，社会各界对中小学教育质量低下普遍不满，2001年《不让一个孩子掉队法》获得通过，美国新一轮的教育改革拉开大幕。此次改革的核心是提高教育质量，具体来说是提高学生的学业成绩，强调对高质量教师、核心课程、高学术标准的重视。作为推动此项改革的推动者，教育督导的作用得到

① 万毅平：《教育督导纵横谈》，《课程·教材·教法》2002年第12期。

强化。

1. 问责成为督导的重点

《不让一个孩子掉队法》提到，问责制度是企业成功的秘诀，所以，美国教育改革也要建立在问责的基石之上。该法特别强调政府对学校教育绩效责任的监督和评估职能。近年来，在绩效责任概念基础上还发展出一些新的提法。例如，基于表现的绩效责任制度、基于标准的绩效责任制度与校本绩效责任制度等。《不让一个孩子掉队法》规定，联邦政府与各州政府之间、各州政府与学区之间要层层建立一种协约关系，自上而下放权，给州、学区、学校和教师更多的自主权。同时，州、学区、学校、教师履行责任的绩效情况要成为奖惩的依据，成为教师提职晋级的依据。具体操作时，要建立教师绩效责任制体系，该体系建立在学生业绩、学科知识基础之上；要建立教师质量保障体系，该体系建立在州、学区提供的培训与帮助之上。如果没有达到绩效责任要求，就要对学校实施惩罚，措施包括解散学校行政人员、重新指派管理层接管学校业务、学校改制等，对教师的惩罚措施包括解除聘约等。

对于州政府而言，联邦政府要根据绩效表现分配教育经费，取消过去不问绩效责任的贫困学生教育资助项目。这体现了“花钱买效果”的公共政策管理新理念。

建立绩效责任制度的出发点和归宿是为了提高中小学办学质量。地方教育行政当局在给予学校更多办学自主权的同时，更加强调学校要对学生的学习负责，同时也突出了对学校的评估。目前，美国有近 20 个州明确提出了学校（而非学区）对办学负责，即校本绩效责任制，它包含学生参与、学业成绩、学校年度表现报告、学校改进计划，以及奖惩措施等指标内容。对于办学质量高的学校，各州采取了有效的激励机制。对于达不到标准的学校，采取的整改措施包括：向社会公众公布办学情况，取得所在社区的支持；找出弱点，提出改进策略和措施；严重时还可能被列入州发布的警告名单；在学区或学校范围内进行教学人员和行政人员的调整或安排；允许学生转学；必要时可暂时终止或取消办学资格。

绩效责任制具体落实要求建立全国范围的考试制度。《不让一个孩子掉队法》要求各州对三至八年级学生阅读和数学进行年度考试，而且要有明显的年度进步。美国绝大多数州已经认可将考试成绩作为衡量绩效责任的依据。除了考试成绩外，辍学率、学生出席情况、资源的支出与使用、毕业率、学生行为（纪律、旷课、停学、退学）、校园安全、继续升学或就业情况、家长满意程度（包括对学校的信心与支持）、教师满意程度（包括计划的实际工作绩效、工作条件等）、成本控制（包括行政效率、财务规划、班级规模、师生比）、师资质量等，也是重要的绩效指标。

当然，各州建立的绩效责任制还存在差异，有的州以绝对目标来衡量学校的办学情况，有的州以相对发展指标来衡量，还有的州主要看一所学校是否缩小了成绩差距，即减少了较低分数段学生的人数。

《不让一个孩子掉队法》提到，问责制是企业成功的秘诀，所以，美国教育改革也要建立在问责制基石之上。该法特别强调政府对学校教育责任的监督和评估职能。

教育问责制的内容主要包括：学校必须以基本技能和基础知识为基础，建立清晰的、可以测评的、具有操作性的办学目标，并以经常性的考试检查其目标是否能实现；建立教师问责体系，帮助教师学习新的教学方法；严格对学校、教师、学区、州的教育督导，实行教育绩效责任制目标考核测评。

教育问责制强调以下四项指标：①学生学习情况——学生学业进步与一般发展；②家长满意情况——对学校的信心与支持；③教师满意程度——计划的实际工作绩效、工作条件、生产力和士气等；④成本控制——行政效率、财务规划等。

教育问责制的评价方法包括两种：一是以绝对目标来衡量学校的办学情况，即通过学生在阅读、数学、写作等考试中的通过率和成绩、辍学率来分等；二是以相对发展指标来衡量，即用本学年度与上学年度有关指标的对比看发展。

2. 关注处境不利学生的学业成绩

《不让一个孩子掉队法》的副标题是《联邦政府在教育方面的职责不是服务于教育体系，而是服务于儿童》。该法将缩小优等学生和处境不利的学生学习成绩差距作为主要改革方向。文件指出，美国儿童两极分化相当严重，似乎形成了两个民族：一个能阅读，另一个不能；一个有梦想，另一个没有。时任总统小布什强调，美国不能容忍二流的学校，也不能有二流的学生，因为儿童、国家、未来是紧密相连的。如果在青少年教育方面成功了，那么，在公民生活等许多方面的成功都会接踵而来。可见，关注弱势学生是美国政府教育改革的重要导向，而加强学校督导就是重要的措施之一。

第一，加强黑人、印第安人、军人驻地儿童、英语水平有限等处境不利儿童的教育，改变过去的教育经费使用办法，根据对处境不利儿童教育的实效性进行拨款。

第二，改善落后学校。

第三，实施处境不利儿童实现梦想计划，由社会资助，帮助经济困难的学生完成学业。

第四，改革高校招生制度。有的州实行了大学招生名额分配的办法，将州内一流大学的名额分配到州内各个高中，各个高中的学生只要考试成绩在本校排序进入前10%者均被录取到州内一流大学。该措施有利于地处偏远学校的学生获得同样的升学机会。

第五，改革“蓝带学校”评比标准，只有缩小优秀学生和处境不利儿童学业差距的学校才可以获得“蓝带学校”荣誉。

3. 增值性评价

在督导与评价学校教育的过程中，增值评价的基本思想是将学生入学时的学业成绩和毕业时的学业成绩加以比较，其中的差就是在学校接受教育过程中的增值。这种评价方式可以避免某些学校为了得到学生毕业时的好成绩而在招生时就不择手段争取优秀生源的弊端。虽然有人对增值评价持反对意见，但是，增值评价在美国的影响还是在不断扩大。①

第二节 美国教育督导机构的设置与职能

美国在政体上是一个联邦制国家，实行高度的联邦自治，因而在教育行政管理体制上也体现出这一鲜明特点，实行地方分权制。美国宪法第十修正案规定，凡宪法中未明确由联邦一级掌管的权限，均属于各州和各州人民。在美国宪法中没有明确教育是联邦的权力，教育的权力便属于各州。这便是美国教育地方分权的法律依据。② 因此，美国的教育行政管理体系由联邦、州和地方学区三级构成，但州和地方学区拥有较大的自主权。

与其教育行政管理体制相适应，美国的教育督导系统自上而下由联邦教育部、州、县（市）、学区和学校五级构成，但教育督导主要由州、县（市）、学区乃至学校来承担。教育督导体系又与其教育行政管理体系合二为一，各州和地方学区两级教育管理部门既是教育行政机构，又是教育督导部门。督导部门并非像英国等国家那样独立于教育行政之外。每一层级的督导机构的职能各有所差异和侧重。

一、联邦教育部教育督导

在地方分权的体制下，联邦一级对教育产生影响的方式有三。一是通过国会立法。例如，美国国会在 20 世纪 50 年代通过的《国防教育法》、在 2001 年通过的《不让一个孩子掉队法》等，都对美国教育产生了巨大影响。二是通过最高法院对案例的判决。例如，美国最高法院关于取消种族隔离、实行白人与黑人同校学习的案例判决，关于不为成绩特别突出的某一种族（如亚裔）申请高校

① 何玉玲、袁桂林：《美国教育督导的特征及其变革趋势》，《外国教育研究》2008 年第 10 期。

② 王定华主编：《透视美国教育》，北京大学出版社 2012 年版，第 132 页。

时设定名额限制的案例判决，都对美国各州和各级教育机构的教育政策和教育实践产生了深远的影响。三是通过联邦教育部落实各项法律，对全国教育进行协调。美国联邦教育部的职责和权限远不及其他一些国家的教育部，它的主要作用是协调各州的教育进展，很少对各州做出指令性的决定。

教育部是美国联邦政府中直接负责教育行政工作的机关，是1979年从卫生、教育和福利部中的教育署升格为内阁一级的教育部。国会在通过教育部设置法案时强调，该部的设立“旨在保障州政府、地方政府以及公私立教育机构在制定教育政策和行政管理上的权力，并增强和改进它们自身对教育工作政策的控制。教育部的设立并不增加政府对教育的权力，也不减少州、地方及州其他机构所保留的教育责任”①。

联邦教育部的职能主要包括执行国会通过总统签署的教育法令，通过分配和管理联邦补助的教育经费，通过拨款项目推动全国教育的发展，如特殊教育、双语教育、早午餐计划等项目。此外，联邦教育部还拨款资助大专院校的科学研究，向高等学校中经济拮据的学生发放贷款和工读津贴。

美国虽设立中央一级的联邦教育部，但它并没有教育行政权，联邦教育部不制定全国统一的教育政策，不负责安排各级各类学校的课程设置，既不监管地方学校，也不制定具体的教育政策，而主要是以拨款和其他援助方式协助地方教育。

2001年美国联邦政府颁布了《不让一个孩子掉队法》，标志着美国联邦一级的教育行政管理得到了一定程度的加强。

美国联邦教育部内没有专门的督导机构，其督导职能的实现主要是提出教育项目和计划，以拨款为杠杆，对各州的项目实施状况进行监控和管理，以此来影响各州的教育教学发展。联邦教育部的教育项目和计划通常具有特定的主题和对象，近年来尤其关注处境较为不利的儿童和学生的教育援助，如特殊教育、双语

---

① 李春生主编：《比较教育管理》，江苏教育出版社2008年版，第17页。

教育、为改变处境不利的学生实施的补偿教育计划等，以此宏观指导州、学区与学校开展教育督导评价。

美国政府还赋予“国家教育进步评估组织”教育督导的职能，责成该组织每年从各州抽取一批四年级和八年级的学生作为样本，参加全国的阅读和数学考试，用以检验各州考试成绩在全国的排序，并且以此作为督促各州教育改进的依据。

随着国家宏观调控功能的加强，教育部已从单纯的咨询、指导机构开始转变为具有业务领导职能和督导职能的政府机构。教育部的经费大幅度增加，不仅管理的项目和经费增多了，还直接对学校教师、学生以及教育质量具有干预功能。传统的以地方为主的教育督导制度也开始有所松动。

二、州政府教育督导

美国是典型的地方分权制的国家，州是教育管理的主体，在《不让一个孩子掉队法》颁布之前美国没有全国统一的教育法令。有关教育的法律法令，均由各州议会制定，学校具体执行。具体来讲，州一级的教育管理职能主要由州议会下设的教育委员会和州教育厅分担。中小学教育主要是由各州教育委员会和地方政府管理，每个州都有自己的教育立法。

州把许多教育责任交给地方教育委员会，教育委员会是州的教育决策机构，又称州教育董事会或理事会，大多数委员由地方学区投票选出，由州长任命。教育委员会的成员来源广泛，州长是州教育委员会的当然成员，除州政府重要的官员之外，工商业名流、社会各界知名人士、家长、教师和学生也各有代表构成州教育委员会成员。州教育委员会下设教育厅（局）。

美国各州的教育权限和职责很大，州在教育督导上扮演的角色也非常关键。各州教育督导机构大多设置在州教育厅内。有的州是专设督导机构，有的州是将督导职能交由某一相关科室承担或在某科室内配置专职督导人员承担督导工作。

州一级的教育督导主要是由教育厅厅长及其领导的督学队伍

负责。他们分成不同的处室。各州教育督导长由州的最高教育行政长官——教育厅厅长兼任。州教育厅一般设初等教育、中等教育、职业教育、高等教育、师资检定、就业辅导、教育经费等部门。各部门就其工作范围，对各个学区实行对口视导，负责各级各类教育的部门，一般设专人视导各学区的有关工作，有时与学校直接联系。①

各州督导人员的分工有所不同。有些州采取“分级制”督导，如分为初等教育督学、中等教育督学、职业教育督学等；有些州采取“分科制”督导，如分为数学督学、英语督学、科学督学、社会督学、体育督学等。有农村学校的各州，一般设农村学校专职辅导人员。黑人和其他少数民族聚集的各州，一般设专人辅导黑人学校和少数民族学校。②督导人员的职务和头衔也不尽相同，如督学主任、课程与教学督学、课程协调员、特别项目督学、各学科督学等。以纽约州教育厅为例，其下属有五大部门，分别由五位副厅长负责。承担督导职责的部门有：高中、初中、小学及继续教育办公室，高等教育办公室，文化教育办公室，专业人士办公室，残疾人士教育职训办公室。各部门有其独特的督导体系和机构设置，每个部门的运作方式不尽相同。

州教育厅督导的对象主要是地方教育部门和学校，主要任务是督政和督学。州教育督导机构负责对教育的各个方面进行督导，主要涉及教育财政、教育法规、学校管理、学校设施、课程和教学、各类教育、中小学校长评价、教师鉴定等。

各个州督学的职责也不相同，概括起来主要有以下几个方面。

（1）通过督导，引起公众重视本州的教育并鼓励公众对教育进行赞助和支持。

（2）接受委托向公众报告教育情况。

（3）在督政方面，评价学区以及学区教育行政人员的工作，帮

①② 顾明远主编：《外国教育督导》（第二版），人民教育出版社 2002 年版，第 121 页。

助学校校长改进学校管理，编制学校发展规划；监督当地教育局及其所管辖的学区、学校；审核联邦拨给当地教育厅以及所属的学区、学校的教育经费的使用情况，一旦发现经费使用不当，州教育厅有权要求相关部门返还相应的经费。

（4）在督学方面，帮助教师改进课程与教学，倡导和实施教育教学改革等。

（5）负责教师鉴定，参与组织联邦、州、市教育部门举办的各种教师培训。①

州教育督导职能的核心是督学，监督学校的教育教学状况，特别是对不合格或者表现不佳的学校进行监管，协助其改善和进步。

只有在被授权或县级教育行政部门的要求与帮助下，州教育厅才直接督导地方学区。一般情况下，不允许州教育厅督学绕过县级教育行政部门而直接督导地方学区。②

三、地方（县、市）教育督导

在地方层面，地方教育委员会也兼具督导的职能。以弗吉尼亚州费尔法克思县教育委员会为例，其成员共有12位董事，任期4年，他们同时具备县内的教育督导职责，因此又被称为县公立督学委员会，其中9位董事各代表其所属学区，另3位统管全县的督导工作。

在日常具体的教育行政管理上，与州一级的教育行政和督导系统相似，地方的教育督导系统也附设在教育行政体系内部，地方教育局局长或学监同时也是总督导长，其下有若干督导人员，在学监的领导下负责开展各项督导工作。其职能范围包括教育责任、学校设备与交通服务、财政服务、人力资源、信息技术、教学服务和特殊服务等。

① 钱一呈主编：《外国教育督导与评价制度研究》，中央广播电视大学出版社2006年版，第180—181页。

② 夏智伦：《论美国的教育督导体制》，《外国教育研究》1990年第2期。

四、学区督导

学区是美国教育管理的公共团体和基层单位，即地方县（市）一级的教育行政体系。学区的划分基本以城市的社区地理位置为基础，但也并不完全是这样，有的学区只包括相邻的几个社区，但有的学区跨越几个社区。学区的大小差别较大，有的学区包括几十所学校，小的却只有 2 所学校。美国各州的教育政策不太一致，因而各州之间在学区类型、规模、数量上也存在差异（见表 7-1）。① 一些州每个县（市）内只设一个学区，学生人数也较多，但一些人口较为稀少的地区，如乡村学区，学生的数量则会比较少。学生的组成也存在明显的差异。这些都使学区之间的教育政策存在差异性。

表 7-1 美国学区的主要划分方式

划分方式	说明
法律基础	学区的划分以州政府组建学区时的法律为基础，如社区学区、都市学区、城市学区。
财务状况	学区的划分以学区财务预算、税率独立决策程度为基础，如独立学区或非独立学区。
教育层次	学区的划分以学区内所提供的教育层次为基础，如联合学区、初等教育学区、中等教育学区。
服务区域	学区的划分以学区与所在的乡镇、市区和城市的关系为基础，如城市学区、乡村学区。
地理位置	学区的划分以学区所在的地理位置为基础，如农村学区、城镇学区、郊区学区。

① 冯刚、王晓庆：《美国学区督导的角色探析》，《教育与教学研究》2009 年第 6 期。

表 7-2 展示的是 1991—2002 年美国的学区数。①

表 7-2　1991—2002 年美国学区数

学年	学区数
1991—1992	15 361
1992—1993	15 217
1993—1994	15 056
1994—1995	14 947
1995—1996	14 881
1996—1997	14 891
1997—1998	14 863
1998—1999	14 903
1999—2000	14 999
2000—2001	15 000
2001—2002	15 005

地方学区的教育管理机构也由两部分组成，即负责教育决策的学区教育委员会和执行决策的学区教育局或学监办公室。其成员为在当地居住并有影响的各界人士。学区教育委员会，或称学区董事会，主要职能在于研制本学区的教育政策和教育发展计划、决定学区总监人选、筹集和征收地方教育经费、设立并管理地方公立中小学、甄选和任用学区教育人员、考核学区教育人员、为地方教育人员提供在职进修等。学区教育委员会的主要任务是决策，并不参与学区的日常教育教学事务的管理。

教育委员会下设学区教育局或学监办公室，负责具体执行学区教育委员会的各项决策，并对其负责。在美国，只有几个大城市设教育局，绝大多数学区教育委员会下设总监（或称学监），负责管理学校具体事务。总监相当于我国的市区教育局局长或主任。同时，教育总监下面一般还有四位助理（或称副学监），通常分别

① 陈恒华：《美国的教育行政管理体制》，《基础教育参考》2005 年第 10 期。

负责常务、人事、财务、评价工作。

学区是实施教育督导的基层单位，学区教育督导是美国教育督导系统中的关键纽带。相对于州级和县（市）级教育督导而言，美国学区教育督导与地方学校的关系更为密切，对学校可以起到协调、顾问、评估等方面的作用，既是地方教育委员会充分信赖的专家和联络员，又充当了地方教育委员会代言人的角色。

学区教育委员会下设的学监办公室，统管教育督导和教育行政的各项事务。学监一般由四位副学监及学区各部门负责人协助其工作。学监领导下的学监办公室也就是学区督导机构，在组织上主要由总监、学监助理、指导员、督学、方案专家、评估员、协调员和咨询员等组成。他们的职能分工各有差异：总监向州督导长负责；学监助理负责教学和后勤方面的督导；指导员负责对教学的某个具体领域进行指导；督学负责督导评估的具体指导和咨询；方案专家负责督导学校各项工作方案的制订；评估员负责对学校工作的进展情况，尤其是对方案目标的达成情况进行评估；协调员负责学校之间以及学校与社会之间的协调工作；咨询员负责对具体的课堂教学进行咨询。各学区的督学分工不同，采取“分级制”或“分科制”。

学区督导工作与学校联系更加密切，主要职责是监测学校表现，招聘、培训教师。以加利福尼亚州洛杉矶联合学区为例，其负责督导与评价的部门是计划、评估与研究部。它的职责是收集、分析与评估学生与学校的成绩以及人口统计学数据，以获悉影响全体学生教育环境的教学实践与操作情况。计划、评估与研究部在具体工作中的主要任务是：执行、监测教学效果；指导教师和学校行政管理；评估学生学业表现及学校成就，并向各相关部门（如学区教育委员会、学区项目办公室、专业研究团体、相应的州或联邦机构）公布评估结果；对高级管理者提出的问题做出迅速的回应分析。

五、学校督导

学校是教育督导系统的最基层机构，学校既是督导的对象，又有自身内部的督导者，主要由校长负责。在学校层面，校长是学校的督学。同时还有一位校长助理负责学校的督学工作。学校中设有课程协调员和主任教师，负责具体的课程与教学的指导工作。另外，年级组长和学科组长也行使教育督导职责。美国近年来推行的校本管理更强调以校为本的教育督导工作的开展。

学校督导的职责主要是制订发展规划、指导学生、评估教师。校长作为教学督导员的职责包括听课、和教师个别交谈、组织教师系统研究教育问题、分年级和学科组织教师讨论教材教法、给各年级教师上示范课等。比如，弗吉尼亚州费尔法克思县的J. E. B. 斯图亚特高中是该县最具有多样性的学校：46%的学生出生于美国以外的77个国家，说36种以上不同的语言，多元化的学生群体给学校教学与评价带来极大挑战。学校将其促进学生发展的教学督导管理归结为：提供广泛的课程；教职员要相信每个学生都能学得好；学校有学生事务负责人，诊断学生问题；教师“一对一”地帮助学生提高学业水平，通过课后补课帮助学生通过考试，期中检查学生进展，有问题则请家长参与，共同帮助学生提高成绩；在校外多文化中心，学生可接受咨询或辅导，学校向中心提供学生信息；等等。①

各级督导机构之间业务具有相对独立性：学区督学能履行的职责，州级督学一般不介入；同样，州级督学能履行的职责，联邦督学一般也不介入。总体而言，美国教育督导主要由州和学区负责，一般以学区为单位具体实施。实施方式多种多样，各州、各学区不尽相同。

六、第三方机构

美国高度的联邦自治使得美国缺乏全国统一的要求，美国的

---

① 中华人民共和国教育部：《教育督导与评价制度考察团赴美国与墨西哥考察报告（2005）》。http://www.moe.edu.cn/publicfiles/business/htmlfiles/moe/moe_626/200601/13750.html.

第三方组织在一定程度上填补了协调全国方面的空白。如果说各州的自治是美国教育管理的主体，那么这些第三方机构就起到一个全国横向的协调作用。美国教育协会下属的督导以及课程发展协会，以加强各州督导人员之间的联系、推动教育督导理论与实践发展为目的，出版刊物，召集年会，是全国性的著名教育督导学术组织。另外，其他一些学校及学生评估机构和组织也为教育督导的实施提供重要的数据和标准参照。例如，全美教育评估标准协会、学生考试研究中心、国际教育评价协会、教育测验服务中心、全国评价管理委员会等。①

有些地区性非政府机构，如新英格兰地区学校与学院协会，则根据学校要求视导学校，开展辅导，使学校达到该协会提出的办学标准。

第三节　美国教育督导的性质、任务与作用

一、美国教育督导的基本性质——教学视导

在以英国为代表的多数欧洲国家，教育督导多用“educational inspection”来表示，督导工作既包括对学校教育教学的指导，又包括对教育行政部门工作的监督，教育督导更加强调监督、评价、问责的功能。而在美国，教育督导一般被称为教育视导，其英文为“educational supervision”，教育督导更加强调对教师教学的指导、与管理的融合以及督导者与被督导者的同质关系，教育督导工作的核心是改进教师的教学，教学督导理所当然地成为美国教育督导的核心工作。服务教学，为教学改进提供支持性服务是美国教育督导的特色和中心工作。

早在 1875 年，佩恩发表了《学校视导精议》，认为教育视导应包括以下内容：①根据学生成绩划分班组；②就教师资格和待遇

① 钱一呈主编：《外国教育督导与评价制度研究》，中央广播电视大学出版社 2006 年版，第 183 页。

向学区教育委员会提供咨询；③审核课程和教科书；④检查学校执行法律法规的情况；⑤为教师在职培训提供协助；⑥审查学校有关学生管理的规定及使用土地和建筑的情况；⑦指导教师改进教学，提高教育质量。从中可以看出，美国教育督导的职能是较为广泛的，包括监督执法，又包括学校硬件设施的检查，但是主要侧重在与教学有关的方面，如学生能力分组、课程与教科书、指导教师的教学与培训等。1890 年，皮卡得也提出视导员在进行专业性教育视导时，应当用全部时间指导教师改进教学，视导员的重要职责在于“使教学管理达到极经济、极有效的程度”①。

二、督政与学校督导在美国教育督导中的地位

从上述美国教育督导的理论与实践来看，美国的教育督导分为广义的教育督导和狭义的教学督导，兼具“督政”和“督学”两项使命。这与美国教育督导人员的类型相吻合，美国的督导人员大体分为两类，一类是教育行政人员兼任督导人员，另一类是专职督导人员。广义来说，美国的教育督导人员包括了联邦政府的教育部部长以下、中小学副校长以上的主管教学的管理人员或领导者。狭义来说，美国的教育督导人员包括了州政府（部分县设有教育局，但有许多县不设教育局，以减少经费开支）、学区教育部门内主管教学的主管人员，以及各门学科的学科领导（通常由经验丰富、教学效果好的老教师兼任）。严格讲，后者仅属于教学督导，类似中国的教研员。

（一）督政

美国州政府和地方学区对教育的投入大约各占总经费的 45%，因此，教育督导的职责，通常由州政府和学校所在地学区承担。广义的教育督导的职责包括督促和指导教育政策的制定，教学经费的筹集和使用，教育部门主管的选聘任用，教学设备和仪器的

① 顾明远主编：《外国教育督导》（第二版），人民教育出版社 2002 年版，第 117 页。

购买和管理，教学人员和管理人员及后勤辅助人员的配备、使用、培训等。课程设置和教材使用虽然一般由教学专业人员决定，但仍属教育督导的职责。州教育厅督导的对象主要是地方教育部门和学校，主要任务是督政和督学。州教育督导机构负责对教育的各个方面进行督导，主要涉及教育财政、教育法规、学校管理、学校设施、课程和教学、各类教育、中小学校长评价、教师鉴定等。管理与视导是融合在一起的。

从督导机构的职能来看，美国教育督导的目的在于帮助学校和教师改进工作，督促、建议、劝告及帮助学校解决问题。自20世纪70年代以来，美国教育督导在帮助教师改进教学方面的职能进一步得到加强。督导更多的是对学校提供系统的专业和教学服务，以协助教师改善课程及教学。从某种意义上看，美国的教育督导类似我国各地的教育教研活动。

（二）督学

美国把学校看成是一个学习者的共同体。作为一个以学习为内容的共同体，一个惯常的机制之一就是定期进行评价。通过评价，整个共同体对其任务完成进度取得一致意见。① 评价教师必须与评价学校联系起来，如果不与学校的评定相联系，任何形式的与所谓责任性结合起来的教师评定都是不全面的，而且也是不公正的。

美国对中小学校的教育督导有完整的督导评估标准、项目、程序、量表等。督导评估前，学校要进行严格认真的自查自评；督导评估后，督导工作组要发给学校一份对各方面工作进行具体指导的督导报告；学校收到督导报告30天内要上交详尽的“改进计划书”；在此基础上，由督导人员监督并指导学校按“改进计划书”改进工作。

---

① ［美］托马斯·J. 瑟吉奥万尼、罗伯特·J. 斯特兰特著，王明洲等译：《教育督导：重新界定》，江苏教育出版社2005年版，第227页。

附：学校督导案例——弗吉尼亚州费尔法克斯县公立学校

在美国，各州的教育政策有所不一，但在如何衡量学校的教育质量上，其评价指标是趋同的。大多数州都从教师是否优秀、教学质量、学生投入、家长支持、行政、安全、资源利用等方面来衡量学校教育质量。下面以美国弗吉尼亚州的费尔法克斯县公立学校为例，说明学校的督导评价。

（一）费尔法克斯县公立学校简介

费尔法克斯县公立学校（Fairfax County Public Schools，以下简称公立学校）地处美国弗吉尼亚州的费尔法克斯县，邻近华盛顿地区。全县共有239所学校，有174 000多名学生，学生包含各种各样的亚群体，如印第安人、亚裔、西班牙裔、黑人和白人，英语水平有限的人群，特殊教育人群以及有着各类经济背景的学生。超过20%的学生接受专为母语为非英语国家学生提供的英语教学，他们自己的语言种类超过140种。24%的在校生享有免费或折价午餐。

公立学校高度关注学生的学习、协作和成绩。学校认为，尽管知识仍是成功的基石，但已经不足以让学生在全球化社会获得竞争优势。在21世纪，让人们能适应环境变化、与他人协作、自主创新和沟通交流的技能也尤为重要。公立学校非常注重高质量的教育。根据联邦政府《不让一个孩子掉队法》以及州和地方的要求，学校的学生接受多样化的考试评估。学生还要接受州政府的终结性评价，即弗吉尼亚州学业标准考试。学生在弗吉尼亚州的考试中成绩优异，英语考试中通过率高达93%，数学的通过率是90%。学生在大学委员会举行的学术水平测验考试（Scholastic Assessment Test，SAT）中超过了州和国家的平均水平。在跳级、国际学士学位、与地方大学的双招生课程认证等方面扩大学生的参与机会也是学校工作的重点和主要目标。公立学校还致力于缩小和消除亚群体之间的成就差异。

学校董事会由12名精挑细选的社会精英组成，他们在学校中发挥着各不相同但非常重要的作用，比如，设置教学目标、权重和策略，授权给学校主管，进行及时监管并为结果承担责任。学校董事会、主管以及其他核心管理人员组成了强有力的领导队伍，监管从设定目标到评估结果的整个过程，极大地促进了教学发展。学校所有工作的核心都围绕着达到和超越高标准的学生成就展开。

督导长与来自各个职能部门的副主管精诚合作，包括教学服务部、特别服务部、财务处、人力资源部、后勤部、技术部、职业训练和法务部以及其他机构。学校还采用了教师分享领导权力的管理模式，赋予教师在课堂内外多种权利和责任。

（二）学校督导评价方案

公立学校学区以学业水平、生活技能和对社区的责任等三项学生学业成就目标来界定学校的质量、评价和绩效。三个目标强调 21 世纪全球竞争所必需的技能，具体包括以下内容。

目标 1——学业水平，包括英语运用技巧、数学、科学、社会研究、核心语言、美术、实用艺术、国家与文化以及技术。

目标 2——生活技能，包括诚实、团队协作、灵活应变能力、冲突解决能力、终身学习、个人理想、实用技能和健康保养。

目标 3——社会责任，包括公民身份、社区服务、管理认同以及环保意识。

其中，学业水平是对学校教育质量督导评价的核心内容，学校将具体的目标设定为：所有的学生都有能力获得、理解、分析、交流知识和技能，能够将知识和技能应用到学校和实际生活中并取得成绩；测量学生核心学科成绩的提高，确保所有学生，不论种族、贫富、语言差异或者伤残，都能够在毕业时获得足以升学或就业的必备知识与技能，有效地消除成绩差异。

（三）标准与指标

学业水平测试的具体指标如下。

（1）在主要学科——英语语言艺术（阅读、写作、交流）、数学、科学、社会学习上取得充分的学业发展。

（2）可以使用至少两种语言交流。

（3）探索、理解、评价美术和实用艺术的能力。

（4）理解全球不同国家文化的相关性和互异性。

（5）有效地使用当代技术获取机会、沟通交流，应用知识并形成创造力。

公立学校为每份学生学业目标监控报告设定了如下几个主要范围和关键预期值。

（1）合理化解释，意指学校主管依据校董事会的声明就学生学业成就目标给予解释。

（2）指标体系，意指那些可以帮助界定衡量标准的可观察的结果或成果，这些衡量标准可以显示学业成就目标的进步过程。

（3）衡量标准，用来定义那些在报告项目中出现的指标和结果。

（4）基准线或者初始数值，用来确定随时间变化的后续增长。

（5）当前数值，在监控报告出炉时，每个指标都赋予当前数值，以确定相关增长。

（6）中期值，在初始阶段和理想的预期年限之间，中期值可以界定成绩预期。

（7）理想预期，明确截止时间以及衡量长期目标的手段。

这些定义和成绩指标是标准性的，它们为所有的监控报告提供一致的报告方法。这对学校质量评估来讲是至关重要的。

每份学生学业成就目标都有一项内容：合理化解释。就拿2009年的英语语言艺术学科学生学业成就目标来讲，公立学校的学生必须做到：①熟练地用英语进行读、写和说；②符合或者超过基准水平；③具有不断发展的潜能；④获得自主学习的技能并养成习惯以适应未来发展的需要。

（四）程序与方法

学生核心课程的成绩按照相应百分比被划入“成绩等级”中。借助“成绩等级”的划分，学校依据经验给学生以指导，譬如根据学生现在的基准水平，预期他会取得多大的进步，期望他能达到何种水平。使用成绩等级方法有助于了解学生学业成就的变化，也有利于各个学生亚群体间的比较。成绩等级包括熟练水平或以上和高级水平两种。

1. 熟练水平或以上

熟练水平或以上是指那些达到基本成绩水平的学生所占的百分比。最低水平是基于现有的关于基准成绩的信息而设定的。预计学生中至少超过90％能够达到最基本的熟练标准，如在弗吉尼亚州学业标准考试中达到合格。

2. 高级水平

高级水平是指那些超过了基本成绩水平的学生所占的百分比。公立学校的目标是至少一半的学生和亚群体学生能够在州学业标准考试中达到良好甚至优秀。

每份督导调查报告都包括成绩的中期值和预期理想值两个部分。在初始阶段和理想的预期年限之间，中期值可以界定成绩预期。预期理想则明确了截止时间以及衡量长期目标的手段。所有的学生学业成绩目标监控报告都包含了对于下一学年度的分析和建议。每年，这些报告都直接呈送给学区教育委员会。各学校可以根据学区的数据与自己学校的数据进行对比和分析，并制订相应的学校改进和完善方案。

（五）特点与经验

公立学校在学业成绩和学校质量保障的督导和评价方面呈现出以下几个特点。

（1）设置了标准的学业成就目标和教学标准。公立学校制定了三项学生学业成就目标，并清晰地界定了学业成就的预期。

（2）监督从设定目标到评估结果的全过程，激励成员投入工作。

（3）定期监控学习成绩和教学水平目标。公立学校已经形成一套完整的报告程序和进度时间表，每年定期回顾学生的学业成就目标。

（4）为学业成就和教学目标提供资源支撑。学校已经形成一套完备的电子数据库，包括课程、评估工具、评估结果和经过鉴定的教学示范，可以为教师提供各种资源以确保他们拥有必备工具支撑教学。

（5）设定协作目标。学区通过协作来制定目标，保障从学区到学校到教室都能达到目标要求，促进了整体学术水平和学业成就的提高。

（六）督导评价的影响

督导评价对学校发展起到了积极的影响，公立学校取得并保持了学术上的高标准。尽管缩小不同学生亚群体之间成就差异的挑战依然存在，但结果表明，学区正在朝着正确的方向前进，努力确保所有学校具有高质量的教学标准。

三、美国教育督导的职能与任务

教育督导所包含的职责范围很广。美国教育督导学者爱德华·潘杰克（Edward Pajak）于 1993 年对教育督导职责进行了归纳，认为教育督导应包括如下范围。

（1）全面领导。教育督导人员应对教育的各环节和各层次提供全面而有效的综合领导，特别注重前瞻性的领导，也就是抓住现在，着眼未来，质和量并重。教育督导人员应将自己的领导职位看成是为他人提供服务的机会和义务。

（2）权力下放。教育督导人员要学会如何把每个教师都培养成具有一定领导能力的管理人员。由于教师工作的特殊性，教师对学生履行领导和管理的职权。权力下放不是将学监的权力下放给校长，而是将学监和校长的权力下放给一线的教师，使教师能全身心地投入教学而无束缚。

（3）调动激发。教育督导人员应全面调动教师和教辅人员的积极性，激发并保护他们的工作热情。调动积极性除了要注重工资、奖金等物质方面的因素外，更要注重像成就感、对专业的献身精神等内在因素，尤其要尊重教师的敬业精神。

（4）社区关系。教育督导人员应在学校和所服务的社区之间建立一种互相信任和互相协作的良好工作关系，并注意保持这种良好关系。

（5）在职进修。教育督导人员应努力创造条件，并为全体教师和教辅人员不断提供进修机会，使其业务专业水平能不断得到提高。

（6）规划变革。教育督导人员应率先提出教改设想，并同教学教辅人员协作，共同设计改进方案，不断提高教与学的水平质量。教育督导人员本身要成为教育改革的倡导者，并实际加入教改的行列。

（7）交流沟通。教育督导人员应确保整个教育体系内上下左右交流沟通顺畅，个人之间、各个单位之间能畅所欲言，表达明确无误。

（8）课程设置。教育督导人员应协调整个课程设置过程，协调各学科之间的关系，并使各学科组合成一个完整的系统，同时负责课程设置的具体落实。

（9）教学组织。教育督导人员应积极努力设法组织好教学，注重教学的每个环节，确保各个教学环节顺畅无阻，井井有条，效率和效果并重。

（10）后勤服务。教育督导人员应为教师提供必要的服务，保证教学材料和设备的供应和维修，保证教与学的顺利进行。

（11）指导教学。教育督导人员应使用多种方法分析问题，解析疑难，提供解决问题的多种方案，并做出最后的决策。

（12）自身进修。教育督导人员应加强自身进修，成为不断学习、不断提高的典范。不进则退，要认识和弥补自己的不足之处，对自己的工作常做反思性的总结和回顾，不断进步。

威尔士和邦地（Wiles & Bondi）于1991年也曾提出类似的职责范围，虽然他们仅将教育督导分成了行政管理、课程设置和教学指导三大类，但每大类又分成十小类，实际内容并无很大差别。同时，他们还认为，教育督导人员必须具备人才发展、课程设置、指导教学、改善人际关系、提供在职进修、行政管理、组织改革、项目和人员评估八种能力。

戈利克曼、格登和罗斯格登三位学者（Glickman，Gordon & Rossgordon）于1990年则提出教育督导的主要任务应为教学领导，工作范围包括为教师提供帮助、发展团队、在职进修、课程发展和行动型科研五大任务。

哈里斯和万毅平（Harris & Yiping Wan）也认为教育督导应注重教学领导，他们认为教学领导应包括教学规划、教学人员配备、组织教学、人力资源发展和教学评估这五大任务。

根据以上科研成果，教育督导人员的工作范围和教育督导人员的具体职责又可归纳为协调人、领导人、管理员、评估员、咨询员和研究员所应包含的职责。除此以外，教育督导人员还应该是教育学生的启蒙者、鼓励者和支持者。①

四、美国教育督导的方式方法

（一）教育督导方式

美国教育督导方式主要有以下几种类型。

（1）独立督导和集体督导。独立督导就是在各自所负责督导的范围内进行的督导，如学科督导、某类学校督导，这属于常规督导。集体督导就是由督导人员合作进行的督导，一般在对学校

① 万毅平：《教育督导纵横谈》，《课程·教材·教法》2002年第12期。

进行全面督导时采取这种方式。

（2）普遍督导与专题督导。普遍督导就是对学校的各个方面进行督导，它一般通过集体督导的方式来实施。专题督导就是对学校工作的某一方面进行督导，如教学、管理等。

（3）选择督导和全面督导。学区教育督导具有综合性，一般采用全面督导的方式进行，就是对所有学校进行督导。州一级比较多地采用选择督导或抽样督导方式。

（4）临时督导。美国的教育督导一般无预定的日程，一般是在感到有必要时或接受请求时才去督导，因此从总体上说美国的教育督导是一种临时性督导。

（二）教育督导方法

美国教育督导的工作方法主要有观察法、检查测验法、调查法、访谈法等几类。

（1）观察法主要是指教学观察法，由督导人员深入课堂了解教学情况，分析学生的作业、学校有关材料和文件等。

（2）检查测验法，就是对学生进行口头或书面测验，并对结果加以分析。

（3）调查法就是运用调查问卷等工具，对某些特定对象和专题进行了解，从而帮助督导实施。

（4）访谈法就是与教师、家长、学生、学校领导、社区代表等进行座谈以了解相关情况。

第四节　美国学生质量测评与监控

一、背景

20 世纪 80 年代，美国公立教育的质量问题引起了全国性的关注。学生学习成绩的持续下降招致家长、社会和高校的不满。以《国家处在危险之中：教育改革势在必行》报告为标志，教育逐渐成为一个全国性的热点议题，提高学术标准、改善评估体系被普遍认为是提高教育质量的关键所在。1989 年，老布什总统召集各州州长、教育和商业界领导人举办了第一次美国教育高峰会议。会议确立了2000年需要达到的六大教育目标。其中特别提到，所有学生都要掌握核心科目的某些关键知识领域，并且与世界其他国家相比，美国学生在数学和科学两个学科的成绩要达到一流水平。老布什总统尝试建立一个全国性的学术标准和测试体系，并且拨款资助进行类似的研究。

1994年，经国会批准，克林顿总统签署通过了《2000年美国教育目标法》，同时对联邦基础教育法规进行了修订。这是美国历史上首次通过立法的形式资助和鼓励各州建立自己的学术和测试标准，用以衡量学生的学习进步情况。但到1996年召开第二届教育高峰会议时，只有14个州建立了学术标准。面对社会各界的种种责难，联邦政府承诺系统改革公立教育，建立州一级的课程标准并对学生进行测试。随后，几乎每个州都制定了课程标准，检测学生是否达到为他们所设置的目标。对那些考试失败的学生及他们所在的学校，各州都采取了一些惩罚和改进措施，教育学术能力的测验与监控已是大势所趋。

2001年小布什总统上任后，把教育改革作为他任内的一个主要议题，推出了《不让一个孩子掉队法》，并得到了国会中两党议员的高度认可。它不仅要求各州建立严格的学术标准和评估体系，并且要求所有的学生，不论其族裔、收入、居住地、语言背景如何，都必须在之后的12年内达到学术上的“掌握”程度。那些达不到年度进步要求的学校和学区，将要承担相应的责任。根据时间长短，学校将面临允许学生转学、接受私人辅导、撤换教师和管理层以至对学校进行重组的处罚。

二、标准与指标

《不让一个孩子掉队法》最核心的内容之一是提高学术标准和检测学习成绩，要求各州对3—8年级所有学生的阅读和数学进行年度考试，对10—12年级进行至少一次年度考试；各州还必须制定科学课程的学习标准，并把考试与学术标准结合起来；科学学科的测试必须至少在3—5、6—9、10—12年级各举行一次；每隔一年，各州还须抽取4年级和8年级的学生参加全国性的数学和阅读统一考试，用以检测和对比各州的教育质量。

在学术标准方面，《不让一个孩子掉队法》要求建立一个适用全州所有公立学校学生的课程内容标准和学术进步标准。课程内容标准必须列出需要学生掌握的知识和技能，它可以是以单个或多个年级为基础进行排列。在高中阶段，至少要列出所有高中学生要求掌握的语言和数学两个学科的知识和技能标准。学术进步标准必须与课程内容标准相一致。该标准一般包括三个等级层次（高级、掌握和基本掌握），用以区别学生对所学内容的掌握程度。各州必须对学术进步标准的等级提供详细的说明。该标准须按年级、按学科进行。

国家教育进步评估（National Assessment of Educational Progress，NAEP）是美国唯一的全国性、代表性和持续性的评价学生学业成就的一种评估，这项由美国国会授权、教育部所属的全国教育统计资料中心管理的评估，定期向公众报告4年级、8年级和12年级学生的教育进展情况。在评估目的上，作为全国的成绩单，它的目的不是指导教师如何进行教学，而是向公众、政策制定者和教育者提供学生在各个学科方面能力的描述性信息。

三、程序与方法

在建立测评体系方面，美国各州可以采用标准考试或常模考试的形式，可进行全州统考或全州统考与地方考试相结合，但无论考试形式如何，它必须以州的学术标准为依据，并能检测出每所学校和每个学区的年度进步以及学生的进步情况。在评估工具的设计上，国家教育进步评估组织通过分层抽样的方法对全国的学校抽样测试学生的成绩，也用矩阵的方法对试题进行设计，设计的试题分成很多小的项目，分别由不同的社区、地区、州的学生来完成，每个学生完成的题目数量有严格的限定。评估的内容既包括学生在数学、阅读、写作、历史、科学等学科学业水平的发展趋势，也包括对影响学生能力发展的各种因素进行大规模的调查，包括学校教育的情况、家庭教育背景等。调查的对象包括学生、教师、校长。当调查结果与学生学科学业水平的平均分和成就水平相关时，国家教育进步评估组织就作为普遍的趋势进行报告，这样就为公众、政策制定者提供更全面的信息。

《不让一个孩子掉队法》规定，各州有义务制定测评标准、进行评卷打分，并向社会报告其测评结果。测评如果由地方学区管理，州政府除了担负监督责任外，还必须为学区编制测评程序和标准，以确保符合法律要求。为了检测各州的学术标准和测评体系是否符合联邦法律的要求，联邦教育部还专门要求专家对各州提供的方案进行评估。所有州的教育方案都已得到联邦教育部的评估和批准，同时 47 个州的方案还得到了各自州立法机构的批准。这些方案已成为各州实施教育改革、提高教育质量的蓝图。

四、面临的挑战与问题

尽管公立中小学教育基本上由各州和地方政府负责，但由于基础教育的质量关系到美国国民的素质及未来的经济发展和国家安全，联邦政府通过立法和拨款的形式已逐渐加强了对基础教育的干预。其关注的重点也从原来的重点资助经济上或学习上落后的学生转向要求全体学生提高学习成绩。联邦政府对教育改革提出了很高的要求，特别是要求各州建立更高的学术标准，采用严格的评估体系，引入赏罚分明的责任制度，这给各州和地方政府、学区和学校管理人员造成了很大的压力。不过，从整体上来讲，提高教育质量是世界范围内基础教育的潮流，学生学习质量的监控和测评还将继续发展下去。

附：马里兰州学生质量测评与监控的具体措施

（一）制定明确的课程标准

美国马里兰州下设 24 个学区。过去，每个学区按照州的学习内容标准来分别制定各自的课程标准。州的学习内容标准只是列出了学生在小学、初中和高中阶段需要学习的最基本内容，但它未列出每个年级需要教学的内容，各个学区自己制定的课程标准有相当大的出入。新的联邦教育法律颁布后，为了确保所有学生都能达到所设置的学术要求，在原有学习内容标准基础上，马里兰州制定了新的州志愿课程标准。与原来课程标准相比，该标准目标更加明确，要求更加详细。它规定每个年级的每个学科（英语语言艺术、数学、科学、社会学习、艺术、健康、体育和外语）所需要的教学内容。每个学科的课程标准分三部分进行说明：知识标准、评价指标和具体学习目标。这个新的课程标准产生后，各学区可以依此执行或把它与它们自己的课程标准结合起来执行。

（二）设计严格的评价体系

为满足联邦法律的要求，马里兰州分别改革了针对小学、初中和高中的全州统一考试体系。其特点是提高了要求，增加了考试难度。其中针对初中和小学的原有考试体系，被新的考试标准所取代。新标准要求每年的3月份对3—8年级学生的英语语言艺术和数学进行考试。该考试分4天进行（英语语言艺术两天，数学两天），每天的考试时间为90分钟，内容包括多项选择和问答题，要求学生独立完成。评价标准分“基本掌握”“掌握”“高级”三档。考试成绩将通知家长，考试成绩单上将列明学生的考试成绩及与全校、全学区和全州的学生成绩对比情况，以让家长们知道他们的孩子在全校、全学区、全州和全国范围内的位置。学习成绩单的公布，不仅对家长有压力，对学校、学区、州教育机构的官员来说，都是一种不小的压力，因为社会从对比情况中就能得知学校的进步情况。

2003年秋季，马里兰州教育理事会取消了原有的高中考试标准，而代之以更具挑战性的新的全州高中考试标准。该项目的主要考试科目包括英语语言艺术、代数、美国政治和生物等。学生学完一门考一门。凡是2001年秋季或以后进入高中就读的学生，必须把他们参加全州高中英语语言艺术、几何、生物学科考试的成绩写在成绩报告单上。2009年后入学的高中毕业生必须把通过全州高中考试作为其毕业的先决条件。

（三）调整评价标准

除了制定更加严格的考试标准外，各学区对学生的评价标准也做了一些改变。以马里兰州的蒙哥马利县为例，为了使该学区的评价标准和州的课程标准与评价体系相一致，蒙哥马利县于2005—2006学年起对小学1—2年级的学生采用新的基于标准的评价体系，到2008—2009学年后全面实施。具体来说，就是学生的成绩等级将以各个学科和年级的课程标准为参照，反映学生在依据学区课程标准所规定的应该掌握的知识和技能方面的成就，而不像过去那样反映每个学生在为其制定的学习目标方面所取得的成绩。也就是说，以后学生的成绩将是与学科标准相比，反映他掌握了多少知识，而不是与他本人过去的学习成绩相比，反映自己又取得了多少进步。

过去的成绩反映的是学生在考试、完成作业、课堂表现、个人成果等方面的综合情况，而新的评估标准则包括两个部分：学术成绩和学习技巧。学生的学术成绩将按照年级水平和课程目标来评定，并准确反映他们的学术程度。学习技巧包括学生的努力程度（参与性、任务/作业完成情况、反馈）和行为（合作性、纪律与规范、团队活动）两部分。新的标准将对学生的作业种类、参与性、努力程度、到课记录等采取不同的评价方法，有的作为学习成绩的依据，有的归入学习技巧类进行评定。总的来说，分类更加明确，要求更加严格，比如，在高中阶段，学生无故缺席5次，或无故迟到15次，将扣除本课程的学分。

第五节　美国教育督导队伍建设

一、督导人员的类型

美国的督导人员大体分为两类：一类是教育行政人员兼任督导人员，另一类是专职督导人员。兼任教育督学的行政人员一般指学监、副学监和校长等，各州一般在此类行政人员之下设若干专职督导人员。

专职督导人员在州一级的教学督导人员是负责课程与教学的副督学，其责任是监督全州所有公立学校的课程和教学计划。副督学对州教育厅和州立法机构负责，直接从属于州教育厅厅长。副督学在督导员、指导员、咨询员、协调员的辅助下开展课程和教学的监督指导工作。这些督导人员都是课程和教学领域的专家，分别研究初等、中等和高等教育，并在他们擅长的领域帮助副督学完成督导任务。

在学区一级，学监及其所领导的学监办公室既履行管理职能，也履行督导职能。由于州督学涉及的领域很广，责任太多，州一级督导人员很难在具体层面上满足教师的需求，这使得学区督学成为教学督导系统的关键人物。大一些的学区按教育的级别设置督导人员，如初等、中等、职业教育等；还有的以学校所设课程学科为分工标准，如科学、社会、体育、艺术等。这些督导人员专注于某个特定的领域，熟悉教学发展的最新内容和方法，他们要帮助教师开发新材料，鼓励教学实验和研究，给学校提供最新的信息和咨询，帮助教师解决课程和教学方面的问题。

在学校一级，校长是学校督导的核心，同时，学校还会指派一名校长助理来负责课程和教学的督导。课程协调员或者骨干教师有时会作为副校长的助手，兼任教学督导职责。在有的学校，还有年级组长和学科组长协助行使督导职能。在校本管理运动的推动下，学校自身将会承担更多的教学督导责任，学校内部督导人员将会成为学校课程和教学领导中的重要力量。①

二、督学的权威与专业化问题

英国剑桥大学学者托马斯瑟·吉奥万尼和美国波士顿大学学者罗伯特·斯特兰特认为教育督导的权威来源有五个方面：①官僚权威，即官僚督导依赖于等级制度、法规、规章和命令，而且清晰地将角色期望作为一种注释提供给教师来仿效，反过来教师被要求遵守并面对各种结局；②个人权威；③技术—理性权威；④专业权威；⑤道德权威。五种权威来源都应该得到利用，但是某些权威应该处于主导地位。在传统模式下，督导权威更加依赖官僚、个人和技术—理性权威的联合体。在以人力资源为主导的当代美国督导中更加依赖专业和道德权威，强调教师是专业人员，督学必须具备相应的专业能力和经验才能指导和帮助教师。因此，美国很重视督导人员的专业化问题。督导人员的督导质量又是由督导人员素质所决定的，所以，美国教育行政部门对督导人员任用资格标准的要求非常高。专业化问题包括任职资格、聘任程序、等级制度、专业发展。

三、督导人员的任职资格

美国对专职教育督导人员任用的资格标准是相当高的，各州均建立了教育督导人员的证书制度，由各州教育厅颁发。申请人须持有督导人员证书，才有资格应聘督导人员岗位。对于取得专职督导人员证书的资格而言，各州规定不尽相同，但大体都包括学历、经验、专业和年龄四个基本方面。最常见的规定是具有硕士学位，修习过课程、教育督导等科目，并有三年以上的教学经验。美国不仅对督导人员任职资格的专业性要求较高，而且强调通过职业进修维持证书的有效性，保持督导人员的高专业水准。

以纽约市 2006 年 9 月开始施行的规定为例，学区督导长任职

① 刘文君：《美国现行教学督导系统及其特征》，《比较教育研究》2007 年第 7 期。

资格证书包括如下要求：①拥有硕士学位；②具有至少三年教学或其他学生工作经验；③至少修习60学时的管理课程，其中24学时必须是学区管理或督导；④完成学区领导培养计划项目；⑤有过领导经历，包括至少15周全职学区督导经历（或同等经历）；⑥在认可的机构内完成教育督导实习；⑦通过纽约州学区领导资格评价；⑧每五年完成175小时的职业进修以维持资格证书水准。

为使教育督导人员适应督导工作需要，在教育督导实践中更好地为学校及教师提供技术性服务，美国在任用专职督导人员时除重视学历和工作经验以外，还考虑督导人员的知识结构、技能水平和性格特点。

在知识结构、技能水平方面，美国通常要求督导人员具有广博的知识和多方面的技能，诸如：熟知学校开设的各类课程，熟知州、学区和学校的组织结构，具有学校财政、教育法令、社政区联系等方面的基本知识，能够教好中小学一两门常设课程，掌握教法方面的广泛知识和技能，知道在何处可获得教学材料和现代化教学设备，帮助教师分析新教材的利弊，能指导教师备课、编写教学指南，能使用各种现代手段，熟悉测量与评估原理、方法和程序，懂得教育研究方法，知道如何组织教师在职培训活动。

在性格特征方面，督导人员应乐于助人，既耐心又善于与人打交道，待人热情、友好，富有幽默感；他们应具有献身精神和为他人服务的精神，同时又善于说服他人，不断为改进学校工作提出新的设想；他们还应会创造民主的工作环境，善于与教师合作，使教师能心情舒畅地改进教学工作。

四、聘任程序

督导人员的选拔任命方式一般有四种：①推荐制；②委任制；③招聘制；④考试制。美国的州和学区两级督导人员大多由教育厅厅长和局长向本级教育委员会推荐，由同级教育行政部门任命。需要指出的是，在实际操作过程中，不是孤立地使用某种方式，而是较多地采用综合考核制。以亚拉巴马州为例，督导人员的资格认定基于培训期间的表现，以两种方法来测评：①知识测验，达到80%的正确率方可通过；②执行技能测验，督导人员必须证明自己所进行的结构性访谈和教室观察的可靠性。另外，受训者还必须做到：①填写督导报告表并进行评分；②对已完成的专业发展计划进行分析和评分；③汇编各种评价数据并准确填写评价总结报告；④为专业发展计划确定适当的重点，并提出一个包含发展目标和评价方法在内的专业发展设计。

培训结束后，培训者将达标和未达标人员的名单（包括每个人的测试成绩）呈交给州教育厅。接到名单后，州总督学或其代表将以书面形式向地方教育主管提供督导人员的任命许可。没有达到标准的行政人员和其他人员不能参予督导人员的评聘。①

对州督导长的资格要求非常高，一般要有七年的教学和教育行政管理经验，还要有较高的威望和影响力。其产生的方式较为灵活，各州之间有所差异，既可以由公民选举产生，也可以由州教育委员会推荐，还可以由州长直接委任，任期通常为3—4年。

五、专业化发展

美国教育督导界认为，教学督导员不应对自己的专业发展感到自满并只忙于指导教师的专业发展而忽视自身的提高。教育督导员必须不断提高自身专业发展水平，同时为教师做出榜样，使教师明白专业成长是专业生活要求的一部分。因此，即使取得证书并上岗后，教育督导人员还要不断通过进修，参加相关的培训来维持证书的有效性，所以其从业人员专业水平在世界上居于前列。美国教学督导人员的职业进修方式有很多种，可以通过参加一些由教师教育协会和专业协会发起的研究讨论会来改进自身，也可以参加全国、州专门向督导人员提供服务的协会，如课程发展和督导协会、全国人事发展理事会等组织的活动。教育督导人

① 钱一呈主编：《外国教育督导与评价制度研究》，中央广播电视大学出版社2006年版，第184—185页。

员还可通过精读专业图书、浏览专业期刊、咨询有关专业组织的网站等来提升自身水平。

第六节 分析与讨论

教育督导在美国公共教育发展中占有很重要的位置。教育督导制度历史悠久，从公共教育活动产生之日起就具有教育督导活动。伴随着公共教育事业的发展和教育管理理论与实践的探索，美国教育督导逐渐形成了以教学视导为主、与教育管理密不可分的特征，并产生了科学督导、人际关系督导、临床督导、发展性督导等一系列重要的教育督导理念。具体来说，美国教育督导有如下特点。

第一，教育督导制度与教育管理相融合。美国各州的教育制度不一，各州教育状况错综复杂，发展不平衡，体现在教育督导方面的法规和制度差异很大，督导人员的职务名称、资格、任用、职责和督导实施办法等在各州之间也有所不同。尽管一些州和地方具有独立的教育督导机构，但总体上教育督导与管理是融合在一起的，教育行政人员同时也是督导人员。教育行政管理人员，如州教育厅官员、学区学监和学校校长等，都不同程度地负有督导的责任，管理与督导相互渗透。

第二，突出教学视导或辅导。在美国，督导更多的是对学校提供的系统的专业和教学服务，以协助教师改善课程及教学。督导与评估、咨询、指导相结合。美国教学视导强调督导人员和教师之间在改进教学活动中产生面对面的互动，建立相互的信任，针对教师个体的教学活动展开，切实帮助解决教学上的困难，改进教学技巧，提高教师的教学水平。因此美国的教学视导是指向发展与改进，注重民主的方法，注重发挥教师的积极性和创造性。通过辅导，督导人员既帮助教师改进工作，也使他们在专业水平上得到提高。民主督导的含义是认同教师具有自我管理、自我提高的能力，强调教师参与教学的决策过程以及个人的创造性，教育督导应该是督导员与教师合作的、民主的过程。① 教学视导强调现场观察和课堂教学分析。

在自身发展过程中，美国试图与传统的自上而下带有权威性的、将教师视为被监督对象的行政督导相区别，试图形成一种科学、民主、有组织、有计划的改进和提高教学的活动。民主督导是督导员与教师合作、民主的过程。

第三，注重教育督导理论研究。由于教育督导与教育管理相融合，美国教育督导制度与实践的发展受到教育管理理论发展的深刻影响，如科学管理、人力资源管理等管理理论。随着学科督导和教师辅导实践的开展，教育督导的研究也随之开展起来，学者们开始探讨教育督导工作的性质、任务与内容，对教育督导实践加以研究与总结，在不同时期形成了不同的教育督导理论。从科学督导注重效率的理念，到人力资源督导注重发挥教师的创造性，到人际关系督导注重教师的积极性和满意度以及增强督学与教师之间互动的临床督导，再到旨在促进学校和教学改进的合作督导和发展性督导，不同观点的争论促进了人们对教育督导工作的认识，也形成了丰富的教育督导理论。在督导理念的引领下，美国教育督导走出了一条有别于欧洲的独特道路。教育督导理论研究的大力开展得力于管理科学的发展，得力于督导实践工作者的不断反思，也得力于大学开设相关专业课程和大学学者加入到了该领域的科学研究。

第四，对督导人员的素质要求很高。由于管理与督导相互渗透，美国的督导人员既是教育管理方面的专家，同时也是督导方面的专家。由于美国的教育督导注重教学辅导和对教师的帮助，他们又必须是学科教学方面的专家，具备教学视导方面的理论知识。各州的督导人员必须经过专门训练，掌握专门的知识和技能，他们都有硕士及以上学位，并有一定的教学和学校管理经验。在

---

① 何玉玲、袁桂林：《美国教育督导的特征及其变革趋势》，《外国教育研究》2008 年第 10 期。

录用督导人员时，各州都要进行严格的考试，包括笔试和口试。虽然美国各州的教育政策有所不同，但是教育督导在各州有一个共同点，即督导队伍阵容整齐，规模庞大。从联邦教育部到基层学区，都有一支由各方面的专家、教育官员、督学、学生家长、社会各界知名人士等组成的督导队伍。

第八章 加拿大教育督导与评价制度

第一节 加拿大教育督导与评价制度的历史沿革

从19世纪中期到20世纪60年代，加拿大形成了一个独具特色的学校管理和督导体系。

一、初设教育督导员时期

加拿大强大的省教育集权的历史始于1841年的《普通学校法》。1842年，玄恩·巴甫底斯特·梅勒和里维兰德·默里分别被任命为东加拿大（魁北克）和西加拿大（安大略）的教育督导员。梅勒认为利用税收办学会给居民带来益处，同时他也主张在立法上做出改变以更好地适应他所在省的罗马天主教的需求。因此，他在1851年起草了报告，并据该报告设立了23位教育督导员。这些教育督导员着手推进他的公共资助学校的主张。默里对《普通学校法》的条款不满意，尤其是对没有给他的办事处足够的权力而不满。尽管如此，他还是为建立一个高效率的安大略省教育行政管理局打下了基础。[1]

二、确立省教育集权式控制时期

1844 年，埃格顿·拉厄森接替了默里的职位，并把默里创建的安大略省教育行政管理局转变成一个强有力的教育官僚机构。一上任，拉厄森就着手建立立法体制，该体制规定学校的运行、教科书的选择和教师资格的控制皆由公共教育委员会来实施。1876 年，拉厄森退休，他所创立的教育行政管理组织由教育部部长正式领导。除魁北克省之外，其他各省都建立了类似安大略省的那种省教育集权式的控制系统。这在很大程度上归功于拉厄森创立的成功的系统。另外，也存在着一些其他因素和力量促成了教育的省教育集权化。比如，在美国的影响下，各省都有一个共同的愿望，即显示和保持自己的特色，而学校教育的省教育集权化是达到这一目的的强有力的举措。

1870 年到 20 世纪初，每个省都把学校教育事务的控制权交给一个被任命的委员会，该委员会直接或在某种特殊情况下对省内阁负责。每个省还任命主要的省级学校官员，并在公立学校的发展和运行上授予他们广泛的权力。在这些人和其他官员的领导下，省教育行政管理部门建立起来，其职能是分配政府津贴，调整学校教育和教师培训的具体内容和运行机制，收集和整理教育运行中的统计数据，派遣和协调督导员以监督全省的教师，等等。

当省级监督的职责由教育部部长承担之后，梅勒所重视的公立学校控制权就交给公共教育委员会。实际上，直到 20 世纪 60 年代，公共教育委员会一直独自控制着学校内部管理事务，而教育行政和监督的责任由省级教育督导来承担。[2]

---

①② 曲铁华、陈旭远：《加拿大的教育督导制度》，《外国教育研究》1994 年第 4 期。

三、加强中央规划控制时期

20世纪前半期，加拿大各省教育部继续掌握着对学校教育内部事务的广泛而主要的权力。它们是最大的省级政府官僚机构，经手的预算往往超过许多联邦部门的预算。近几十年来，加拿大各省的教育政策更为直接地受政治控制。目前，省级学校教育长官的职能实际上由部长和部长助理共同发挥。部长形式上对他的部门和省级教育政策的提出和执行负责，但特殊的任务和责任要落到部长助理的头上。部长助理是高级行政官员，他凭着自己的经历和地位，有权对该省的教育政策施加相当的影响。

在这样的教育行政管理下，加拿大公立学校的体制是由中央规划并制定章程，省教育部提出具体的体制设想，地方学校教育委员会和教师把这些设想付诸实施。学校办学的成败最终取决于教室里发生的一切，因而需要有一套监督教师的措施并保证省教育部制定的课程标准得到很好的推行，而这些任务就由省教育督导员来承担。①

第二节　加拿大教育督导与评价机构的设置与职能

加拿大的行政区划分为三级：联邦政府、省（北方领地政府）、市政府。全国分十个省和三个地区。省以下设市、镇、村等，部分省有郡的建制。各省分布在南部，地区在北部。

根据《不列颠北美法》第93款的规定，加拿大的教育制度由各省政府负责。因此，加拿大联邦政府不设教育部，由联邦政府的“国务秘书处”负责教育事务。由于全国没有统一的教育制度，加拿大各省之间的教育制度存在着很大差异，但是全国范围的教育水平基本相当。虽然教育由各省负责，但是联邦政府的法规和政策也对教育产生直接的影响。联邦政府每年拨专款资助第二官方语言的教学，还直接负责一些特殊人群的教育。另外，联邦政

① 曲铁华、陈旭远：《加拿大的教育督导制度》，《外国教育研究》1994年第4期。

府还通过与各省的财政关系以及制定与教育间接相关的政策而发挥一定的作用。

虽然加拿大的教育管理是省集权制，各省政府负责省内教育的全部工作，各省的教育工作都有独特的方式，各具特色，但是加拿大整体的教育质量水平较为一致，并不存在较大的差距，其中的一个原因就是加拿大在全国范围内建立了教育工作的省际交流与合作机制。作为促进省际教育交流与合作的机构，加拿大的教育部长委员会建立了教育督导的省际合作机制。教育部长委员会对加拿大全国范围内的教育督导实践发挥着引领作用。其实现方式包括：①各省和地区可以借助教育部长委员会参与全国性评价项目以及若干国际性评价项目；②教育部长委员会内部的成员即各省和地区的教育部部长达成共识后往往会出台一系列共识文件，从而影响全国的教育改革；③教育部长委员会联合加拿大政府的相应部门开展合作进而发布报告。①

一、省级教育督导制度

依据《不列颠北美法》第 93 款的规定，十个省和三个地区的立法机关有权决定本省（地区）的教育体制与政策法规，对各省（地区）的教育组织机构、学制、考试制度等做出明确的规定。十个省都相继建立了各自的中小学校体系，因此各省制定的教育制度有很大差异。

加拿大各省设有教育部，负责管理全省的教育。各省都有一名省议会成员担任教育部部长，教育部设有一个或几个副部长，下面有教育专家管理各个部门，对教育政策出谋划策。省教育部部长通常将制定政策和日常管理权交给副部长，由其负责教育部的日常工作，执行规章制度，保持教育政策的连续性，并向部长提出建议。各省的教育部部长还负责并授权各地教育委员会管理

① 赵风波：《加拿大的教育督导及相关评价研究》，《上海教育科研》2011 年第 4 期。

中小学教育。教育委员会由选举产生或任命的委员会成员组成。

加拿大各省制定本省的政策法规，因此各省设立督导机构、实施督导的法律依据也各不相同。例如，不列颠哥伦比亚省根据《学校法》和《独立学校法》进行督导，安大略省督导的法律依据则为《教育法》。尽管各省督导存在差异，但是存在一个共同点，即教育督导具有较大的权威性。这表现为对学校进行督导的结果可以作为是否发放经费的标准，并且教育部在督导后，如发现有不合格的学校，可以责令学校关闭。

在省级层面督导工作的组织方式上，加拿大各省教育部任命省级教育督导员。被任命的省级教育督导员为专职的教育行政官员，他们必须具有丰富的工作经验，且必须具有文科高等教育学历证书。督导员的道德水准、个性特征以及行事风格在遴选过程中占有很大比重，他们还必须体现出代表省教育部的立场、价值观以及权威和尊严。省级教育督导员人数很少，但具有组建督导团的权力。他们根据督导任务的性质和需要组成教育督导团，因此具有选择督导团队成员的权力。他们根据情况选择督导组或任命助理督导员，也会根据项目或督导的需求邀请各方教育利益的人士参加，如家长、社会工作人员等加入督导工作。加拿大的督导团队具有一定的独立性。

加拿大各省的教育督导团的主要职责涉及：检查教育部制定的法规及政策的贯彻和落实情况，监督地方教育当局及学校的教学管理工作，及时反映地方的教育需求和教育意见等方面的工作。因此，加拿大各省、各学区的教育督导涉及教育过程的各个方面，如针对学校的督导、针对教师的督导、针对学生学习质量的督导等。①

从督导对象来看，公立中小学校是加拿大各省和地区的共同督导对象。根据加拿大统计局的数据，加拿大共有 15 500 所公立性中小学，由 375 个学校董事会管理。然而，各省和地区教育督导

① 曲铁华、陈旭远：《加拿大的教育督导制度》，《外国教育研究》1994 年第 4 期。

的具体范围存在差异性。比如，一些省和地区仅负责中小学教育，而另一些省和地区还负责中学后教育以及技能培训。

有少数省设专门督导与评价机构，例如：不列颠哥伦比亚省设独立学校督导办公室和外部评估委员会，专职负责省内私立学校和学校的外部管理的督导工作；安大略省设立教育质量与问责办公室，专门负责省内公立学校体系质量的提高和问责制的发展。需要注意的是，这些机构虽是由省级的教育部成立的，但就其性质来说是独立性的机构，以保证工作的客观、公正。

尽管借助省际合作机制，加拿大各省和地区共同致力于教育指标的研制，然而，真正发挥强制性作用的督导标准仍是各省自己制定的标准。例如，不列颠哥伦比亚省教育质量与问责办公室从问责工具的视角反映出该省的督导标准。办公室主要使用数据驱动的政策杠杆，努力构建数据驱动的学校改善框架，主要包括六大层面：学生层面的信息制度，系统性的评价，指向结果的管理，有效的报告，有权威的且高能的学校领导者，收入补助。其中，前两个层面的数据制度应为学校和校董会提供有关学生信息的基本技能、学术表现、满意度、年级间的升级、中学升学至中学后机构的转变五个关键领域。①

二、学区教育督导制度

加拿大各省设学区，各学区设立教育委员会，负责本学区及所辖学校的各类教育事务。各省在地方治理的原则下，授权于学校董事会，学区学校部门或地区教育委员会管理和主办教育，而这些机构的成员均是通过公众投票选举产生的。

除了省级层面的教育督导，加拿大各省内的各个学区也设立相应的机构对本学区的教育进行监督和评价。而各学区通常任命一名或几名教育督导员（督学）作为教育主管，监督本学区范围

---

① 赵风波：《加拿大的教育督导及相关评价研究》，《上海教育科研》2011 年第 4 期。

内的各项工作。不列颠哥伦比亚省《学校法》规定："每个学区委员会必须任命一名学区督学，他在学区委员会总的领导下，监督和指导学区委员会聘任的教育人员；行使总的组织、管理、监督和评价所有教育项目的权利并监督学校的运行。学区委员会还可以任命一名或更多的助理督学协助督学开展工作。"① 安大略省的《教育法》不仅规定每个学区都必须任命具有较丰富的教育工作经验和较高道德人格的人员担任学区督导员，甚至两个或两个以上公立学校（或罗马天主教学校）都可以在教育部部长的批准下任命一位教育督导员负责检查和指导本学校所有的事务，他们也被称为"初级督导员"。地方教育督导员的任命必须符合省教育部的统一要求并得到教育部部长的认可。

横向来看，加拿大教育督导人员还有乡村督导员和城市督导员之分。乡村督导员所督导的学校一般分散在大范围地理区域中，因此，他们在任期间对每所学校要参观一至两次，但要在路途上花费大量时间。一般来说，地方学校委员会在雇用他们自己的督导员时，首先必须满足所在省特定的标准，并且这个人还要得到省教育部的特别批准。这是为了保证城市管理人员都是有经验的督导员，他们熟悉官方的期望和价值观。在法律上，地方督导员要完成和省督导员一样的职责，其中首要的是执行由省教育部确立的规定。如此看来，在加拿大，地方督导须向省教育部和他们的雇用者保持忠诚。本地方雇用的督导都由省教育部官方任命为"城市督导员"，其结果是加拿大的地方学校委员会不能像美国那样自由地解雇他们的督导。

同样，加拿大的城市督导一开始就没有成为地方学校委员会的主要行政官员。很多城市的学校委员会经常雇用一个财政秘书或者一些类似的财务官员来管理财经事务。在委员会不雇用督导员的情况下，这个财务经理就会作为代表实施行政管理的功能，

① Ministry of Education of British Columbia. *School Act*. http://www.bced.gov.bc.ca/legislation/schoollaw/revisedstatutescontents.pdf.

但不允许他参与学校的内部管理。内部管理，只有省教育部和其指定的代表也就是督导员、校长和教师才有决定权。如果委员会确实雇用了他们自己的督导员，那么作为由省教育部授权的代表，自然而然就可以对教育事务进行管理。但这并不意味着他们必然可以对财政事务或对主管这些事务的官员行使其权威。在许多情况下，财政秘书充当行政长官的角色，在另外一些情况下，督导和财务官员分别向委员会报告，还有一种情况就是督导是首席行政长官。①

总之，当代的加拿大学校督导员是由省教育部和地方学校委员会任命和雇用的，他们都不是在名义上而是实际上扮演着行政长官的角色。他们指导复杂的教育系统的教育事务，并且为教育结果负责。

三、省与学区教育督导职能的关系与分工

加拿大的学校管理分为内部学校管理和外部学校管理。内部学校管理是指对教育过程核心因素的管理，如课程设置、教科书、考试、教师培训、授予证书及督导等。而外部学校管理是指制约和资助学校工作的环境因素，如教学楼、人事政策和财务方面的事务的管理。按照加拿大的规定，内部学校管理由省教育部负责，外部学校管理由学区教育委员会负责。与之相适应，对学校内部管理事务的督导，只有省教育部和它所任命的督导员、校长和教师们才有决定权。行政事务的监督由学区负责。

加拿大的学校管理模式是置内部管理于省教育部的直接控制之下，而授予地方学校管理委员会的职责和权力随省份和时间的不同而有所变化，但总的来说，要求地方学校管理委员会去建设、管理学校，包括雇用教师，支付其工资，必要时解雇教师，筹款或征收地方学校的税和管理财经账目等。对于这些事务的管理是间

① 曲铁华、陈旭远：《加拿大的教育督导制度》，《外国教育研究》1994 年第 4 期。

接地由省教育部通过标准化的程序和运行规则来控制的。①

第三节　加拿大教育督导与评价的类型、过程与方法

加拿大教育督导与评价工作主要分为学校督导、学区督导和教育质量监测。学校和学区督导通常是密不可分的。此外，在一些省份还开展了校长督导等。

由于加拿大对教育的管理实行省集权制，因此，各省的教育管理情况和教育督导的实施情况不尽相同。笔者无法对每个省的教育督导情况进行考察，只是选择某几个省作为案例加以说明。虽然案例不能完全代表加拿大的情况，但是案例的实施过程和方式还是能反映出加拿大教育督导的基本情况。

一、学区和学校督导与评价——以不列颠哥伦比亚省第五学区为例②

提高每个学生的学习成就被视为加拿大不列颠哥伦比亚省教育部的最主要目标。为此，该省教育部在有关学区和学校改进研究的最新成果的基础上，制定了从学区到学校的各级责任目标，针对签有责任合约的 20 个学区，从 2002—2003 学年开始，每年组织一次省教育部的学区督导检查。该项措施的目的在于加强对各学区及其所辖学校的监督和指导，通过督导检查的方式，在全省各学区间分享好的经验做法，向教育部、学区和公众反馈督导检查的情况并就学区的工作提出建议。每年督导检查前，教育部都制定出一份《学区督导检查指南》的文件。

不列颠哥伦比亚省划分为 60 个学区，其中有 20 个学区与省教育部签订了责任合约。每年省教育部都要对这些学区进行一次督

① 曲铁华：《加拿大中小学的教育督导制度》，《中小学教师培训》1993 年第12 期。

② 邹安川：《加拿大省级学区督导检查制度管窥——以不列颠哥伦比亚省第五学区为例》，《比较教育研究》2007 年第 11 期。

导检查，第五学区就是其中之一。从第五学区 2005—2006 学年教育部学区督导检查的个案可以窥见该制度的基本情况。

（一）督导检查的目标

不列颠哥伦比亚省第五学区，又称东南·库特那学区。该学区位于不列颠哥伦比亚省东南角，拥有来自五个社区的约 6 000 名学生。该学区此次督导检查的时间为 2006 年 4 月 23—26 日。

此次督导检查的基本目标是该省教育部规定的目标，即向该省教育部、学区和公众提供检查组在实施检查过程中对该学区在提高学生成绩方面的检查结果和建议。此外，检查组还结合该学区的实际特点制定了五个具体目标：①检查学区与学校工作所取得成就的数据；②检查学区责任合约和促进“土著教育计划”及学校促进学生成就的计划（“土著教育计划”是该省在促进当地土著居民教育方面采取的一系列措施，“土著教育提高宣言”是该计划的政策文本）；③确定学区在促进学生成就方面的能力；④就提高学生成绩方面的工作向该省教育部部长及被检查学区提出建议；⑤发现可供其他学区借鉴的有效实践等。

从省教育部所制定的目标来看，它一方面体现出省教育部总的规定和要求，另一方面又有针对该学区具体的实际情况，同时还具有可操作性。

近年来，土著人群和特殊群体的教育问题逐渐成为加拿大各省教育系统的重点关注对象，对于省内的教育督导不再限于城市中的普通学校和对于普通学生的教育，对土著人群和特殊人群的教育情况亦成为教育督导的重要内容。不列颠哥伦比亚省更是将对土著学生的教育情况明确列入了对于学校的督导指标中。可见，加拿大教育督导的发展越来越重视所有学生的发展，而不是仅仅局限于主要地区的学生。

加拿大教育督导的目标除了关注所有学生以外，更加关注每个学生的未来。而教育督导所指的“未来”，主要是指可持续发展的教育。加拿大教育部长委员会发布的《学习型加拿大 2020》，明确提出新学习的愿景就是确保全加拿大人获得高质量的终身学习机会。在各省的各个教育督导项目中，学生终身学习的能力和学校对于学生此方面的培养也成为督导内容中一个重要的部分。

另外，在一些针对学生能力的督导中，加拿大的督导也开始关注学生为社会做出贡献的能力，而不限于学生对于某门学科的掌握情况。不列颠哥伦比亚省已将社会责任纳入评价体系中。可见，加拿大教育督导目标的发展已经逐渐地从关注教育系统的现行状况发展到教育系统是否能够为加拿大公民和加拿大社会的未来服务。

（二）督导检查的主要指标

2005 年 9 月，不列颠哥伦比亚省教育部针对此次督导检查制定了《学区督导检查指南》，提出了十个关键领域，并分别设计了若干具体的与检查内容相关的问题、评估的四种水平及其含义，以便于根据所视察到的真实情况评估该学区在上述问题方面所取得的成就及水平，并做出客观的评价。

这十个关键领域的工作评估指标包括：①确立促进学生发展的目标；②讨论目标的合理性；③设立目标的依据；④改进组织工作的策略；⑤改进组织工作所需的结构；⑥改进组织工作的协作性；⑦建立学习型社区，促进对话与交流；⑧吸引家长参与；⑨提升学习型社区的领导力；⑩所取得的成果。该文件分别规定了每个领域检查的目的，以问题的形式反映该领域检查所包括的若干具体事项，并对四种评估水平（未达标、逐步达标、达标和持续进步）在该领域的具体所指进行了说明。

检查组针对《学区督导检查指南》中十个关键领域及其具体要求视察所有学校，并进行评估，分别实事求是地指出学区及其所辖学校工作的成绩与不足之处，并在最终提交的督导检查报告中反映出来。

（三）督导的组织

各个签有责任合约的学区都要成立一个督导检查组。检查组主席由一名来自其他学区的专业督导人员担任，其他成员包括教育工作者、家长及教育部官员等各方相关利益的代表。

此次督导检查组主席由来自第50学区的专职督导员迈克尔·伍兹（Michael Woods）担任，其他成员由来自各学区的校长、助理督导员、家长和教育部官员等九人组成。从人员组成上看，主席来自另外一个学区并且包括与教育相关的各类人员，这充分体现出了督导的公正性、客观性及专业性。另外，督导组其他成员可以由关注公共教育和对该项措施感兴趣的人士申请参加，体现出了一定的代表性。

（四）督导的过程与方法

根据不列颠哥伦比亚省教育部关于督导检查工作程序及方法的要求，此次督导检查的程序和方法由四部分构成：①督导检查组会见由学区委员会成员、教师、督导员与校长等各方组成的学区小组；②检查组视察所有学校并会见学校规划理事会人员；③与学生服务机构以及家长顾问委员会人员等座谈；④督导检查总结阶段，督导组与各方面人士座谈，提出督导检查报告的概要。督导检查的程序完整、规范、井井有条，工作方法多样化，既有实地参观考察、查阅文献材料，又包括与各方会谈及其他多种形式。

可见，此次督导的实施过程是比较全面的，从涉及的人员来说，基本上包含了所有与学校教育相关的人士；而从方法来看，基本上兼顾到了多种方法，相辅相成，取长补短。在这样的方法下，收集到的信息和反映出的问题与意见还是具有一定可信度的。

（五）督导报告与结果

督导组在检查完后，客观地对此次检查的结果进行了总结，并提出了督导组的意见和建议。督导组认为该学区在督导检查的过程中表现出了以下优势：①学区及学校人员在工作中表现出的积极的精神状态对学生学习成绩的提高十分有利；②在聘任校长与副校长时吸纳家长的参与，并为教师提供学区内外专业发展及交流的机会；③对于一项名为“土著教育提高计划”的执行是成功的；④在加强学区内各学校间的交流等方面表现出色。因此，督导检查组认为，所考察到的该学区的这些优势为改进学区及学校工作，进而为最终改善学生的学习成就创造了有利条件。

另外，针对检查过程中了解到的该学区及所辖学校工作情况的不足，督导检查组提出了一系列改善工作的建议，包括四个部分：①收集、整理和分析与学生学习相关的信息，以之作为制定学校目标的前期工作；②鼓励所有学校收集与土著居民教育相关的数据，以获得关于“土著教育提高计划”的完整理解和支持；③支持所有校长与副校长实施的鼓励家长参与学校发展规划及提高学生成就进程的做法；④在学区范围内持续开展合作，以进一步加强有意义的家长参与。

最后，检查组综合该学区在督导检查过程中表现出来的工作实效，归纳出四个方面的经验做法，供其他学区借鉴参考：①向学生提供网络教学，解决因招生数下降而限制开设多种多样课程的问题；②向家长及时通报学校发展的相关信息；③通过邀请土著居民参与“土著教育提高计划”来使该计划落到实处；④使“家长及素质教育中心”为家长及学前儿童参与学习和活动提供空间与机会。总之，检查组对学区及其所辖学校所进行的创造性工作予以了充分肯定。省督导员对这些好的经验做法进行了选择和归类，并公布到省教育部督导检查网页上，供其他学区借鉴和仿效。

而对被检查的第五学区而言，该学区应该在此次督导检查过后的工作中认真地考虑并采纳检查组提出的建议，并向省教育部汇报建议的落实情况，在制定该学区下一学年度的责任合约时教育部要对这些建议做出回应。

督导的结果大致分为优点、缺点和可借鉴的经验三个部分。加拿大许多督导的结果报告也大多采用这样的结构或模式。这样的汇报结果比较客观公正，既关注优点也不忽视缺点。同时，总结出的经验又使得此次的督导成果不仅仅限于这一个学区，可以扩大其成果的范围。

二、独立性机构的督导——以不列颠哥伦比亚省独立学校督导为例①

不列颠哥伦比亚省有公办学校体系和私立学校体系两大教育体系，它们的比例是 10∶1，都有法律严格监管。公办学校每年可以拿到政府补贴，每个学生 6 200 加元，而私立学校则只能得到这个经费的 35%至 50%，其余则通过教育收费获得。两个百分比的区别在于每年学校收到的费用是否超过每个学生 6 200 加元的标准，如果超出，学校就只能得到 35%的政府补贴。②

为了保证独立学校的教育质量，不列颠哥伦比亚省教育部专门设立了独立学校督导办公室，每六年对学校进行一次大规模的评估。除此之外，每隔两年会有一次视导，特别是那些存在不足的学校，会得到更多的关注。对独立学校督导的直接依据是最高原则，即不列颠哥伦比亚省制定的《独立学校法》。此外，每次督导都要制定相应的督导评估细则。例如，教师是否具有加拿大政府资质认证，教师有没有犯罪记录，学生资料是否真实，学校的房屋建筑是否合法，学校是否遵守了政府颁定的法律，等等。

督导小组的组长和成员要根据被督导学校的特色进行安排，学校有某一方面的特色，督导小组就要有相应的成员。督察的费用全部由政府承担，学校不承担费用。所有学校的评估结果都在网上公布。教育部代表政府进行的每六年一次的评估督察的结果，可以作为是否发放经费的标准。此外，教育部在督察后，如发现有不合格的学校，可以责令学校关闭。所以，加拿大的督导评估具有绝对的权威性。③

2003 年，不列颠哥伦比亚省的独立学校督导办公室对本省内的独立学校进行了一次督导。此次督导属于外部评估与督导，其

① External Evaluation and Inspection for Independent Schools. http://www2.gov.bc.ca/gov/topic.page? id = 2977783F0EB64E29B26F1E539B686AF2&title = External%20Evaluation%20and%20Inspection%20for%20Independent%20Schools.

②③ 崔铁军：《加拿大基础教育的构建与督导》，《盐城师范学院学报》（人文社会科学版）2006 年第 2 期。

基本目标是确保独立学校符合《独立学校法》的要求。

（一）督学的内容

此次督导根据各学校所属类别分别给予外部评估和检测督导。而具体的内容则涉及六个方面：①对地方政府的服从；②火灾和地震安全规程；③学校政策；④财务记录；⑤教师档案（资格以及犯罪记录）；⑥课程总览。督导小组对独立学校在这六个方面的情况进行了资料收集以及评估，从而得出了最终的报告结果。

（二）督学的过程与方法

独立学校首先要完成评估目录，呈交给外部评估委员会，该目录是对学校管理、教育计划、设施和资源的总结。委员会通过该目录对学校进行初步了解，通过访问来查看目录是否正确反映了学校的现实情况。外部评估可以在任何时间进行，但主要的评估日期是在每年 10 月或 11 月。届时评估人员进入教室以及学校的其他地方进行指导。对独立学校进行评估时评估人员在学校至少要待两天。学校对待督察也都显得比较自然，督察人员在检查过程中，只要示意一下，便可以随时随地进入课堂，检查教师的笔记及学生的作业等，但不能影响任何教学活动。此外，评估人员在校期间，学校不安排过多的陪同人员，所有的工作都顺其自然地融入校园环境之中，显得真实可靠。由此也可看出，教育督导这样的管理手段已被独立学校普遍接受，而且是经常进行的。

（三）督学的报告与结果

督导结束后，委员会将评估结果以报告的形式呈现给督导人员。该报告的主要目的是看该学校是否达到应该达到的所属类别的要求，或者说是在某个具体日期前必须达到的法定要求。根据这些，来判定学校是否获得归入某一类别学校的资格或者是应该维持现有类别。在报告完成后，督学或督学所委派的人员与独立学校领导或董事会的代表、校长见面，共同审查评估报告，答疑解惑，就报告中的任何问题进行讨论。学校主管部门如果认为报告中存在错误的地方，可以要求修改报告。如果确实存在问题，督学会与评估委员会主席进行交涉。最终修改过的报告呈交给教育部，学校会得到一个报告副本。

三、校长督导：以萨斯喀彻温省的中小学校长督导为例①

加拿大萨斯喀彻温省的中小学校长督导以《学校管理者有效管理评价标准》为指导，从个性与专业素质、战略计划、课程与教学管理、组织管理、学校与社区五个方面对校长进行督导与评价。此项督导和评价希望能够让校长提高自身工作能力，促进校长职业发展。

校长全面督导与评价至少每五年进行一次，对新任的校长第一年也要进行全面督导与评价。第一，校长在助理督学的帮助下制订学校办学计划、管理标准及校长职业发展计划等。第二，根据学校和校长本人的特点，助理督学和校长对有关督导的具体协议进行反复的核实和计划，并运用检测手段收集资料及检查、了解具体情况。第三，督导全面进行评价工作。第四，校长在助理督学的帮助下，对所收集的材料进行说明、阐述及分析，并在此基础上研究和采取一些新的行政管理方法。第五，助理督学根据整个时期收集整理的全部材料准备一份书面报告。第六，双方必须签订一份正式报告，存在校长的个人档案里。

此项督导关注的是每个校长的专业成长，并且在全程中校长都能主动参与。通过此项督导，无疑能够从校长角色上促进学校教育水平的提高。

四、教育质量监测——以安大略省教育质量和问责办公室为例

在一些国际测试项目的推动下，近年来，提升中小学生的读、写、算等基本技能成为西方国家提高教育质量的重要途径，加拿大也不例外，教育督导与评价也积极地参与其中。当前加拿大各省和地区的测验内容主要是阅读、数学和科学等核心学科。一是

① 林森：《加拿大萨省中小学校长的督导与评价》，《中小学教师培训》2005年第8期。

参与各种国际性和全国性的测验评价项目。二是自制适合本省学生的大量测验评价项目，这是各省评价学生学业表现的最为普遍的形式。这种省级测验评价发挥着引领教学、课程和政策的作用。

在安大略省皇家学习委员会的提议下，安大略省教育质量和问责办公室于1996年成立。其职责在于：使安大略省公立学校具有更大的责任感，促进学校质量的提高；给家长、教师和公众提供关于学生成就水平的准确、可信的信息；提出改进的建议，帮助教育者、家长、决策者以及其他教育工作者提高教学的水平。教育质量和问责办公室下设执行委员会，其职责在于设定目标及机构的战略方向、审查机构的年度商业计划、制订管理方案、检测机构的运营、确保公共资金的正确使用。

（一）教育质量监测的内容与指标

教育质量和问责办公室设立的省级评估项目有：三年级和六年级学生的阅读、写作和数学，九年级数学，安大略省十年级学生的中学素质测试。除了负责省级评估以外，教育质量和问责办公室还负责安大略省参与的一些国家和国际评估项目，如国际数学和科学学习趋势研究、促进国际阅读素养研究、学生能力国际评估计划、全国评估计划等。

教育质量和问责办公室采用的是教育质量指标框架。该框架包括入学情况、社会经济地位、出生地及语言背景、特殊需要分类、学生流动性、学生考勤、支持人员、教师资格与经验、教学媒体的可及性及使用、评估材料的可及性及使用、电脑的使用情况、教师专业发展、学生态度（三、六、九、十年级）、学生成绩等14个指标。

教育质量和问责办公室的省级评估的重要性还在于这些评估是在《安大略省课程指南》的基础上进行的。该指南说明了教师每天应该教授的内容。教育质量和问责办公室与教师合作，教师在班级里对学生进行教育质量和问责办公室的测验、评分并对结果进行分析。与其他加拿大和国际考试相比，这些只是一些最低水平的测验，旨在提供一个独立的标准，评估学生学习课程的结果和基本技能的习得水平。

（二）教育质量监测的过程与方法

教育质量和问责办公室每年在全省范围内对每个学生进行小学和中学关键期的测验，并报告成绩。这些测验根据共同的省级指标，对学生在阅读、写作和数学上的掌握程度进行测试。其所采用的是教育部制订的四等级成绩判定标准：水平 4 为学生成绩超过省级标准，水平 3 为学生成绩达到省级标准，水平 2 为学生成绩接近省级标准，水平 1 为学生成绩远低于省级标准。其中第三等级是省级标准。省级标准（水平 3）代表着成绩从 B－到 B＋，即学生应该掌握的知识和技能水平。此外，教育质量和问责办公室每年成绩的判定都严格遵守省级标准，确保能将各年成绩做比较。

（三）教育质量监测的报告与结果

教育质量和问责办公室在每年对于学生的监测结束后，会将结果形成报告，并在其网站上进行公布，公众可以在其网站上直接查到各个年级学生的成果。此外，其评估结果还以一种能够将连续两年成绩相比较的方式呈现，学生在这两年间成绩的升降情况一目了然。

管理并实施大量评价项目是加拿大各省和地区当前教育督导的主要方式，各种评估和监测的手段和技术的运用具有借鉴价值，比如，各省和地区均会发布教育年度报告。此外，公众参与已成为各省和地区的有效督导实践。就政府层面而言，各省都将公众的教育呼声作为重要的督导方式；而就民众层面而言，加拿大公众也日益关注教育决策的制定和实施。

第四节　加拿大教育督导队伍建设

一、教育督导人员的类型与规模

从教育管理行政结构来说，加拿大的教育督导人员可分为省级教育督导员和学区督学，分别是省级和学区的教育督导的负责人，并且地方教育督导员的任命也必须符合省教育部的统一要求并得到教育部部长的认可。在法律上，地方督导员要履行和省督导员一样的职责，其中首先是要执行由省教育部确立的政策规定。

在加拿大有些省，教育督导人员还可分为城市督导员和乡村督导员。在大多数情况下，乡村督导员所督导学校分散在大范围地理区域内，所以，一般皆须在任期内对每所学校一年访问一次或二次。而城市督导员则主要督导城市范围内比较集中的学校，由于督导检查的任务较重，因此他们必须有丰富的经验，负责监督学校执行教育部确立的政策规定。要成为城市督导员必须符合省特定的标准，并且还要得到省教育部的特别批准。

此外，还有一些省会根据本地区的情况任命其他类型的教育督学。例如，不列颠哥伦比亚省的学校法案规定，两个或两个以上公立学校（或罗马天主教学校）就可以在教育部部长的批准下任命一位教育督导员负责检查和指导本学校所有的事务，他们也被称为“初级督导员”。加拿大的官方语言为英语和法语，大多数人说英语，对于以法语为第一语言的学校，加拿大还需要专门任命法语教学的教育督导。

对于督导的人员数量问题，加拿大各省并没有严格的规定。一般来说，在各省的法律中，有明确规定的就是各省教育部需要任命省级教育督导员，作为省内教育督导的负责人；而学区需要至少一名地区督学，作为学区内教育督导的负责人。省级教育督导员负责组建省级的教育督导队伍，具体人数并没有明确的限制；地区督学可根据情况选择任命助理督学，人数也是依据具体的情况而定。

在一个督导项目的具体实施过程中，一般来说，省教育部或地方教育委员会要明确任命督导组的组长，并邀请与所督导的教育过程相关的教育人士组成督导项目团队的核心成员。而对于教育问题比较关注或对督导项目有兴趣的其他人员，也可申请加入督导组，参与督导的过程。只要督导能够在规定的预算内完成，对于人数并没有十分硬性的规定。

总之，除了省级和学区的教育督导的负责人的规定编制之外，对于其他的督学，加拿大各省的规定还是较为灵活的，没有严格的限制，视督导的实际情况而定。

二、加拿大督学的准入标准和招聘制度

由于省督导员是全省教育督导的负责人，因此就准入标准来说，要求较为严格。加拿大各省基本上都要求省督导员的候选人必须具有丰富的工作经验和文科高等教育学历证书。在20世纪初期，加拿大的大部分督导员都拥有学士学位；而到了20世纪中期，加拿大就正式要求他们一般具有硕士学位或具有同等学力，以保证其较高的专业素质；并且，督导员的道德水准、个性特征以及行事风格在遴选过程中也都占有重要比重。此外，作为省级的教育官员，他们还必须体现出代表省教育部的立场、价值观以及权威和尊严。省教育督导员一般由省教育部任命。

相比较而言，地方教育督导员的准入则相对有所放宽。但由于地方教育督导员也是负责一个学区的督导，而且需要由省教育部任命，所以地方教育督导员也必须符合省教育部的统一要求并得到省教育部的认可。此外，由于地方教育督导员实际上也属于省级任命的教育官员，自然他们也需要熟悉官方的期望和价值观，执行由省教育部确立的规定，在学区层面上充当省教育部代言人。

在加拿大，一般来说初级督导员资历考试不太难，选拔和录取的方法是要保证那些“较好的”教师被录取为省督导团成员。有希望的候选人通常由在任的督导员做出鉴定，在选拔过程中候选人的性格和价值观占很大分量。考核官员希望这些督导员能体现出省教育部的价值、权威和尊严，并身体力行做出典范。对督导员的最基本要求是有能力监督小学教师，评估学生的进步程度，同教育委员会商议并帮助他们工作，在社区会议上发表讲话，鼓励和支持教育并提出建议，还要鉴定教师工作质量。

要成为高级督导员需要通过一套严格的省级考试，才有资格被提名任命。在所有省中，成功的教学经验是获得任职的先决条件，这关系到是否拥有省级部门颁发的高级教学证书的问题。加

拿大的督导人员通常具备很高的专业素质，为此，一些督导员长途跋涉到美国的大学读教育管理学的硕士学位，到20世纪中期以后，这种现象已日益普遍。①

第五节 分析与讨论

通过前几节对于加拿大教育督导制度的简要介绍，我们可以总结出加拿大教育督导的如下特点。

一、教育督导地区集权，全国协调

与教育管理制度相同，加拿大的教育督导也是采用各省各自管理的方式。省级管理的最大的好处就是各省能够在教育督导过程中充分考虑到本省的实际情况，使教育督导过程更加有针对性，使各省的教育督导能够各具特色。加拿大的教育督导项目普遍具有很强的可操作性的特点，从一定程度上也是源于这种省级集权的方式。但是，加拿大也并不是完全的地方各自管理，教育部长委员会的设置、各省相继参加各类全国或国际的测试，也在一定程度上协调了各省的教育发展，保证了各省的教育系统能够均衡发展，同时促进了加拿大全国教育质量的上升。总之，省级集权，配合以全国协调的方式，二者相得益彰，既保证了加拿大教育督导的针对性，又保障了加拿大教育和教育督导的整体水平。

二、教育督导工作具有较高的地位

在加拿大，教育督导在教育管理中具有较高的地位，是各省教育管理最重要的组成部分之一。例如：加拿大一些省把教育督导的结果作为给予学校拨款数量的依据，甚至可以决定是否关闭学校或取消学校的资质；一些针对教育过程某一环节的督导，其

① 曲铁华：《加拿大中小学的教育督导制度》，《中小学教师培训》1993年第12期。

结果都需要与学校的管理人员进行商讨，督导过程不仅要指出问题，而且要确保能够解决问题；一些针对特定的教育人员的督导，其结果不仅会影响相关人员的职业生涯，而且督导的结果通常会记入相关人员的职业档案，成为教育工作者在职业方面的一个重要参考。可见，加拿大教育管理部门对教育督导是十分重视的。

三、教育督导人员具有较强的专业性和权威性

从教育督导人员的选聘来看，在加拿大的各省，有两项条件是相同的。首先，不管是哪个级别的教育督导都需要具有相应的教学经验，甚至是丰富的教学经验。这一点对于加拿大的教育督导人员来说是绝对不可或缺的。这样的要求就保证了教育督导人员对于教育过程能够有较为深入的了解，保证了进行教育督导的人员都是教育的内行，确保了教育督导的专业性。其次，加拿大的教育督导人员都必须具有高等教育的经历，至少拥有学士学位，一些省级督导员甚至要具有硕士学位。更进一步，督导人员的专业也必须是文科专业，从而使得督导人员之前的专业背景不会与督导工作相差太远。从这两点来看，在督导人员的专业性方面，加拿大各省都有完整的制度予以保障。

从教育督导人员的权威而言，一方面，加拿大的教育督导人员并不是教育行政官员，不受行政体制的影响，所以其只对教育结果负责，因此具有较强的权威性和客观性。另一方面，在督导的过程中，省级的教育督导人员不仅能够深入学校的各个角落对学校进行全方位的考察，而且可以自由查看学区相关的教育文件。由此可见，在进行督导时，教育督导人员所具有的权限是比较大的，基本上可以全面接触学校和学区所有的教育材料。这既体现出了教育督导人员本身较大的权威性，也体现出了督导在整个教育系统中的权威性。

四、教育督导过程合理、透明

综观整个教育督导过程，加拿大大多数的教育督导项目还是

具有较高的质量的。从教育督导内容和指标的设计来看，基本上兼顾了整体要求、地区实际和学校特色这三方面的需求，既有整体规划作用，又避免了“一刀切”的问题。从教育督导的方式方法来看，大多数督导都是多种方法配合，取长补短，全面收集资料，从而保证了督导的客观性、公正性和专业性。而从督导结果来看，几乎所有的督导项目都会形成专业的报告，并且在网上进行公布，这也保障了整个督导的透明与公正。从设计到最终的结果，加拿大教育督导在各个环节都是比较合理的，可以成为借鉴和参考的典范。

五、教育督导中学校具有较强的主动性

虽然加拿大的教育系统给予了督导人员较大的权威，但在督导的过程中学校也并不是处于被检查的位置，而是具有相当的主动性。在督导开始之前，学校可以提出自己学校的特色，而督导组也就需要因此而安排相应的督导人员进行专门的督导。而当督导结束时，学校如果对于结果有异议，也可以与督导人员进行沟通，并要求再一次进行督导，最终的结果也通常需要督导人员和学校进行协商后得出。督导人员与学校相关人员的沟通协商是必需的部分，在督导的过程中，必须充分考虑到当事人的特点和需求。可见，在督导中，学校和学校的相关人员都有权利和渠道表达自己的意见，使得督导并不是完全由督导人员一方决定，从而促进了督导的公正性。

六、教育督导的发展与时俱进

加拿大整个教育督导的发展在保持了自己的特点的同时，也十分重视其他国家和世界整体的变化与发展，并能够及时做出相应的调整。在督导的设计过程中参考国际先进的研究和指标体系、重视加拿大教育的国际地位、积极参加国际性测试等，都体现了加拿大的教育督导与时俱进的特点。

七、教育督导的方法日益多元化

加拿大教育督导方法上的日益多元化体现为三个方面。第一，加拿大的各类教育督导很少使用某种单一的方法，通常都是资料审查、访谈、实地考察等多种方法相互配合。加拿大的教育督导人员充分注意到了单一方法的局限性，因此在督导过程中会选用不同类型的多种方法，取长补短，以保证督导的客观性、专业性。第二，加拿大的教育督导大都会参考国际的重要研究和指标设计，不仅考虑自身的客观实际和传统，同时还参考国际的相关研究，从而使督导过程更为合理化。第三，加拿大的教育督导越来越重视多方参与性，不仅在核心团队中需要有不同的教育过程参与者，而且还欢迎各方对于教育和督导感兴趣的人士参与督导过程，从而丰富督导过程的视角，吸纳各方意见，使得教育督导能够更加完整和全面。

第九章
新西兰教育督导与评价制度

第一节 新西兰教育督导制度的历史沿革

20 世纪 80 年代以来，美国、英国、加拿大、澳大利亚、新西兰等发达国家相继开展了一系列的以市场为取向的教育改革。其中，新西兰的教育和社会改革最受世界银行、国际货币基金组织、经济合作与发展组织等国际组织的称赞和推崇，并称之为“新西兰模式”。这是一种被称为分权中的集权管理的模式，即建立一种中央集权管理与地方分权的平衡。国家通过分权赋予学校、家长和社区更多管理和参与权，同时又通过制定相关的政策法律、管理原则以及国家课程标准和设立独立的教育机构等措施来实现中央对教育的控制和监督。

自 1987 年宣布教育改革以来，新西兰政府发布了一系列框架性文件。首先，将改革的目标和原则确定为强化责任制、明确责任目标、管理控制权下放、鼓励自我经营管理、政策咨询和政策执行相分离、发展运作管理体系等。1990 年，新西兰进行教育行政改组，成立新的教育部，将大量的教育行政管理权移交到学校及其董事会。教育部的主要职能是制定教育政策，提供政策咨询。同时，组建一系列独立于教育部的专门机构，如教育督导办公室和新西兰资格署等。

一、新西兰教育督导办公室的历史发展

新西兰教育督导办公室的设立源于1987年新西兰教育改革。在给予学校更多自主权的同时，政府认为需要建立督导和评价制度对教育质量加以监督。

教育督导办公室设立之初的督导重点是各学校遵守法律的情况。后来，教育督导办公室的督导重点逐渐走上正轨，转向督导学校教育质量和改进学校整体表现上。近些年，教育督导办公室开始关注除高等教育机构以外的中小学和学前教育机构的自我评价，提高学校自我评价的能力和水平，帮助学校高质量地完成自我评价，为督导提供准确可信的依据和资料。

教育督导办公室对中小学和学前教育机构进行督导评价主要是依据《1989年教育法》以及据此制定的具体规范，包括《学校教育督导框架》《学校教育督导指标体系》《学前教育机构督导框架》《学前教育机构督导指标体系》等。

二、新西兰高等教育外部质量保障机构的历史发展

1987年新西兰教育改革以来，新西兰政府赋予高等教育机构更大的自治权，如招生决策权、专业设置权、人事聘任权、经费支配权等都不同程度下放给了大学，同时，国会立法保障大学自治和学术自由。

面对大学自主权的扩大，为保障大学的教育质量，新西兰政府授权新西兰大学校长委员会负责大学的质量评估，接着又创立了新西兰资格署作为法定机构，负责第三级教育机构（泛指中学后所有的教育机构，包括大学、多科技术学院和工业培训组织等）中其他部门的质量，包括多科技术学院和私立学校的学位课程的质量保障。为确保大学整体的质量，新西兰大学校长委员会又于1993年建立了新西兰大学学术审核组织。

1998年11月，新西兰政府公布了名为《新西兰的第三级教育：21世纪方针指导政策》的白皮书。① 在确保教育质量方面，白皮书提出需要一个唯一的最高权威，称作新西兰质量保障署，负责对外部质量保障机构进行授权认可和监控管理，使外部质量保障机构成为被认可机构。现有的外部质量保障机构如新西兰资格署、多科技术学院专业委员会与新西兰大学校长委员会等均是被认可机构。所有高等教育院校机构都必须接受被认可机构的质量审核。

第二节　新西兰教育督导机构的设置与职能

一、教育督导办公室的设置和职能

新西兰的教育行政管理体制主要分为中央和学校两级，教育部内部分为政策、运行、资金支持和毛利教育四个组。政策组主要负责提供高质量的数据和政策分析建议，定期审查和分析现行教育政策。运行组负责管理章程和资金以及教学通讯和教学大纲的制定。每个组都有分别负责幼儿、中小学和高等教育的官员。此外，教育部内部还有监督审计处，其职责是监督检查内部各组各部门工作情况并向部长报告。教育部的主要职责是：对教育大臣提供政策建议，具体贯彻执行政策，制定教学大纲，分配教育资源和资金，保证教育机构高效率运转。

由于地方政府不承担教育管理职能，教育部分别在惠灵顿、奥克兰、汉密斯顿、基督城设立了四个办事处，负责各地区的教育管理实务。②

1987年教育改革之后，新西兰组建了一系列的独立于教育部的专门机构，如教育督导办公室、新西兰学历资格委员会等，负责对学校评估、学历审查与考试，以保证各项教育工作正常、规

---

① 严芳：《论新西兰的大学外部质量保障新机制》，《化工高等教育》2006年第1期。

② 申翔：《新西兰教育及管理体制》，《遵义师范学院学报》2009年第1期。

范、独立、有序展开。

新西兰教育督导办公室是隶属于国会的政府部门，其独立于教育部之外，是与教育部平行的机构，如图 9-1 所示。

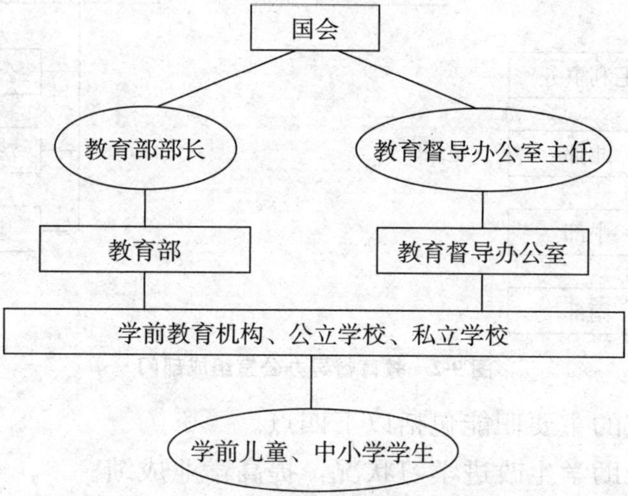

图 9-1　新西兰中小学教育督导机构设置

教育督导办公室下设检查机构、评估机构和合作机构，相互合作，完成教育督导工作。其中检查机构中设有毛利事务、北部、中部和南部部门，分别负责检查毛利人和所属辖区的教育。合作部门是为教育督导工作的顺利开展提供服务和保障的，包括公共事务部门、法律部门和基础设施部门。同时，设有中央督导办公室主任顾问，参见图 9-2。新西兰各级政府和公民可以就教育督导和评价的问题以及学校情况等随时咨询中央或地方的教育督导机构。

教育督导办公室负责对中小学和学前教育机构进行督导，撰写督导报告，并向公众发布，其中最主要的任务是问责和教育的改进。教育改善和提高的重点是帮助学校通过有效进行自我评估来提高教育教学质量。而以问责为目的进行的评估主要是根据督导目标和标准，以及核实投诉事件、报告学校的综合情况。① 具体来说，教育

① Education Review Office. *Framwork for School Review*. http://www.ero.govt.nz/Review-Process/Frameworks-and-Evaluation-Indicators-for-ERO-Reviews.

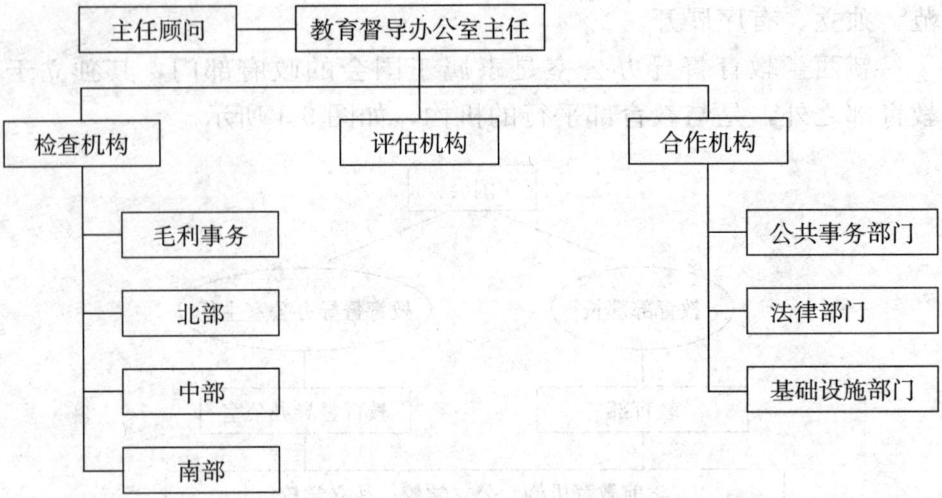

图 9-2　教育督导办公室组成部门

督导办公室的主要职能包括以下四点。

（1）帮助学生改进学习状况，提高学业成绩。

（2）对学校的教育教学和管理进行评价，并提出改进建议，提高教学质量，改进教学管理。

（3）促进政府了解当前教育政策执行情况和教育工作运行状态，并为教育政策的制定和教育计划的研制提供依据和建议。

（4）使家长和社会公众了解学校、支持教育，为家长帮助孩子择校提供参考，为教育科研工作提供必要的信息资料。

一般来说，教育督导办公室每三年对学校督导一次。如果发现某所学校运行绩效较差，或者是在教育质量以及学生的安全等方面存在风险时，教育督导办公室可能会缩短督导周期，两年督导一次，或一年督导一次。对于一年督导一次的学校，如果其在督导后，学生的成绩、教学、学校管理、校园文化和家长参与程度等方面都有所改进，教育督导办公室将会对其进行两年一次的督导。

如果学校有令人信服的证据表明其提高了学生的学习能力、参与度，促进了学生进步并使学生取得了好成绩，教学效率高，能充分利用学生获得的信息，管理系统高效有序，学校尽一切所能提供安全包容的环境；收集、认真分析并加以利用自我督导信息，以用于制订学校计划，并作为制订教学工作方案和决定的依据，这样的学校四到五年督导一次。

二、新西兰高等教育外部质量保障机构的设置和职能

新西兰所有大学必须接受质量评估和审核，新西兰大学校长委员会的大学学术审核组织是大学质量评估的执行机构，对大学进行质量评估。该质量评估的目的是确保大学提供的学历教育、教学和科研的质量。新西兰大学校长委员会的大学学术专业委员会具体负责大学课程和专业的质量，而新西兰资格署则依靠专家组评估和评定决定引进何种学位课程。此外，新西兰大学学术审核组织还对大学学术专业委员会的课程审批功能进行审查。对于多科技术学院和私立学校，新西兰资格署不发挥类似的评估作用，但在评估和认证将要加入高等教育体系中（包括大学）的新成员时，资格署的意见是举足轻重的。新西兰高等教育外部质量保障机构的质量保障运行机制见图 9-3。

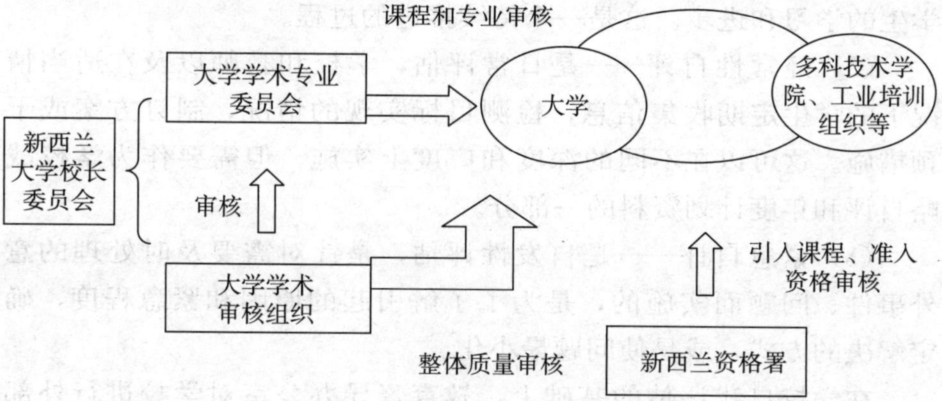

图 9-3 新西兰高等教育外部质量保障机构

第三节 新西兰教育督导与评价的类型与过程

新西兰的中小学督导是由外部督导和自我评估相结合，即包

括由学校的外部机构教育督导办公室实施的外部督导和学校的自我评价两部分，且学校的自评是外部督导的基础和依据。

一、中小学教育自我评估

随着新西兰教育管理权力下移和校本管理的出现，自我评估逐渐成为备受关注的一种评估方式。自我评估具有独特的优点：学校成为评估主体，积极性、主动性得以发挥；学校自定时间，结合学校管理工作的需要开展；评估的目的不是选拔、评优，而是发现不足，及时改进。教育督导办公室有义务帮助学校形成和提高自我评估的能力，使其有效地自我评估。这是教育督导办公室的工作内容之一。

学校自我评价是学校成员进行的自我论证评估，要收集学生、家长和社区反馈的信息，完成自我评估表。新西兰中小学的自我评价主要包括三种。

（1）战略性自评——是长期深入的自我评估，以确定影响学校的重要问题，包括学校的愿景、更高水平的目标以及如何促进学生的学习和进步。这是一个持续推进的过程。

（2）经常性自评——是日常评估，学校和教师以及在适当情况下的学生定期收集信息，检测目标实现的情况，制订方案或干预措施。这可以在不同的深度和广度上实施，但需要作为学校战略自评和年度计划资料的一部分。

（3）紧急自评——是自发性评估，是针对需要及时处理的意外事件、问题而实施的，是为了了解引起的原因和紧急程度，确定解决的方式，或是使问题最小化。

在学校自我评估的基础上，教育督导办公室对学校进行外部督导，整合学校自我评估的信息，并通过实地观察，向教师、学生、家长、社区进行问卷调查，以及文献资料的查阅等方式收集数据和信息，在对所有信息进行综合分析后得出结论，撰写督导报告。整个学校教育督导的过程是一个包括教育督导办公室与学校董事会、学校教职员工、家长和学生、社区等多方面积极交流互动的过程。可见，在督导过程中，教育督导办公室允许学校更多地参与，并提供数据和提出建设性意见。

教育督导办公室认为帮助学校的最好方式是通过督导检查，着眼于开展符合学校需要的评估活动，并为学校提供最好的信息参考和有价值的改进策略。① 可以说，新西兰的中小学教育督导过程是帮助学校不断改进和提高的过程。

二、中小学外部督导过程

教育督导办公室对中小学进行的外部督导首先要确定督导计划和督导内容，然后进行资料的收集，最终形成督导报告。具体过程阐述如下。

（一）督导前的准备

1. 教育督导办公室与学校进行信息交流

教育督导办公室在开始实地调查之前，要与学校进行信息交流，主要是关于信息和资料收集方面的协商和督导问题及范围的确定。

在信息交流过程中，教育督导办公室将制定适合每所学校的督导标准，提供给学校董事会声明表和自我评估表，还要求学校填写一份包含学校的背景情况以及学生学习情况的信息表。另外，还要给学校提供就督导过程进行提问的机会，并邀请学校董事会成员以及主要领导参与讨论教育督导办公室督导核心问题的相关事宜。

2. 确定督导范围并集合信息

在信息交流之后，督导小组将确定评估的最初范围，教育督导办公室主要是根据学校提供的信息来确定，如根据学校的自我评估表和学生的学业成绩来确定教育督导办公室的优先督导问题。然后，教育督导办公室将所有的资料加以整合，包括有关督导过程的信息、适用于学校的评价体系、学校的自我评估表以及学校

---

① Education Review Office. *Framwork for School Review*. http://www.ero.govt.nz/Review-Process/Frameworks-and-Evaluation-Indicators-for-ERO-Reviews.

对学生成绩的分析等。

3. 讨论督导内容，制订督导计划

此阶段教育督导办公室将与学校就学校关注领域和教育督导办公室设定的督导问题进行探讨，并确定督导的重点问题。同时，制订督导计划，设计督导过程，讨论评价办法的可行性，在组织安排方面与学校达成共识，还要协商与校外友人合作的事宜。另外，如果教育督导办公室需要在督导过程中改变督导计划，需要通知学校。

（二）督导评价的实施

教育督导办公室基于督导原则，针对督导范围和问题开展实地调查，主要通过观察、谈话、问卷调查和文献资料的查阅等方式，综合所有的资料和信息。督导的有效开展需要大量有效数据和信息做支持，才可能得出合理的督导结果。教育督导办公室开展教育督导的主要信息来源包括：教育督导办公室督导过程中获得的信息和数据；被督导学校的“课程”，包括学习环境和学生在学校获得的所有学习经验；家长和社区提供的信息。在掌握了大量可靠的信息后，教育督导办公室对本次督导做出最终的评判，得出结论，提出改进建议，并将督导中发现的情况和主要事件告知学校，与学校一起讨论表现好的地方、需要改进的地方，以便使提出的改进建议更加具有可操作性。

（三）督导后结果的形成

督导结束后，教育督导办公室负责撰写督导报告。在报告的形成过程中，学校董事会、校外友好人士、家长与社区等都要积极主动提供各方面信息和建议，同时要提出各自的信息需求。在汇总所有的信息，并与学校进行讨论的基础上，教育督导办公室将根据标准化的程序及时撰写报告，通常在四周内完成。然后发给学校董事会，董事会有三周的时间就报告中给出的建议，或是事实性错误向教育督导办公室反馈，提出进一步的修改建议。修改后的督导报告将于两周后公开发布。具体督导过程参见图 9-4。

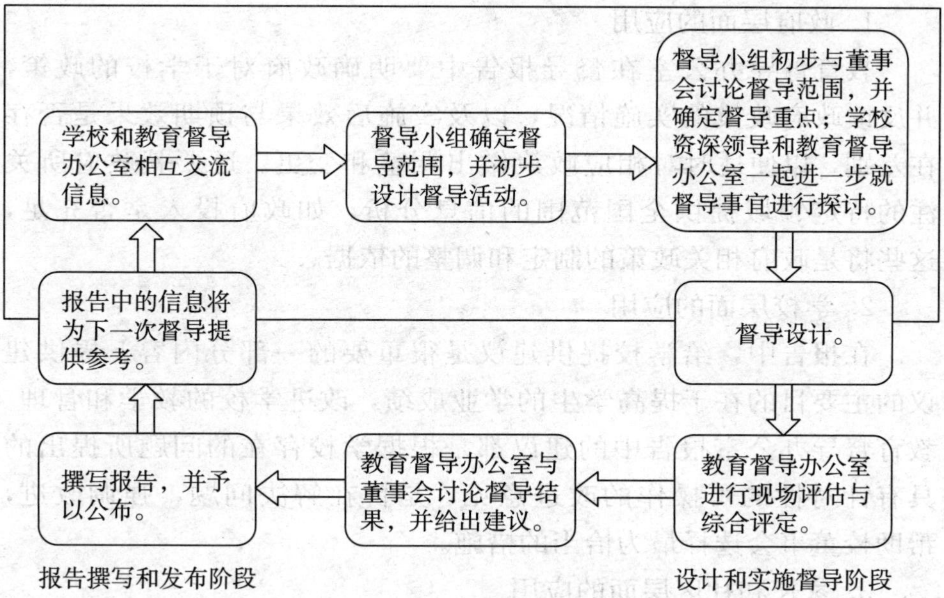

图 9-4　新西兰学校教育督导过程

（四）督导结果的运用

教育督导办公室对于学校督导报告采取了多种形式的呈现方式，包括个别学校的报告、重点问题报告以及综合性报告。个别学校的报告是以该学校的督导过程和结果为重点，总结分析学校优势领域以及需要进一步改进和提高的领域。同时，个别学校的报告会提及学校的基本情况、学校自我评估的结果以及上一次督导的结果等。重点问题报告是全国范围内的学校普遍存在的问题，或关于较重要的问题的专门报告，是以问题为主线展开论述的。综合性报告是督导结束后就督导的所有学校的总体情况进行综合性分析的报告。

对于学校的督导结果，教育督导办公室不是采用打分的方式进行评判，而是主要通过学校报告，以定性分析的方式予以呈现。对于学校存在的问题，教育督导办公室予以阐述和分析，提出改进建议，对于学校的优势领域则予以表扬和肯定。这些督导报告除了服务于学校之外，也要为政府、家长和社区服务。这样一来，督导结果得到多层面的应用，其作用也得到了充分发挥。

1. 政府层面的应用

教育督导办公室在督导报告中要明确政府对于学校的政策，并反馈政府政策的实施情况，以及实施后效果与预期效果是否存在差别，以便适时对相应政策做出调整和变更。还要就政府所关注的特定领域提供全国范围的信息分析，如政府投入是否充足，这些将是政府相关政策的制定和调整的依据。

2. 学校层面的应用

在报告中，给学校提供建议是很重要的一部分内容。提供建议的主要目的在于提高学生的学业成绩，改进学校的教学和管理。教育督导办公室报告中的建议都是根据学校存在的问题所提出的具有针对性的可操作的改进意见，是旨在解决问题，强调改进，帮助校董事会选择最为恰当的措施。

3. 家长和社区层面的应用

通过督导报告，家长能够了解到更多、更全面的学校信息，增进家长对学校的理解和支持。同时，为家长择校提供信息。教育督导办公室报告中关于学校的类型、学校的教育质量、学校组织文化、课程设置、学校领导和董事会等方面的信息会帮助家长做出合理的择校判断。

第四节　新西兰教育督导指标和体系

教育督导评价指标体系是衡量教育评价对象发展水平或状态的量标系统，是由若干个指标组合而成，并配以相应的权重系数，在教育评价方案中处于核心位置，具有全面性、系统性、科学性、层次性等特点。单个指标只能反映评估对象的某一方面，多项指标才能反映全貌。因此，根据督导评价的内容要求，设计一套符合实际的、切实可行的、具有导向性的指标体系至关重要。

一、中小学教育督导指标体系

新西兰中小学教育督导指标和指标体系的设置是一个不断完

善的过程。2003 年，新西兰第一次设置教育督导指标和指标体系。之后，依据科研报告和教育督导实践予以修改和完善，2010 年 8 月，教育督导办公室修订了督导指标，形成了与时俱进的较为科学的指标体系。

教育督导办公室的教育督导关注学生的学习，即学校是如何促进学生参与学习、取得成绩和进步的。因此，新西兰学校督导指标体系包括学生的学习——参与、成绩与进步，有效的教学，领导和管理学校，学校治理，安全和包容的校园文化，家长和社区的参与六个维度，六个维度的一级和二级指标见表 9-1。①

表 9-1　2010 年新西兰中小学督导指标体系

	一级指标	二级指标
维度 1	学生的学习——参与、成绩与进步	①学习成绩。 ②进步。 ③参与。 ④毛利族学生。 ⑤太平洋岛学生。 ⑥不同需要的学生群体。 ⑦数据和分析质量。 ⑧向家长和社区汇报。
维度 2	有效的教学	①对学生予以较高的期望。 ②教师在课程、教学内容和教学方法方面的知识。 ③教学要以学生已有知识、兴趣、需要和能力为基础。 ④使用多种多样的教学方法和教学策略。 ⑤创建积极的建设性的学习环境。 ⑥有效地管理课堂。 ⑦形成性评价。 ⑧适当地、定期地进行评估，并有效利用评估数据。

① Education Review Office. *Evaluation Indicators for School Reviews*. http://www.ero.govt.nz/ero/publishing.nsf/Content/sch-indicators-mar10,2010.

续表

	一级指标	二级指标
维度 2	有效的教学	⑨对毛利族学生进行有效教学，并促进其形成多元文化意识。 ⑩恰当地使用教学和学习资源。 ⑪教师的反思和培训。
维度 3	领导和管理学校	①建立目标与期望。 ②资源配置策略。 ③设置、协调和评估课程。 ④协调和教学评估。 ⑤为教职员工和学生提供发展领导能力的机会。 ⑥促进教师的专业学习。 ⑦通过管理形成一个积极的环境来促进学习。 ⑧自我评估。 ⑨分析和利用评估数据。 ⑩与社区联系。
维度 4	学校治理	①学校的目标和价值。 ②战略规划和重点关注学生成绩。 ③使用成绩方面数据。 ④自我评估。 ⑤资源分配。 ⑥治理。 ⑦评估学校领导，并将评估与学校目标和价值相联系。 ⑧与家长和社区关系。
维度 5	安全和包容的校园文化	①安全的自然环境。 ②安全的情感环境。 ③包容环境中相互尊重。 ④在积极的环境中关注学习。 ⑤涵盖毛利族学生和家长。 ⑥涵盖不同的学生。

续表

	一级指标	二级指标
维度 6	家长和社区的参与	①从社区收集信息。 ②利用信息做出决定。 ③与家长和学生形成合作关系，共同分享学习和学校的信息。 ④家长参与学校事务。 ⑤毛利族社区参与学校事务。 ⑥太平洋岛社区和其他社区参与学校事务。 ⑦学校与各社区的关系。

二级指标之下还有一系列具体指标，用于说明督导重点、主要关注的问题、具体督导内容等，使督导工作更加具有可操作性。比如，维度 1“学生的学习”的二级指标“学习成绩”包括如下具体指标：①学生的成绩表明学生是否达到国家规范、标准和基准，既可以看出学生成绩的水平，也可以看出学生进步的程度；②是否所有的学生都达到国家课程大纲的要求；③根据国家规范、标准和基准，学生是否具备了达标的读写和计算能力；④学校是否拥有数据管理和跟踪记录的系统，并且有效地利用这些数据；⑤是否全面、清晰、准确地向董事会报告学生提高学习成绩的情况；⑥关于离开学校后，学生继续深造、参与培训以及就业的情况的数据资料。这些具体指标和一级、二级指标共同构成了新西兰学校督导指标体系。

在六个维度的指标体系中，第一维度“学生的学习——参与、成绩与进步”是核心指标，是教学活动产生作用和影响的直接标志，是结果性指标，并直接指向教育督导的主要评价问题：该学校的课程如何有效地促进了学生的学习，使学生积极主动地参与教学活动，学习上取得更大的进步、更好的成绩。

其他各维度的指标都是影响学生参与、成绩与进步的重要因素，是过程性指标。教育督导办公室既使用过程性指标，也使用结果性指标，既采用定量统计，也运用定性分析，为的是从六个维度得到准确的学校整体概况，以便更有效地促进学生的学习，对学校提出更加科学的督导建议。

二、新西兰中小学教育督导指标体系分析

督导指标体系作为中小学教育督导评价的核心依据，对整个督导过程起着重要的指导作用。新西兰教育督导办公室正是通过制定和不断修订学校督导评价指标，保证了教育督导的导向性，实现了对全国教育实行宏观管理的目的性。新西兰中小学教育督导指标体系有如下几个方面的特点。

（一）学校教育既关注学生的成绩又注重能力发展

新西兰中小学教育的目标是为学生打下坚实的读、写、算基础，培养学生的能力和良好性格，助推学生过上幸福生活，实现新西兰公民的美好未来。在整个学校教学过程中，学校和教师既关注学生的成绩，也注重学生能力的发展。这集中体现在第一维度“学生的学习”指标和第二维度“有效的教学”中。

第一维度分别从学生的成绩、参与学习活动、取得的进步以及毛利族学生和太平洋岛学生的情况规定了督导评价的内容，督导所依据的数据和信息的来源包括学生成绩、作业和作品、参与文艺体育表演情况、学生的课堂表现等。可以看出督导是以学生的成绩和能力发展情况作为依据的，既看重成绩又发展能力；而且根据学生自身的成绩和能力发展水平，对学生提出有差别的要求，并非“一刀切”。在“有效的教学”中，强调在课堂上学生要花大量时间参与学习活动，鼓励学生合作学习。形成性评价成绩包括学习成绩和参与学习活动的表现两方面，同时重视积极的互动的师生关系的建立。可见，新西兰中小学重视学生参与课堂教学，也不忽视成绩的取得。因此，新西兰中小学教育既关注学生的成绩，期望学生打下坚实的知识基础，又注重学生参与学习活动、锻炼能力、培养性格，为未来的学习和生活做好准备。

（二）全方位综合学校治理

通过分析“学校治理”维度的指标，我们发现新西兰中小学

的教育管理是多部门、多主体、多资源、多能力、多权力、多权益的综合治理，有效地促进了部门协调、资源整合、人员管理和目标实现。

1. 多部门、多主体的综合治理

新西兰中小学的管理不仅是学校领导的事，而且是学校董事会、校领导、教职员工、学生和家长以及学校社团组织、学生社团等共同发表意见、共同参与决策的综合治理。这种多部门、多主体参与型的学校治理机制，使得各方利益相关人的权益得以维护和实现，有助于学校管理公平化和平等化。

2. 多资源、多能力的整合治理

新西兰中小学倾力于整合有利于学校发展的各种资源，包括政策、经济资源，物力、人力资源，教师、学生资源，校内、校外资源等，“取诸所长，为我所用”，从而促进学生的学习和发展，促进学校各项事务有效运作。同时，学校为董事会成员和领导提供各种培训和专业学习机会，要求领导者具备多学科、多领域的广博知识，汲取多部门、多组织的管理经验，从而具备治理素质和治理能力。

3. 多权力、多权益的契合治理

新西兰中小学主要由董事会负责管理学校，因此，学校被赋予了更多的权力，包括制订学校长期规划、学校资源配置、人事任免、课程设置等。因而，学校要通过有效的治理运用好各项权力，确保学校运作良好。而且，新西兰中小学注重多方权益的实现，不仅塑造合格国民而且保障学生自由发展，协调学生的考试成绩与素质发展，满足不同知识水平和文化背景学生的需要，同时还为教育行政部门提供政策支持，为家长提供所需信息。

（三）强调学校的自我评估和自我改进

“领导和管理学校”和“学校治理”两个维度都强调实施自我评估，这也是教育督导办公室工作的重要内容。自我评估与外部评估相比，其主要目的是发现问题、分析问题、解决问题，而不是定级或评分，同时有助于弥补外部督导的不足，更好地实现督导的目的。学校领导和董事会要积极实施自我评估，利用自我评估为学校决策提供依据，依据自评结果提出改进方案并予以实施。学校决策的提出和学校的改进均以自评为基础，学校的教学和管理更加科学、有针对性，更有助于提高学生学习成绩和学校管理水平。可见，新西兰强调提高学校自我评估能力，切实落实自我评估活动，实现学校的自我改进。

（四）注重个性化教育

“有效的教学”指标集中体现了新西兰中小学注重个性化教育，促进学生全面发展。教师根据学生的年龄特点、种族、社会背景、性别、能力和已有水平，对其提出相应的学习要求，并确保满足不同层次的学生的学习需要。教师为学生提供各种展现自己的机会，包括课堂上参与学习活动和组织课外文体活动。总之，新西兰中小学教育考虑和尊重学生的身心发展规律和个性差异，注重培养学生的独立意识、自信心、主动性和创造性，挖掘其蕴含的潜能，展示其具有的个性，造就有活力的有创造力的个体，促进学生全面发展。

（五）关注校园环境

校园安全是教育系统普遍关注的问题，新西兰对此亦较为重视。维度5“安全和包容的校园文化”从校园物质环境、情感环境、礼貌相处和积极的学校环境，以及毛利族学生等方面予以规定，确保校园安全，并着力打造安全、积极、有序、相互尊重的校园环境，对学生的成长施以一种潜移默化的、较为稳定的影响，以陶冶身心，培养良好的性格，对学生的成长起助力作用。通过分析指标发现，新西兰中小学在为学生提供安全的建筑设施和情感环境的同时，还根据学生需要开设健康教育课程和有关安全的行为课程，以便学生识别和应对各类校园暴力事件，确保自身安全，促进其健康成长。

（六）建立学校、家庭、社区合作伙伴关系

家庭和社区是学校的外在环境，家庭、社区的物质、精神、文化等各方面都是学校环境所不能替代的，也是影响和制约学校教育的重要因素，而且家庭和社区能够补偿学校教育的某些局限。因此，教育要超越学校，将学校、家庭和社区三者有机结合，建立稳定的沟通机制，形成合作伙伴关系，共同促进学生的成长与发展。

通过分析“家长和社区的参与”指标，我们发现新西兰重视学校与家长的沟通和合作。学校系统记录、分析来自社区和家长的信息；在制定政策和做出决策时，学校会关注社区和家长的意见；家长和社区，包括毛利族和太平洋岛学生的家长和社区都认为学校是尊重他们的；家校建立了长期稳定的合作关系。重视家校合作是新西兰教育的特点之一，也是学校教育督导指标体系的要求之一。家校建立合作伙伴关系，有助于扩大家长对学校的知情权、参与权和监督权，增进家长对学校的理解和支持，促进家长有针对性地督促学生学习。

三、中小学教育督导指标比较分析

新西兰中小学教育督导指标体系处于不断的修订和完善中，比较修订前后的指标体系有助于更加深入地研究新西兰督导的关注点和对学校要求的变化，有助于从中得到更多借鉴。接下来，笔者将2003年的督导指标体系与2010年修订后的相比较，具体陈述如下。

（一）2003年督导指标体系内容

2003年，新西兰中小学督导指标体系主要关注学生取得的成绩，其指标体系主要包括四个一级指标，即学生成绩，学生参与学习，知识、能力和价值观，学校治理和管理。同时，一级指标分别下设二级指标，具体参见表9-2。

表9-2　2003年新西兰中小学督导指标体系

一级指标	二级指标
学生成绩	学生成绩。

续表

一级指标	二级指标
学生参与学习	①参与学习。 ②教学质量。 ③评价与反馈。 ④关心学生的福祉。 ⑤家校合作。
知识、能力和价值观	①知识、能力、价值观。 ②实现新西兰课程要求。 ③课程的设计和教授。
学校治理和管理	学校治理和管理。

1. 学生成绩

学生取得良好成绩是学校教育的主要目标之一，而教育督导主要关注的是：实际上学生取得了怎样的成绩？如何让所有的学生尽可能地取得好成绩？该问题的回答是基于这样的前提：学校是有助于提高学生成绩的，以及它如何利用成绩方面的数据来检查和提高学生表现，从而有助于学生的学习。关于学校在学生取得成绩中所起到的作用，教育督导办公室必须依据学校收集的学生成绩方面的数据和信息，以及学校是否合理利用这些数据为教学服务来做出决定。教育督导办公室认为，学校教学质量首先取决于学校为促进学生的学习做出的努力，因此，学生取得成绩方面的信息是督导其他领域的基础，并且直接决定该校教育督导的结果。由此看出，学生成绩是学校督导指标中最重要的方面。

2. 学生参与学习

学生参与学习的指标包括学生的动机、对学校活动的看法、参与做出决策，以及学习态度和行为。出席率、逃课、留级、辍学和开除学籍都可能引发学生不同程度参与学习的问题。应该收集和分析与该指标相关的信息来提高学生参与学习的层次。

高质量的教学是对学生的成绩最具影响力的学校因素。国际上和新西兰的经验表明，16％至60％的学习成绩差异是由教学质量造成的，21％是由学校层面的可变因素造成的，如物质资源、组织机构、领导和管理。因此，努力提高教学质量有助于提高学生的成绩。

评价与反馈指标强调，学生成绩方面的数据是最重要的反映学校效力的原始数据。评价和反馈有助于学生形成积极参与学习的意识，有助于反映教学策略所起的作用，帮助教师更好地了解自己的学生，同时有助于学校自我评估活动的开展。

关心学生的福祉指标要求学校为学生提供安全的物质和情感环境。学生的安全和自信是学生取得良好成绩的重要条件。新西兰国家课程强调相互尊重、宽容，公平、关怀、慷慨，反对种族歧视。积极的学校环境有助于学生之间形成良好的人际关系。相互尊重不仅有助于学生取得良好成绩，而且有助于养成良好的习惯，成长为优秀的公民。收集到的该指标方面的数据要用于提高学生的福祉。

学校和家庭之间的交流和关系是影响学生成绩的重要因素之一。确保家长有机会参与学校活动，并得到学生学习方面的信息，对学生的成绩具有显著的、积极的促进。督导人员关注家长参与学校事务、与家长交流方面的相关学校政策是否完备。收集到的该方面的信息将用于提高家校合作水平。良好的家校合作有助于家长支持和参与学校活动。

3. 知识、能力和价值观

学到了有用的知识和技能的学生会更加积极地参与下一阶段的学习以及未来就业。该指标数据包括对学校课程的满意程度、学生毕业后的目标、高中的升学率。学校要就其所设计的课程和着重强调部分的课程给出足够的理由。收集到的关于该指标的信息要用于提高课程设计的水平。

课程的设计和教授指标需反映新西兰国家课程所要教授的内容是否得到了实现。教育督导办公室希望看到学校很好地设计和执行了国家课程，体现出国家课程的要求、学生的学习需要和家庭、社区的需要。高质量的课程设计和教授有助于提高学生参与学习的程度和学习成绩，有助于实现家长和社区对学校更大程度上的满意。

4. 学校治理和管理

治理和管理学校包括如下六个方面：专业的管理团队、日常管理、学校计划、督导和发展、资源管理、人员管理。这些方面可以看作一个整体，因为它们之间是密切联系的。例如，计划可以看作督导和发展的一部分，资源和人员管理需要按照计划的程序实施。教育督导办公室关注以上诸方面有效性的发挥。收集到的关于该指标的信息要用于提高学校的管理水平。

管理良好的学校应具有清晰的目标，要以学生成绩方面的信息作为制订计划和自我评估的基础，并服务于最希望实现的目标——提高学生的学习成绩，如图 9-5 所示。

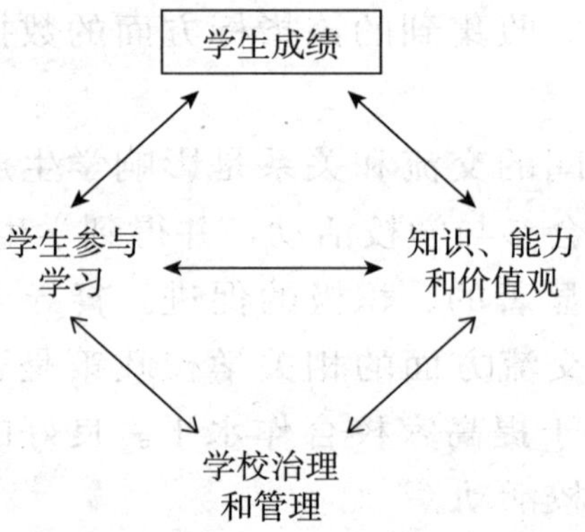

图 9-5　2003 年新西兰中小学教育督导指标体系

（二）2010 年与 2003 年督导指标比较分析

对照 2010 年和 2003 年两个时期学校督导指标体系的内容（参见表 9-1 和表 9-2）可以看出，教育督导办公室正是通过建构和完善学校督导评价指标体系，保证了教育督导的导向性，实现了对教育事业实行宏观管理的目标。学校督导评价方案的调整主要体现在指标体系的变化上，分析其中的变化有助于深入地了解新西兰学校教育督导的关注点和对学校要求的变化。

第一，学校督导评价的侧重点基本相同。在 2003 年的督导指标体系中，首要指标是“学生成绩”，其次是“学生参与学习”“知识、能力和价值观”，而2010年的督导指标体系中，最重要的指标是“学生的学习——参与、成绩与进步”。这体现出两个时期学校教育督导侧重点基本相同，都关注学生成绩，以及学生参与学习活动的程度和学生学到的知识和技能。学生取得良好成绩是学校教育的主要目标之一，学校教学质量首先取决于学校为促进学生的学习做出的努力，因此，学校重视学生成绩的取得。

而2010年的指标在注重学生成绩的同时，更加关注学生能力的培养。督导所依据的信息包括学生成绩、作业和作品、参与文艺体育表演情况、学生的课堂表现等，既看重成绩又重视发展能力。同时，根据学生自身的成绩和能力发展水平，对学生提出有差别的要求，有助于满足不同层次学生的学习需要。

第二，注重对学校治理和管理的评价。两个指标体系都注重对学校治理和管理的评价，所不同的是评估的层次和范围有所差别。2003年的指标注意到良好的学校管理对学生成绩的提高具有促进作用，从管理团队、管理规划到具体管理内容对督导内容予以规定。在涵盖2003年以上内容的同时，2010年增加了对学校进行全方位综合治理的督导，增加了对学校自我评估和自我改进的督导，增加了学校战略目标和发展方向的督导。因此，依据新的督导指标，治理和管理学校的内涵更加丰富、深刻，有助于促进治理和管理功能的发挥，提升学校管理水平。

关注学校自我评估，强调提高学校自我改进能力，这是教育督导的关键目的所在。学校进一步发展和改进的能力不仅包括为所有学生提供适切性教育的能力，也包括充分利用学校资源的能力，还包括对社区文化的贡献力。从这一点可以看出教育督导不仅对学校教育质量也对学校的改进具有重要导向作用。

第三，更加关注对“有效的教学”“安全和包容的校园文化”“家长和社区的参与”的督导评价。2003年指标的二级指标中涉及教学质量、为学生提供安全的物质环境和情感环境、家校合作，而2010年指标体系将“有效的教学”“安全和包容的校园文化”

“家长和社区的参与”作为三个一级指标，强调三者对学生发展和教育质量的重要影响，突出了学校在这三个领域中应做的努力和提升。

有效的教学指标从教师的教学方式和方法、学生的学习方式和方法，强调了高水平的教学活动对学生学习和发展的积极作用。校园文化指标从校园物质环境、情感环境、礼貌相处和积极的学校环境等方面，确保校园安全，并着力打造安全、积极、有序、相互尊重的校园环境，对学生的成长施以一种潜移默化的、较为稳定的影响，为学生成长助力。新西兰重视学校与家长的沟通和合作，教育要超越学校，学校、家庭和社区三者要有机结合，建立稳定的沟通机制，形成合作伙伴关系，共同促进学生的成长与发展。

总之，新西兰中小学教育既期望学生打下坚实的知识基础，又注重学生参与学习活动、锻炼能力、培养性格；既注重学校教学，又重视家校合作；既提供良好的物质环境，又确保情感环境的积极有序。

第五节　新西兰教育督导队伍建设

新西兰教育督导办公室的督导人员大约有150人。督导人员的选拔从申请到资格审查，从正式入职到在职培训都有严格的规定和程序。

一、任职条件

在选聘督导人员时，教育督导办公室有严格的任职标准和条件，主要是从知识、经验技能、人际关系和学历四个方面予以规定。

（一）知识方面

需要掌握一定的教学法；有最新的课程知识；掌握最新的评估领域的专业知识，并对督导工作感兴趣；了解相关的法律程序，并认同法律所做出的规定；理解毛利族和其他种族或文化群体的需要和期望；具备操作计算机的能力。

（二）经验和技能方面

有在中等或高等管理岗位上工作过的经历，具备真正的行动能力；具备与各种各样的人保持良好关系的能力；有较高水平的分析能力；有周到的判断能力；具有以证据为基础做出合理判断的能力；具备有效计划和组织资源的管理能力；具备评估风险，并在适当的时候提醒管理者的能力。

（三）人际关系方面

具备合作意识和团队精神，有良好的书面交流和表达能力，有总结、归纳的能力，有根据事实提出合理报告的能力，语言表达清晰。

（四）学历方面

具有大学学历或同等学历，而且要有继续深造的愿望，在其专业领域继续进行学习，提高其专业能力。

二、聘任程序

在教育督导办公室的网站上，有关于如何申请职位、申请须知以及申请表，希望加入教育督导办公室的人员从网站上获得需要的信息和资料，以便确定自己是否符合条件。前提条件必须是教育督导办公室的职位有空缺才可以提交申请。申请过程包括递交简历和填写完整的申请表。具体来说，教育督导办公室的委任程序主要有如下四步。

（一）审核

教育督导办公室会根据提交的简历和申请表予以记录和登记，并审查申请人是否符合职位要求和条件，即是否符合任职条件所要求的知识、经验技能、人际关系和学历四个方面的要求。审查合格的人员进入面试阶段。

（二）面试

面试通常持续一小时左右。面试中考察的主要是关于教育督导办公室工作所需要的能力，以及申请人经历中能够体现其所具有的能力的例子和事件，如规划能力、资料数据管理能力、沟通交流能力、人际交往能力等。

（三）体检

体检由教育督导办公室组织，教育督导办公室之外的机构负责实施。教育督导办公室会在体检前通知体检者相关细节问题。体检主要包括两项内容：一是正式的身体测试，二是独立的工作体验练习。全程大约需要 90 分钟，体检结果会在体检结束后反馈给体检者。

（四）推荐人核实

这是委任的最后一个环节。教育督导办公室会与申请人简历中提到的三个推荐人中的两个取得联系，其中一个是申请人的现任领导，以便了解更多的具体信息和评价。

三、相关培训

教育督导办公室对督导人员进行的培训是综合的，且是持续进行的。

一是入门培训。通常会在地方教育督导机构进行，培训的主要内容是让新人熟悉和掌握督导工作的基本理论和程序、作为督导人员和公务人员的角色要求。

二是见习。新入职的督导人员会与督导小组接触一段时间，是作为观察者介入的，主要了解督导工作的基本程序和内容，以及各环节如何开展。同时，他们还参加评价理论与实践的研讨会。

三是参与督导工作。通常新人有了经验和信心之后，就可以作为小组的成员之一参与督导活动。在督导工作中，有经验的督导人员要负责指导和帮助新人，指正错误，肯定成绩。尽可能让新人在最有经验的部门开展第一次工作，以便最大限度地指导和规范新人。他们观察督导过程，参与督导活动，最终将领导督导工作的开展。

四是进修机会。符合一定条件的督导人员有机会到维多利亚大学进修评价方面的研究生学历。

四、行为准则

所有的督导人员都要遵守新西兰国家公共服务委员会制定的《诚信和操守声明》和教育督导办公室颁布的《行为守则》中所有的要求和承诺。具体来说，主要是如下四个方面的要求。

(一) 公平

督导人员要公平地对待每个人，并且要尊重他们；工作中要体现专业性，致力于职责的实现；确保自己的服务是容易被人们接受的，而且是有效的；力争为新西兰和所有的人谋福祉。

(二) 公正

督导人员要保持政治中立，确保教育督导办公室可以为现在的政府工作，也可以为将来的政府工作；坚决执行教育督导办公室工作人员的职责，不受个人信仰的影响；支持教育督导办公室提供合理的公正的建议；尊重当今政府的权威。

(三) 负责

督导人员行为要合法、客观；合理地使用教育督导办公室的资源，并且要有计划地使用；谨慎处理和使用信息资料，并且只用于正当的目的；所有的工作都是为了提高教育督导办公室的表现和效能。

(四) 值得信赖

最重要的是诚实，工作中要发挥自己最大的能力；确保自己的工作和行为不受个人利益或私人关系的影响，不能利用职务之便谋私利；不要收取礼物或其他好处，这些会将督学置于为他人办事的情境中，或影响判断和感知；避免任何不适当的举动，这些可能会诋毁教育督导办公室的声誉或是国家服务机构的声誉。

可见，新西兰教育督导人员的选拔和任用有规范的程序和严格的要求，以确保督导人员能够胜任督导职责，顺利完成督导任务。同时，注重督导人实际工作技能和能力，如高水平的分析判断能力，依据数据资料做出合理评价的能力，这些都是有效完成督导工作的重要素质。

第六节 分析与讨论

新西兰政府强调，中小学教育要使学生打下坚实的读、写、算的基础，发展年轻人所需要的促进国家未来经济和社会发展的技能，以及为所有学生提供更优质、更有价值的服务。新西兰政府希望学校发展和培养学生的个性和社会适应性，学生在学校中积极参与、不断取得进步和良好成绩，将来走上社会积极参与到经济和社会建设中，为社会发展做贡献。因此，期望学校将工作重点放在学生的整个学业、获得知识和能力、培养良好的性格上，这些将有助于学生过上幸福的生活。这样，学生的积极参与、良好成绩的取得会使学生更有信心、不断学习，从而实现新西兰全体公民美好的未来。①

通过对新西兰教育督导制度和学校教育督导系统的分析和探究，我们得到如下几方面的启示。

一、教育督导机构独立于教育部之外

从机构设置上看，新西兰教育督导办公室与教育部平行，不存在隶属关系，是独立于教育部之外的职能部门。教育督导办公室督导的对象是全国的中小学和学前教育机构，这些机构是隶属于教育部的。可见，新西兰的督导机构与教育提供机构是相互分离的，教育督导办公室以第三方的身份参与评价，机构设置的独立性及身在教育行政部门之外的特点决定了新西兰的学校教育督导更加客观、公平。

二、督导人员专业化程度高

新西兰的督导人员从知识结构、素质能力到学历都有严格的

① Education Review Office. *Evaluation Indicators for School Reviews*. http://www.ero.govt.nz/ero/publishing.nsf/Content/sch-indicators-mar10,2010.

选拔标准，这些人员对于一线的教育教学和教育管理工作有着丰富的实践经验。同时，他们要具有分析能力和合理判断能力，对于督导中发现的问题能够准确判断。教育督导办公室的督导人员还要具有团队意识和合作精神，以及良好的沟通表达能力。以上这些都是一名合格督导人员所必备的。

三、教育督导的目的重在改进

教育督导办公室督导的主要目的在于促进学生学业成绩的提高，促进学校教育教学和教学管理水平的改进和提高，为学校提供有价值的信息参考和改进建议。整个教育督导过程侧重于帮助改进，而不是鉴定或评级。基于这样的督导目的，新西兰的学校不仅不排斥督导，而且积极配合并主动参与到督导中来，积极接受督导建议，并予以落实。

四、教育督导过程中多方参与

在学校教育督导的过程中，学校具有诸多方面的参与权。在开始督导前，学校按照教育督导办公室的相关要求先做自我评价，教育督导办公室的督导活动要基于学校的自评开展。在督导过程中，包括督导信息提供、督导结果分析、报告撰写、建议提供等方面，学校都要提供意见并参与决定过程。除学校之外，董事会、社区和家长也要参与到督导过程中，提供信息，发表意见，将教育作为社会系统中的子系统，重视学校教学活动对社会的作用，重视社会文化环境对学校教育质量的影响。

五、教育督导指标设置科学有效

新西兰学校督导指标从六个维度规定了督导的主要内容和具体方面，每个维度包括若干二级指标和具体指标。这些指标经过反复研究与实践论证后，予以确定，付诸教育督导实践，具有科学性、可操作性。督导活动是否有效，评估是否科学，督导指标是关键。督导什么，评价标准都有指标予以规定。

六、教育督导服务对象广泛

教育督导办公室的督导报告要满足学校、政府、社区和家长等多方面的信息需求，在报告完成的过程中，要多次征求各方意见。撰写好的督导报告要分别送达学校、政府以及需要的家长和公众，还要在网站上予以公布。督导报告会针对各方需要提供丰富的信息，以便学校提高教学和管理水平，政府了解政策实施状况和调整决策，家长了解孩子的学习状况和作为择校依据。

综上所述，新西兰的教育督导制度从机构设置、人员选拔，到学校教育督导方式、督导过程、指标体系以及督导结果的使用诸方面，相互衔接和配合，形成合力，共同促进了高质量、高要求的教育督导工作的实现。教育督导促使中小学整合学生、教师、管理者以及家长和社区的力量共同促进教育质量的提高，督促学校开展自我评估，不断提升自我评估和自我改进能力，为学生提供安全有序的学习环境、高质量的教学，促进学生知识、技能、性格、价值观等全面发展，有助于学生们在未来的学习和生活中取得更大的进步和成功，为经济社会建设做出贡献。

第十章
日本教育督导与评价制度

第一节　日本教育督导制度的历史沿革

在教育行政管理中，教育督导占有不可或缺的地位。日本的教育督导制度建立于一百多年以前，为日本教育的改革和发展做出了十分重要的贡献。同时，以二战为转折点，日本的教育督导制度经历了巨大的变化。由于二战前和二战后的日本分别实行中央集权、中央集权与地方分权相结合的教育行政管理体制，所以在教育督导方面，二战前日本建立了严密的、自上而下的垂直型督学系统，而二战后则建立了视学官与指导主事两个平行的督学系统。①

一、视学制度的形成与发展（1872—1945年）

（一）视学制度的摸索（明治前期）

1. 关于督学局的构想

日本的视学制度最早见于1872年明治政府

① 张德伟：《日本的教育督导制度与学校评价》，《哈尔滨工业大学学报》（社会科学版）2006年第2期。

颁布的《学制》。其中规定：在文部省设立督学总局，同时在全国八大学区内各设一个督学局并配置督学。督学遵从文部省的指挥与地方官员协作监督大学区内的各个学校，对其教学规则和升学情况等进行检查以做进一步的讨论和修改。此外，督学还需通过各学区的学监了解学校教学的进展情况。

然而，这番构想在提出后不久便夭折了。事实上，日本于1872年9月在文部省设置了大督学、中督学和小督学负责巡视大学区，并于同年10月在东京设立了第一大学区督学局，但其余的大学区却未设督学局。因此，1873年7月文部省成立了统管各大学区的督学局，分担各大学区的学校和教育事务。随后又设置了大视学、中视学和小视学负责各大学区的学事视察和监督。这样，就形成了督学、视学和学监三级督导系统，其中督学和视学是中央一级的行政官员，而学监是地方政府的行政官员。即便如此，日本最终还是没能实现《学制》中关于督学局的构想。1874年4月，大学区的督学局被废止，仅文部省内的督学局被保留了下来，但该局在1877年1月也被撤销。1879年和1880年颁布的两部《教育令》均未涉及视学制度，直到1885年2月文部省设置视学官为止，其间八年日本再没出现任何视学机构。

但这并不意味着学务视察的中断。在督学局存在的时期，文部省每年都会多次向全国派遣督学和视学，视察地方的学校及教学情况。从督学和视学提交的报告中不难发现他们对于建设近代学校、普及近代教育的热情和斗志。然而，在撤销督学局以后，作为权宜之计，学务视察的部分工作落到了书记官头上，还有相当大的一部分委任地方执行，可以说相比从前发生了很大变化。

2. 地方教育督导的设置

明治前期的视学制度虽然没有沿着文部省最初的意图进行下去，但从结果上来看，它认可了结合地方实情的操作方式，开辟了新的道路。在创设近代学校、普及近代教育的问题上，视学发挥着至关重要的作用。基于这样的认识，地方上建立起了各种视学机构。其中，最值得一提的是名为“巡回训导”或称“督业训导”的专为小学教师提供指导和建议的机构。不论是在《学制》时期还是自那以后的时期，不能胜任小学教育工作的教师都占有很大比例。在此背景下，巡视各个学校并对教育内容和方法提出指导和建议的人员和机构应时而生。

关于这个时期的地方教育督导，《学制》中并没有做出相关规定，都是按照府县各自的需要设置的，因而在不同的府县其职位的名称和设置时间可能不同，但职责都是共通的。任职的大多是官立师范学校的毕业生，但也有个别是公立师范学校的教师，他们通过兼职来从事该项工作。自 1883 年 8 月，文部省要求设置教员讲习所和“督业训导”以后，各地教育督导的名称乃至职责渐渐地被统一化了，且较之从前“指导”的性质，“监督”的意味越来越浓。

当然，府县和郡①的学务负责人也进行学事视察。得力于上述视学机构以及担任督导职位的人，日本教育的普及得以实现。1882 年以后，初等教育的普及基本告一段落，师资培育机构也不断完善和扩充。此外，针对教师再教育的政策和计划也不断展开。这样一来，地方的自主尝试及其成果必定会被新的视学制度所覆盖。

（二）视学制度的确立（明治后期）

1. 中央视学机构的确立

经过《学制》时期和《教育令》时期的摸索，直至日本废除太政官制改用内阁制以后，文部省内再次出现视学机构。1885 年，日本全国被划分为六个地区，每个地区配置一名部长和数名属下专门进行学事视察。翌年，文部省设置了视学官，全国重新划为五个地区，各由一名视学官负责。1893 年，由于行政上的调整，视学官被废除，视察的工作也由参事官来承担。然而，到了 1897 年，文部省再次设立了七名专职的视学官。根据 1899 年制定的

① 郡是日本都道府县的下级区划之一，包括町、村。1878 年被定为府县之下的行政区划，1923 年后逐步虚化、废除。

《文部省视学官视学规程》，专职视学官负责视察各地的学事；并且，每年至少一次对教育行政、学校教育、学校卫生、学校财务、教职员的工作情况以及文化教育等相关情况进行视察。虽然视学官的任用资格和人数在之后发生了一些变动，但在1913年督学官设立以前的这段时间，视学官是主要的视学官员。

1908年出台的《文部省视学官及文部省视学委员职务规程》对视学制度进行了完善。其中指出，文部省的视学官分为两类，包括分别负责全国七个地区的七名视学官和不限定地区的四名视学官。地区视学官主要视察当地的普通教育和甲类实业教育情况，每年三次，每次视察时间为50天；而不限定地区的视学官负责视察全国的职业教育和实业教育情况。不论是前者还是后者，都要服从特殊指令进行临时视察。另外，在必要时，视学官有权要求学校更改教育课程，或是对儿童和学生的学力进行测验。

在此期间，文部省内不仅设立了前文所提到的视学官，还设立了兼职的视学委员。根据《文部省视学官及文部省视学委员职务规程》的相关规定，视学委员应服从文部大臣的命令，按照文部大臣的要求进行视察。由于视学委员主要由大学教授担任，所以视学委员多是以一种学科专业化的视角来对各个学校进行考察，不同于监督性质强烈的视学官。

2. 地方视学机构的确立

1890年，随着第二次《小学校令》的颁布，郡内设立起郡视学，这是日本地方视学机构的开端。该法令规定：郡内应设置一名由府县知事任命的郡视学；郡视学听从郡长的指挥，监督郡内的教育事务，其薪酬等均由郡来承担。另外，郡也可以申请不设置郡视学，而由郡吏从事相关工作。郡视学的工作既类似于明治前期以指导教育内容和方法为中心的“巡回训导”或称“督业训导”，又继承了郡书记作为监督行政官的角色特点。从郡视学必须遵照郡长的指挥做事的这项规定来看，较之于“指导”，郡视学身上的“监督”色彩更加浓烈。可以说，郡视学仅是为了辅助一般行政组织而存在的。

除了以郡为单位的视学机构，府县于1897年开始也相继设立了地方视学。这种地方视学，各个府县大约两名，全国共计一百名。他们主要听从地方长官的指示对有关小学教育的学事进行视察。1899年，由于地方官制的变化，地方视学改为府县视学，并在其之上增设地方视学官。府县视学遵照视学官的指挥具体执行学事视察及其相关杂务；而视学官则按照上级的命令执掌学事视察及其相关事务。视学官是高级官，而视学属于判任官，即依照各省大臣和地方长官等的权限进行任用。1905年，地方官制再次变化，学务课从内务部中独立出来成为第二部，而地方视学官被任命为事务官成为第二部的部长。由此，地方视学官一职消失，但府县视学和郡视学保留了下来，各府县视学的人数由内务大臣来决定。

综上所述，到了明治后期地方视学机构更加完备，并且，学事视察和学校监督体制也更加牢固。但与此同时，内务省的人员也开始涉足教育方面的事务，这就意味着教育行政有被一般行政兼并的可能。

（三）视学制度的发展［大正、昭和（二战前）］

1. 中央视学机构的发展

1908年，中央视学官已增加到十一人，但随着1913年文部省官制的修改，视学官改称督学官，人数减少至七人，主要工作也不仅是学事视察了，而是执行专门学务局和普通学务局的相关事务，同时承担学事的视察与监督。

1918年，临时教育会议对内阁总理大臣关于改善视学制度的咨询做出回应。其建议是：在文部省内设置一个特别官职，专门负责学事的视察和监督，再将全国划分为数个视学区，每个区安置数名学事视察官；地方设置专职学务官、增加视学的人数并提高视学的待遇。另外，还提到扩充文部省视学委员制度——在地方也设置视学委员。当然，视学机构的扩充对于教育振兴而言是必要的，但这并不是简简单单就能够达成的。事实上，只有文部省视学委员的人数在增多，且在1929年之后又安排了常设的视学委员。兼职视学委员主要对中等学校、高等学校的学事进行视察。而常设视学委员中，有八人负责视察医学、药学和牙科的各私立专业学校，一人负责视察普通私立学校，六人负责视察高等学校的特定学科。这些常设视学委员虽然没有专业化的知识背景和考察角度，但他们拥有丰富的经验和一定的权威。在他们身上，与其说是“监督”，不如说是“指导”的性质更加强烈，这使得他们在战前的视学制度中尤为突出。

1929 年，社会教育受到重视，文部省内也设立起社会教育官。1937 年，又设立了教学局和教学官。而到了 1942 年，视学官和社会教育官都被归为教学官，直至二战后的 1946 年才再度出现视学官一职。

2. 地方视学机构的发展

1905 年，被废止的地方视学官一职经过 1913 年地方官制的修正后恢复设置。不同于从前的是，这时的地方视学官充当了理事官的角色，也被视作内务省内年轻的高等官员发迹前的过渡性职位。即使是在 1926 年地方官制修正后，地方视学官也是扮演着学务部长，即书记官的角色。而直到 1928 年修改地方官制以后，地方视学官才真正算得上“名副其实”。是时，北海道有一名、其他都府县有 46 名专职视学官，同时，相关的任用规程也建立起来。这些视学官隶属学务部，除了承担学事视察的工作以外，还要负责指导和监督学校职员、掌管中等学校职员的升降赏罚以及中等学校校长会议、中等学校教员讲习会、中等学校校规的相关事务。视学官的任免和薪酬等都是由内务大臣来决定和管理的，而文部大臣只是提供咨询的参谋而已。

1926 年的改制使得府县视学的人数从之前的 92 人减少到 76 人，但却允许在额定人数之外另设不多于 350 名视学。之所以有这么宽松的要求，主要是为了增添人手，分担工作。因为在郡制被废除后，郡视学也同时被废止了。由于废除了郡制，作为国家行政机构的郡长及其辅助机构都消失了，因而对于小学的监督工作直接落到府县知事的头上，郡视学的职务也需要由各府县厅来承担。

然而，府县视学隶属府县的学务部，听从上级的指挥，负责学事视察及其他有关教育的杂务。学事视察的内容大致包括：对校长以下教师的指导和监督，儿童就学和课堂出席情况，教学、训练和养护（对学生身心加以保护，促进成长和发展）情况，小学的设置废止以及学校设备，市町村的教育事务，学务委员和校医的活动情况。其他有关教育的事务包括：对学校校长、教师的任免、赏罚，对教育团体的指导，有关校长、教师的研究素养的事宜。

另外，在东京、大阪这样的大城市中还设有市视学，这些市视学是市政府的职员，遵从市长的命令打理市内的教育事务。就其职务而言，与府县视学没有太大差异。

正如前文所提到的，二战前的地方视学机构是地方长官的辅助机构，负责学务视察及其他有关教育的事务，它的存在主要源于行政上的需要。因此，地方视学机构只是竭力处理行政方面的事务，对于教育现场的视察往往也是单方面的。在对教学方法和教育内容的指导上、在对教育现场状况和问题的把握上并不是很擅长。这不仅是地方视学机构的缺陷，而且是整个视学体制上存在的问题。在明治前期，地方上并没有根据需要设置像“巡回训导”这样能够提升教育指导经验的职位。

总体来看，二战前日本的视学制度具有两大突出特征。一是维护中央集权。一切由国家规定，各级教育督导人员是根据统一的教育规章制度进行督导的，督导人员是中央或地方政府的行政官员，目的是对教育者和受教育者进行控制和监督。二是依靠行政权力。教育督导是依靠权力进行监督，督导人员的权限很大，从教育行政到学校教育，从地方官员到教育管理者，都无不处于督导的监督和控制之下。①

① 黄崴主编：《教育督导学》，中国人民大学出版社 2011 年版，第 64 页。

二、二战后督导制度和组织的发展变化（1945 年至今）

二战后，日本按照美国占领军的指令，重建了以民众参与、地方分权和政治中立为原则的教育管理体制。就督导制度而言，美国教育使节团的报告指出，日本“从来都是以视学制度强行控制学校的，这一制度必须废除，取而代之的是设立不具有统治性或行政权力、由有才能的专家构成、只提供帮助和指导、起着协商作用的制度”①。由此，日本废除了二战前的督导制度转而效仿美国的教育督导制度，建立了不具行政权力、只提供指导与帮助的督导制度，包括中央的视学官、视学委员制度和地方的指导主事制度。

（一）教育委员会的设立

1947 年，日本颁布的《教育基本法》和《学校教育法》规定延长义务教育年限至九年，同时改二战前的“六五三三”学制为美国式的“六三三四”学制。翌年，《教育委员会法》（旧法）公布，日本采纳了与二战前截然不同的教育行政体制，开始了二战后的教育改革。

关于教育委员会的设立理念，旧法的第一条中有明确说明：“教育行政应当对所有国民负责，不能让教育受到任何不正当的支配。在此基础上，教育行政还应是符合民意、适应地方实情的。为此，设立教育委员会以期达成教育之最初目的。”这也体现了一种改革方向，即从二战前的中央集权式的教育体制转为考虑地方实情且具有一定自主性的教育体制。

1952 年，日本所有的都道府县和市町村均已设有教育委员会。从表面上看，基于地方自治理念的制度也建立起来了，但事实上，教育委员会制度遭到了强烈的指责——例如，它妨碍了地方行政的高效运作，导致了地方财政的枯竭匮乏，等等。因此，日本修改了旧法并于 1956 年公布了《地方教育行政法》。该法的要点包括：

① 顾明远主编：《外国教育督导》（第二版），人民教育出版社 2002 年版，第 144 页。

地方长官任命教育委员必须经过议会的同意，建立密切联系中央、都道府县和市町村三方的教育制度，由教育委员会来管理教科书以外的教材的使用，由都道府县的教育委员会来任免教职员，等等。

1984年，临时教育审议会（简称临教审）成立。为了使教育能够适应社会变化和文化发展，更好地迎接21世纪的到来，临教审提出了对教育做出改革的意见。作为教育行政和财政上的根本课题，临教审围绕以下几个方面展开了讨论：在教育中官民的任务分配，在教育中中央和地方的责任以及任务的分配，学校管理和运营的应有方式，教育财政的应有状态。另外，还谈到了推进地方教育分权化、增强教育委员会灵活性的有关策略。

（二）指导主事（督导）制度的建立

二战后，伴随着教育委员会的成立，指导主事一职也诞生了。鉴于二战前督导制度的种种弊端，旧法规定指导主事不得行使命令和监督，而是以提供专门指导和建议为本务。旧法废除后，《地方教育行政法》和《地方自治法》都对教育委员会的职务和权限进行了新的规定，但指导主事制度基本被延续下来，并有了更详细的规定。就指导主事的职务，《地方教育行政法》指出："指导主事应按照上级的指示，负责与学校教育课程、学习指导相关的事务，并对有关学校教育的专门事项进行指导。"此外，该法还提出："对于教育，指导主事必须有正确的认识和决断，并且具备一定的素养和经验。指导主事可由大学以外的公立学校的教师担任。"

在经历了二战前的视学制度之后，日本在二战后除建立了指导主事制度以外，还建立了补充指导主事制度，即由教师来充当指导主事、从事教育指导工作的制度。许多教师在担任补充指导主事的过程中积累了经验，通过与学校的人事交流，而后成为校长或副校长。

二战后日本的督导制度在中央一级的表现形态主要为文部省的视学官和视学委员。按照《文部省设置法实施细则》的规定，文部省的初等中等教育局和大学局分别设置视学官，分别就中小学教育和高等教育开展联络与指导。在视学官中设有主任视学官，负责联络协调各视学官的工作。此外，文部省的初等中等教育局和大学局均设有视学委员，属于兼职职员。① 这些委员可以受上级的指示，进行特定的教育工作的指导和建议。

（三）地方指导部门的成立

1948 年，日本成立了东京都教育委员会以及指导部门（如图 10-1 所示），其中指导室首次安排了指导主事一职。

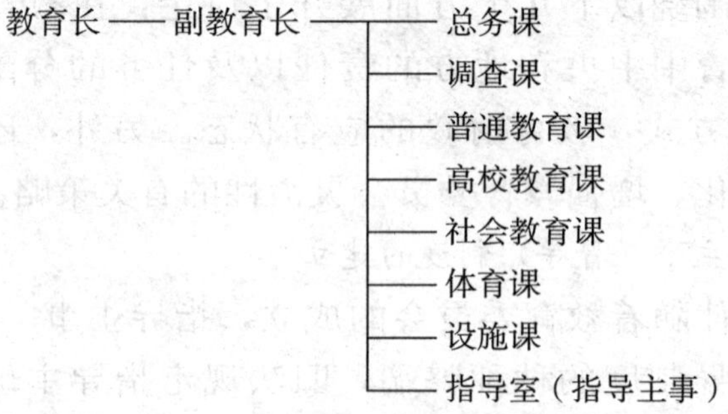

图 10-1　1948 年东京都教育委员会的内部设置

翌年，鉴于完善教育制度条件的需要，东京都教育委员会进行了重新编制（如图 10-2 所示），其中指导部内设有指导主事。

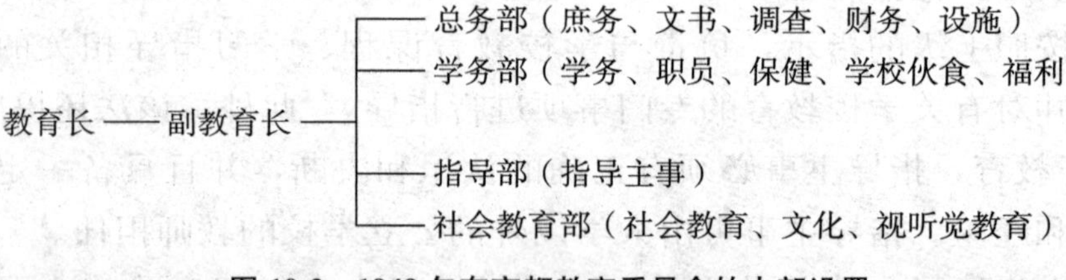

图 10-2　1949 年东京都教育委员会的内部设置

当时的日本正处于二战后的复兴阶段，教育环境也还在整顿中，但却已经开始大力发展东京都内的教育了。尤其是在学校硬件设施和教材的配备上，可谓是竭尽所能。另外，在教育指导的改善以及教育内容和方法的创新上也几乎是竭尽全力。

1951 年，指导部的工作分为一般杂务、教育咨询、学生指导、

① 李素敏编著：《教育督导学》，河北大学出版社 1996 年版，第 99 页。

教育诊断、教育课程及学习的相关事务、教员进修的相关事务六个部分，并设置了主查①、指导主事和教育指导员。1953 年，指导部的工作经重新规划后分为杂务、初等教育、中等教育、策划、职业教育五个部分。

此外，为了推动教师进修和教育研究工作的开展，东京都教育委员会于 1954 年设立了都立教育研究所，并配置了所长、室长、指导主事、主任、主任助理以及 30 名专职教育调查员来研究东京都教育中的课题，实现教师素质和能力的提高。

（四）地方指导组织的扩充

日本二战后进行的各种制度改革令人眼花缭乱。1955 年，东京都教育委员会再次调整了组织结构并创设了人事部。当时的指导部内又划分为四课：管理课、指导第一课、指导第二课和指导第三课。1957 年，指导部内除了管理课以外均采用主查制度（如图 10-3 所示），这种组织模式能更加有针对性地、更加灵活地应对各种教育课题。

- 指导部
  - 管理课——课长（1），管理组长（1），财务组长（1），课员（5）
  - 指导第一课——课长（1），主查（2）{初等教育、幼稚园·特殊教育}，课员（11）
  - 指导第二课——课长（1），主查（2）{中等教育、职业教育}，课员（12）
  - 指导第三课——课长（1），主查（3）{策划、生活指导、学校体育}，课员（14）

图 10-3　1957 年东京都教育委员会指导部的内部设置

1958 年，东京都教育委员会内又新增了体育部，其下有体育、保健、学校给食（供应伙食）三课。各课均配有指导主事，帮助充实学校体育和社会体育以及提供保健和学校给食方面的指导。

另外，东京都的区②市町村教育委员会也在 1952 年成立，并

① 主查是中央省厅、地方公共团体和各种公共机关、民间企业等组织中的职位之一，隶属职能部门。在独立处理业务的同时，负责监督和指导一般职员的工作。

② 指“特别区”，即东京都的 23 个区，是一种特殊的地方公共团体，原则上适用于有关市的各项规定。

不断推进组织的建设和完善。然而，东京都教育委员会却意图推行教育指导的一元化，并为此实施了一系列相关政策。作为实现都区一元化教育指导的第一步，1957 年，东京都教育委员会在 23 个区内设立了指导室，并配置了两名补充指导主事，初步完成了指导组织的构建。同时，在 8 个市内也安排了指导主事。此外，还在北多摩的 13 町、南多摩的 3 町 7 村、西多摩的 6 町 2 村分别设立了北多摩、南多摩和西多摩办事处，并配置了指导主事。

1961 年，为了充实道德和生活教育，东京都教育委员会再次对指导部的组织结构进行了调整——不仅新设了指导第四课，还将内部设置扩充为 5 课 2 系 8 主查。8 名主查分别负责解决以下 8 大领域的课题：道德和安全教育、教科书和教材、教育指导策划和调整、初等教育、幼儿及特殊教育、中等教育、职业教育、生活指导。后来，指导部又经历了两次调整，到了 1964 年，其内部设置如图 10-4 所示。

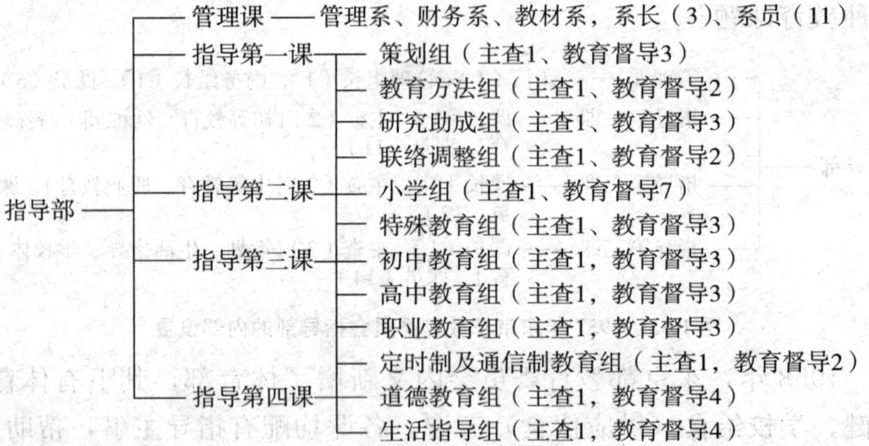

图 10-4　1964 年日本东京都教育委员会指导部的内部设置

而市区的指导行政尤其重视生活指导，不仅设置了提供生活指导的指导主事，还进一步扩大了名额。

日本东京都立教育研究所在 1966 年扩充后舍弃了从前研修部和研究部这种简单的划分方式，采用一课五部制，即分为调查普及、经营研究、教科研究、科学研究和教育咨询五个部门，且每个部门都包括研究和研修的部分。此外，各个部门都配有主查和指导主事来推进教育问题的调查研究和教职员的研修。1973 年，研究所内又新增了幼儿教育研究部。该部随即成为国内研究和充实幼儿教育的根据地。

原本承担课题研究和应对工作的主查一职也在 1970 年成为课长级别的主任指导主事，负责专门的事务。另外，为了应对多摩地区的城市化以及人口的变化所带来的教育行政课题，东京都教育委员会设立了多摩教育事务所，同时废除了北多摩和南多摩办事处，改西多摩办事处为多摩教育事务所分所。多摩教育事务所管辖多摩地区的 26 市 6 町村，推行一元化的教育指导。1987 年，为了促进多摩地区教育研究和研修发展，东京都教育委员会又设立了都立多摩教育研究所。由此，该地区的指导行政也得到了进一步的充实。

总体而言，日本的教育督导制度自产生以来历时百余年，发生了根本性的变革。尤其以二战为转折点，二战前的督导制度追求权威性，遵从国家本位，而二战后的督导制度强调民主性，重视其对于提高教育质量的效用。具体而言，由于二战后实行地方分权制，因而地方所办学校均由地方自己管理，指导主事负责各自教育委员会所设的学校事务，而文部省视学官只负责全面协调。并且，二战后日本的教育行政属指导行政，督导性质由二战前的命令型转变为服务型，由侧重“督”变为专门“导”。再者，二战前督导的重心在于人事方面，主要对教育管理人员和教师进行监督，而二战后督导的重点则放在学校教育教学方面。教育督导制度总是与社会政治体制以及行政管理体制相联系。在不同的体制背景下，教育督导的概念不尽相同。

第二节　日本教育督导机构的设置与职能

日本的教育行政管理体制分为文部科学省、都道府县教育委员会和市町村教育委员会三级，与之相适应，日本也建立了三级督导制度。它包括中央的视学官、视学委员制度和地方（都道府县教育委员会和市町村教育委员会）的指导主事制度。

一、文部科学省教育视学官制度

2001年，日本进行了机构调整，将原来的文部省和科学技术厅合并为文部科学省（以下简称文科省）。日本文科省的督学人员，即视学官和视学委员是根据《文部科学省组织细则》设置的。按照规定，在文科省的初等中等教育局、高等教育局设置视学官，分别就中小学教育和高等教育开展联络和指导。视学官受上司之命从事所在局相关事务的联络、调整工作。具体地说，初等中等教育局的视学官，受上司之命，从事与初等中等教育有关的联络及指导工作；高等教育局的视学官，受上司之命，从事大学教育或高等专门教育的联络工作并提出建议。

视学官具有明确的职责，以初等中等教育局的视学官为例，其职责是：在把握各地实情的基础上，进行必要的指导和建议；就其所承担事项有关的《学习指导要领》、教学指导书、参考书的编辑工作与相关课进行协调；对如何改善初等、中等教育进行研究和规划。此外，按照该细则的规定，文科省在初等中等教育局和高等教育局内还可设置视学委员作为非常务性职员，辅助和补充视学官的工作。视学委员从具备学识经验者中选出并由文部科学大臣任命。视学委员负责对中小学教育和高等教育的有关指定事项的专门指导和建议。例如，视学委员可在自己负责的学科领域内，对高等教育学校的系、专业等教育研究组织、教员组织、教学内容、教学设备等进行专业性的指导和建议。

从原则上讲，文科省、都道府县教育委员会、市町村教育委员之间不存在领导与被领导的关系，但《地方教育行政法》规定："为了谋求妥善处理有关都道府县和市町村的教育事务，文部科学大臣对都道府县或市町村，都道府县委员会对市町村可进行必要的指导、建议和帮助。"文科省的视学官在进行实地考察、收集详尽资料之后，要向都道府县以及市町村的教育委员会提供技术性的指导、专业化的建议和必要的经济援助。例如，对中小学教育中的职业指导提出建议、提供帮助，对发展大学教育和高等专门学校教育提出建议、提供帮助，对有关学生的奖学金、福利以及辅导等问题提出建议、提供帮助，等等。视学官视察的范围包括学校的设置、管理及其设备设施，学校的课程及教材，教学指导、学生指导和就业指导方面的情况以及其他有关学校运营的事项。

与二战前相比，二战后视学官的民主性和服务性更强，他们视察学校并不是为了进行监督，而是在充分了解情况的基础上向学校提出意见和建议，帮助学校改进和完善。中央督导对地方督导一般也只是指导和建议，给地方督导留有一定的工作空间。尽管文科省的教育督导主要围绕指导和建议展开工作，尽可能地避免监控的意味，但其仍旧握有一定的强制力。例如，在认为地方教育委员会的管理和工作违犯了法令规定或是认为存在明显的不妥、有碍于教育目的的实现时，有权要求地方教育委员会采取必要措施加以纠正或改进。①

二战前的视学官作为国家官吏，主要负责对国家的教育事务进行监督，并按照国家的意志执行和贯彻教育政策，具有很强的权威性和行政管理权力。可以说，视学官的设置是日本实行中央集权式教育管理体制的手段之一。但在二战后，随着教育行政权限向地方的转移，视学官的工作性质也发生了根本性的变化。《文部科学省组织细则》指出，除特殊的法令规定外，文科省对地方教育委员会的行政管理及办学不得行使监督。这样一来，文科省的视学官在从事督导工作之际，对各级教委会及其学校便不能发号施令。②

中央一级的督导，其二战前的官僚性质已经在美国的影响之下转为咨询和顾问性质，不再具有实际的行政管理权力，一般从事信息联络和组织协调的工作，并保留一定的激励和指导功能。

---

①② 顾明远主编：《外国教育督导》（第二版），人民教育出版社 2002 年版，第 150、148 页。

二、地方教育督导及其职能

日本的地方教育行政单位分为都道府县与市町村两级。地方教育委员会是依照《地方教育行政法》在都道府县、市町村等地设置的合议制机构。教育委员会负责管理和执行与教育相关的事务，体现了地方自治、行政独立的要素。教育委员会的宗旨可以概括为三点：一是要坚持政治中立性，二是要确保教育（尤其是义务教育）的持续性和稳定性，三是要反映地区民众的意向。然而，地方教育委员会在实际中却有可能受到来自文部科学大臣、地方首长（都道府县的知事、市町村的长官）、地方议会和更高一级教育委员会（这里是针对区市町村的教育委员会而言）的各种法律上或政治性的干涉。

地方上的督导人员为指导主事，是在地方的教育委员会内设置的职务。起初，指导主事是根据《教育委员会法》（1948 年）设置的。但在 1956 年，日本废除《教育委员会法》，制定出《地方教育行政法》。此后，指导主事又根据新的法律在都道府县教育委员会和市町村教育委员会的事务局中重新设置。《地方教育行政法》第 19 条规定：在都道府县教委会的事务局内设置指导主事、事务职员、技术职员及其他必要的职员；在市町村教委会的事务局内，比照前项规定，设置必要的职员。地方教育委员会大都设有指导主事负责对学校各方面事务进行全面考察和监督，并给予具体指导和建议。需要指出的是，按照相关规定，私立学校的办学和管理由设立者即学校法人负责，因此，督导机构与私立学校一般没有来往，督导的对象是国立和公立学校。

指导主事受上级的命令，就学校的课程、学习指导、学生指导及其他有关学校教育的专门事项进行指导；指导主事必须是在教育方面有见识、有素养和经验的人，可由大学以外的公立学校的教师担任。日本的指导主事又分为两种：一是作为教育委员会事务局职员的专职指导主事；二是由大学之外的公立学校教师来担任的兼职指导主事，称为“补充指导主事”。“补充指导主事”在兼任地方督导人员的同时，保留着公立学校教师的身份和职务。

《地方教育行政法》指出，在教师出任指导主事期间将保留其在公立学校中的教师岗位。换言之，这类指导主事的编制在学校里，当他们从事督导之时可暂且放下学校的工作，直至督导事务结束后再返回学校继续从事学校的工作。

专职督导与兼职督导的相互合作能够拓宽督导工作的内容、增强督导活动的深度。专职督导涉及教育委员会事务局的工作，这有助于他们从制度、政策等角度看待问题、采取措施；兼职督导具有教师身份和切身实践，对学校教育以及被督导者的实际情况比较了解，这便于督导工作的顺利开展。两者分别从不同的视角对学校教育活动进行着视察、督促和指导，两者的结合推动了学校教育的改进和发展。

日本的地方教育督导队伍规模庞大。据统计，1986 年，都道府县有各类指导主事 4 266 人，市町村有各类指导主事 3 488 人，共计 7 754 人；1998 年，都道府县教育委员会有专职指导主事 1 131 人（占专职职员总数的 6.0%），补充指导主事有 3 562 人（占专职职员总数的 19.0%）；同年市町村教育委员会有专职指导主事有 3 167 人（占专职职员总数的 5.1%），补充指导主事有 1 224 人（占专职职员总数的 2.0%）。2005 年，都道府县有各类指导主事 4 628 人，市町村有各类指导主事 4 936 人，共计 9 564 人。① 据调查，2011 年都道府县教育委员会的专职指导主事共计 1 575 人、补充指导主事 2 918 人；市町村教育委员会的专职指导主事共计 4 579 人、补充指导主事 1 417 人，均较之前有所增加。

日本督导人员的设置由原来的菱形逐渐向金字塔形的设置形式转变，即从中央到都道府县再到市町村，督导人数逐渐增加，这表明在新时期日本教育督导机构建设的重点移向了较为基层的市町村层面。督导力量的重点转向都道府县和市町村，教育行政的民主化倾向加强。

---

① 李建民、肖甦：《新世纪日本教育督导改革探析》，《比较教育研究》2007 年第 7 期。

指导主事的职责大体分为两类：一是向学校提出指导和建议，二是承担地方教育委员会事务局内的事务。前者以学校访问为核心，后者是指制定和执行行政性政策措施所涉及的各种业务。

学校访问是指导主事向学校提出指导和建议职责中的重要任务之一，但其形态各地不尽相同，这里以东京都为例做一简介。东京都教育委员会指导部制定的《指导部要览》规定学校访问有两大形态，亦即“一般访问”和“指导访问”。“一般访问”是指东京都教育委员会的指导主事对都内所有的公立学校进行有组织的访问。以各学校所进行的教育经营为中心，为解决教学指导上的各种问题，与教师进行广泛且坦率的交流，以此找寻实践中的方法途径。“指导访问”是指东京都教育委员会的指导主事对东京都内所有公立学校进行访问，就学校和地区在教育上和研究上所面临的教育课题进行指导和建议，与教师一起寻找实践性的解决方法和途径。①

就指导主事的职务而言，《地方教育行政法》规定“必须按照上级的命令”。这就意味着指导主事在工作中也受到指挥和监督，他的活动必须符合上级的意思。但这并不是说指导主事在执行每个具体的事务时都需要向上级请示。作为一种专业化的职位，指导主事有其主体性。相对于文科省而言，地方教育督导的工作要微观和中观一些。这是因为地方教育委员会在开展督导工作时既要考虑对于所属学校的教育教学指导，又要考虑整个地区的发展状况，保证区域内教育的均衡发展。这在都道府县层面体现得尤为突出。②

指导主事的工作内容主要涉及教育课程、学习指导和其他有关学校教育的专门事项的指导。这里的“教育课程”是指学校有计划、有组织地编制和实施的教育内容，包括学科科目、单元设置、指导时间、指导目标、指导重点和教材设计等要素。国家课程的基准由文科省大臣设定并通过《学习指导要领》公布，而地方

① 张德伟：《日本的教育督导制度与学校评价》，《哈尔滨工业大学学报》（社会科学版）2006 年第 2 期。

② 顾明远主编：《外国教育督导》（第二版），人民教育出版社 2002 年版，第 151 页。

课程的基准由地方教育委员会来制定，指导主事在其中承担了重要的部分。“学习指导”相当于一般所说的教学法，它会受到多种原因的影响，如教育目的、教育内容、儿童的身心发展、教育机构的特质、教师的教学风格等。对于指导主事而言，这方面的工作非常沉重和关键，需要具备很强的专业性。

另外，诸如学生指导和就业指导、教科书的选定、校长及教师的进修培训、学校的环境卫生、学校的伙食供应等有关学校教育的事务都属于地方教育委员会管理和履行的范畴。其中某些工作尤其需要管理者具备高度专业化的知识、技能和经验，故而这部分工作被称为“专门事项”。有关学校教育的专门事项也都是由指导主事来承担。

不论是文科省的视学官还是地方教育委员会的指导主事，其工作的核心就是在调查研究的基础上，帮助学校改进工作，保障学校教育教学的顺利进行，提高学校教育的质量和水平，从而促进学校更好地发展。

《地方教育行政法》并没有在这方面对市町村教育委员会提出强制性的要求，只是说“原则上，应该设置指导主事”。与都道府县教育委员会不同，市町村教育委员会之间由于所辖学校的数量、学生教师人数等千差万别，因而他们所执掌的事务在量和质上往往存在很大差异。在小规模的市町村中，专业化的指导主事非常少，许多市町村往往只有一名或者根本没有指导主事。可以说，推进市町村指导主事机构的建设长期以来都是日本教育行政改革的重点之一。

第三节　日本教育督导的职责范围与工作方式

一、日本教育督导的职责范围

日本教育督导的对象包括国立及公立学校、中等职业专门学校、高等专门学校等，全国各级各类学校的绝大部分都处在督导活动之下。一方面，督导范围的广泛有利于文科省对全国教育状况做一个整体的把握和认识，促进各级各类教育之间的协调发展；另一方面，有利于对某一级或一类教育形成清晰的认识。

日本的督导制度在发展过程中，既重视地方的分权和自主，又强调全国的协调和均衡。文科省教育督导的工作属于宏观层面，但却涉及方方面面。例如，为中小学发展提供指导和建议，对大学教育和高等专门教育提出意见和帮助，针对大学函授教育的发展提供指导和帮助，对教师教育和教师资格以及教师的在职培训提供指导，等等，从小学教育到大学教育、从教师聘任到教师在职进修、从组织设立到有效运行，无不受到文科省教育督导的“关照”。

而地方教育督导即指导主事的工作则主要涉及一些微观层面的、具体的教育教学指导内容。例如，对学校的教学和课程设置进行指导和帮助，对教材的编写和设置进行指导，为学校组织编制以及学校行政管理工作提供建议。

在地方教育委员会的行政管理中，指导主事负责辅佐教育长进行有关学校教育的专门事务。指导主事作为教育委员会的专业人才，发挥着专业化的教育指导能力，通过指导、建议、援助和激励等方式帮助学校和教师建立更好的教育计划并促进其转化为实践。指导主事在学校教育内容、活动和方法等方面为学校和教师提供咨询服务，这是其本质作用。

伴随着教育课题的多样化和社会环境的复杂化，指导主事的工作在质和量两方面都产生了变化，其价值也日益受到重视。不论是在都道府县教育委员会还是在市町村教育委员会，指导主事除了要从事指导建议的工作以外还要承担事务局中的行政事务。行政工作的增加使得指导主事进入教育现场、提供专业化指导和建议的机会相对减少。这给教育委员会和学校、教师之间带来了微妙的变化，使得教育行政与教育现场的关系日渐疏远。因此，指导主事必须明确认识并自觉从事自己的本职工作。为了让督导人员有更多的时间和精力专注于督导的工作，文科省表示：指导主事的职责在于为学校提供专业化的指导。同时，其也是地方教育委员会事务局中的核心成员。应减少指导主事的一般行政性事务，强化其专门性事务。

二、日本教育督导的工作方式

（一）文科省视学官

由于中央到地方的各级教育行政机构之间没有严格的上下级关系，因而各级教育行政机构及其教育督导能够独立自主地执行公务。这一方面避免了因行政命令过多而导致工作效率低下等问题，另一方面有助于教育行政和教育督导主动地发挥作用。教育督导具备一定的权威性和执行力，但不具有法律的约束力和指挥权，而是作为评价、参谋和建议的角色，帮助而不是强制学校进行改变。

文科省的视学官主要通过实地考察、收集详尽资料之后，向都道府县以及市町村的教育委员会提供技术性的指导、专业化的建议和必要的经济援助。文科省的视学官可在学校教育机构的设置、学校的管理及其整顿、学校的编制、课程、教学指导、学生指导、职业指导、教科书及其他有关学校经营等事项向都道府县乃至市町村教育委员会提供指导、建议和帮助。

此外，文科省的视学官还通过以下方式促进学校的工作。①编写教科书和工作指南等资料，以此影响学校教学和行政工作。这些材料都是文科省组织优秀的教师和富有经验的行政官员编写的。②举办讲习班和研讨会。文科省每年都要举办一定数量的讲习班和研讨会。在这些会议上，文科省既可以了解各地教育工作开展的情况和问题，又可以传递下达国家对教育工作的具体要求。可以说，这些会议是集检查、学习、促进于一体的沟通会。与会者主要是教学骨干和行政领导。另外，文科省还要派遣有关人员参加都道府县举办的此类讲习班和研讨会，借此机会对地方教育工作做出指导。①

① 顾明远主编：《外国教育督导》（第二版），人民教育出版社 2002 年版，第 157 页。

（二）地方指导主事

在日本的教育督导中，文科省的视学官主要负责统筹工作、协调联络和宏观指引，并无分科督导。而都道府县及市町村教育委员会的指导主事则有分科督导和分类督导两种。所谓分科督导是指将督导人员按照某一学科划分，负责从小学、初中直到高中，是垂直式的分工。而分类督导是指将督导人员按照学校类型划分，负责不同学校，是水平式的分工。随着督导活动日益复杂化，这种分工明确又相互结合的督导方式有助于督导工作高效且全面地开展。

地方教育委员会的指导主事以深入学校实际，为学校提供指导和帮助为主要职责。为了执行这项任务，指导主事对学校教育进行指导主要通过以下两个途径。①访问学校。访问学校又可分为邀请访问和计划访问两种。邀请访问是督导人员应校方邀请到学校开展指导，计划访问是督导人员按照计划深入学校。不论是哪一种访问，都需要在事前通知对方访问的目的。教育督导通过访问学校来对学校的教育课程、教育方法、教材使用情况、学校设施环境等进行调查和研究，进而确定学校面临的问题和可能的改善措施。②组织在职教育。这有助于促进教师不断提高自身素质和水平、正确认识教育的本质和目的，继而培养适应社会变化的合格人才。①

一般来说，地方教育委员会的教育督导工作，以每学年（日本一学年是从 4 月 1 日开始到翌年 3 月 31 日）为一个周期，每个周期又分为三个阶段。第一阶段为督导的准备阶段，时间为每年的 4 月至 7 月。在此期间，主要是制订全年的督导工作计划，包括学校访问计划、研究会和讲习班计划、专题研究计划，确定督导工作的重点、拟就督导预算开支等。第二阶段为督导的实施阶段，时间为 8 月至 12 月上旬，主要是按原定计划进行视察、指导、建议和帮助。第三阶段为督导的结束阶段，时间为 12 月中旬至学年

① 李素敏编著：《教育督导学》，河北大学出版社 1996 年版，第 107 页。

末，主要是整理各方面的资料和督导记录。在此基础上，撰写督导报告。①

都道府县和市町村教育委员会的指导主事可从以下若干方面向学校提供指导、建议和帮助。①有关就学奖励事项，包括就学督导与奖励。除就学督导外，对于教育委员会或地方公共团体所办理的育英事业予以辅导。②有关教科书、参考书及教学资料事项。指导主事要辅导教师如何进行教科书及参考书的选择与使用以及教学资料的搜集、整理、分析、统计、综合等。③有关教育课程事项，包括教学科目、授课时间、教材选择、教材组织等。④有关教学方法事项。⑤有关学生个性调查及记录事项。⑥有关学生校外生活辅导事项。⑦有关学生的学习辅导、就业指导及升学指导事项。⑧有关学校设备、教具制造及图书馆、视听教育事项。⑨有关智力测验、教育测验、兴趣测验、性向测验及品格测验等事项。⑩有关校长及教师进修事项。②

在日本，各地根据自身的实际情况和需求制定了学校教育指导的方针和重点，下面以青森县为例进行详细说明。青森县教育委员会在 2013 年制定的学校教育指导的方针是：从育人的视角出发，思考和革新学校运营，努力推进激发个性、孕育梦想的学校教育，以培养智、德、体全面发展的幼儿、儿童和学生。为此，青森县教育委员会中南教育事务所设定了如表 10-1 所示的指导重点。

表 10-1　青森县教育委员会中南教育事务所 2013 年指导重点

指导重点	要点
培养扎实的学力	①夯实基础知识和技能。 ②探索促进自主学习的指导方式。 ③加强中小学的学习合作。

①② 李帅军：《日本教育督导制度的历史、现状与特色》，《教育理论与实践》1991 年第 6 期。

续表

指导重点	要点
培养丰富和勇敢的心	①充实体验活动。 ②充实道德教育。 ③推进生命教育。 ④充实对于人生意义和价值实现方面的指导。
培养健康的身心	①把握实情和课题。 ②充实体育课程。 ③与家庭、地区社会以及相关机构开展合作。
落实安全教育和安全管理	①落实校内外的安全管理。 ②提高教职员的危机管理意识。 ③强化与监护人和地区的合作。
充实学生指导	①确立校内指导体制。 ②探讨有助于发挥学生指导机能的课程。 ③与家庭、地区和相关机构开展合作。
与家庭、地区构建信赖关系	①开展自主自律的教育活动。 ②通过学校评价改善教育活动。 ③提高教师素质能力。

青森县的指导主事结合以上提出的重点事项，对该县西目屋村、藤崎町、大鳄町和田舍村的学校进行了访问。其访问的目的为：①就学校运营和教育课程管理的现状把握和问题研究做出指导和建议；②对有关学习指导、学生指导、健康教育的问题进行把握、指导和建议；③普及和落实基于“学校教育指导方针和重点”的教育施策。学校访问时间为三个月，且每所学校走访一次。指导主事需要关注的情况包括学校教育课题及其解决对策、教育课程的管理、校内研修的理论和实践、设施设备、学生指导现状。指导主事在学校的访问中不仅要指出学校教育存在的问题，还必须客观且善意地提出建设性意见，帮助学校完善和改进。

访问学校的内容和步骤如下。①观摩教学。观摩内容除了一般学科外，还要涉及外语活动、道德教育课、特别活动、综合学习课中至少一项。在观摩教学后将留有一段时间供指导主事自由参观。②对学校的经营方案、年内指导计划、指导记录、校内研修记录、危机应对手册等进行阅览。③召开全体会议，指导主事结合学校的情况和问题进行建议和指导。此外，还要对新年度的“学校教育指导方针和重点”进行讲解和说明。

第四节　日本学校评价制度

据2012年的PISA测试结果显示，在34个发达国家中，日本学生第一次在阅读和科学素养两个测试项目名列前茅；在所有经合组织国家中，日本学生的科学素养排名第二。与2009年的PISA成绩相比，日本学生在每个测试项目均有提升。① 一直以来，日本政府都将PISA结果作为参考以校准本国的教育政策。例如，在2003年的PISA测试中日本学生的阅读素养下滑后，日本文科省于2004年12月成立了“PISA和TIMSS应对工作小组”对调查结果进行评价和分析、撰写报告，为各个教育委员会和学校实施自我评价、谋求改善发展指明方向。

日本基础教育的发展和教育质量的提升有赖于其质量保障体制的建立。而学校评价作为其中的一个部分，发挥着极其重要的作用。随着教育管理体制的改革，日本形成了与教育督导相平行的学校评价体系。

就教育督导与学校评价的关系来看，日本的学校评价注重对教育结果的评价，采用以自我评价为基础的多种评价方法，全面地对学校教育活动和运营管理情况进行考查，保障和提高学校教育质量和学校管理效益。而教育督导对学校教育和运营进行的“评价”旨在提出建议、帮助学校改进。教育督导进行学校教育指导主要是通过访问学校的方式。这种方式能够更直接地把握教育的实际情况，具有其他途径不可替代的价值。

---

① 方兆玉：《日本学生成绩全面上升》，《上海教育》2013年第35期。

一、学校评价体系的形成

日本教育行政管理体制在二战前和二战后有很大不同。在这两个不同历史时期，其督导机构在学校评价上所发挥的作用也有很大差别：二战前，在指挥和监督色彩突出的教育行政下，督导机构主要通过认证和调查来对学校进行评价；二战后，在以强调指导和建议的教育行政下，督导机构不再直接干预学校的运营，而学校评价的自主性和自律性逐渐凸显。①

（一）二战前的学校评价

二战前，日本主要是在教育督导制度下进行一些带有学校评价意味的活动。明治初年，随着《学制》的颁布视学制度得到确立，其中就含有他律性“学校评价”的意味。按照《学制》的规定，“督学遵从文部省的指挥，对大学区内的各个学校进行监督，并对其教学规则和升学情况等进行检查”。另外，地方教育督导在文部省的统一“调教”下，对于各地的学校也发挥着指挥和监督的作用。到了明治后期，为了达到促进学校改善和发展的目的，“认证”形式的“学校评价”兴起。当时，在文部省的领导下，日本各地认证了一批“优良小学校”和“模范小学校”以促使学校教育教学改进。这种“认证”制度被认为是日本“学校评价”的滥觞。大正时期和昭和前期，日本对“学校调查”做了进一步的研究和实践，在此基础之上将“学校调查”与“教育测评”统合为“学校测评”。然而，总的来说，这个时期以明确目的来进行的调查极少，在方法上亦缺乏具体性。

（二）二战后的学校评价

二战后，随着教育行政体制从中央集权到地方分权的转变，确立和促进学校的自主性和自律性成为日本面临的一大课题。一方面，教育督导不再直接干预学校的运营，而是从指导、建议的角度对学校进行评估。另一方面，学校的自我评价占有越来越重

---

① 张德伟：《日本的教育督导制度与学校评价》，《哈尔滨工业大学学报》（社会科学版）2006 年第 2 期。

要的地位。二战后的学校评价经历了三个主要的发展期。

1. 学校自我评价与外部评价

二战后初期，日本从美国引进“学校评价”作为推行教育民主化和科学化的重要手段，由此掀起了一场学校评价的热潮。当时，学校评价主要有两大类型：一是“学校自我评价”，二是“外部评价”。“学校自我评价”是站在促进学校运营民主化的角度，认为学校管理必须体现全体教职员的意志而进行的内部评价。自我评价虽然存在缺乏客观性的嫌疑，但却为学校提供了自我认识和自我改善的机会，同时又能够激起教职员主动改进的愿望。作为对“学校自我评价”的补充和完善，日本也建立了比自我评价更为客观的“外部评价”体制。这种外部评价通过由校长、教师、大学教授、教育督导等人员构成的“访问委员会”来实施。“学校自我评价”在日本各地实行了一段时间后由于多方面的原因而逐渐衰退。要进行全面的“外部评价”也存在诸多困难，因此当时的教育行政机构只是实行对教师的“工作评定”和对学生的“学力调查”等局部评价。但即便如此，还是遭到了教师团体等方面的强烈抵制而陷入低迷。

2. 学校经营评价

20 世纪 60—70 年代，学校评价再次得到关注。其一是因为教育行政机构开始关心课程教学大纲《学习指导要领》的实施情况，其二是受到一般管理学理论的影响，学校管理的民主化和合理化成为教育行政管理改革的一大目标。尤其是在经营管理循环理论的影响下，学校管理现代化理论成为指导学校教育改革的理论基础之一。它主张按照计划—实施—评价的循环原理，有计划、有组织、高效率地整备人力、物力和财力等学校经营条件，使学校运营实现合理化和现代化。日本借此重新确立了学校自我评价的原则，提出了“学校经营评价”，将评价重心放在了对学校内部的改善上。

3. 课程经营评价

20 世纪 80 年代以后，日本的学校评价开始向“课程经营评价”方向发展，积极推进全面且灵活的学校评价。在这一过程中，学校评价研究主要有以下几个倾向：①学校经营评价注重教育目标的具体化，谋求学校经营的最优化；②强调各评价组织的有机联系，倡导评价过程的动态性；③强调校长和教师在学校经营上的责任以及学校评价在制订学校经营计划上的关联性，重视学校评价的反馈功能。

（三）学校评价体系的确立

自1950年起，日本国内就出现了许多有关学校评价的尝试与实践，但直到2007年教育评价才正式列入法律条文。20世纪90年代以后，日本才开始讨论建立学校评价的国家体系。在政府和审议会进行复杂的探讨与争论后，学校评价体系的结构才逐渐形成。

2002年3月，文科省颁布了《小学校设置基准》和其他相关文件，要求每所学校对其教育活动进行自我评价，并向社会公开评价结果。

2007年6月，日本修订了《学校教育法》和《学校教育法施行规则》。其中，修订后的《学校教育法》第42条规定了学校评价是所有学校的义务，指出：“幼稚园、小学、初中、高中、中等教育学校和特别支援学校必须按照文部科学省的规定，对学校教育活动和学校运营状况进行评价。并在评价结果的基础上，采取必要措施对学校运营做出改善，进而提高教育水准。”此外，该法第43条还规定：“幼稚园、小学、初中、高中、中等教育学校和特别支援学校应当深化同地区住民、监护人及其他关系者之间的理解，同时与他们开展密切的联系和合作。为此，学校必须积极提供有关本校教育活动和运营管理状况的信息。”而在同年修订后公布的《学校教育法施行规则》规定：幼稚园、小学、初中、高中、中等教育学校、特别支援学校必须实施和公示自我评价，并在此基础上实施由监护人等学校相关者进行的评价，最后将这些评价结果反馈给学校的设置者。

二、学校评价的目的、类型与指标

（一）学校评价的目的和性质

随着社会经济与文化的发展，日本的儿童问题也日益突出，主要表现在校园暴力、长期缺席（日称“不登校”）、学力低下等方面。面对日渐激化的儿童问题，学生监护人、地区住民不断对学校的教育质量提出质疑。2005年10月，日本中央教育审议会发表了题为《创造新时代的义务教育》的咨询报告。该报告确立了国家在日本义务教育改革问题上的三个基本方向。一是设定基本的教育目标并采取切实的基本措施保障教育目标的实现。例如，修改课程教学大纲、制定教师培养制度、确保财政来源等。二是积极推进教育行政地方分权改革，尽可能地扩大市町村和学校的权限和责任。三是负责对教育结果进行检验。在此基础上，报告指出“国家有必要制定可供学校、地方自治体参考的纲领性学校评价指标以进一步充实学校评价”，同时建议将学校评价的实施及其公示义务化；充实外部评价，强调市町村教育委员会的评价责任、中央教育行政部门的指导和援助；探讨基于第三方机构的全国性外部评价组织的改善措施。

在此背景下，2006年3月文科省公布了《义务教育学校评价指导方针》。该指导方针就学校评价的目的、方法、评价的项目和指标等进行了详细的规定。按照《义务教育学校评价指导方针》的要求，学校评价的目的在于：①通过对学校自身教育活动质量和对学校运营管理措施的恰当性的检验，以及对所设目标及其达成状况的把握，来保证学校有组织的、持续的、良性的改善和发展；②学校通过说明和公示自我评价、学校相关者评价的实施情况及结果，来增进地区住民和监护人对学校教育活动、学校运营管理的理解和支持；③学校管理者通过了解学校评价的结果来采取相应的改进措施，确保和提高学校教育质量。

从以上的学校评价目标和要求来看，日本试图构建一个新的公共教育管理体制，由集权模式转化为分权模式，由统一化管理转变为自律性管理，旨在调动学校办学的自主性和积极性。学校评价更加强调和鼓励学校积极主动地进行反思，自律地提高学校对于现状的组织力，促使学校自身改进的活动。此外，基础教育中存在的课题并不全是学校的问题，它还牵涉到地方教育行政部门以及地区社会的责任。保证地区住民和监护人的参与权，一方面有助于学校整合各方意见和力量，有针对性地提高教育质量，另一方面有助于深化相互间的理解和联系，强化学校作为公共服务机构的责任意识和责任承担能力。

基于以上的理念，我们可以将日本学校评价的性质大致概括为以下几点。①诊断和改进学校。通过判断分析学校现状，把握学校存在的问题与课题，为学校经营战略的确立和调整奠定基础。②指导和管理学校。借助学校评价可以收集学校方面的数据与资料，将学校现状客观化，为教育行政机构和人员的指导与管理提供依据。③学校的基准认定。学校满足了一定的基准，学校评价的专门机构就给予其认定。④学校的等级定位。将学校的数据材料进行收集整理，用作学校的等级排序。

可见，学校评价既是学校建设的终点，又是学校建设的起点，它对于学校的改善和发展发挥着重要作用。这也说明，随着教育制度和学校文化等外部环境的转变，学校评价体制只有做出相应的调整，才能更好地服务于学校建设。①

（二）学校评价的类型

为了有效解决校园暴力、长期缺席、学力低下等学校教育的病理现象，日本政府意识到有必要探索多样化的评价方式。日本现行的学校评价包括学校的自我评价、学校相关者评价和第三方评价。②

1. 自我评价

学校自我评价在日本评价体系中占有重要地位，学校评价体

① 钟启泉：《“学校评价”的作用与实践——与日本教育学者大胁康弘教授的对话》，《全球教育展望》2004年第12期。

② 李广、马云鹏、［日］高山达雄：《促进学校自律、持续的改善与发展——日本〈义务教育学校评价指导方针〉解读》，《外国中小学教育》2007年第6期。

系以学校“自我评价”为基准。日本政府、学术界和实践人员普遍认同在教育评价中的学校主体论，认为这是提高学校质量的关键所在。它主张学校评价应该在教职员经过研究讨论形成共识的基础上来进行，以促进学校的民主化运营。学校主体论认为学校自我评价就是学校自身所进行的评价，是以学校自身为主体的学校评价，是在校长带领下，全体教职员参与，按照预设的目标和具体的计划展开的评价。自我评价包括对学生、监护人、地区住民等进行问卷调查。

学校自我评价的具体内容和流程由学校自行决定或由当地教育委员会规定。学校自我评价的内容一般包括学校教育目标、教育课程、教育活动、组织管理、学生指导等。自我评价的基本程序为：学校设定目标—实施自我评价—提出学校运营管理改善对策—形成自我评价报告—说明、公示评价结果并根据评价结果改善学校办学条件。

2. 学校相关者评价

为了加强对学校办学质量的问责和社会监督，日本对外部评价的一个重要发展是实行了与学校直接相关的利益相关者的评价，这种评价是由学生监护人、家长教师协会成员、地区住民以及对学校有一定影响的人士等学校相关人员对学校进行的评价，是基于自我评价的结果而实施的评价。

学校相关者评价的基本程序包括：学校召集评价人员—向评价人员说明其应履行的义务及应遵守的规则—学校相关者评价的实施（包括考察、听课、座谈、参观、看资料等）—形成相关评价报告—说明、公示评价结果以促进学校的改进。

2011 年，文科省以所有都道府县、市町村的教育委员会以及全国的公私立学校①为对象，实施了“学校评价实施状况调查”。其结果显示，由监护人和地区住民等进行的学校相关者评价的实施率较之前一次调查（2008 年）有所提高，尤其是在公立学校中，

① 这里特指幼稚园、小学、初中、高中、中等教育学校和特别支援学校。

超过90%的学校采用了这种评价方法。

3. 第三方评价

2008年，文科省发布了《学校评价标准》，同时表示“今后将深入探讨第三方评价在学校评价当中的应用”。为此，2009年该省成立了“调查研究协力者会议”，负责对第三方评价标准进行研讨。2010年，文科省修改了《学校评价标准》，并追加了有关第三方评价的内容。引入第三方评价是为了进一步充实学校评价。

这种评价的实施主体以与被评学校没有直接关系的外部专家（如教育学专业的大学教授、现任或曾任校长者等）为核心，他们能够从专业化的角度来审视学校教育活动和学校运营情况，评价相对客观，兼具专业性。

不同于学校自我评价和学校相关者评价，第三方评价并不是法律强制要求实施的，而是由学校和学校设立者来决定是否有必要进行。另外，其实施体制也相当灵活，地区和学校可以根据实际需要进行调整。例如，在同一地区的几所学校可以开展合作，互相评价；或者是在学校相关者评价的实施主体中加入外部专家，亦即将学校相关者评价与第三方评价结合起来。

（三）学校评价的指标

《义务教育学校评价指导方针》一共列出了十项学校评价项目的一级指标作为参考：教育课程与学习指导、学生指导、职业教育、安全管理、保健管理、特殊教育、组织运营、研修、与监护人及地区住民的合作、设备设施。每个一级评价指标下面又包含若干个二级指标。这里给出的评价指标只是一个大致的框架，而在实际中，学校可以结合自身的需要和课题拟定适合的项目。在2011年开展的“学校评价实施状况调查”中，分别有94.3%和83.4%的学校将“教育课程和学习指导”和“学生指导”作为评价项目。

（四）评价结果的利用和反馈

上述三种评价方式都要将评价结果向学校职能部门进行汇报和说明，并面向学生、监护人、地区住民公示。这样做一方面有助于学校自身的建设和改进，另一方面也能加强学校与家庭、地区的联系和配合。“学校评价实施状况调查”的结果显示，有90%的学校在教职员会议中就学校评价的结果进行了发表和说明；约80%的学校进一步探讨了改善措施。此外，有将近80%的学校不仅公示了评价结果，还在学校主页中主动提供了有关学校运营情况的信息。

第五节　日本教育督导队伍建设

一、督导人员的资格

二战前，日本教育督导制度遵循权威性，督导人员代表国家政权对教育行使监督。日本对中央及地方教育督导人员的选任多注重对象的官衔、职务及工作年限等外在条件。根据1899年《文部省视学官视学规程》的规定，要成为文部省视学官必须满足以下条件之一：①曾任或现任文部省直属学校校长或奏任[①]教官两年以上者；②曾任或现任师范学校校长、官立公立中学校长、高等女子学校校长、实业学校校长其中之一三年以上者，并拥有一年以上府县视学官经历者。相比较而言，地方视学人员的条件侧重教师资格和经验。1899年颁布的《视学官及视学特别任用令》规定，都道府县视学及郡视学必须具备以下资格之一：①曾任或现任师范学校、官立公立中学、官立实业学校校长、教师或助理教师三年以上者；②有小学主体课程正式教师资格、曾任或现任官立公立学校校长三年以上者；③拥有五年以上判任官经历者，曾经或现在从事有关教育职务者。[②]

二战后，日本的教育管理和督导追求民主、科学的原则，注重教育督导制度的建议性和服务性。因此，对督导人员的选拔注

① 奏任是二战前日本官吏任命形式之一，基于内阁总理大臣奏荐，经天皇裁决任命。

② 李素敏编著：《教育督导学》，河北大学出版社1996年版，第104页。

重对象的内在条件而不是其外在条件，如学识、品行和实践经验。法令对文部省视学官的要求和规定与其他教育公务员相似。

而对于指导主事的要求，《地方教育行政法》做了如下规定："指导主事必须对教育有真知灼见。并且，在教育课程、学习指导以及其他有关学校教育的专门事项方面具备素养和经验。指导主事可由大学以外的公立学校教师担任。" 1948 年的《教育委员会法》（旧法）对指导主事的资格做了进一步的说明——要取得指导主事普通资格证书首先必须修得以下四个部分的学分：①学科心理学以及学科教育法；②教育评价、学校行政学、职业指导；③教育社会学以及社会教育；④指导主事实务以及指导实习。由此可见，日本要求督导人员必须具备扎实的专业基础，以便为学校和教师提供有效的指导与帮助。缺乏丰富的教育理论知识，是不能胜任督导工作的。

现行的规定以广纳贤才为宗旨，因而只是描述了大致的任用资格：①指导主事必须掌握一定的能力和学识，能够对教育问题做出正确的判断，能够提出建设性的意见和看法；②指导主事必须具备有关学校教育课程、学习指导以及其他学校教育专门事项的广泛的知识和见识，必须有从事幼儿或学生教育活动的实践经验；③指导主事可由大学以外的公立学校的教师充当。这个规定主要是鉴于指导主事的工作与教师的工作有紧密的联系，并且这也有助于与教师开展人事交流。此外，督导人员的品行必须满足下列要求：①建立诚挚的友情；②对他人的问题和感情能够予以理解；③乐于帮助他人；④甘于奉献自己的时间和精力；⑤对他人的观点和工作能够予以宽容；⑥尊重所有人。①

与二战前相比，二战后日本对于督导人员的要求提高了。强调督导人员的专业性体现在对督导人员个人素质结构的要求上。督导人员必须是德才兼备且经验丰富的人才，缺乏学识教养、不

① 顾明远主编：《外国教育督导》（第二版），人民教育出版社 2002 年版，第 154 页。

明时势、不熟悉学校教育、不懂得指导教学以及不能妥善处理有关教育的问题者，都不能成为督导人员。

二、督导人员的任免

日本在督导人员的任免上有一套严格的程序。首先，文科省视学官和视学委员必须是学科专家，对学科课程有专门的研究，从大学、短期大学和高等专科学校中学识渊博、经验丰富的校长及教授中产生，其聘任和解聘均由文科大臣批准。要成为文科省视学官必须通过国家公务员资格考试。

地方教育委员会指导主事的产生需要通过相应教育委员会教育长的推荐，或通过该教育长担任主考的考试，经教育委员会同意后由教育长任命。指导主事作为公务员，其任免虽然需要经过教育长的批准，但对其的任免和惩戒等都不是随意的，而必须依法执行。除《地方教育行政法》和《教育公务员特例法》中的特殊规定以外，均按《地方公务员法》进行。

指导主事可由大学以外的公立大学的教师担任。由教师担任的指导主事，即“补充指导主事”在从事督导工作期间，保有公立学校教师的职位，但可以不执行教师的职务。换言之，补充指导主事在身份上是教师，但在教育委员会的事务局中从事指导主事的工作。因此，其薪酬的调整发放以及奖惩升降等身份待遇，不是由其供职的教育委员会负责，而是由任命其为教师的都道府县教育委员会来决定。

第六节 分析与讨论

一、日本教育督导的特点

日本教育督导在日本教育发展中发挥着重要的作用。日本的基础教育质量在同欧美国家的比较中获誉甚高，这同日本有一个相对完善的督导与评价制度有密切关系。随着二战后日本教育管理体制的改革和教育治理理念的深入人心，日本对其传统的教育督导制度进行了较为彻底的改革和创新，形成了以下几个方面的特点。

（一）教育督导与评价系统并行

随着教育管理体制的改革，日本形成了教育督导制度与学校评价体系并行的教育质量保障体系。二者的目的和所发挥的职能有所不同。教育督导制度旨在对学校教育和运营提出建议、帮助学校改进工作，主要通过访问学校的方式，直接地把握教育的实际情况。督导系统采取学校调查和学校认证等手段达到促使学校贯彻国家教育方针的目的。学校调查是和督学行政结合在一起的，主要以指导、建议的方式对学校评价发挥作用，而对学校评价没有直接的指挥、监督权。日本的学校评价注重对教育结果的评价，采用以自我评价为基础的多种评价方法，全面地对学校教育活动和运营管理情况进行科学的考察，保障和提高学校教育质量和学校管理效益。从主体性的角度来看，视学和指导主事制度的主体是教育行政部门及其所属的督导部门，而教育评价的主体则主要是学校来进行和组织，既发挥了教育行政部门的监督职能，又充分调动了学校自主管理的积极性和能动性，形成了日本独特的质量保障模式。

（二）强调教育督导的民主性与服务性

二战后日本教育督导的性质发生了巨大变化，教育改革是高举民主、自治的理念而展开的。相应地，教育督导制度也去除了集权式和权威性的色调，改以民主性和服务性的特征，从过去强调行政命令性和权威性到当代注重指导性、建议性和服务性。日本的教育督导虽然被分为文科省、都道府县和市町村三级，然而，各级之间并不是严格的领导与被领导关系，而是平等和合作的关系。上级督导（行政区划上的）可以对下级督导进行指导，但这种“指导”绝不是命令或规定性质的，各级督导机构和督导人员具有相对的独立性和自主性。另外，督导人员在工作中，不是对学校或教师等发出行政命令，而是对其进行指导、建议和帮助。督导人员属于公务员，只有服务的义务，不能凌驾于校长、教师之上，不能以个人意志随意左右教育教学工作。他们要向学校提供服务，帮助学校改进和发展。

这里需要说明的是，指导和建议是督导工作的重心，但并不等于只是提出意见和看法，不检查、不督促。教育督导作为教育行政部门与学校等有关教育机构之间的中介，受命于文部科学大臣或地方教育的教育长，这样一来，他就不能只进行一般意义上的指导，实际上还具有传递行政长官意志的责任。此外，教育督导的权威也多少体现在它对学校工作的评价会影响到主管部门对教育经费补助对象以及补助金额的确定。①

（三）学校评价体系的学校主体性

日本的学校评价体系特别强调学校的主体性，学校自我评价在日本评价体系中占有重要地位。学校评价体系以学校“自我评价”为基准，主体性体现在以下几个方面。①在参照国家评价标准的同时，学校自主制定目标、内容和方法，根据学校的具体情况进行评价，避免了“一刀切”。②在校长带领下，全员参与，在教职员经过研究讨论形成共识的基础上进行，促进学校的民主化运营。③有利于针对学校的发展方向和改进进行评价。

在外部评价上，区分利益相关者评价和第三方评价具有重要理论和实践意义。

（四）重视督导队伍的建设和专业性提升

日本十分重视督导组织的建设。从中央到地方纵向形成了一个系统完备的督导网络，各级督导机构各司其职又相互合作。地方督导队伍庞大、组织完善。日本的督导队伍中，文科省一级人数极少，都道府县人数最多，市町村次之。进入21世纪以来，市町村教育督导配置得到了强化，都道府县和市町村的教育督导队伍不断壮大。地方督导人数远远超过了中央一级。这也说明，日本的教育督导重心移到了地方一级，教育督导民主化加强。②

---

① 顾明远主编：《外国教育督导》（第二版），人民教育出版社2002年版，第151页。

② 黄崴主编：《教育督导学》，中国人民大学出版社2011年版，第66页。

在同一级督导机构中，又横向设置了专职与兼职的督导人员作为督导工作的补充和完善，如视学官与视学委员、指导主事与补充指导主事。补充指导主事占有相当的比例，尤其是在都道府县一级，补充指导主事的人数几乎为指导主事的两倍。这些拥有教师身份的督导人员经验丰富，对学校教育现场有十分清晰的了解和真切的体会，更容易与被指导者具有共同语言，这有助于督导工作的开展。

二战后，日本教育督导的性质发生了很大变化，不仅强调其民主性和服务性，还对督导人员的专业素养提出了很高的要求，督导人员的专业性体现在从强调外在职位到自身内在素养。督导人员只有在掌握了相关理论并对实际操作有较好的理解之后，才能为学校、为教师提供科学有效的指导和咨询。日本对教育督导专业性的要求已经充分体现在有关规定和条例之中。此外，为了让督导人员专注于督导工作，让教育督导成为一个专门化的职位，文科省于 2005 年建议，减少指导主事的一般行政事务，加强其专门的工作。

（五）拥有比较完善的教育督导法规体制

二战后，日本颁布了一系列教育法规，建立和完善了教育法规体制，为教育行政管理活动创造了良好的法制环境。教育行政要依法而行，教育督导也不例外。诸如《文部科学省组织细则》《地方教育行政法》《教育公务员特例法》等法规都对督导人员的职责、资格、任免做出了明确的规定。这些法律法规能够规范督导人员的行为，避免了主观随意性。督导人员既不能违反法律行事，也不能不做法律规定的工作，因而一个相对完善的督导法规体制保证了督导工作的正当性和连贯性。

二、日本教育督导不足之处

日本教育的发展得力于其良好的教育督导与评价制度。但是，日本教育督导制度也存在着一些不足之处。

第一，关于教育视学和指导主事制度和评价制度的整合问题，视学和指导主事制度所采用的方法较为传统和单一，如果能与评价体系相结合，将提升方法的科学性，同时也可以提高效率，避免多头评估。

第二，督导队伍过于庞大，地方教育委员会事务局的指导主事行政事务过多，影响了其深入教育现场实际调查研究的工作。指导主事往往成为教师发迹的“跳板”，不少人企图以从事督导工作来谋取校长职位。因此，为了保证教育持续有效的发展，教育督导制度也必须做出调整。补充指导主事由教师担任也有其弊端，他们中的大多数人缺少从事管理工作的经历，对学校的办学和管理难以进行有效的指导。

第十一章 韩国教育督导与评价制度

第一节 韩国教育督导与评价制度的历史沿革

韩国教育督导与评价制度分为教育监察制度与学校指导制度，即教育督政制度与学校督导制度，并形成了自己的特点。①

一、监察制度的历史发展

根据文献记载，韩国最早的检察机关可追溯到公元7世纪中叶新罗时代的司政府。此后高丽时代的御史台，朝鲜时代的司宪府、司谏院、弘文馆等机关担当了监督与检查的职能。

1948年大韩民国政府成立以后，根据《宪法》② 和《政府组织法》③ 的规定设立了检查担

① 孙启林、金香花：《韩国教育督导制度及其特点评析》，《外国教育研究》2007年第7期。

② 1948年大韩民国《宪法》规定，国家收入、支出的决算每年要在审计院进行检查。政府要提交次年国会审计院的检查报告与决算。

③ 1948年大韩民国《政府组织法》规定了对总统属下公务员的监察事务处理办法。

当机构，即审计院与监察委员会。审计院的业务是检查与报告国家机关的岁入岁出的决算，实施会计检查等；监察委员会的业务是检查公务员的违法行为。由于这两个机构在检查任务之间存在着一定的重叠与交叉，1963年将两个机构进行了合并，设立监察院，全面负责实施公共机关的监察任务。① 韩国1962年制定了《行政监察规定》，其目的就是通过检视各个行政机关使用的监察标准来有效地确立行政监察体制。

1974年，韩国颁布了《行政监察规定》全面改正案，文教部和地方教育机关依据这一法案在其内部设立了监察组织机构，其主要职责是对所属机关及下属学校的业务实施行政监察。②有鉴于此，韩国文教部也在部内设置了监察组织机构，并不断改善其工作职能，使教育督导制度不断得到完善。

二、奖学制度的历史发展

1963年，根据相关法令，韩国在文教部内新设奖学室，此时奖学室既是教育部的直属机构，向部长和次长负责，同时又是相对独立的机构，强化奖学督导活动。

1982年，韩国废止了中央政府的奖学方针，按照地方情况自行实施奖学政策，在奖学方法上以行政组织为中心的奖学转变为以自律为中心的奖学。1994年，教育部内废除奖学室，中央政府对初等、中等教育的奖学活动的大部分转给地方教育行政机关负责。③教育部对学校现场直接奖学的机能减缩了。1997年，韩国修订《初中等教育法》，一方面厘定法律根据，另一方面促进奖学活动。修改的内容是“教育部长官及市、道教育厅的首长对其下级学校实施课程与教学以及学习方法方面的奖学督导及指导”。2010年，韩国教育科学技术部颁布了地方教育行政机关的职能及组织改编案，即《先进型地方教育行政机关的职能及组织修订案》。新

①②③ 苏君阳主编：《教育督导学》，北京师范大学出版社2012年版，第77、77、80页。

法律的主要目的是进一步巩固地方教育的资质基础，建立以现场服务为主且满足学校与教师多样化需求的地方教育行政体制。①

第二节　韩国教育督导机构的设置与职能

一、监察

（一）中央一级

韩国教育行政机构分为三级，由中央教育行政机关——教育部，地方自治政府的教育行政机关——教育厅（共17个），以及下属各地区教育支援厅组成。韩国的教育行政管理体制属于中央与地方合作模式的体制，中央制定大的方针政策，具体职责由地方教育行政机构决定，地方教育行政具有较大的自主权。

韩国的教育主管部门为教育部。从1948年大韩民国成立以来，随着历届政府的交替，其规模、职能和组织机构屡经改变。1948年11月4日，成立文教部，主管教育、科技、体育、文艺工作。1968年和1982年，文艺和科技业务分别被剥离出去，转交文化部和体育部主管。1990年，文教部改称教育部。1998年，教育部所属科学技术处升级为科学技术部，全面主管科技工作。2001年1月，教育部改为教育人力资源部，为了强化国家人力资源开发政策，副总理兼任教育人力资源部部长。2008年2月，教育人力资源部和科学技术部合并为教育科学技术部。2013年3月，按照修改的《政府组织法》，改为教育部，科学技术方面的业务由未来创新科学部担当。教育部定员518人，主要人员与部门包括部长、次长、计划调整室、教育政策室、大学志愿室、地方教育支援局、终身职业支援局、教育情报统计局等。教育部下设国史编纂委员会、国立特殊教育院、中央教育研修院、教员惩罚裁审委员会、国立国际教育院5个直属机构。

2013年3月修改的《政府组织法》规定，教育部的职能是制

① 苏君阳主编：《教育督导学》，北京师范大学出版社2012年版，第81页。

定与调整人力资源开发、学校教育、终身教育、学术事务等相关政策。

行政监察是韩国教育督导制度的一个重要方面，所谓行政监察，是指各级行政机关为了掌握该机关或下级机关的业务管理现状，对政府政策在各阶段的适宜程度及公务员违背纲纪等事项进行检查和分析，提出相应的改正或改进方案的措施。韩国在教育部和市道教育厅内都设立教育监察部门。

从图 11-1 可以看出，教育监察部门设在教育部内，直接向教育部部长和副部长负责，但在排列上，列在各职能部门之首，可以对教育部其他职能部门进行监察。按照《教育部与其所属机关职务制度》，检察官在副部长直属的位置，检察官在以下事项上辅佐副部长：①行政监察制度的运营和监察计划的制订与调整；②对教育部与其所属机关、所管公共机关与团体，地方教育行政机关以及各级学校的监察；③根据其他机构对教育部直属机构及

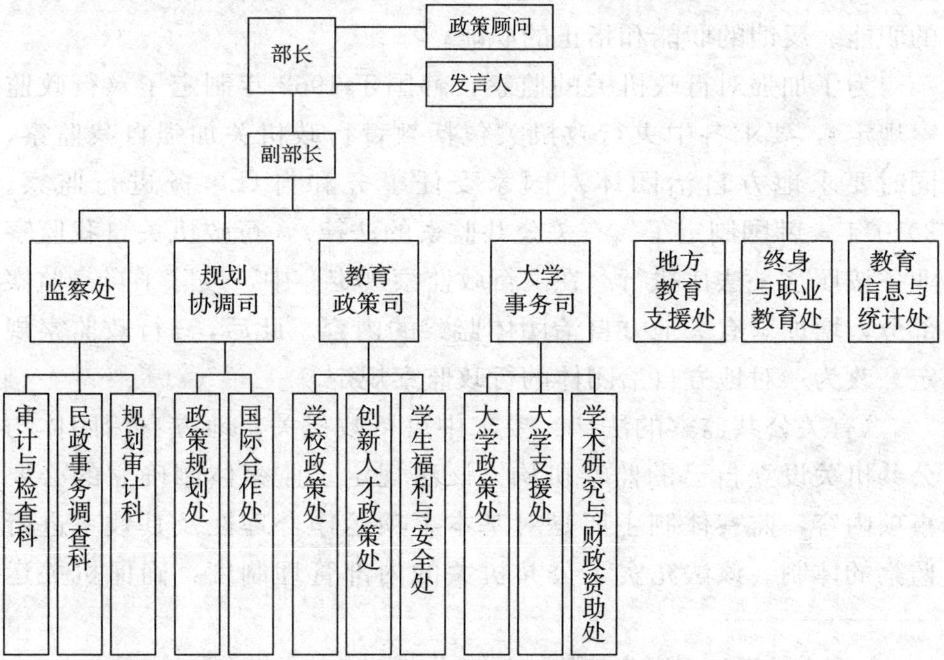

图 11-1　韩国教育部组织结构

其下属机构与团体、地方教育行政机关与各级学校的监察结果进行调查处理；④关于所属公务员的财产登记与审查；⑤确立公职纲纪与有关陈情、违法的事情；⑥提高清廉度与改善制度；⑦民愿业务的综合、处理及有关民愿业务制度的改善；⑧私立高等教育机关的会计运营支援与监察制度实施支援；⑨制订与实施日常检查活动计划。

为了保证监察的客观性，监察部门在工作上保持相对独立，不受其他职能部门的干预。从工作性质来看，监察是对组织或个人的业务合理性与合法性进行调查后处理与报告其结果的一系列过程。监察的目的是对监察对象机关的会计、事务、履行职务等方面进行监察，以确保公共部门的责任性并提高其效率，确保教育行政机关及所属学校的业务运营的合理性、合法性，提高教育政策执行的有效性，监督与纠正公务员的违纪或违法行为。① 教育监察的职能主要是履行制止违法行为的职能、批判的职能、指导的职能、反馈的职能和指正的职能。②

为了加强对行政机关的监察，韩国于1962年制定了《行政监察规定》，要求各中央行政机关包括教育行政机关加强自我监察，同时要求地方自治团体对国家委任事务和自身事务进行监察。2010年，韩国制定了《有关公共监察的法律》，行政机关自我监察业务按照这一法律执行。在《行政监察规定》中，废除了自身监察部分，增加了有关地方自治团体监察的内容。此后，《行政监察规定》改为《对地方自治团体的行政监察规定》。

《有关公共监察的法律》要求中央行政机关、地方自治团体与公共机关设立自己的监察机构。该法规定了监察体制确立的必要事项内容，监察体制主要是对基本事项运作合理性及其效率进行监察的体制。该法充实了公共机关的内部管理制度，确保机关运

① 苏君阳主编：《教育督导学》，北京师范大学出版社2012年版，第77页。

② 孙启林、金香花：《韩国教育督导制度及其特点评析》，《外国教育研究》2007年第7期。

营的合适性、公正性、对国民的责任性。该法包括了有关监察机构、监察机构长、监察担当者、检查活动、改善监察活动体制、自己实施机关的检查活动、惩罚等内容。《有关公共监察的施行令》还规定了施行《有关公共监察的法律》必要事项的内容。同时，根据《有关公共监察的法律》第 37 条的规定，在《中央行政机关与地方自治团体自己监察标准》中规定了自我监察活动时的遵守事项。按照上述法律，各机关制定了监察规定，比如，教育部的《教育部监察规定》（2013 年 5 月 28 日），首尔特别市教育厅的《首尔特别教育厅监察规定》（2013 年 6 月 27 日）等，根据上述有关监察的法律与规定，各个行政机关进行自我监察活动。

20 世纪 70 年代初，韩国教育部设置了监察官室。教育部设置的监察官室的主要职责有：制订与调整监察计划，对教育部直属机构及其下属团体进行监察，登记与监察所属公务员的财产。① 在教育部监察官室下设三个室，即监察综合担当官室、民愿调查担当官室、私学监察担当官室。它们分别承担以下业务。

监察综合担当官室负责：①行政监察制度的运行和监察计划的制订与调整；②对教育部直属机构及其下属机构与团体的监察；③对地方教育行政机关与各级学校（私立大学及其法人除外）的监察；④对其他机构对教育部直属机构及其下属机构与团体、地方教育行政机关与各级学校的监察结果进行调查处理；⑤对审议会的运行与管理进行监督；⑥教育部内日常检查的处理；⑦监察担当官业务以外的其他事项。

民愿调查担当官室负责：①确立公职纲纪与有关陈情、违法的事情；②提高清廉度与制度改善；③运营公务员行动纲领；④关于所属公务员的财产登记监察事项；⑤民愿业务的综合、处理及有关民愿业务制度的改善；⑥民愿咨询中心的运营；⑦制订与实施日常检查活动计划；⑧教育部部长对监察的其他指示业务处理。

---

① 孙启林、金香花：《韩国教育督导制度及其特点评析》，《外国教育研究》2007 年第 7 期。

私学监察担当官室负责：①对私立大学及其法人进行监察；②改善针对私立大学及其法人进行行政监察的方法；③对私立大学及其法人的会计运营进行审计；④对私立大学及其法人的自我监察提供支援。

（二）地方一级

韩国17个市道教育厅也有自己的监察机构。下面以首尔特别市教育厅的监察机构为例，分析地方自治团体监察机构的业务。首尔特别市教育厅下设11个地方教育支援厅、8个直属机关、4个终身学习馆、17个图书馆。其中首尔特别市教育厅监察官室由日常与网络监察、监察行政、监察1、监察2、监察3、监察4、教育行政支援中心7个部门组成。《首尔特别市教育厅行政机构设置条例施行规则》规定监察官的业务包括：①各种监察计划的制订与调整；②国政监察、市议会行政事务监察等的支援与结果处理；③监察，陈情与违法事项的调查、处理；④确立“对教育方面不合理的地方方案的纠正”与指导管理；⑤关于所属公务员的财产登记与运营公务员伦理委员会；⑥直属机关，地区教育支援厅与各种学校实施检查和处理；⑦对别的机关监察结果的处理；⑧负责监察咨询委员会的运行；⑨支付公益举报赔偿金；⑩其他有关监察业务事项。

二、奖学

教育奖学制度是韩国教育督导制度的重要组成部分。所谓教育奖学，就是影响教师的教学行为，提供各种教育资料，开发、修订或补充教育课程，改善学习环境，进而提高学业成绩和学习效果的教育活动。教育奖学的目的是为了改善教育活动，即改善以教师专业性为基础的教学活动，有效地完成既定教育目标，最终实现学生的智力、体力、正义等的发展。①

① 孙启林、金香花：《韩国教育督导制度及其特点评析》，《外国教育研究》2007年第7期。

教育奖学的职能包括：①促进教师发展，即促使教师形成教师职业所需的价值观、信念、态度等；②提高教育课程教学效率，即为实现教育目标、改进教育内容，开发教育活动，实施评价；③增强学校管理合理化，即有效地维护或综合管理学校系统内的人力、物力、财力等，促使各种教育活动最优化。①

韩国的奖学活动具有明确的法律依据，主要有：《教育基本法》第 17 条规定“国家与地方自治团体要指导、监督学校和社会教育设施”，《初中等教育法》第 7 条规定“教育部长官及市道教育厅的首长（教育监）对其下及学校实施对教育课程运营及教授，学习方法方面的奖学督导及指导”，《初中等教育法施行令》第 8 条规定“教育部长官及市道教育厅的首长要对其下及学校通报每年的奖学计划。本计划包括奖学对象、过程、项目、方法及结果处理方法等”。根据这些法律和《地方教育行政机关的职能及组织修订案（2010）》的要求，市道教育厅每年开学之前确定奖学计划后通报下属学校。

教育奖学的一般原则是：①学校中心原则，重视开展教育活动的学校现场的人力、物力以及组织或社会的心理特性；②自律原则，尊重学校的自主性和教师的自律性；③合作原则，营造奖学负责人、学校管理者、教职工及其他相关人员共同参与、相互协作的环境氛围；④多样性原则，根据学校现场的条件和教职工的要求，采取多种多样的内容和方法；⑤延续性原则，教育奖学具有长期改善教育活动的职能，因此其作用不是一时的、短暂的，而是长期的、持续的；⑥自我发展性原则，奖学不仅促进学校的发展，而且也促进教师个人及奖学负责人的发展。②

---

①② 孙启林、金香花：《韩国教育督导制度及其特点评析》，《外国教育研究》2007 年第 7 期。

第三节　韩国教育督导的类型与过程

一、监察制度

韩国教育行政监察是由教育部与市道教育厅来进行的。根据《教育部监察规定》第4条的规定，教育部的监察对象包括：教育部，特别市、广域市的市道教育厅（不包括济州岛特别自治道教育厅），国立与公立大学（包括产业大学、教育大学、专课大学、网络大学与广播通信大学）及其下属机关与国立学校，《有关公共机关运营的法律》第4条规定的属于教育部的公共机关，私立大学，其他按照法律受到教育部部长的指导和监督的法人与团体。按照《初中等教育法》第6条，“初中等国立学校受到教育部监察官的指导与监督，公立、私立学校受到地方教育厅监察机构的指导与监督”。

根据《教育部监察规定》，教育部监察类型包括以下几个方面。

（1）综合监察是对监察机关的主要机制、任务、组织、人事、预算等业务进行合法性与可行性的监察活动。

（2）专题监察是对特定工作项目、业务或资金运作中发生的问题进行的监察活动。其目的是发现原因与责任所在，寻找对策方案。

（3）财务监察是以监察预算运营的合法性及会计处理的适宜性为主进行的监察活动。

（4）纲纪监察是将监察机关所属职员的服务行为作为监察内容，是为了防止腐败行为和违背服务行为的发生而实施的一种监察活动。①

（5）日常监察是对教育部与下属机关在主要政策的执行、合同、预算管理等业务的执行之前实施的监察活动，是以发现与预防行政上、财政上的浪费因素为目的而实施的监察活动。

---

① 苏君阳主编：《教育督导学》，北京师范大学出版社2012年版，第78页。

在地方一级，除了上述的监察以外，首尔特别市教育厅还进行网络监察、民愿监察等。网络监察旨在减轻学校现场监察的负担。根据《先进型地方教育厅技能与组织修订案》的相关规定，市道教育厅的监察体制也有了一些变化。以前市道教育厅与地区教育厅一起承担的监察业务转移到了市道教育厅，地区教育厅承担的小学、初中的各种监察业务移到市道教育厅后，其监察性质变化为问题特征部分监察与日常监察，还废止了对学校进行的综合监察。首尔特别市教育厅的综合监察对象只有教育厅、教育支援厅与下属机关。网络监察是在废止综合监察后，补充问题特征监察和平时监察体制，指向与网络与网站相关的业务。学校为了处理学校会计事务一般都使用“学校会计系统”网站。教育厅通过检查学校会计系统上的内容与学校网站公开的内容，如学校运营委员会、董事会运营等检核学校运营情况，进行检查活动。先实施网络监察后选择实际监察对象。一般监察对象是校长即将要退休的学校与私立高中。这就是网络监察与实际监察的链接。用这样的方法，既能减轻学校应对监察的负担，也能提高监察效率。民愿监察是通过迅速、公正地处理民愿来保护国民权益。民愿监察的对象为外部机关（总统秘书室、监察院、教育部等）与教育厅本身所接受的民愿，有关下属职员的违法行为的民愿等。首尔特别市教育厅也进行纲纪监察。按照监察对象的特性，集中监察的时间是元旦、中秋节与教师节等。

教育行政监察的实施流程如下。

（1）下达监察计划，包括监察目的、监察必要性、监察种类、主要监察项目、被监察机关、监察担当者、监察日期等基本监察因素。

（2）提供监察资料，包括教育政策及教育改革方面实施情况、人事管理、一般行政管理、学生业务管理、学生评价管理、会计管理、财务管理、工程设施等。

（3）实施监察：一般监察通过抽查、核查、现场验证、比较与提问的方式进行。通常情况下，监察工作都由上一级机构实施。

（4）处理监察结果：根据监察结果的性质，分别提出现场改正、提醒注意及行政处罚等处分。行政处罚分为赔偿、追加、追回及退赔等经济处罚与惩戒、免职、警告、改善、提醒注意等身份处罚两大类。① 行政处分指根据情节分别提出现场改正，提出改进方案或提醒注意等要求；财政处分指根据情节分别追究赔偿、追加、追回及退赔等责任；身份处分指根据情节分别给予惩戒、免职、揭发、警告、提醒注意等处分与警告。

为了保证监察的客观公正，行政监察的实施注重收集相关证据。对于一般事项，要查对证据，对照凭证记录和账册记录，核算及确认各种账册及发票数额的合计、差额、余额等，检查其他方面的合法性与合目的性。对于个别事项，进行抽查，对抽取的部分监察对象进行细致的检查。①核查。为确认财物的数量，实地调查库存。②现场验证。在现场确认其处理结果适当与否。③比较。对两个以上的事项进行比较，找出差异，发现问题。④提问。向负责人提出可疑问题。⑤评估。专家进行鉴定。⑥征求证言资料。确认证实书、问答书、询问书、意见书等是否填好日期，是否记录证实者的职务、姓名，是否盖了章，原件与复本是否一致等。②

二、奖学制度

教育奖学制度的类型基本上分为教育行政机关（市、道教育厅）主导的奖学、学校主导的奖学、地区合作（地区内各学校及其教师共同协商）的奖学三类。教育行政机关主导的奖学类型包括综合教育奖学、责任教育奖学、选择教育奖学、确认教育奖学、聘请教育奖学、特别教育奖学、协作教育奖学、课程教育奖学、一般教育奖学、访问教育奖学、通信教育奖学。学校主导的奖学类型（一般统称为自律教育奖学）主要包括教学奖学、同事奖学、自我

① 苏君阳主编：《教育督导学》，北京师范大学出版社 2011 年版，第 78—79 页。

② 孙启林、金香花：《韩国教育督导制度及其特点评析》，《外国教育研究》2007 年第 7 期。

奖学、日常奖学、自我培训等。地区合作的奖学类型有共同促进奖学计划、交流教育信息、共同参与教育研究、各种形式的合作教育组织及活动等。①

教育奖学的实施，一般按以下程序进行。

（1）确定奖学基本计划和申请，包括当年实施的奖学种类、具体方法、学校的奖学负责人等相关内容。

（2）事前调查和协议。奖学人员与学校申请人之间进行协议，决定奖学的实施日程、实施方法、实施次数等相关内容。

（3）确定奖学实施计划。奖学人员仔细分析及诊断有关资料，确定申请学校的奖学实施计划。

（4）奖学计划实施。奖学人员访问学校、参观实际教学活动、实施咨询、劝告、协议等，从而帮助学校解决具体问题。

（5）评价及反馈。奖学结束后，不管哪类形式的奖学都要有评价和反馈、记录其奖学实施的过程和结果等内容。反馈过程中如果需要补充，可以再次实施奖学。②

根据《地方教育行政机关的职能及组织修订案（2010）》的规定，韩国实现了由监督、指导型的奖学制度向帮助、咨询导入型的奖学制度转变。③按照该修订案和相关法律的要求，所有的市道教育厅每年实施这一年的奖学计划。下面以 2012—2013 年首尔特别市教育厅的奖学计划为例来看韩国的奖学活动。首尔特别市教育厅奖学计划的目的有以下三个：通过沟通与协力，提高学校运营的自律性与责任性；通过志愿学校现场中心的指导性奖学，强化学校力量；通过支援教育课程与改善教授学习方法，提高学习能力。在这些目的的指引下，首尔特别市教育厅主要开展了自律奖学、指导性奖学、特别奖学三种奖学活动。

（一）自律奖学

自律奖学分为学校级自律奖学和地区级自律奖学两种。学校

---

①②③ 苏君阳主编：《教育督导学》，北京师范大学出版社 2012 年版，第 81、83—84、81 页。

级自律奖学是通过教员的主动研究与上课方式的改善，强化学生学习中心的教授学习能力的奖学活动。主要内容是：教师进行充实且有创意的课堂教学，按照科目的特性准备多样且有创意的课堂；学校自身组建“改善上课共同体”组织，通过共同研究提高上课的质量，构成学习社团与科目协议会；为了丰富课堂的变化，积极地做到自律奖学，公开上课；为了提高专门性，实施与志愿主动的指导性奖学；自我奖学，参加教育研究活动支援，通过录像与录音资源的活用分析上课等进行支援活动；学校自身研修，在制订学校教育计划的时候要包括校内自律奖学计划；通过各种会议进行奖学活动后，分享优秀事例与反馈。

地区级自律奖学是通过学校之间的访问与交流，共享学校教育活动优秀事例及寻找问题解决方案，进行适合地区特色的协同教育活动。各个教育支援厅组织地区自律奖学会，进行学校之间的交流，支持教育研究活动、学生生活指导活动等。学校设定年度奖学活动计划，通过地区内学校间的协议，决定奖学活动的项目与担当学校，一起进行教育活动、教学方法研究，公开上课后共享优秀事例。

（二）指导性奖学

指导性奖学是“教育厅接受学校及教师的邀请，为了改善学校教育，诊断学校经营问题和教育悬案，准备行动方案，支援问题解决过程的奖学活动”。其目的是通过学校经营、教育课程运营、教授学习指导等来促进学校发展。指导性奖学是以学校现场为主的奖学。特许高中的指导性奖学一般由首尔特别市教育厅负责，如特殊目的高中、特性化高中、自律高中等。地方教育支援厅负责小学、初中、高中的指导性奖学。首尔特别市教育厅提出每所学校每年至少实施一次指导性奖学，并要求把其结果反映在各学校的评价中。

指导性奖学须遵循以下原则。

（1）自发性原则：学校、教师自发地接受顾问的帮助，顾问也同意提供帮助。

（2）专门性原则：顾问需要积累多样的学校运行知识和经验，还要具备可以跟学校和教师分享的方法。

（3）独立性原则：顾问和委托人不是上下级关系，而是平等和客观的关系。

（4）咨询性原则：指导性奖学是咨询活动，顾问不会替代委托人经营学校。

（5）暂时性原则：一旦委托人的问题得到解决，指导性奖学活动便宣告结束。

（6）教育性原则：顾问为了解决学校问题提供知识，实施教育训练。

首尔特别市教育厅奖学计划中的指导性奖学可用图 11-2 表示。

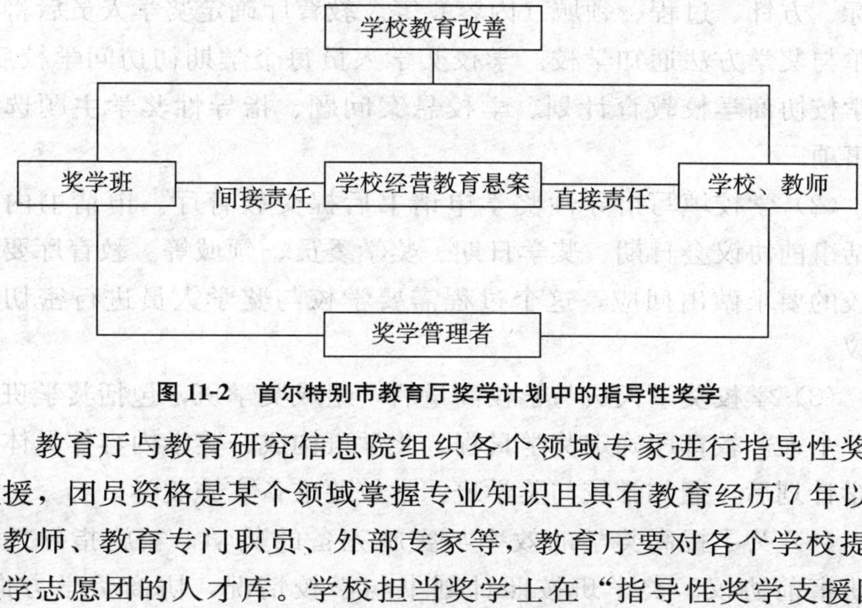

图 11-2　首尔特别市教育厅奖学计划中的指导性奖学

教育厅与教育研究信息院组织各个领域专家进行指导性奖学支援，团员资格是某个领域掌握专业知识且具有教育经历 7 年以上的教师、教育专门职员、外部专家等，教育厅要对各个学校提供奖学志愿团的人才库。学校担当奖学士在“指导性奖学支援团”中组成指导性奖学班，其中包括奖学班长和 5 人左右的奖学班员。必要时，奖学支援团会额外邀请奖学官（士）、教员、外部专家等。一般学校担当奖学士与学校互相商量后，根据学校的要求，组成奖学小组。整个过程中学校担当奖学士负责组织指导性奖学班、实施奖学、处理结果等的环节的引导。首尔特别市教育厅有涉及 4 个领域的 12 个指导性奖学志愿团。指导性奖学的 4 个领域见表 11-1。

表 11-1 指导性奖学的领域

领域	二级领域
教授学习	上课支援，教课教师制度运营。
生活指导	素质教育，前途教育。
教育课程	教育课程运营，创意体验活动。
学校经营	学校运营，课后学校。

指导性奖学一般按以下程序进行。

(1) 教育厅确立奖学计划，并转达给学校。其计划要包括实施目标、方针、过程、领域（内容）等。教育厅确定奖学人员后将其名单与奖学方法通知学校。学校奖学人员每个学期初访问学校后，与学校协商学校教育计划、学校悬案问题、指导性奖学主题选择等事项。

(2) 学校填写指导性奖学申请书后提交教育厅。申请书内容包括事前协议会日期、奖学日期、奖学委员、领域等。教育厅要对学校的要求做出回应，这个过程需要学校与奖学人员进行密切的协议。

(3) 学校奖学人员与学校商量后，组成奖学班，包括奖学班长等 5 个人。教育厅确定奖学日程、奖学班构成、奖学内容等具体的奖学计划后，通知学校与奖学班。学校要准备实施奖学。

(4) 为了提高奖学的效率与实施完备的奖学，实施指导性奖学班事前协议。奖学班按照计划书与学校情况，协商奖学方向、内容、过程。如果需要的话，学校校长等也要参加事前协议会。

(5) 实施阶段。可划分为“诊断—确定对策方案—实行支援”三个阶段。诊断阶段要深入诊断有关指导性领域的问题。通过面谈、资料分析、问卷、学校自评等方法来分析与发现问题。在确定对策方案阶段，要寻找可以解决问题的对策方案。然后按照对策方案，让学校施行解决方案。

（6）报告结果。通过深化面谈，奖学班通过自评等方法把奖学的过程、成就、变化结果等奖学报告书提交学校与教育厅。学校进行调查奖学的满足度后，其结果也要提交学校奖学人员与教育厅。如果需要的话，奖学班与学校要继续保持合作关系。

这一过程用表 11-2 呈现如下。①

表 11-2　指导性奖学的一般过程

过程	主管	内容
制订计划	教育厅	制订奖学推进计划，转达学校。
申请奖学	学校	确定日期、奖学委员、领域等后提交申请。
准备奖学	奖学班	制订奖学实施计划（包括日程、奖学委员等），告知学校。
事先协商	奖学班	沟通奖学方向、内容、程序等。
实施奖学	奖学班	诊断—确定对策方案—实行支援。
汇报结果	奖学班	汇报和公开奖学结果（学校、教育厅）。

（三）特别奖学

特别奖学是指通过支援学校悬案，帮助学校解决问题，提高学校教育能力，营造自律的学校文化，引导学校发展的奖学办法。特别奖学的对象是校内自律奖学不足的学校。地区教育支援厅在分析各学校的情况后，判断与选择需要特别指导和支援的学校或者有特别事情发生的学校进行特别奖学。地区教育支援厅选定学校后，确立学校的特别奖学计划，组成奖学班，然后对学校通报奖学计划。奖学班跟学校商量悬案和支援解决问题。奖学班结束特别奖学活动后，提交特别奖学报告书。学校要按照特别奖学报告书的内容继续努力解决学校的问题，地区教育支援厅要继续关注学校的改善过程。

① 首尔特别市教育厅教育课程科：《2012 年首尔，奖学计划》。

第四节　韩国教育督导队伍建设

一、监察人员

韩国在法律上规定了监察机构长官与监察人员的资格认定。

《有关公共监察的法律》第 11 条规定了监察机构长官的资格。①在中央行政机关或地方自治团体担任 3 年以上监察、刑侦、法务、预算、会计、调查、计划、评价等业务的 5 级及以上级别的公务员。②担任 3 年以上的审判员、检察官、律师或者注册会计师。③在《高等教育法》第 2 条第 1 号到第 5 号规定的学校或有关监察部门工作 3 年以上。此外，按照《有关公共监察的法律》第 8 条的规定，监察机构长官需要采用公开招聘的方法来任命。韩国在法律上保障监察机构长官的独立性与身份合法性。

普通监察人员的资格在《有关公共监察的法律施行令》第 9 条有相关规定，任命中央机关或者在其他国家机关、地方自治团体从事有关监察业务工作的人，需要具备以下三项中任意一个资格。①具备注册会计师、税务员等施行监察业务必要的资格证或者监察领域的专科学士以上的学位。②按照《褒奖功勋法》《模范公务员规定》《政府奖励规定》等受到表彰。③其他监察机构长官承认其具备监察业务上必要的资质与适应能力。在会计、保健、环境、建设等需要专业知识与经验的情况下，可在监督活动中聘请外部专家。

在韩国，教育部与地方教育厅都有自己的监察机构，各个机构的监察人员人数不同。例如，教育部监察官室有 1 名检察官与以下 3 名监察担当官，还有监察综合担当官 12 名、民愿调查担当官 26 名、私学监察担当官 8 名。首尔特别市教育厅监察官室有检察官 1 名、网络监察 6 名、行政监察 8 名、监察 32 名、教育行政支援中心人员 5 名。

二、奖学人员

韩国专职教育奖学人员的类型可分为奖学官、教育研究官、奖学士、教育研究士。奖学官与奖学士负责教育目标、教育内容等教育现场指导业务；教育研究官与教育研究士负责教育问题的调查研究、教育资料的收集、教员的培养等。与学校现场有更密切关系的就是奖学官和奖学士。

（一）任职条件

《教育公务员法》明确规定了教育专门职员的任命与资格，教育部与其所属机关的奖学官与奖学士由教育部长官任命。

奖学官（教育研究官）的任职条件是：①大学、师范大学、教育大学毕业者中具有7年以上教育经历，或包括2年以上教育经历共7年以上的教育行政经历或教育研究经历者；②2年制教育大学或专门大学毕业者中具有9年以上教育经历，或包括2年以上教育经历共9年以上的教育行政经历或教育研究经历者；③行政高等考试合格者中具有4年以上教育经历、教育行政经历或教育研究经历者；④具有2年以上奖学士、教育研究士经历者；⑤具有11年以上教育经历，或包括2年以上教育经历共11年以上的教育研究经历者；⑥具有博士学位者。

奖学士（教育研究士）的任职条件是：①大学、师范大学、教育大学毕业者中具有5年以上教育经历，或包括2年以上教育经历共5年以上的教育行政经历或教育研究经历者；②具有9年以上教育经历，或包括2年以上教育经历共9年以上的教育行政经历或教育研究经历者。

（二）选拔与培训

韩国实施地方教育自治制度，各个地方教育厅选拔教育专门职员。以首尔特别市2013年中等教育专门职员任用候选人选拔计划为例可以看出教育专门职员的任用方法。教育专门职员的资格是：①首尔特别市内中等学校现职的教师（一级正教师），教育使命感强，教育能力强；②正式教员经历12年以上；③最近工作业绩“乙”以上；④首尔特别市内正式中等教育机关5年以上的经历。应试者通过所属校长必须参加相应的考试，考试过程共有以下三个阶段。

（1）发出材料，确认应试资格。先由应试者学校的副校长确认后，地区教育支援厅对各种资料（检查结果、人事管理卡等）严格对比后，把资料与证书提交教育厅。

（2）参加笔试。笔试的领域、分数和范围见表 11-3。①

表 11-3　教育专门职员笔试的领域、分数和范围

领域	教育工作实务			学科专门性评价	总额
	叙述性笔试	政策论述	事业计划案	论述性笔试	
分数	30 分	20 分	20 分	30 分	100 分
范围	教育工作实务与行政 教育学 学科课程	首尔教育方向 首尔教育政策与市政策		学科课程 学科教学（学习指导） 学科奖学论	
备注	简单的阐述性回答				

笔试合格者的名单在首尔特别市教育厅网站上进行公示，验证教育专门职员的品德与素质。

（3）集中研修，面试，现场评价，向教育厅提交自己的计划书。

一般每年选拔人数少，竞争力强，要通过以上严格的过程才能当教育专门职员，才可以担当教育奖学业务。

虽然有多种奖学模式，但是韩国目前主要进行指导性奖学。指导性奖学班的构成人员除了教育专门职员以外，还有兼职人员，包括校长、副校长、经验丰富的教师及其他专家都可以成为奖学班的构成人员。

第五节　分析与讨论

韩国重视教育督导制度的发展与完善，将教育督导制度看作实现“教育立国”与“尖端科技立国”发展战略以及促进教育质量

① 首尔特别市教育厅：《首尔特别市 2013 年中等教育专职人员选拔任用计划》。

提高的重要举措，将这一制度放在发展教育事业的重要位置。二战后，从日本帝国主义的统治下解放出来的韩国人民迸发“向学热”“教育热”。韩国在20世纪60年代中后期开始经济起飞，“教育热”为其“教育立国”战略与经济起飞准备了大量的受过良好教育的劳动力。韩国1966年扫除了文盲；1969年普及了六年制初等义务教育，同年实施了免试升入初中的制度；到2002年普及了九年制初中义务教育；进入21世纪，韩国的高中普及率已超过98%，高等教育也已进入普及化阶段。韩国教育督导制度为其实施“尖端科技立国”战略培养了大批高水平的人才，增强了综合国力，使其经济不断发展。

在半个多世纪的发展过程中，韩国从开始建立教育督导制度以来一直不断加以改善，在吸收其他国家的经验的同时，根据自己的国情形成了目前的制度，具有鲜明的特点。

第一，韩国教育督导制度最大的特点是分为教育监察制度与教育奖学制度。教育监察制度类似我国的督政制度。教育监察的目的是确保教育行政工作的合法性，确立行政纲纪和行政秩序，维持教育行政的信誉。教育监察制度主要是对地方教育行政机关的事务及所属教育公务员或职员职务进行监察，主要包括评估有关教育行政机关的法令、条例、规则等的制定和执行情况，检查有关财政、行政、人事、器材物品的管理情况，调查公务员在工作中的违纪、违法、纲纪混乱行为等，并对监察过程中发现的问题进行纠正。教育监察制度对于相关政策的执行、经费的合理使用、行政管理的效率和公职人员的行为约束发挥了重要的作用。

第二，教育部的监察范围十分广泛，甚至包括教育部的职能部门本身和教育部下属机构，为此，在机构设置上，监察部门位列各职能部门之首，也就是说监察部门有权监察教育部。此外，监察部门的监察范围不仅包括地方教育行政机构和基础教育机构，还包括公私立高等教育机构；不仅包括组织和机构，还包括公职人员个体。

第三，为了保证监察工作的公平、公正和客观，监察制度具有相对独立性。教育督导机构是教育行政的组成部分，但对于教育行政部门而言，又具有相对独立性。韩国的教育理念是强调"教育的中立性"，虽然其教育部的监察是在教育部副部长的直接领导下工作，但是又具有相对的独立性。因为两者的任务是不同的。教育行政机构更多的是制定教育的方针政策与措施，研制规划、计划，宏观控制与布置任务、要求；而教育监察机构则根据国家的法律和行政部门制定的政策规定对教育行政机关与教育公务员进行监督，对下级教育行政机关和学校与教育公务员的工作进行检查、督促与扶持，采取积极的扶持政策与措施帮助下级学校及教师搞好教育工作。

第四，韩国的奖学制度颇具特色，其出发点是激励，目的是改善学习环境和教育活动，进而提高学业成就、学习效果和教育质量。教育督导用种类繁多的鼓励式的奖学来实现教师质量的提高、教育设施的完善和管理水平的提高，使下面的学校、教师等获得更多提高，使他们积极地心甘情愿地投身教育事业，以使民族的整体素质得到迅速提高。

第五，奖学活动与学科教学、教师的发展密切相关。奖学活动类型丰富，有来自教育厅主导的外部奖学活动，包括综合教育奖学、责任教育奖学、选择教育奖学、确认教育奖学、聘请教育奖学、特别教育奖学、协作教育奖学、课程教育奖学、一般教育奖学、访问教育奖学、通信教育奖学，但更多的是学校内部、学校之间开展的学校主导的奖学活动（一般统称为自律教育奖学），包括教学奖学、同事奖学、自我奖学、日常奖学、自我培训等。地区合作的奖学模型有共同促进奖学计划、交流教育信息、共同参与教育研究、各种形式的合作教育组织及活动等。

第六，奖学制度的性质和职能实现了从监督、指导性的奖学制度向帮助、咨询性的奖学制度转变。奖学制度更加重视民主、协商。教育监察与教育奖学从过去的权威性、检查性变化为指导性、咨询性的活动。咨询性奖学更多的是按照教育主办者的要求而开展，更加强调学校自发地进行自律性的奖学。奖学活动特别强调学校的自发、主动，以学校发展为主。教育督导制度发生这样的变化，主要是为了激发学校的主动性，减少监控性的督导活动，保障教育质量。

第七，奖学制度更加重视民主、协商。教育监察与教育奖学从过去的权威性、检查性变化为指导性、咨询性的活动。均衡发展的韩国基础教育促进了经济发展，也促进了政治民主化进程。同时，政治民主化运动的发展又推动教育督导方式发生了深刻变化。过去，教育督导官员被认为是威严的上司，是到下级教育机关与机构去监督检查工作的。基层认为他们是监督检查人员，是挑毛病的，有一种消极抵触情绪。随着教育民主化的进展，情况就不同了。现在的教育督导人员是基层发展教育事业的合作者、志愿者、帮助者，成为基层教育机构的朋友与导师。他们帮助学校和教师解决困难，与教师共同研究如何贯彻教育法规与教育政策，如何实施新一轮课改计划，如何提高人才培养质量。因此，教育督导的职能亦发生了变化，逐渐变成了上下协作、互相帮助去实现同一目标。

第十二章 中国香港地区教育督导与评估制度

第一节 香港地区教育评估制度的历史沿革

一、香港回归前的教育质量保证评估体系

由于英国曾对香港实行殖民统治，所以我国香港地区的教育评估制度深受英国的影响。香港在回归前学习借鉴英联邦的教育质量保证评估体系，英联邦国家和地区实行的中小学教育质量保证评估体系是一个由国家或地区层面的教育领导机构提出并实施的教育管理和评价体系。它包括学校生活的各个方面，目的是通过相关的措施，保证国家或地区的教育方针政策及具体目标的实施，确保一种牢固和稳定的教学质量。①

教育质量保证评估体系最重要的是计划和评估。一方面，学校要根据管理周期或校长任期制订学校发展计划，各校要提出符合期限的总计划，每年还要提出分步实施的目标和详细的更新

① 华山鹰：《香港教育评估：基于实证和科学测评的评价体系》，《教育导刊》2010年第3期。

计划。需要注意的是，在制订发展计划时一定要体现国家或地区对教育的要求。另一方面，质量保证只有通过内部评估和外部评估适当的结合才能取得最佳的效果。学校的内部评估就是学校评价自己在课程、成绩、教和学、给学生的支持、校风、资源、管理、领导和质量保证等方面做得如何。外部评估是由教育当局派出皇家督学或外评人员去完成，过程一般包括教师座谈会、学生座谈会、家长座谈会、业绩分析、听课、问卷调查和数据审核等。

教育质量保证评估体系的运用在香港地区持续了相当长的时间，对香港地区规范学校管理、促进学校可持续发展起到了很大的作用。但它也存在一定的局限性，主要表现在持续时间长、队伍庞大、评估范围太广、评估成本太高等。于是在回归后，香港对教育质量保证评估体系进行了改革。①

二、1997—2002 年的质素保证视学制度

1997 年 9 月，香港回归中国后，香港教育统筹委员会出版了第七号报告书，提出设立“质素②保证架构”，以便为香港的学生提供优质的学校教育。为此，香港教育局采用双管齐下的方法，制定校内质素保证措施和建立校外质素保证机制。

对于校内质素保证，教育统筹委员会建议采取下列三种措施。

第一，校本管理。校本管理是保证校内质素的最佳办法，包括：设立正式程序，厘定学校目标和评估达到这些目标的进度；拟备学校概况资料、发展计划、财政预算以及评估进度的文件；拟备校董会章程；教师、家长和校友参与学校管理、发展、计划、评估和决策工作；根据教师的需要，订立正式的考绩制度，以及提供所需资源，促进教师的专业发展。

第二，学校体系内主要成员的合作。学校体系内各成员必须

① 华山鹰：《香港教育评估：基于实证和科学测评的评价体系》，《教育导刊》2010 年第 3 期。

② “quality”一词，在内地译作“质量”，如“教育质量”；在香港特区译作“质素”或“优质”，如“质素保证视学”“优质教育”等。

精诚合作，各尽本分，教师、家长和学生要参与到校政和各项学校活动中，教育署、办学团体、校董会和校政执行委员会的各级教育机构也要明确自身的职责和关系，在发展优质教育的过程中互相配合，相辅相成。

第三，自我评估。学校每年应该进行自我检讨，评估校务进度，找出需要改善的地方，以及计划所需的跟进工作。教统会建议所有学校都应该拟备文件，扼要说明学校的长远目标、将会优先进行的计划、具体的实施目标以及校务进度，为下学年制定改善或发展目标。这些文件应向家长和学生公布。①

对于校外质素保证，教育局建议引入总体视学局模式，重组视学部门，设立“质素保证视学组”。总体视学建立在公开透明的基础之上，派出综合的视学队伍到学校做整体视察，以找出各校的优点和不足，并提出改善措施和采取适当行动，帮助表现欠佳的学校。

具体而言，“质素保证视学”的步骤共分为五个阶段。

第一阶段：视学前的安排，为期十二周。具体包括：十二周前通知学校，向学校教职工、学生、家长发调查问卷，收集分析学校文件和资料，拟订视学计划，通知视学队伍成员（15 人左右），视学前的探访和家长会谈。

第二阶段：学校视学，为期两周。具体包括：细阅学校进一步提供的文件，观察上课及其他学校活动，与校内成员讨论，抽查学生的习作，口头反馈。

第三阶段：视学后的安排，为期七周。具体包括：一周内向学校口头报告主要结果，三周内把视学报告初稿寄送学校，三至六周内学校对视学结果做出书面回应，七周内向学校发出正式视学报告。

第四阶段：学校跟进计划，没有时限。具体包括：四个月内学

① 香港特别行政区政府教育局：《教育统筹委员会第七号报告书》。http://www.edb.gov.hk/tc/about-edb/publications-stat/major-reports/consultancy-reports/edu-commission-report-7/index.html.

校制订未来发展及改善的跟进计划，校董会须监督跟进计划的执行情况，教育局按实际情况提供意见。

第五阶段：整体视学后的赏罚。具体包括：表现良好的学校会获得嘉许及表扬（含学额派位）；对持续表现不佳的学校，教育局将依据《教育条例》所赋予的权力，采取适当的行动。①

其中，校外视学的评价工具包括访谈、问卷（包括家长问卷、学生问卷和教师问卷）和课堂观察工具等。校外专家依据这些工具，对学校的教学质量进行评估。例如，对于课堂教学质量的评估，采用课堂观察记录表，不仅记录教学的优点和有待改善的地方，而且记录发现问题的过程和证据；不仅关注教师的教，而且关注学生的学。记录表的具体内容如表 12-1 所示。②

表 12-1　校外视学工具——课堂观察记录

评价指标		优点	有待改善的地方	凭证
课堂教学	教学的策划与组织			
	学习差异的照顾			
	传授技巧			
	课堂互动			
	课堂管理			
	专业知识			
	专业态度			
学生学习	学习态度			
	学习策略			
	学习表现			
任课教师自评：				
评估总结：				

① 香港特别行政区政府教育局：《教育统筹委员会第七号报告书》。http://www.edb.gov.hk/tc/about-edb/publications-stat/major-reports/consultancy-reports/edu-commission-report-7/index.html.

② 何光峰：《校外视学：香港教育质量的一种保证机制》，《上海教育科研》2013年第8期。

完善的质素保证系统必须依靠内外机制的互相配合，各自发挥优点及互补缺失。但是，香港的质素保证系统在实施一段时间之后，其效果却未能符合当初的设想。一方面，通过外控式的总体视学来保证教育质素所产生的实际效果是很有限的，且这种方式需要耗费大量的人力资源和物力资源。另一方面，在整个质素保证架构运行的过程中最薄弱的环节是学校的自我评估。的确，综观整个香港教育质素保证系统，外控的质素保证机制只能在学校的改进工作中产生短暂的作用。况且质素保证视学的影响越大，学校的校政决策自由度就越小，自我更新的能力就越低，专业问责的意识越趋薄弱。其实，每所学校都希望达到事先所预定的目标，为学生提供优质教育，而这就必须依靠内控式的"自我评估"机制。简单来说，香港优质学校教育的长远发展方向，应该走全面推行"学校自我评估"的道路。教育当局应提供更多的支援和培训课程，以期提高学校"自我评估"的能力，让全体成员上下一心，共同推动学校改革。也只有在完善的"自我评估"基础之上，校外的质素保证视学才能够取得更好的监察效果。

三、2002 年至今的教育教学表现评估制度

从 2002 年开始，香港教育统筹局在通过广泛调研和多方论证后，制定了《香港中小学校表现指标 2002》（以下简称《指标 2002》，如图 12-1 所示）①，并推行了以学校自评为主、校外评核为辅的教育教学表现评估制度。《指标 2002》提出了一整套观察和评估学校的架构及指标，并于 2003—2004 学年开始在全港公立中小学及特殊学校中推广使用。到 2007 年，全港已有 434 所中小学和特殊学校在自评的基础上接受了校外评核，极大地促进了香港中小学校的自我完善和持续发展。2007 年，香港教育局在《指标 2002》推行经验及数据分析结果的基础上，结合相关意见修订形成

① 张国华：《从视学到学校评估：香港教育质量保证机制演变的启示》，《教育发展研究》2006 年第 6 期。

了《香港中小学校表现指标 2008》，并于 2008—2009 学年开展了第二周期的学校表现评估。以学校表现为核心的教育教学评估是香港学校发展与问责架构的重要内容。学校表现评估的目的是通过全面而系统的校本评估和校外评核，分析学校发展的优势和不足，以调整学校发展的方向、目标和策略，优化学校的发展过程，提高教育教学质量，促进学校的可持续发展。

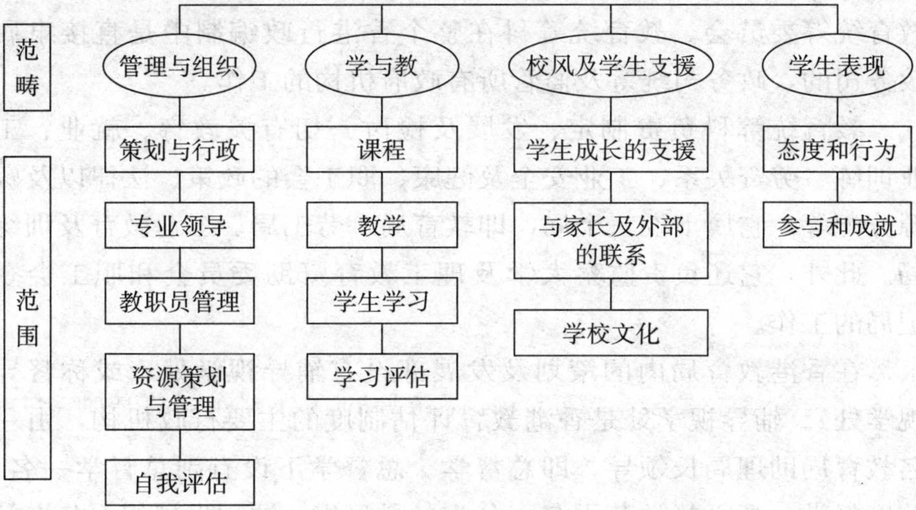

图 12-1　《香港中小学校表现指标 2002》架构

第二节　香港地区教育评估机构的设置及职能

香港特别行政区由香港岛、九龙半岛、新界组成。教育管理体制分为三级：特区级、区域级和学校一级。香港教育行政管理结构有一个很大的特点，即每级教育行政机关都有一个相应的咨询机构配合，使每项教育决策的形成和每个重要措施的推行都会经历一段时间的酝酿和意见交换。因此，香港的教育管理体制总的来说是由两部分构成的：其一是行政系统，它担负着行政决策及执行的具体管理职能；其二是咨询系统，教育咨询体系是香港政治体制设计中的有机组成部分，对行政决策及其执行起重要的参谋作用。需要指出的是，香港教育咨询机构与其行政管理机构之间并无隶属关系，这也是香港教育行政管理体制中一个非常突出的特点。

一、香港辅导视学处

在香港教育行政管理体系中，特区政府是层级最高的决策主体。教育行政管理的最高层次是教育统筹科以及有关的咨询组织教育统筹委员会。教育统筹科在整个香港行政编制中是直接隶属政务司的，政务司统筹及监管所有政府机构的工作。

教育统筹科负责制定、发展及检讨一切有关教育、就业、工业训练、劳资关系、工业安全及健康、职工会的政策、法律以及资源分配等。它属下设三个局，即教育局、劳工局、工业教育及训练局。此外，它还负责监察大学及理工教育资助委员会和职工会登记局的工作。

在香港教育局内的策划及发展部设有辅导视学处（或称督导视学处）。辅导视学处是香港教育评估制度的主要行政机构，由一名教育局助理局长领导，即总督学。总督学下设有副总督学一名，首席督学、高级督学若干名，分为各科目组、课程发展组、各专门事务组和教育电视组。香港教育局辅导视学处的机构设置如表 12-2 所示。

表 12-2　香港教育局辅导视学处机构设置

香港教育局辅导视学处	教学中心	数学教学研究中心
		英语教学研究中心
		社会科目教学研究中心
		美工中心
		理科教学研究中心
		中国语文教学研究中心
	教材中心	公民教育教材中心
		道德教育（宗教、伦理）教材中心
		性教育教材中心

具体来说，香港教育局辅导视学处下设六个教学中心，其主要职责是不断发展和改进各科课程，使之适应社会需要，确保教育局属下的学校质素能够不断提高。辅导视学处的各科督学需要经常访问各校，就课程内容、教学方法和资源运用等，向学校提出建议和指引，并为教师提供在职训练课程或研习班等。

此外，辅导视学处还下设三个教材中心，其主要职责是进行教学研究，审订教科书及有关教学资料。其中，前两个教材中心定期提供最新的资料，并举办特别展览，向教师介绍中小学推行各类公民和道德教育计划。性教育教材中心为中小学教师提供有关性教育的参考资料，就性教育的教学问题提供咨询服务，并展出教材、录像节目、幻灯片、图书、套装教具、杂志和报纸等。为了加强在中小学推行性教育，该中心还举办有关性教育的研讨会。

二、香港优质教育基金督导委员会

1997 年 10 月，香港特别行政区行政长官在施政报告中宣布设立优质教育基金，用于资助各项有助于推动香港优质教育的计划。设立基金是《教育统筹委员会第七号报告书》的主要建议之一，共获得政府 50 亿港元拨款，并在 1998 年 1 月正式设立。其主要资助属于基础教育范围内（幼稚园、小学、中学及特殊教育）值得推行的非牟利创新计划。

为了保证优质教育基金的合理使用，香港教育局成立了优质教育基金督导委员会，负责就基金的运作政策和程序向政府提供意见。督导委员会包括主席 1 人、委员 13 人、当然委员① 2 人和秘书 1 人。其中秘书处负责提供支援，在秘书处工作的都是教育局的行政及专业人员，而督导委员会主席由非政府官员担任，其他

① 当然委员是指一些有专业能力者，由部门主管人员根据上级或者委员会的主管部门建议，批准不经选举产生的委员，或者有法律规定不经选举产生的委员称为当然委员。

成员包括来自教育统筹委员会以及学界、商界和专业界的代表。

香港优质教育基金督导委员会的组织架构由三部分构成，包括评审及监察专责委员会、推广及宣传专责委员会、优质教育基金投资委员会。其组织结构如图 12-2 所示。

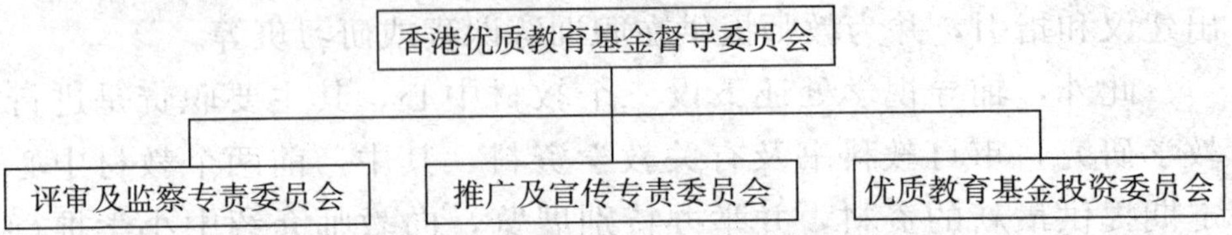

图 12-2　香港优质教育基金督导委员会组织结构

评审及监察专责委员会包括主席 1 人、委员 14 人、当然委员 3 人和秘书 1 人。其职责是：按照优质教育基金督导委员会的指引，评审优质教育基金的申请；视情况所需，按优先次序向督导委员会或优质教育基金信托人建议资助值得支持的申请、恰当的拨款额及应否在发放资助时附加任何特别条件；实地监察获资助的计划；透过审阅有关文件，监察资助计划的进度及成效。

推广及宣传专责委员会包括主席 1 人、委员 13 人、当然委员 6 人和秘书 1 人。其职责是：鉴定优质教育基金计划值得推广的意念、做法和经验；为个别或组合基金计划制定推广及宣传策略；制定全港性的策略，以提升基金在推动香港优质教育方面的形象；检讨及评鉴基金各项推广及宣传活动的成效。

优质教育基金投资委员会包括主席 1 人、委员 2 人、当然委员 3 人、秘书 1 人。其职责是：负责制定基金的投资政策，就委聘基金经理以处理部分基金的投资事宜提供意见，监察基金在本地及海外的投资活动。

总的来说，香港优质教育基金督导委员会的职权范围主要涵盖三个方面。首先，就优质教育基金的管理和运用，经由教育统筹委员会向政府提出建议，特别是就邀请各界申请拨款的程序及评审申请的指引、基金的分配准则和细节、监管及运用基金的政策、支付款项的常行程序等提出建议。其次，监管基金的运作，包括审核拨款申请并就应否批准申请向基金委托人提出建议，监管优质教育基金秘书处的运作，检讨受基金资助的计划成效等。再次，就一些日常事宜向教统会提供意见，包括利用优质教育基金全面提高学校教育质素的整体策略、推介受基金资助的计划的良好做法和经验、教统会为推广优质教育而进行的研究或创新计划等。

三、香港考试及评核局

香港考试及评核局简称“考评局”，前身为香港考试局，是香港专责安排及统筹考试的部门。香港考试局于 1977 年 5 月成立，其财政来源主要来自政府。1981 年，考试局正式成为财政独立及自负盈亏的独立法定机构。为更有效反映其角色及工作，考试局于 2002 年 7 月正式更名为香港考试及评核局，以显示其除了继续主办原有的考试外，亦十分重视推行促进学习的评核工作。考评局主要筹办小学、中学以至大学入学程度的考试及评核，同时亦举办多项国际及专业资格考试。它致力于举办高质素的考试及评核服务，并由训练有素的专业团队提供各种相关服务。

考评局的组织架构分为管理层、委员会和秘书处。管理层包括主席、副主席各 1 人，全部由政府委任，任期一般为 3 年，人选通常来自商界的专业人士、教育界或学校校长等。委员会是考评局的监管组织，辖下设有多个委员会，在不同范畴为考评局提供协助及意见。委员会由 17 名委员组成，包括 6 名当然委员及 11 名委任委员，其成员由特区政府行政长官委任，主要来自中学、高等院校、课程发展议会、职业训练局及教育局，同时亦有工商及专业界人士。秘书处由 1 名秘书长和 1 名副秘书长，共聘用约 380 名全职人员为公众服务，负责处理考评局委员会及其辖下事务委员会的工作。在每年的考试季度，考评局聘用接近 8 000 名工作人员，担任试卷拟题员、审题员、阅卷员、校对员、题目核分员、口试考官及监考员，其中大部分为中学及大学的资深教师。

考评局以成为世界知名的考试及评核服务机构为目标，其职责是迎合教育及社会的需要，以专业、创意与成效兼备的方式提供有效度、信度和公平的考试及评核服务。考评局始终按照三个指导原则进行管理与运作：投放资源提升员工潜能，尽力满足服务对象合理的要求，努力维护本局颁授的资历及服务的专业水平。

考评局一向重视与服务对象的联系，持续改进考评实施及科技，力求为考生提供最佳的考试及评核环境，让他们能充分发挥各自的真正实力。2007 年，考评局于公开考试引入网上评卷，以提升评卷质素。这不仅能即时监察评卷过程，亦能就考生表现提供更详细的分析。考评局在湾仔、荔景及荃湾设立了三个评核中心，提供 1 000 台电脑供阅卷员使用，进行网上评阅答卷。

第三节　香港地区教育督导与评估的类型、内容和过程

一、类型

香港教育评估制度采用学校自我评估与校外评核两种方式进行，其中以自我评估为主，校外评核为辅。学校自我评估每年一次，校外评核每六年一次（第一周期的校外评核是每四年一次）。

（一）自我评估

自我评估（简称自评）是香港教育评估制度的主要方式，是促进学校自我完善和持续发展的重要环节，也是香港中小学校实施校本管理的重要措施。学校自评主要采用全校参与、以调查和反思为主的方式进行，由学校的教师去检视、分析及讨论学校各方的工作和效能，从而了解学校的强处及弱点。自我评估结束后，学校管理人员对评估量表和评估数据进行分析，并向全校教职员工及与学校有关的其他成员反馈评估信息。学校自我评估主要关注三个核心问题：我们现在的情况怎样？我们怎样可以知道？我们将会做什么？具体问题如图 12-3 所示。①

① 彭新强：《香港学校质素保证机制的发展》，《教学与管理》2003 年第 10 期。

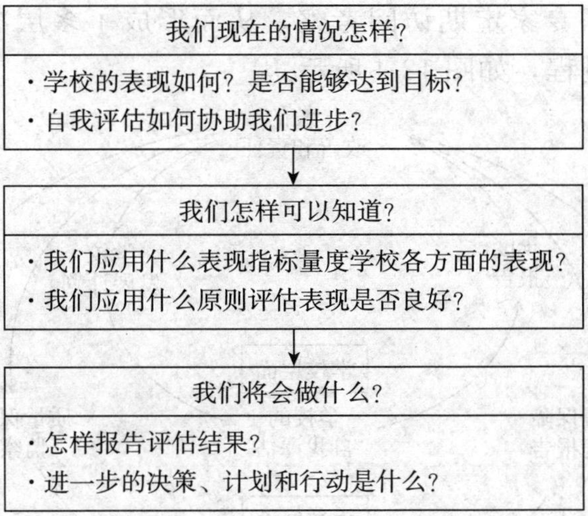

图 12-3　学校自我评估的三个核心问题

完善的自我评估对学校改进起到了重要的促进作用：使学校厘清目标，增强协作，迈向正确发展道路；将学校的努力集中在重点事项，不白费功夫；增进行政人员、教师、家长及学生的沟通；协助学校精简机构，改进合作程度；辨识弱点，使有关人士能提供适当协助；建立高效率的决策架构和程序；为学校的每个人提供一个公开的平台，让每个人能够参与讨论共同关心的议题并交换意见；增强学校成员的满足感及能为学校改进而做出贡献的自豪感；提升教职工对学校内外环境的警觉程度并时刻意识到转变的需要；向家长、社区人士和公众发表学校各方面的成就。

（二）校外评核

校外评核（简称外评）是在学校自评的基础上进行的，由香港教育局组织外评专家组对学校的自评结果及相关情况进行评核。外评的目的在于核实学校的自评工作及有关数据，帮助学校发现优势和发展潜能，找出学校存在的问题或有待改善的工作。① 一般而言，校外评核的时间持续 4—5 天。校外评核结束后，特区政府

① 吴金财：《香港中小学校教育教学表现评估之述评》，《教育测量与评价》（理论版）2010 年第 3 期。

也会邀请外国专家定期访问考察，从而形成了多层次的自我评估和外部督导过程，如图 12-4 所示。①

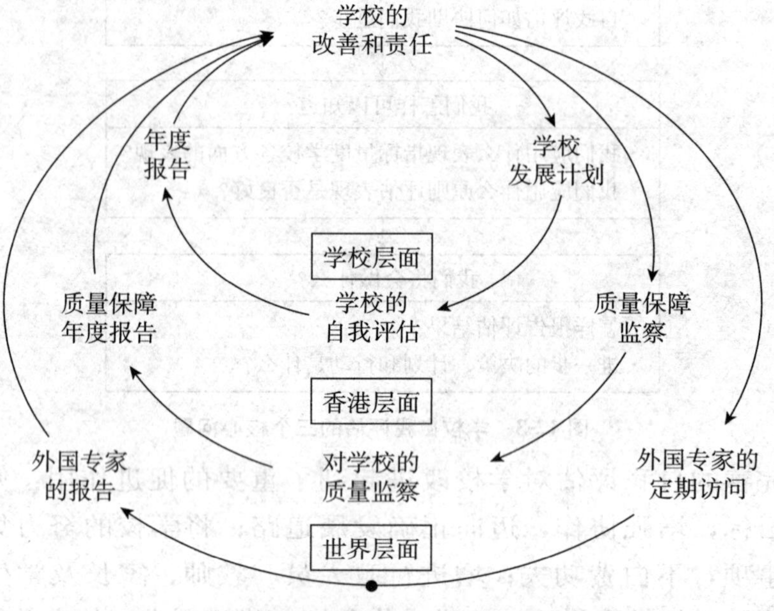

图 12-4　多层次自我评估和外部督导的过程

二、评估内容与指标

（一）评估内容

为了给学校提供更加量化及客观的评估方法，香港教育局开发了学校表现评估架构，弥补以定性为主的现有指标体系的不足。具体而言，香港中小学校的表现评估架构共有 21 项内容，如表 12-3 所示②，分为管理与组织、学与教、校风与学生支援、学生表现四个方面，每个方面又有详细的评估指标。学校可以根据校本

① 赵丽娟：《香港学校教育质量保障机制、特点及其启示》，《基础教育参考》2013 年第 9 期。

② 何穆彬：《香港教育评核的方法、特点及其对优化内地基础教育质量监测与督导制度的启示》，《考试研究》2012 年第 2 期。

需要，定期进行持分者①问卷调查，鼓励他们参与学校的发展。此外，学校表现评估架构也可以作为汇报与考核学校表现的重要资料，教育局在收集和分析大量的学校表现评估数据之后，研制中小学校适用的表现评估参考标准。参考标准不仅能够帮助学校开展自我评估，协助学校诠释评估数据，也有助于教育局检查教育措施的成效，掌握学校的发展现状，从而为学校提供适切的支援。

表 12-3　香港中小学校表现评估架构

管理与组织	学与教	校风与学生支援	学生表现
1. 持分者对学校管理的观感。 2. 持分者对专业领导的观感。 3. 持分者对教师专业发展的观感。	4. 实际上课日数。 5. 学习领域的课时百分比。 6. 持分者对课程和评估的观感。 7. 持分者对教学的观感。 8. 持分者对学生学习的观感。	9. 持分者对学生成长支援的观感。 10. 持分者对学校气氛的观感。 11. 毕业生的出路。 12. 持分者对家校合作的观感。	13. 学生对学校的态度。 14. 初中生入学前香港学科测验成绩。 15. 全港系统性评估成绩。 16. 公开考试成绩。 17. 学业增值表现。 18. 参与全港校际比赛的学生百分比。 19. 参与制服团体或社会服务活动的学生百分比。 20. 学生出勤率。 21. 处于可接受体重范围的学生百分比。

（二）评估指标

《香港中小学校表现指标 2008》是香港当前教育评估制度中重要的评价指标和参考标准，也是香港中小学校和教育局检视学校发展工作的共通平台。《香港中小学学校表现指标 2008》包括范畴、范围及表现指标三个层面，类似于内地学校评价体系的一级、二级和三级指标。

---

① 持分者，即利害关系人（stakeholder），用以形容与学校福祉和表现有直接关系的人士，他们的判断源自自身的利益。

该指标体系下设四个范畴，之下分为八个范围，范围之下共有 23 个表现指标，如图 12-5 所示。① 由于各个学校的发展程度不同，学生背景也存在差异，因此，学校在运用该指标进行教育评估时应当遵循发展性的原则，香港教育局也根据教育趋势和学校发展的状况适时调整学校表现指标。

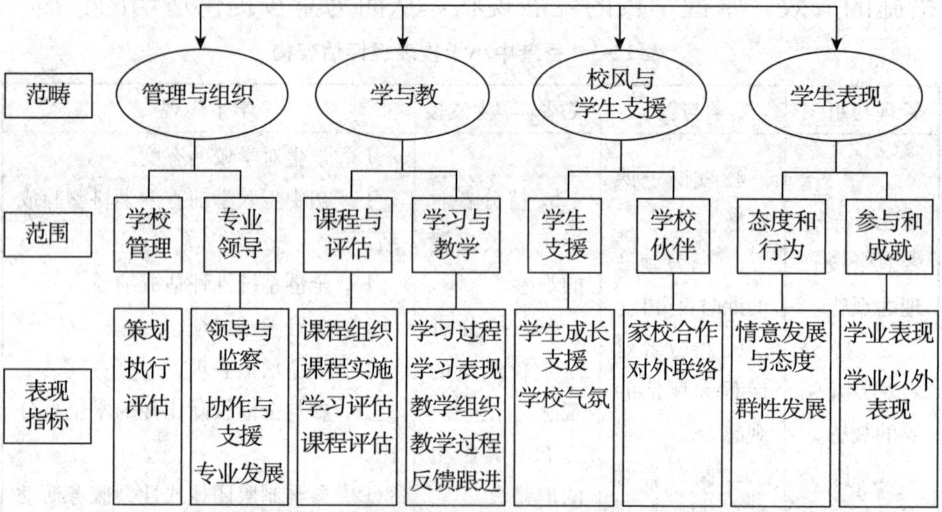

图 12-5　《香港中小学校表现指标 2008》架构

在进行学校表现评估时，学校或外评专家在《香港中小学校表现指标 2008》的架构下，收集和分析相关信息及资料，形成学校表现评量，并对学校相关工作进行评估和描述，最终根据学校在各指标上的表现，把学校工作的总体业绩分为优异、良好、尚可和欠佳四个层次。各学校可以此为参考，结合自身所处发展阶段，制订切实可行的发展计划。此外，该指标针对各表现，设计了相应的关键问题，以帮助学校反思工作成效，确定自己的等级。

① 何穆彬：《香港教育评核的方法、特点及其对优化内地基础教育质量监测与督导制度的启示》，《考试研究》2012 年第 2 期。

三、评估过程与方法

（一）评估过程

香港教育评估制度主要采用学校自我评估和校外评核两种方式进行，不同的评估方式其评估程序也是不同的。

1. 自我评估的基本程序

第一，制订学校发展规划，包括学校办学目标、实施策略及学校重点发展项目等，一般会形成《学校三年发展规划》报告。

第二，确定学校年度评估的重点表现指标及目标达成标准，并编制学校各部门工作计划。学校要结合本校实际和发展规划，确定评估重点，学校可以根据全部指标进行评估，也可以选取部分指标做重点评估。这个阶段一般会形成《学校周年工作计划》报告。

第三，制订评估计划，包括确定重点评估的范围或表现指标、实施时间、组织者、实施者、评估方法、评估报告的运用方法等。

第四，收集数据，完成学校表现评量。学校要选择适当的评估方法，利用自评工具收集数据、分析数据和处理数据，形成学校表现评量结果。

第五，撰写评估报告。在这个阶段，评估者要根据学校的评估事实及相关数据，就学校、教师和学生的表现提供公平、准确和客观的信息及评价，以反映学校的表现和成就；分析并反思学校发展规划、部门工作计划所列目标和重点项目的落实情况，预估学校的发展趋势；结合问卷调查结果，综合教师、家长和学生的意见及其他相关评估资料，对学校表现结果做出结论。

第六，反思与改进。完成自评报告并不是学校自我评估的终结，而是下一轮自我评估的开始。要达到自我完善的目的，学校必须有持续反思与改进的过程，并通过对校外评核结果的分析，掌握学校的发展态势及成败原因，在此基础上，确定下一学年的表现目标、改进措施，以及学校的发展重点和发展规划。

2. 校外评核的基本程序

第一，听取学校的自评报告及相关情况介绍，包括自评报告、学校表现评量和持分者问卷调查结果等。

第二，观察学校和师生活动，包括视察学校及小区的环境和设施，观察课堂学习活动，观察课间休息、午膳、课外活动等情况，观察资源角、展板等，抽样观察几名学生一整天的校园生活等。

第三，查阅学校文件和检视学生习作，包括计划书（如周年校务计划、教师专业发展计划、学科组工作计划等）、手册或守则（如学校规章与程序手册、学生手册、教师手册、课程及教学指引等）、记录（如教职员会议记录、学科组活动记录、教职员培训记录等）、检讨报告（如周年报告、课程及科组工作年度报告等）、与教学及学习评估有关的文件（如教学计划及进度表、学校校历、作息时间表、课程表、测验和考试试卷及评分参考、成绩报告表等）、其他文件（如校董会章程、致家长的函件、图书馆藏书及借阅记录、学校网页等），以及学生的家课、作业和各种作品或成果等。

第四，讨论座谈和问卷调查，包括与校董会成员、校长、副校长、部门主任、学科主任、教师和其他教职员工（包括工友）、驻校社工、家长、学生及校友讨论和座谈，并向教师、非教学人员、专职人员、家长及学生进行问卷调查等。

第五，总结反馈。由专家组展开讨论、撰写评估意见或报告，并根据结果给出评估反馈与建议。①

（二）评估方法

由于各个学校的实际情况不同，学校在自我评估的过程中所使用的方法不尽相同。对于校外评核而言，常用的方法大致有以下三种：一是审阅学校的文件，二是观察学校的人和事，三是与持分者座谈。评估方法体现了“实证”这一显著特点，特别是在观察时运用了“影随”的方法，“影随”即从学生一入校门开始跟随学生参与学校一切活动，直至下午离校。同时，校外评核也在了

① 吴金财：《香港中小学校教育教学表现评估之述评》，《教育测量与评价》（理论版）2010年第3期。

解持分者态度时运用了多种无记名的问卷，这些都为外部评估人员了解学校的真实情况提供了条件。

（三）评估工具

为了满足学校自我评估以及校外评核的需要，香港教育局在现有评估制度的基础上研制出了一系列方便快捷的评估工具及数据系统，使评估过程及评估结果更加系统化和专业化。

1. 持分者调查问卷

根据指标体系，香港教育局设计了一套经过验证的调查问卷，以方便学校有效收集持分者的意见，帮助学校进行自评估。问卷主要涵盖的范围如表 12-4 所示，共包括管理与组织、学与教、校风与学生支援三大范畴，学校管理、专业领导、课程和评估、学生学习和教学、学生支援、学校伙伴六个范围。① 不同持分者所答的问卷并不完全一致。关于“学生表现”范畴的数据一般不需要通过问卷调查获取，学校也可以按照校本自评的需要安排调查频次。为配合学校的发展周期，学校可在每个发展计划结束前进行问卷调查，以评估学校发展计划的成效。此外，学校还可以利用“学校发展与问责”数据电子平台进行问卷调查，以减少学校收集及处理问卷数据的工作量。完成问卷调查后，学校可运用数据电子平台制作持分者问卷报告，并根据报告的结果对学校的发展现状做出准确客观的评定。

表 12-4　持分者问卷调查的对象

范畴	范围	调查项目	问卷		
			教师	学生	家长
管理与组织	学校管理	持分者对学校管理的观感	√		
	专业领导	持分者对专业领导的观感	√		
		持分者对教师专业发展的观感	√		

① 何穆彬：《香港教育评核的方法、特点及其对优化内地基础教育质量监测与督导制度的启示》，《考试研究》2012 年第 2 期。

续表

范畴	范围	调查项目	问卷		
			教师	学生	家长
学与教	课程和评估	持分者对课程和评估的观感	√		
	学生学习和教学	持分者对教学的观感	√	√	
		持分者对学生学习的观感	√	√	√
校风与学生支援	学生支援	持分者对学生成长支援的观感	√	√	√
		持分者对学校气氛的观感	√	√	√
	学校伙伴	持分者对学校合作的观感			√

2. 学生情意及社交表现评估套件

情意及社交表现评估套件是香港教育局为学校提供的另一项用于自我评估的工具，它能够帮助学校取得有关数据，进行自我评估，使自评结果更加客观和准确。该套件一共包含八套小学生适用（小学三年级至小学六年级）和十一套中学生适用（中学一年级至中学七年级）的量表。小学适用的八套问卷量表分别是自我概念、人际关系（社交技巧及不恰当自表行为）、人际关系（交际能力）、归因、学习态度、解难技巧、对学校的态度（学校生活的质素）以及价值观（操行、和谐的人际关系、良好行为），见表12-5。① 中学适用的十一套问卷量表分别是自我概念、心理健康（测验焦虑）、人际关系（社交技巧及不恰当自表行为）、人际关系（交际能力）、学习策略、对学校的态度（学校生活的质素）、价值观（操守、对社会和谐的重视、公民义务）、价值观（社会进步的诉求）、领导才能、人生目标、对事业的期望，见表 12-6。②其中前六套量表适用于中学一年级至中学七年级，后五套量表仅适用于中学六年级至中学七年级。学校可以利用该平台，使用这套工具测评整体或群组学生在情意及社交方面的表现。学校有专门的教

①② 何穆彬：《香港教育评核的方法、特点及其对优化内地基础教育质量监测与督导制度的启示》，《考试研究》2012 年第 2 期。

师或职能部门负责该评估套件的使用，参考使用该套件所得的数据及其他数据，深入了解及分析校内学生在情意及社交方面的表现，讨论需要改善的地方，从而出台适当的改进计划及措施。

表 12-5　小学适用的情意及社交表现评估套件

问卷量表	目的	适用年级
自我概念	找出学生自我概念两个方面的表现。	小三至小六
人际关系（社交技巧及不恰当自表行为）	找出学生在与人相处时社交技巧及不恰当自表行为的多少。	小三至小六
人际关系（交际能力）	度量学生的交友能力。	小三至小六
归因	对于学生把学业成败归因于个人能力、付出的努力、技巧的运用或运气的倾向，提供一个概述。	小五至小六
学习态度	度量学生对学习的兴趣及好奇心。	小三至小六
解难技巧	找出学生运用解难策略的情况。	小三至小六
对学校的态度（学校生活的质素）	提供一个反映学生学校生活质素的整体指数及反映学生整体满足感、疏离感、师生关系、成就感、学校习作的重要性、认同感及自尊感的指数。	小三至小六
价值观（操行、和谐的人际关系、良好行为）	反映学生在操行、和谐的人际关系及良好行为方面的价值观。	小三至小六

表 12-6　中学适用的情意及社交表现评估套件

问卷量表	目的	适用年级
自我概念	度量青少年自我概念的六个范畴。	中一至中七
心理健康（测验焦虑）	度量影响学业表现的焦虑，找出个别差异。	中一至中七
人际关系（社交技巧及不恰当自表行为）	找出学生在与人相处时社交技巧及不恰当自表行为的多少。	中一至中七

续表

问卷量表	目的	适用年级
人际关系（交际能力）	从学生之间的友谊及关系度量他们的交际能力。	中一至中七
学习策略	找出学生运用三种学习策略的情况。	中一至中七
对学校的态度（学校生活的质素）	提供一个反映学生学校生活质素的整体指数及反映学生整体满足感、疏离感、师生关系、成就感、学校习作的重要性、认同感及自尊感的指数。	中一至中七
价值观（操守、对社会和谐的重视、公民义务）	反映学生在操守、社会和谐及公民义务方面的价值观。	中六至中七
价值观（社会进步的诉求）	反映学生对社会进步的诉求方面的价值观。	中六至中七
领导才能	度量学生的领袖才能。	中六至中七
人生目标	反映学生对未来的人生目标。	中六至中七
对事业的期望	反映学生对未来事业的期望。	中六至中七

（四）评估平台

为了保证教育评估的顺利实施，香港教育局在现有评估工具的基础上开发出了学校增值资料系统和“学校发展与问责”数据电子平台，使现有的评估程序更加简单、快捷。

1. 学校增值资料系统

学校增值资料系统包括了全香港各学校的自评估数据和增值资料，该系统是由香港教育局开发的一个网络化的计算机系统。各学校可以通过香港教育局分发的网络账号，在线获取本校和全香港学校的自评估数据和增值资料。同时，可以利用该系统提供的统计分析工具，确定本校在全香港的排名，编制本校的增值报告，分析并找出增值模式，探讨增值模式的成因，检查学与教的成效，制订及推行跟进计划，进行自我完善。

2. “学校发展与问责”数据电子平台

“学校发展与问责”数据电子平台，是香港教育局开发的一个“一站式”自评估数据在线管理系统。该系统协助学校收集和管理自评估数据，包括进行网上持分者问卷调查、学生情意及社交表现评估、分析自评估数据和制作相关的报表等。同时，该平台有助于学校通过简单的程序，向香港教育局提交学校表现评估数据及持分者问卷调查数据等，以协助教育局制作学校表现评估参考数据。

四、报告与结果

（一）评估结果

自评和外评的结果分为优异、良好、尚可和欠佳四个等级及相应的文字描述。各等级评估标准为：“优异”，即学校在有关方面的表现以优点为主，基本能达到预期目标，成效显著，并可作为成功经验推介；“良好”，即学校在有关方面的表现优点多于缺点，并向着预期目标稳步发展，成效明显；“尚可”，即学校在有关方面的表现优点与缺点参半，学校朝向预期的目标发展，工作渐见成效；“欠佳”，即学校在有关方面的表现以缺点为主，成效不明，未能达到预期的目标，须及时做出整改和完善。通过学校自我评估及校外评核所得到的评估结果将会对学校未来的定位与发展产生非常重要的影响。

对于外评报告而言，其撰写格式有统一的规范，长度通常为15页左右，约15 000字，一般分为五大板块。第一部分是简介，主要介绍本次评估工作的概况及所使用的方法，并简要说明学校的基本情况。第二部分是学校的自评工作，即评价学校开展自评工作的情况和成效。第三部分是学校表现，按照《香港中小学校表现指标2008》中的四大评估范畴，分细项评价，既总结成绩，又指出不足。第四部分是总结，综述学校的主要成绩，并指出今后改正及努力的方向。第五部分是附录，即在外部评估结束后两个月内，向学校发出书面评估报告的初稿，学校组织教师阅读提出意见，整理后向教育局进行反馈。

（二）结果应用

在《香港中小学校表现指标 2008》的架构下，学校和外评专家组将参考各等级评估标准，结合学校的实际情况及表现，分析并判断出学校相关表现指标所在的等级，从而提出切实可行的整改意见和发展建议，以促进学校的自我完善和持续发展。起初，学校表现评估需要逐项评出等级，再加上文字描述，评估结果将公布在香港教育局的网站上。后来，为了减轻学校和教师的压力，防止评估结果被不恰当使用，评估结果不再逐项评定等级，而只使用文字描述，结果也不在教育局的网站上公开。但是，为了提高学校工作的透明度，学校须每年向持分者汇报学校自我评估的数据资料，包括学校自评报告、周年报告、持分者意见问卷调查数据等，以便持分者了解学校的发展现状及其教育教学质量与效能。外部评估结束后，学校也要及时向持分者反馈外评情况。

第四节　香港地区教育质量检测体系

一、国际教育质量评估对香港的影响

在全球化浪潮中，教育国际化逐渐成为教育发展的主流，而教育国际比较对教育国际化来说不可或缺，其主要方式便是近年来兴起的国际大规模教育评估。目前，国际大规模教育评估在基础教育领域主要有三大项目。第一，由经济合作与发展组织主办的“国际学生评估项目”（Program for International Student Assessment，简称 PISA），测试临近义务教育尾期学生（15 岁左右）的阅读、科学、数学素养。每三年循环一次，九年为一个周期，每届主测一个素养。第二，四年一届的“国际中小学生数学与科学素养发展评估项目”（Trends in International Mathematics and Science Study，简称 TIMSS），测试四年级与八年级学生的数学与科学素养。第三，五年一轮的“国际小学生阅读素养发展评估项目”（Progress in International Reading Literacy Study，简称

PIRLS），测试四年级学生的阅读素养。

以 PIRLS 为例，从 2001 年到 2011 年，香港共参与了三届 PIRLS 测试，图 12-6 展示了香港在三届 PIRLS 评估中部分项目的得分情况。① 从图 12-6 可以看出，在连续三届的 PIRLS 测试中，香港学生的成绩在不断提升，这样的结果对于公众来说是振奋人心的，对于教育发展尤其是教育改革来说同样具有重要作用。的确，世界大规模教育评估无疑会影响教育政策的制定、实施与完善，同时也是检验教育政策与教育改革的试剂。

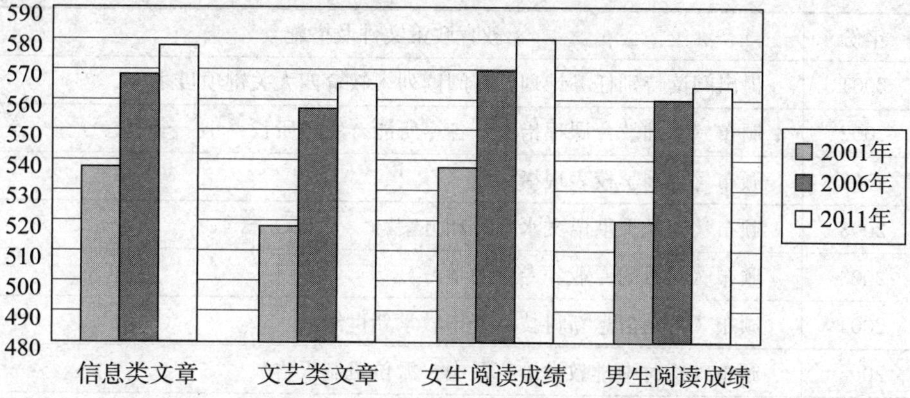

图 12-6　香港在三届 PIRLS 评估中部分项目得分情况

在 2001 年的 PIRLS 测试中，香港学生的平均得分为 528 分，在参与评估的 35 个教育体系中排名第 14 位，这样的测试成绩并不理想。评估结果公布后，特区政府随之制定了相关的政策以提高学生的阅读水平。针对香港学生在 2001 年 PIRLS 测试中欠佳的成绩，特区政府于 2003 年 6 月颁布了《提升香港语文水平行动方案》，2005 年 12 月颁布了《检讨中学教学语言及中一派位机制报告》，2008 年为非华语学生设立了中国语文补充指南。此外，为推广阅读，香港教育统筹局从 2004 年起推行了一项为期两年的实验计划和香港教育城举办的阅读大使计划。2009 年，香港教育局课程发展处还编制了《亲子阅读乐趣多》的小册子，旨在帮助家长

① 余倩、俞可：《试论国际大规模教育评估的政策影响力——以香港国际小学生阅读素养发展评估项目为例》，《世界教育信息》2013 年第 4 期。

与学校积极合作，按照孩子的成长阶段来培养其阅读兴趣及能力，并使其由家长伴读逐渐发展到独立阅读。特区政府通过教育政策的完善，转变了阅读观念，明确了课程目标，最终促成了学生阅读素养的提升。特区政府还希望学生毕业后能够使用中英两种语言阅读，将阅读素养的提高作为促进终身学习的关键手段。表 12-7 列举了特区政府 2001—2010 年颁布的主要教育政策文件及采取的教育措施。①

表 12-7　香港特区政府 2001—2010 年颁布的主要教育政策文件

年份	教育政策文件及措施
2001	提出阅读特别任务计划，将阅读列入教育四大关键项目之一。
2002	颁布《基础教育课程指南：各尽所能，发挥所长（小一至中三）》。
2002	颁布《香港学校表现指标》。
2003	颁布《提升香港语文水平行动方案》。
2003	颁布《学习的专业、专业的学习》。
2004	颁布《善用信息新科技　开拓教学新世纪》。
2005	颁布《检讨中学教学语言及中一派位机制报告》。
2006	成立教师工作委员会，检视教师压力。
2008	推行十二年免费教育。
2009	颁布《亲子阅读乐趣多》。
2010	微调教学语言。

另外，世界大规模教育评估也使参与其中的各教育体系逐渐意识到定期检测自身教育质量的重要性与必要性，进而推动了区域评估，并由此提升了教育质量检测水平。在 2001 年和 2006 年的 PIRLS 测试之后，香港教育统筹局分别在 2004 年和 2007 年展开了两次大规模区域性教育评估，主要调查香港小学四年级学生中英文双语阅读素养，以及学校为提高阅读教学质量所采用的方法和

① 余倩、俞可：《试论国际大规模教育评估的政策影响力——以香港国际小学生阅读素养发展评估项目为例》，《世界教育信息》2013 年第 4 期。

策略等。

其实，为了对学生的学习成绩和教育质量进行定期评估和检测，香港教育统筹委员会早在2000年《终身学习·全人发展——香港教育制度改革建议》中就提出设立中文、英语、数学的基本能力评估。基本能力评估包括“全港性系统评估”和“学生评估”两部分。

二、全港性系统评估

全港性系统评估是除了中考和高考之外最具权威的一项教育评估体系。该评估是香港教育的风向标，它的目的主要有两个方面。一是为特区政府和学校提供全港学生中文、英文和数学学习水平的信息，以便政府为有需要的学校提供支持，以及监察教育政策执行的成效。二是了解各学校中、英、数三科的教学水准是否达到基本水平，促使学校结合评估数据与学校发展的需要，制订改善教学和优化课程设计的方案。全港性系统评估的主要形式为纸笔测验，此外还有说话评估。其中纸笔测验面向全体参加测试的学生，说话评估则是从参加系统评估的学校中抽样选取学生。自2008年起，系统评估开始采用网上评卷系统，评估科目包括中国语文、英国语文和数学，分别在小学三年级、小学六年级和中学三年级的学习阶段完结时施行。评估的具体内容和时间如表12-8所示。①

表 12-8　全港性系统评估的科目、内容及时间表

科目	内容	小学三年级	小学六年级	中学三年级
中国语文	阅读、写作、聆听	85 分钟	115 分钟	140 分钟
英国语文	阅读、写作、聆听、说话	45 分钟	80 分钟	90 分钟
数学	代数、量度、图形与空间、数据处理（只适用于中学三年级学生）	40 分钟	50 分钟	65 分钟

① 何穆彬：《香港教育评核的方法、特点及其对优化内地基础教育质量监测与督导制度的启示》，《考试研究》2012年第2期。

评估结束后，其反馈形式是各类报告，包括学校报告、题目分析报告（以卷别为序）、题目分析报告（以基本能力为序）、三份补充报告和学生基本能力报告等，具体反馈内容如表 12-9 所示。公众及政府可参考报告中全港性层面的评估数据，参加评估的学校可获该校的评估数据。但是报告不会显示个别学生的成绩，也不可用于学校之间和学生之间的比较，每校评估数据只限该校参阅。

表 12-9　全港性系统评估的反馈形式及反馈内容

反馈形式	反馈内容
学校报告	显示全港及学校在中、英、数三科的基本能力水平表现。
题目分析报告（以卷别为序）	显示学生在各科各分卷的表现。
题目分析报告（以基本能力为序）	显示学生在各科中各项基本能力的表现。
补充报告一、二	参与“融合教育”计划的学校另外收到“补充报告”版本。报告数据不包括有不同学习需要的学生及有特殊学习需要的学生。
补充报告三	追踪学生在不同学习阶段的表现。
学生基本能力报告	全港学生达标的总结、比较，解释中、英、数三科达到基本能力及表现良好的学生的情况和范例。

三、香港学生评估系统

香港学生评估系统是一个由政府免费提供给各学校及学生的系统，该系统主要是为小学一年级至中学三年级程度的中、英、数三个科目而设。学校和教师可以根据学生的学习需要和进度，配合校内的评估机制灵活运用，从而提高学生的学习成效。学生评估系统的特色在于：设有网上的中央评估库；设有网上评估活动；由计算机系统评核学生的表现，并提供评估报告，供教师参考；网上评估的题目将根据各学习阶段的基本能力拟订。同时，为了减少教师的工作量，便于管理，测验以计算机辅助学生进行，学生只要上网参与考核，就可以在任何时间、任何地点获得自己的成绩。目前，该系统已经增加了互动自我调整模式，计算机可以根据学生的进度及能力，从题库中选定合适的试题进行测试。分数的记录及分析也将完全自动化，便于管理及使用。

香港学生评估系统原本的设计只涵盖基本能力，后来为方便教师使用，以应对不同学生的学习需要，政府将它发展成为一个“促进学习评估资源库”，并逐步开发出相应的支持学与教的材料，供教师使用。学生评估系统自 2003 年 6 月推出，它是帮助教师了解学生是否达到课程基本要求的一套附加工具，所以并未规定所有学生都需要使用，也未规定一年使用多少次，学校可以根据教学计划、学校设备、学生需要等情况自行安排。①

第五节　香港地区教育评估队伍建设

一、类型与规模

随着香港教育评估制度的不断发展和完善，其队伍建设也在不断壮大。从类型上来看，香港教育评估的组成人员分为两个部分：参与学校自我评估的人员和参与校外评估的人员。

（一）谁来参与学校自我评估

在回答这个问题之前，我们首先必须要问：第一，谁最了解学校的现况？第二，谁最能维持学校的长处或者最能克服学校的缺点？第三，谁最能肩负起改善学校的责任？当然，以上的答案是本校的行政人员、教师、学生和家长等。实际上，全校的每一分子都应该积极参与到学校的自我评估中去，一个公开、公平和民主式的参与，能使学校的自我评估发挥更加有效的作用。

具体而言，推行参与式自我评估必须具备以下三项基本条件：良好的沟通、广泛的投入和有参与决策的机会。若学校有良好的沟通系统，家长、教师和学生就可以多方交换意见和资料，而不

① 何穆彬：《香港教育评核的方法、特点及其对优化内地基础教育质量监测与督导制度的启示》，《考试研究》2012 年第 2 期。

是只限于由学校发家长信和通知书等。同时，推行自我评估需要全体人士广泛和积极的参与，无论在学校或在家里，家长、学生及教师都可以对学习的过程做出贡献。若能简单地用问卷来征询他们的意见，同样也可以起到积极参与的作用。此外，参与式的自我评估能够促使学校不断改进，若全体人士都能参与自我评估并拥有参与决策的机会，这将有助于提高自我评估的成效。当然，评估本身也是一个学习的过程，参与者同样能在评估的过程中学习、成长并协助日后决策的施行，若学校有关人士能参与决策，提供适当的资料和意见，将会有效提高决策的力度和评估的质素。①

（二）谁来参与校外评估

香港地区的教育评估以往主要是由政府来主导，但是随着教育的发展和社会群体力量的壮大，越来越多的校外人士开始加入到教育评估中来。毋庸置疑，各个学校的自我评估主要都是由本校的校长、教师、学生和家长完成的，而在校外评估中，外评专家一般都会邀请知名的专家学者、一线管理人员（如校长、副校长、部门主任、学科主任等）及教育局官员等来共同担任。外部评估队伍的人数按学校的情况弹性安排，一般由 4—5 人组成，其中教育局质素保证部门的外评人员 3—4 人、前线教育工作者 1 人，具体安排如表 12-10 和表 12-11 所示。② 换言之，这种校外评估已经逐渐从学校向政府负责的过程，慢慢转变成一种由行业人士参与的问责制度。

表 12-10　小学外评队伍驻校人数及日数安排

班级结构	外评队伍组合及驻校日数
少于 12 个班	4 人 4 日
12—18 个班	5 人 4 日
多于 18 个班	5 人 5 日

① 彭新强：《香港学校质素保证机制的发展》，《教学与管理》2003 年第 10 期。

② 香港特别行政区政府教育局：《校外评核：学校资讯》。http://www.edb.gov.hk/attachment/tc/sch-admin/sch-quality-assurance/sda/esr/esr-info_for_sch_2013_tc.pdf.

表 12-11　中学外评队伍驻校人数及日数安排

班级结构	外评队伍组合及驻校日数
少于 9 个班	4 人 4 日
9—14 个班	5 人 4 日
多于 14 个班	5 人 5 日

二、评估队伍专业化保障机制

首先，参与学校自我评估的校长和教师要不断地提升自身专业素质。其次，香港教育局对参加校外评估的人员提出了明确的资质要求。其中，外评人员的任职资格是必须持认可的大学及以上学历，具有 4 年或以上大学毕业后的教学经验，已接受师资培训，已接受视学人员培训。前线教育工作者的任职资格是学校校长或副校长，且已接受视学人员培训。值得注意的是，香港教育局十分重视对评估人员的培训，参加校外评估的人员必须参加严格的视学培训，合格后才能加入视学队伍。另外，外部评估人员还必须遵守下列原则：以学生利益为重；专业、客观地核实学校的自评表现；注意保密；清晰、坦白地与学校沟通；诚实公正，诚恳友善。

第六节　分析与讨论

香港的教育评估制度充分体现了“以人为本，和谐发展”的先进理念。这里的“发展”可以理解为学生“学”的发展、教师“教”的发展、学校“管”的发展和教育行政部门“评”的发展。同时，在这环环相扣的发展过程中，香港地区的教育评估制度逐渐形成了自身的特色。

一、评估内容全面化

从《香港中小学校表现指标 2008》的内容和结构可以看出，

香港中小学校教育教学表现评估包括“管理与组织”“学与教”“校风与学生支援”“学生表现”4 个范畴 8 个范围共 23 个表现指标，涉及中小学校教育教学及学校管理与发展的方方面面。不过，香港学校表现评估的核心内容是学生的表现，即学校教育教学的成果，包括学生的态度和行为、学生的参与和成就等。

二、评估方式校本化

香港学校表现评估采用的是以自评为主、外评为辅的评估方式，而且学校自评是本，是学校的恒常工作，外评只是辅助和补充，是六年一度评估的配合。香港学校表现评估重在引导学校不断地通过自我评估，理性地反思学校的发展过程，包括办学目标、学校管理、课程实施等方面的优势与不足，以调整学校发展的目标和工作策略，优化学校的发展过程，全面提高学校的办学质量。

三、评估主体多元化

香港学校自评的主体包括学校领导、教师和学生，校外评核的主体除了教育行政官员外，还包括督学、专家学者、教师、家长及其他专业人士。在香港地区，校外评核专家组并不完全由政府指派人员，凡是关心中小学校教育教学的学校教师、家长、香港市民及社会各界人士都可以申请参加。这样的做法不仅有利于学校充分利用社会各方面人员的专业技能和知识，也能够为学校决策与发展提供更加全面的意见或建议。与此同时，通过社会广泛参与学校管理、策划和评估等工作，有利于学校办学目标、办学理念和办学成效等在社会层面上获得普及和认可，从而形成学校教育、家庭教育和社会教育的和谐统一。

四、评估目标发展化

香港学校表现评估的过程是以促进学校发展和师生发展为核心、以学校发展规划贯彻始终的自我完善过程。不论是校外评估还是学校自评，都是以提高学校办学质量为目标，以促进学校发展和师生发展为核心。一方面，通过对学生基本能力的评估，学校管理者、教师、家长和学生可以清楚地了解学校各学科的发展水平，发现学科教与学过程中存在的问题，并以此为基础确定改进的方向等。另一方面，学校通过自我评估，制定发展方向和目标，又通过实践及评估，将所得的经验予以总结，并指引下一周期的发展，这种“策划—实施—评估”的循环评价与过程评估，促进了学校的自我完善和持续发展。比较而言，内地中小学校教育教学评估的鉴定性色彩较为浓厚，导致了许多学校把大量的时间和精力放在对评估结果的包装上而忽略了对评估过程的重视和评估结果的应用。

五、评估组织专业化

在现行的各类学校表现评估中，特区政府的督导功能逐渐淡化，社会中介或专业团体的评估功能逐渐加强。当前香港的校外评估不仅兼有政府督导和专业评估的双重性质，而且正朝着专业化的趋势发展。例如，在对学生的基本能力测验中，特区政府委托香港考评局来负责全港性系统评估与香港学生评估系统的命题、数据分析、报告发布及反馈等。当然，香港教育局也一直非常重视外评人员的专业态度和能力，所以包括专家学者、教育局官员及学校人员等在内的所有外评人员，均须经过严格的专业培训和训练，才能参与外评工作。此外，香港教育局还非常重视为校长及其他管理人员提供自评和外评工作培训，以提高评估工作的实效性和专业化水平。

六、评估工具系统化

为了方便学校收集和分析学校表现评量数据，香港教育局研制出了一系列的专业化评估分析工具，包括学校增值资料系统、情意及社交表现评估套件、持分者问卷、自评或外评资料的编写说明等，并提供了很多范本或样例，供学校及相关人员参照使用。除此之外，还设置了全港性系统评估、高中文凭考试、香港学科测验、校本评核等，为学校提供了有关学生学业表现的数据。这些工具和系统资源，不仅有助于学校提升数据收集及汇报的效能，而且也减少了教师在处理相关数据方面的工作量，使评估工作更加快捷、有效、准确。①

香港现行的教育评估制度给我们提供了有益的思考与启示。香港的教育评估不是为了给学校或学生做一个鉴定或鉴别，也不是为了横向与其他学校或其他地区进行比较，而是要通过全面的评估，引导和激励学校发现自身的优势与不足，优化学校的发展过程，促进学校的特色发展，充分发挥学校潜能，逐步缩小与发展目标的差距，最终促进学校的自我完善和持续发展。而这些，正是它的价值所在。

① 吴金财：《香港中小学校教育教学表现评估之述评》，《教育测量与评价》（理论版）2010 年第 3 期。

第十三章
中国台湾地区教育视导制度

第一节　台湾地区教育视导制度的历史沿革

一、日据时期的教育视导制度

甲午中日战争（1894—1895 年）后，日本侵占了我国台湾地区。在这一时期，日本在台湾推行同化政策，在教育方面尤甚。而作为教育体制中的一部分，台湾的视导制度受日本影响颇深。

1909 年，日本政府改革教育管理制度，此举对台湾视导制度的建立具有重要影响。日本通过制定组织法，将学务科归属到“台湾总督府”下的“内务局”中。此外，日本政府还在“五月敕令”（第 131 号）中提出改进台湾地区部分政府机构，指派了一位视学官以及几位视学，这在客观上开启了台湾地区的现代教育视导制度。

随后，在 1911 年“十月敕令”（第 260 号）中，日本政府对“台湾总督府”官制进行了修正，将归属到“内务局”中的学务科升格为“学务部”，成为民政部门的一个下辖机构。“学务部”主管台湾的教育事务，设置学务课和编修课来辅助管理。学务课主要负责地区内的学校行政事务，而编修课则负责教科书的编修、出版、检定及翻译等工作。此时的“学务部”还设立了一些专门的委员会，如公立学校教科书审查委员会、教员检定委员会、视学委员会、视学辅助委员会等。自此，视学工作具备了专门组织形式，这表示视导工作已经成为政府教育行政中的一部分，而不再是督学个人进行视察的业务。此外，台湾地区还设立了视学辅助委员会，用于帮助解决学校办学的困难。尽管如此，在这一阶段的视学委员会中，其组织相当精简，没有各业务的分工，仅由学务课进行工作的统筹。

随着学校规模的不断扩张、教育事务的不断发展，1926 年，“台湾总督府”设立“文教局”，在人员编制上设置视学官五人，在组织机构上设立了督学室，由此建立了台湾地区视学制度的实体行政机构。督学室的职责主要有以下三个方面：①视察学事，也就是视导教育行政；②改善学校教育及成人教育；③进行教育与文化的调查，为教育发展提供一手资料。由此可以看出日本当局为了巩固自己的统治，对于台湾教育不断进行改革，教育视导也受重视，但由于各级学校数量大增，上述的人力结构无法负荷，使得督学视察功能并未达到预期的效果。

二、光复后的教育视导制度

1945 年 10 月 25 日台湾光复，结束了日本对台湾长达 50 年的殖民统治。中华民国政府在台北设立“台湾省行政长官公署”，其中下设管理全省教育行政及学术文化的最高机关——教育处。在教育处中共设四科、五室、四委员会，其中五室就包含了视察室，这可以看作台湾光复后建立视导体制的开端。

1946 年 7 月，台湾省行政长官公署颁布《台湾省行政长官公署教育处督学室办事细则》，明定视察室设置主任督学，下设专科及师范教育股、中学教育股、国民教育股、社会教育股四股，每股由一位督学负责主持相关工作；同时所有督学、视察员均纳入督学室内，必要时可以聘任专门视察员。① 1947 年 5 月，台湾省行政长官公署改制为台湾省政府，教育处亦改制为教育厅。其直到 1999 年台湾精简行政部门成为教育事务主管部门的中部办公室前，一直与教育事务主管部门并行存在，视察室一直是教育厅直属的行政机构。

1949 年，国民党将在大陆的行政体制迁至台湾，其中包含教育视导体制。例如，1949 年之前，针对视导人员的级别及类型，民国政府曾分别颁布了《部视学规程》《省视学规程》《县视学规程》，以此来指导各级视学人员的工作。这些规程对台湾的教育视导产生过重要影响。为了加强教育视导，促进其对教育的积极促进作用，台湾地区在 1950 年 12 月实施驻区视导制度，将全省划分为台北、新竹、台中、台南、高雄、台东六个视导区，派 2—4 名督学或视学为驻区视导人员，并委派其中一人为主任视导，负责主持全区视导事宜。

随后，在 1956 年的组织重建中教育事务主管部门增加众多机构，督察室作为一个独立的科室部门成为教育事务主管部门的一级行政单位。同年，为了增强视导的效率，促进视导与辅导工作之间的相互配合，加强整个台湾省内的视导工作与县（市）视导工作的联系，教育事务主管部门颁布了"加强教育视导计划"，这项计划大幅扩大视导人员的范围。根据该计划，视导人员在省一级包括省教育厅视导人员、省立师范大学中等教育辅导委员会、工业教育学系、省立农学院有关辅导人员，在县（市）一级则包括县（市）督学、中等教育辅导分会主持人、师范区地方教育辅导员。

为强化地方教育行政功能，1968 年台湾地区各县（市）教育科一律改为科社局，设局长 1 人，下设四课及安全组，另置有秘书、主任督学、督学等职，其中督学需要由省级统一甄选并记录在册，从而提高其人员素质。为此，台湾省政府颁布了台湾省各

---

① 范寿康：《〈台湾教育行政〉文稿》，《档案与史学》1996 年第 6 期。

县（市）政府教育局聘任督学甄审聘用与待遇要点。当时的教育事务主管部门在视导制度工作方面致力于两项细则制度的建立，即建立县（市）督学甄审储训制度和督学责任制度。在建立县（市）督学甄审储训制度上，根据台湾省各县（市）教育行政人员任用办法与台湾省各县（市）政府教育局聘任督学甄审聘用与待遇要点的规定，凡是县（市）教育局督学（包含派任及聘任这两类）都必须经过资格审查、甄试及讲习这一系列程序，只有成绩合格后才能获得登记在册进而具备督学的资格。

台湾省政府在1950年实施驻区视导制度的基础上，于1971年9月颁布台湾省各县（市）政府教育局督学视导规则，其中第二条规定：各县（市）教育局应就县（市）区域划分督学视导区，实施督学驻区，每区派督学1—2人，负责该区教育视导工作。除此之外，该区教育工作的成败与督学人员有直接的连带关系，由此开启了督学分区责任的制度。直到1994年，省级及县（市）视导人员调整分工，台湾整个省的教育视导进入“转型时期”。此时省督学主要视导公私立高级中等学校与省属社教机构，对初中各校的视导工作则由全面视导转向重点视导。曾经受双重视导［省督学视导和县（市）督学视导］的小学、幼稚园及非省属的社教机构等部分，都改为仅由县（市）督学负责。由此，台湾地区的教育视导制度基本建立，形成了相应的管理体系。

第二节 台湾地区教育视导机构的设置与职能

台湾地区的行政区划分为四级：一级为地区行政当局，二级为县（市），三级为县（市）下设的乡、镇及县辖市和区，四级为邻。

从整体上来说，台湾的教育行政体系基本上是采取分权管理，但这一分权是在统一事务由行政机构决策的基础上实行的。例如，地区内的教育课程、升学制度等，是由教育事务主管部门决策的；而具有县（市）特色的、与县（市）发展有关联的教育事务，其决策权在于县（市）教育行政机构。随着有关规定的颁布，县（市）自治在更大程度上得到落实，自治权自然也包括对教育的自治权。

台湾教育视导制度体系是以教育行政管理体系为依托，或是在行政管理单位中设置实体机构，或仅仅是教育行政管理体系中的一个非实体组成部分，但总的来说，还是形成了自上而下的完整体系。从层次上主要包括地区级和县（市）两级。除了视导系统外，还有一套自上而下的辅导团系统。

一、地区级教育视导和辅导机构及职能

在地区最高行政管理机构中，设立了教育事务主管部门。在教育事务主管部门的职能部门中，具体分为机关、业务单位、行政单位、三级机构、四级机构、常设性任务编组六个部分。机关即指教育事务主管部门办公室，业务单位包括学生事务及特殊教育机构、咨询及科技教育机构、师资培育及艺术教育机构、两岸教育机构、技术及职业教育机构、终身教育机构、高等教育机构和综合规划机构；行政单位包括法制处、人事处、政风处、统计处、会计处和秘书处，还有其他直属机构。

教育事务主管部门内有两部分督学人员，一部分是负责专科以上学校和教育事务主管部门直属社会教育机构视导的人员，另一部分是设立在中小学及学前教育机构内的视察室，主要负责中小学和学前机构的视导。此外在中小学及学前教育机构内，还设有课程与教学辅导组，进行旨在提高教学质量的课程与教学辅导。

（一）负责专科以上和教育事务主管部门直属机构的督学人员

据 1973 年 7 月 25 日修正的教育事务主管部门组织规定第 20 条，教育事务主管部门设置“督学 6—10 人，职位列第 10 至第 12 职等”，督学由教育事务主管部门负责人直接任用，并不隶属特定组织单位。这意味着教育事务主管部门的督学室并非是其内部设置的一个实体机构。目前教育事务主管部门设督学 6—10 人，观察人员 5—7 人。

根据 2013 年颁行的“教育事务主管部门督学视导及协助推动

重要教育事务要点”的规定，教育事务主管部门督学主要负责“公私立专科以上学校与本部所属机关（构）及对地方教育事务的适法性监督，并积极推动本部与所属机关（构）重要教育事务”。也就是说，教育事务主管部门的督导人员的职责范围包括：①公私立专科学校，包括高等学校；②教育事务主管部门直属教育性机构，如教育性质的图书馆、博物馆、教育广播电视及教育研究院；③教育行政依法办教育的情况。具体职能包括以下几项。

第一，督学要负责视察及指导台湾地区的教育，视察指导的对象包括教育行政单位、地区内的公私立各级学校、社会教育机构等。

第二，在实际的视导过程中，督学要负责教育视导计划的拟订、修正与实施，确保视导计划能够如期完成并能为教育的发展做出一定的贡献。

第三，要担负对各级学校教育进行专家视导的任务。

第四，要视导大学及专科学校招生事宜。

第五，要对大专院校的投诉案进行调查，能够平息学潮及解决纠纷。

第六，要对视导资料进行处理，完成视导报告的编订与核定。

（二）中小学及学前教育机构视察室

除了教育事务主管部门业务部门设立的督学外，教育事务主管部门还在其下属的中小学及学前教育机构内设立督察室。

1999 年之前，台湾省政府下设教育厅。1980 年，教育厅将督学室纳入正式组织编制，设置主任督学 1 名，督学为第 8 至第 9 职等，编制员额为 21 名督学。这是台湾地区视导组织机构最初的实体机构，也是在地区一级中级别最高的实体性机构。

在 1999 年的组织精简中，台湾省政府教育厅归属于教育事务主管部门，成为其下设的一个一级行政单位——中部办公室。在中部办公室的整合编制中，取消了原督学室，教育视导的任务转由中部办公室下的第五科负责，设立科长一人，统筹管理科内的业务。督学视导所属学校，采用“驻区督学”制度，每县（市）以派驻1名督学为原则，视导学校包括公私立高级中等学校、特殊学校、独立进修补习学校及公立大学附设的中小学校。① 依据2004年颁布修正的“教育事务主管部门承受随业务迁移的省级公务人员暂行编制表”，其中督学的名额为17人，主要负责视导境内的公私立高级中等学校、特殊学校、独立进修学校及大学校园附设的中小学。

2013年1月1日，教育事务主管部门中部办公室整合教育事务主管部门下的有关单位升格为教育事务主管部门中小学及学前教育机构，并在其下设了视察室。其中常设简任视察5人，担任召集人的职务；对督学的配额并没有做明确的规定，而是根据实际的需求聘请相应数量的督学来满足视察工作需求。

根据2013年颁行的教育事务主管部门中小学及学前教育机构教育视导实施要点的规定，中小学及学前教育机构督察室的职责范围包括：①本机构所辖之高级中等学校与大学附属高级中等以下学校；②市教育局及各县政府视导所辖各机关学校。督察室督学负责行政视导、教学视导或其他项目视导。督学分为行政督学与课程督学，前者主要协助行政视导、行政运作及校长办学之辅导，后者主要协助教学视导、课程规划及教师教学之辅导。

（三）教育辅导团

在台湾地区一级的辅导团称为课程与教学辅导组，设立在中小学及学前教育机构内。主要是对台湾各县（市）中小学教育辅导团的工作进行统筹、管理与反馈，其职能集中体现在以下两个方面。

（1）审查、追踪与辅导县（市）辅导团提升课堂教学等计划的执行情况，强化县（市）辅导团的组织运作及辅导策略。

（2）规划县（市）各阶段辅导员的培训课程、专业技能研习等工作，提高课程与教学辅导人员专业知识能力。

同时，课程与教学辅导组还承担着设定领域课程与教学的重

① 张清滨著：《教学视导与评鉴》，五南图书出版公司2005年版，第15页。

要议题，整合地区及县（市）层面辅导团的各项资源，建立各学习领域专业人才资料库，从而为县市教育辅导团、教师提供支持。

二、县（市）级教育视导和辅导制度及其职能

县一级的教育局设立在县政府之内，主管县立的各级学校、县立的社教机构、私立中小学及幼稚园。除了接受教育事务主管部门的监督指导之外，县教育局要接受县政府的行政管理，同时还受到县议会的行政监督管理。

市教育局主管市立各级学校、市立社教机构、私立中等以下学校及幼稚园。同县一级的教育局一样，除了接受教育事务主管部门的监督指导之外，市教育局还要接受市政府的行政管理。

台湾地区县（市）级教育视导制度的最大特点是包括视导和辅导团两个系统。两个系统既有分工又有合作，分别或共同承担监督与指导的职能。在台湾的县（市）中，只有嘉义市、云林县将督学室与中小学教育辅导团二者合并，其他县（市）均分别设立视导部门和辅导团部门。

（一）视导制度

台湾地区各县（市）的督学室均设置在同级的教育局（处）内，为县（市）教育局（处）的一个分支机构，与教育局（处）内部其他机构平级。例如，南投县教育处下设了督学室、学务科、国教科、社教科、体健科、特教科六个科室，各科室之间为平级关系，但各科室仍由教育处处长进行统一的管理。

在教育视导人员的配额上，各县（市）的视导规模都是当地的教育行政部门根据其实际需求来设置的，具体分布情况见表13-1。①

① 编制员额来自台湾教育事务主管部门教育视导资源网2009年的数据，现有员额编制数据来自2013年各县（市）政府教育（处）局网站资料，所有的督学编制员额及现有员额的统计数据都不包括课程督学与中小学教育辅导团中的干事。

表 13-1　台湾地区县（市）督学编制

县（市）	编制员额	现有员额	任用者	指挥者
台北市	19 人	18 人	市长	教育局局长
高雄市	8 人	11 人	市长	教育局局长
台中市	5 人	7 人	市长	教育局局长
新竹市	3 人	3 人	市长	教育处处长
台南市	5 人	8 人	市长	教育局局长
基隆市	5 人	3 人	市长	教育处处长
桃园县	5 人	6 人	县长	教育局局长
苗栗县	4 人	2 人	县长	教育局局长
南投县	5 人	5 人	县长	教育处处长
彰化县	8 人	8 人	县长	教育处处长
屏东县	7 人	6 人	县长	教育处处长
台东县	3 人	3 人	县长	教育处处长
花莲县	4 人	4 人	县长	教育处处长
云林县	6 人	6 人	县长	教育处处长
宜兰县	3 人	2 人	县长	教育处处长
澎湖县	2 人	1 人	县长	教育处处长

从表 13-1 可以看出，台湾地区的视导人员设置基本上达到了其编制员额的要求，仅有少部分的县（市）在人员配置上低于编制员额。

1. 市教育局下的督学室

市教育局内置督学室这一实体机构，设有督学若干名，均为公务人员。中等教育视导组负责高级中学、职业学校、初级中学、私立中等学校及各公私立学校附设补习学校与夜间部的视导，小学教育视导组负责公私立小学及幼稚园的视导。各社会机构分由部分督学负责视导。另外各类补习班、游艺场的立案及审查，则由全体教育督学共同分担。①

以台北市为例，台北市教育局根据“台北市政府教育局组织章程”第四条规定，设置督学室这一实体单位，掌理各级学校及社会教育机构的指导考核等事项，设主任督学、督学等。依据“台北市政府教育局编制表”，督学室编制员额为18名督学。

市教育局督学室的主要职能有以下几点。

（1）关于视导计划的拟订、检讨与改进，视导意见的提供与编订事项。

（2）关于各种教育的研究及教育法令的推行事项。

（3）关于各级教育经费使用的指导及查报事项。

（4）关于各级学校一般教学与分科教育的视导及查报事项。

（5）关于各级学校训导设施及体育、音乐的视导及查报事项。

（6）关于各级学校行政及地方教育行政的视导及查报事项。

（7）关于义务教育推行概况的查报事项。

（8）关于军训教育、辅导教育、特殊教育、感化教育的指导及推进事项。

（9）关于教育人员服务、考核成绩资料的提供事项。

（10）关于各级教育人员控告案件的提供事项。

（11）关于视导资料的整理与保管事项。

（12）其他有关教育视导事项。

2. 县教育局下的督学室

县教育视导组织在整个教育视导制度中是最基层、最直接的视导机构，其所肩负的任务亦是最繁复的，关系到教育政策的推动、教育目标的落实。台湾地区在其各县均设教育局或教育处，县政府的教育视导组织主要为督学室。

各县教育局的组织名额并不一致，督学设置亦随县需求或状

① 秦梦群著：《教育行政——实务部分》，五南图书出版公司2006年版，第347页。

况不同而有所差异。一般而言，教育局设局长一名，负责综合管理教育局内的各项事务；副局长一人，主要是协助局长管理各项事务；下设学务管理、中小学教育、社会教育、体育保健、特殊教育五科（各县科室名称与编制数量不一），办理中小学的教务、训导、学生辅导、特殊教育、总务、体育保健等业务。另设督学室并置督学若干人，大部分县以分区视导方式，进行各项教育视导事宜。

县督学对驻区内各教育机关，每学期应普遍视导两次，并分别在每学期开始、学期中及学期结束时举行视导会议。如果遇到重大事项，需要举行临时会议商讨，均由教育局统一召集，同时教育局有关人员都需要列席参加会议。县督学在每次视导之后，应填写视导报告表，并应在每学期结束后，提出视导报告；但对于重大或特殊事项，应随时专案上报县政府或上级主管机关备查。县教育局督学室的主要职责包括以下几点。

（1）关于教育文件的推行事项。

（2）关于乡镇教育行政事项。

（3）关于学校行政及教导事项。

（4）关于社会教育事项。

（5）关于学校教育经费事项。

（6）关于教育人员服务及考核事项。

（7）关于上级主管教育机构交办事项，其他应行视导事项。

根据“台湾省各县（市）政府教育局督学视导规则”，县督学拥有以下权限。

（1）县督学在视导时，遇有违反教育法令的事件，应随时纠正。

（2）县督学在视导学校时，可以调阅各项簿册及有关资料。

（3）县督学为执行职务，在必要时，可以临时变更学校授课时间。

（4）县督学在执行职务时，可与乡、镇、县辖市、区公所取得联系并召集当地热心教育人士开会，征询对教育设施的意见及商讨改进的办法，以备采用。①

以宜兰县为例，全县正式督学2名，其主要职责包括：中小学及幼稚园校务行政、教学、训导、辅导、研究等业务的视导，教育人员控告案件的调查处理，教育人员服务成绩的考查，教育改进意见的提供，教育问题的研究，教育处其他临时交办的事项。同时，督学室还聘用一位临时员工，负责教育处公文收发等行政事务的处理。

（二）辅导团制度

为了加强中小学教育辅导，各县（市）政府教育局成立了中小学教育辅导团，以任务编组方式与视导工作相辅相成。② 中小学教育辅导团是通过与视导工作相互配合，共同为教育的改进与质量提升服务。现阶段台湾地区已经形成了地区、县（市）、学校三级的教育辅导体系。但县（市）层面的中小学教育辅导团是整个辅导体系的中流砥柱。在县（市）层面上设置的中小学教育辅导团是根据各县（市）的情况而定，或与督学室合二为一，或单独设置机构，人员安排等各方面都有较大的差异，灵活性与机动性都较大。除设团长（或总召集人）及副团长外，并选调辖区优秀校长及分科遴选教学成绩优良之教师担任辅导员，定期巡回各地实施教学辅导。

以高雄市为例，尽管中小学教育辅导团是一个独立的机构，但其领导主要还是来自高雄市教育局。辅导团的正副团长由高雄市教育局的正副局长兼任，执行秘书由督学室主任兼任，另外设副执行秘书1人（由执行秘书指定督学1人兼任）、课程督学2—4人（中小学各至少1人）、行政办公室干事3—6人、事务组组员2—4人、信息组组员2—3人、推广组组员2—3人。

无论是在台湾地区的哪一级中小学教育辅导团机构中，学习

① 秦梦群著：《教育行政——实务部分》，五南图书出版公司2006年版，第347—348页。

② 谢文全著：《教育行政学》，高等教育文化事业有限公司2003年版，第417—418页。

领域及议题辅导小组都是其主要核心部分，关系到中小学教育辅导团职能的发挥。高雄市当然也不例外，其具体的成员组成见表 13-2。

表 13-2　高雄市部分学习领域及议题辅导小组成员构成

学科领域	组长	召集人		副召集人		辅导员		兼任辅导员	
		初中	小学	初中	小学	初中	小学	初中	小学
数学	1	1	1	1	1	2	2	5	6
社会	1	1	1	1	2	1	2	4	3
自然与生活科技	1	1	1	2	1	2	2	5	4
艺术与人文领域	1	1	1	3	1	2	2	4	5
健康与体育	1	1	1	2	2	2	1	2	5
综合活动	1	1	1	2	3	1	2	6	4
生活课程	1	—	1	—	1	—	2	—	4
人权教育	1	—	1	1	2	1	1	2	7
性别平等教育	1	—	1	1	1		2	3	1
环境教育	1	1	—	1	—	1	1	1	3
资讯教育	1	—	1	1	1	1	1	1	4

在所有学科领域及议题辅导小组的组织成员中，均是由教育局督学室中的督学担任辅导小组的组长。另外，从中小学教育辅导团机构中学习领域及议题辅导小组的结构组成中，可以一窥该学科领域在中小学教育中的地位。学习领域及议题辅导小组中的成员越多，说明该学习领域需要指导的可能性越大，这从一个侧面反映出当地教育局对该学科领域的重视程度。例如，无论是数学学科还是社会学科，在初中、小学两个阶段中设立了召集人、副召集人、辅导员、兼任辅导员四个职务岗位；而在生活领域的辅导小组中，所有的成员都来自小学，这说明了对学生的生活领域方面的教育主要集中在小学阶段。

但是，各县（市）的教育辅导团结构和分工有所不同。例如，花莲县教育辅导团分别负责初中、小学课程与教学的辅导，分工很细，见表 13-3。①

表 13-3　花莲县教育辅导团部分成员人数及职能

职位	人数	职能
课程督学	初中 1人	（1）学年度课程总体计划审核与研习时数备查。 （2）推动本县精进教学计划。 （3）初中辅导团团务运作相关业务。 （4）建立学生学习长期数据库。 （5）乡土教材编写。 （6）媒体素养识读。 （7）缮写各项填报资料。
	小学 1人	（1）学年度课程总体计划审核与研习时数备查。 （2）推动本县精进教学计划、精进数学、综合活动、艺术与人文、信息活动等领域团务运作相关业务。 （3）建立学生学习长期数据库。 （4）艺术与人文教学深耕计划推展。 （5）提升学力访视相关业务。 （6）缮写各项填报资料。
辅导团干事	小学 1人	（1）精进课堂教学能力计划。 （2）教育辅导团综合业务。 （3）九年一贯课程与教学北区十县市策略联盟。 （4）课程与教学辅导业务。 （5）督学室经费控管与综合业务。 （6）核发学年度认真推动校务奖状。 （7）编列年度县预算经费。
	初中 1人	（1）教师专业发展评鉴。 （2）12 年教育相关业务。

① 资料来源于台湾花莲县教育局网站。

续表

职位	人数	职能
专任辅导员	1人	(1) 建立学生学习长期数据库业务。 (2) 地区教育研究院基本学力测验。 (3) 教育事务主管部门年度地方统合视导业务。 (4) 课程审查相关业务（含高中）。 (5) 教师研习中心。

中小学教育辅导团的工作重点主要体现在以下四个方面。

第一，发展并提升课堂教学方法、教学与评价的改进工具，提供教师咨询与协助。

第二，建立各学习领域内的教材资源，丰富教师的教学内容。

第三，辅导教师积极研究进修，鼓励教师进行创新，充分发挥教育功能。

第四，激励教师的工作热情，解答教师的教学疑惑，以增进教师的教学效果。

虽然分为视导与辅导团制度，但在实际工作中，二者相互合作，互有交叉，督学也在中小学教育辅导团中担任辅导委员或课程督学。

在学校这一层面上，通常都是以“教学辅导教师”这一局内人来帮助担任教职工作的新任教师或存在教学困难的教师解决事件过程中的教学问题。

第三节　台湾地区教育视导与辅导的类型、方法和过程

从上述职能中可以看出，台湾地区视导与辅导制度涉及的面很广，但从内容上可以归纳为两种类型：学校行政视导和教学辅导。

一、学校行政视导

（一）学校行政视导的目的和内容

对学校的行政视导主要是对学校整体的办学行为进行视导，行政视导的目的在于：①视察教育法令的实施状况；②视导文件的实施状况；③视导学校教育的整体情况；④视察社会教育的整体情况；⑤审查各地的教育需要。

行政视导的内容主要包括以下几点。

（1）实地了解各机关（构）、学校办理绩效，促使各单位有效率、有效果运作。

（2）联络沟通并协助各单位解决问题，提升效率。督学在视导过程中，要发现管理中存在的有碍于提升教学效率的问题，并为这些问题的解决提供一些方案，协助各学校解决其所面对的问题，从而提升学校的办学效率。

（3）倡导教育法令及政策并激励各单位贯彻执行。台湾当局制定了相应的教育规定和政策，但学校是否能够真正的落实，就要求督学在视导过程中，不仅要向各地教育机构宣传教育规定，同时还要监督规定的落实，并采用激励的手段促使各教育机构自觉地实践教育规定中的相关内容。

（4）项目访查及协助处理重大偶发事件。当学校出现一些重大偶发事件时，无论该校是否处于被视导的时期，视导人员都必须到这所学校查访造成重要偶发事件的原因，并协助学校及时、有效地处理好偶发事件，避免给学校的发展带来负面的影响。

（5）检视财务及非财务资料。资金是保障机构正常运行的一个先决条件，督学在进行一线的视导工作时，学校的财务状况以及学校的收支情况是视导工作的重要内容。除了学校的财务资料外，学校的硬件设施建设也是视导工作中必须监督的内容。

（二）学校行政视导的形式和程序

每学年度开始时，各地督学都要拟订视导计划，包括当年视导日程、重点视导项目、视导方法及技术等。在执行时，根据实际需求与突发状况加以改正。

学校行政视导从形式上可以分为定期视导和项目视导。

（1）定期视导：一般来说，对教育机构的常规视导以每学年视导一次为原则。

（2）项目视导：教育事务主管部门负责人及署长交办事项或配合业务主管单位签办之项目；必要时，得聘请学者专家参与。此外，根据需要，开展专项视导。在视导过程中，视导人员、辅导团成员乃至业务单位人员都可以整合起来。

学校行政视导的程序如下。

（1）到校后应与校长及单位主管晤谈，并听取其简报，以了解学校一般状况。无论视导的主题、重点体现在哪一方面，这都是必不可少的一个环节。只有对学校的一般情况有基础性认识与了解之后，才能更好地把握视导的重点。

（2）深入了解学校行政、教学、研究、服务等具体成果与资源分配及整合情形。尤其是视导重点与之相关时，这类背景化的材料显得更加重要，因此督学在视察的过程中，不能忽视其影响。

（3）巡视学校环境，尤其是对校区、校舍、实验室、实习场所、运动场所、宿舍及各项教育设施等安全措施的管理与检视。在对学校的运作状况等有一般性的认识之后，督学还应实地考察学校的环境，这不仅有利于督学把握现阶段学校的基础设施建设情况，同样还可以印证校长及单位主管汇报的学校一般情况是否属实。

（4）检视学校各项规章、簿册、文件记录、报表、教师研究成果、学生作业及实习作品。同时与有关教职员工、学生代表进行座谈，听取来自教学一线的教师及学生这一学习主体的意见。

（5）在视导结束之后，需要追踪学校在视导、评鉴或访查结果方面的改进情形，同时了解教育政策及措施在校的执行状况。

（三）学校行政视导的作用和督学的权力

督学对学校的行政视导主要发挥如下的作用。

（1）监督相关教育规定与政策的执行。督学的现今角色虽很复杂，但其监督者的地位仍存在，教育行政机关推行的政策（如常态编班、正常教学等）与相关的规定是否确实遵守与执行，均为督学视导的要务。各级所属的教育机关不可因任何理由违反规定，如被发现，督学必须立即予以纠正。

（2）双向沟通中扮演桥梁的作用。台湾当局虽有既定的教育规定与政策，但事实上不免有难行之处。各教育机关（主要是学校）背景各有不同，若确有原因导致执行不力，督学即应了解其难处并尽量代为解决。如此双向沟通，上意与下情皆能传达，彼此的看法差距才能缩小。否则一意施压，只会造成积怨而形成暗中抵制的现象。督学经常接触学校的第一线行政人员，其桥梁的角色不可偏废。

（3）协助学校提升行政与教学效率。社会日新月异，各种教育理论与新知识源源而出。督学虽非各科的专家，但应扮演触媒者的角色，以教学观摩、专家演讲、教育研讨会、各级进修班的举办，督促学校人员吸取新知，以提升行政与教学上的效率。换言之，督学的任务除了“视”之外，还必须包括“导”的部分。

（4）撰写视导报告。督学要于视导工作结束后撰写报告，内容包括视导区内的教育动态，偶发或重大事项处理经过，审查意见与奖惩建议等。各级视导单位均设计特殊的视导报告表格供督学填写。

为了更有效率地完成督学的任务，充分发挥督学在学校视导中的职能，督学具备以下五个权限。

（1）纠正权。视导时发现学校有违反教育规定的事件，可随时加以纠正，学校必须立即改进。

（2）调阅权。在视导学校时，可调阅各项簿册及有关资料，学校必须加以配合。此外，督学也可检查学生名额及学生成绩。

（3）变更授课权。为执行职务，可以在必要时，临时变更学校授课时间，学校必须与之合作。

（4）召集会议权。在执行职务时，可以与乡、镇、县辖市和区公所取得联系，并召集当地热心教育人士开会，征询对教育设施的意见及商讨改进的办法，以备采用。

（5）建议奖惩权。在视导的过程中，对于办学人员中的不称职人员，可以呈请上级给以惩处；而对于成绩卓著的相关人士，或研究创新有成就的人员，可以呈请上级给以奖励。①

二、教学视导或辅导

视导人员主要负责学校和教育机构的整体视导，而教学辅导或视导则由中小学教育辅导团负责。中小学教育辅导团的目的在于补督学之不足，着重在教学辅导方面，其辅导形式包括研讨会、专题演讲、展览、竞赛和编印刊物、书籍等。辅导团员每学年应巡回其所辖地区学校辅导一次，为期数日或两周左右。

以高雄市为例，教育辅导团工作职责主要体现在教师专业化、课程本地化、资源均衡化、教学精细化四个层面。

（1）在教师专业化发展层面，通过办理领航教师（领召）工作坊、办理领域种子教师研习、辅导员专业学习社群、协助规划非专长教师研习课程、教学教师初任培训研习、PISA 阅读评量种子教师研习等方案来有效地促进教师发展。

（2）在课程本地化层面，通过办理跨县（市）和校领域专业交流计划、到校（分区）咨询服务计划、儿童艺术季等计划，确保在各校开设的课程是以学校为本位、以所在地资源为教材依托，从而在各地区内实现专属于该地区的教育模式。

（3）在资源均衡化层面，通过办理伙伴学校辅导协作计划、“文艺团体与学校交流”平台、推广亲子共学英语等策略，将高雄市内的资源进行整合分配，实现弹性补救区域间的资源差异。

（4）在教学精细化层面，通过办理精进教学推动追踪辅导检核计划书、典范教学及教学师范、辅导员专业知能研习、协助规划命题改进课题研习等手段来建立高雄市内的成效追踪机制，并在此基础上提升教师专业行动研究的能力。

---

① 李振涛编著：《教育行政精粹整理》，千华出版公司 1988 年版，第 285 页。

除了与督学类似的以团体、专题、分区等方式开展工作之外，县（市）一级的中小学教育辅导团的实践功能还体现在定期到校服务上，这项工作包含三个方面。

（1）传达课程政策，能够及时发现、反映学校推行课程政策的困难，并通过研讨等方式为困难的解决提供可行方案。同时，协助教育局（处）办理各项课程发展与改进教学的相关事宜。

（2）在辅导过程中，以相互研究、交换意见、分享心得、共同参与等多种方式进行，以适宜的辅导态度建立良好的互动关系，以增强辅导效果。

（3）定期举行教学心得交流与相关的教学研讨会议，促进教师之间的交流与合作。

教学辅导普遍采用临床诊断视导的方法。这种方法的最大特点是通过教师与视导人员彼此间面对面交往互动，达到促进教学的改善以及教师专业知能成长的目的，进而培养教师自我监管的能力。临床教学视导的过程是辅导员直接从课堂活动中获得主要的资料，在对这些资料所做的分析以及教师和视导人员间的交流基础上，形成视导活动计划、方法和策略，其最终目的就是要改进教师课堂教学行为，进而能提升学生的学习品质。在临床诊断视导的过程中所要强调的，是教师易于获得辅导人员的帮助，还要能发展自我辅导的能力。临床诊断视导的步骤是：①建立视导人员与教师间的良好关系；②与教师共同制订计划；③拟订观察策略；④进行教学观察；⑤分析教学与学习历程；⑥拟订会谈策略；⑦举行会谈；⑧重新拟订计划。

综上所述，台湾地区对学校的视导，一方面要监督检查学校的依法办学和执行政策的情况，另一方面要促进学校发展、改进教学。视导和辅导相结合，尊重学校的自主发展，这一点从视导原则中得到了充分的体现。视导原则有以下几点。

（1）视导与辅导并重：以视导、辅导为方法，协助学校校务之推动。

（2）行政视导与教学视导兼顾：以行政视导加强行政效能，有效支援教学；以教学视导带动教学的改进。

（3）有效运用专业人才与科学化信息系统：建立视导相关专业人才数据库，运用学校现状信息系统，发挥视导效能。

（4）协助学校发展本位特色：依据学校特性，发展学校本位课程及教学活动，采取适当之教学视导方式，以提升学校办学绩效。

（5）尊重分权及自主精神：尊重地方自治权责与学校自主管理，落实推动教育政策。

第四节　台湾地区教育视导队伍建设

一、督学的选拔机制

教育视导人员有对学校和教育机构进行视察与指导之责，因此对担任督学的人选，自然格外慎重。台湾省中小学教师研习会曾对教育学者专家，教育厅局及有关教育行政主管，督学，中小学校长、主任、组长、教师，教育研究系所学生等 1 943 人，就“县（市）督学基本能力”进行了问卷调查。调查研究归纳督学基本能力为基本修养、专业知识、专业知能三方面共计 96 项。概括来说，对督学基本修养的要求主要集中在品德与健康、一般知能这两个方面，专业知识集中在教育理论基础、课程教材教法、行政实务这三个方面，专业能力集中在设计能力、领导能力、执行能力、视察能力、辅导能力、协调能力、调查能力、评鉴能力、进修及创新能力这九个方面。①

尽管如此，除了县（市）一级的督学有严格的选拔制度之外，其余级别的督学尚处于直接任命、无须甄选的阶段。

教育事务主管部门一级的督学是由教育事务主管部门负责人任命的，依据教育事务主管部门组织规定的相关内容，教育事务主管部门负责人可以在资历达十至十二职等及满足相关条件的公务人员中，直接任命督学，无须通过公开甄选程序。同时中小学

① 张清滨著：《教学视导与评鉴》，五南图书出版公司 2005 年版，第 36—37 页。

及学前教育机构视察室的督学，也是由负责人从资历符合历任八至九职等人员中直接任命督学，同样无须公开甄选过程。由于教育事务主管部门的督学在任用方面没有通过公开甄选程序，因而在专业方面的能力相对来说比较不理想。这是目前教育事务主管部门督学任用的瓶颈，同时也是教育视导制度达到专业化的障碍。

在县（市）方面，根据 1994 年发布的文件，各县（市）政府督学都是由县（市）政府自行办理甄选，或者是从符合任用条件的相关人士中遴选。换句话说，对督学的指挥权直接属于教育局局长，任用权为各县（市）的一级行政长官。在县（市）采取的甄试方式中，首先要具备台湾地区的公务人员资格，其次要具有一定的学历资格，而学历的差异会影响其在教学年限或从事教育年限长短的限制。下面以台北市为例，详细阐释台湾地区县（市）一级督学的任用。

在台北市，如若想成为督学，首先必须通过高等考试三级或同等学力的考试，同时达到文教行政职系分类中八至九职等以上资格。为了更好发挥督学在教育中的作用，使得其能够胜任视导工作，台北市政府在 2006 年 4 月 24 日针对督学的任用制定了“台北市政府教育局督学任用要点”。根据该要点任用的督学，除应具有公务人员法定任用及教育行政职系资格外，并应至少具有下列五项条件中的一项。

一是其为地区内或经教育事务主管部门承认的相关大学教育研究所的毕业生，获得硕士及以上的学位证书，曾在教育行政方面担任职务，或有 3 年以上的教学经历。

二是其为地区内或经教育事务主管部门承认的相关大学院校教育相关学系的毕业生，曾在教育行政方面担任职务，或有 5 年以上的教学经历。

三是其为地区内或经教育事务主管部门承认的相关师范大学、师范学院、大学教育学院教育相关学系以外各系的毕业生，曾在教育行政方面担任职务，或有 6 年以上的教学经历。

四是其为地区内或经教育事务主管部门承认的相关大学或独立学院的毕业生，曾在教育行政方面担任职务，或有 7 年以上的教学经历。

五是其在教育行政人员高等考试或相当于高等考试的特种考试中及格，曾在教育行政方面担任职务，或是有 9 年以上的教学经历。

由台北市的这一任职条件可以看出，候选督学学历的差异，将会影响对其实践教学工作时长的限制：一个具有硕士文凭的候选人就只需 3 年的教学经验，但仅具备学士学位的候选人就需要 5—7 年的教学经历的要求，而这时间上的差异主要因候选人毕业的学校和专业相关度而异。

二、中小学教育辅导团的人员设置及选拔机制

中小学教育辅导团是各县（市）根据其具体情况设置的，在人员聘用方面也具有极大的自主权，基本都是由县（市）教育局（处）负责招聘与选拔，地方特色较为突出。

以高雄市为例，中小学教育辅导团中的督学都是由教育局内的督学来兼任的，所以不涉及在中小学教育辅导团中聘用督学的情况。而作为主体部分的学习领域及议题辅导小组成员构成来说，召集人与副召集人都是由教育局局长在所辖范围之内选择一所学校的校长来担任，而辅导员与兼任辅导员则必须满足以下八个条件，才有机会成为中小学教育辅导团中学习领域及议题辅导小组的一员。

（1）为高雄市现职合格教师，并拥有该阶段合格教师证者。

（2）没有触犯教育人员任用规定第 31 条、第 33 条的相关规定。

（3）实际担任中小学教学工作的资质达到 5 年以上，或经辅导员遴选委员会通过。

（4）熟悉九年一贯课程的基本理念与相关知能。

（5）具备九年一贯课程中该学习领域所需的专门学科素养。

（6）具备计算机文书处理、上网、软件运用等能力。

（7）对研发各学习领域课程与教材教法深具兴趣。

（8）对推动中小学教育各项工作抱持热情者。

从中可看出，对辅导员与兼任辅导员不仅有专业方面的要求，而且有基本能力、态度等方面的要求。

第五节　分析与讨论

一、台湾地区视导制度的特点

（一）视导与辅导体系并存

台湾地区教育视导制度除了有一套自上而下的视导体系外，还有一套自上而下的辅导团系统。两套体系既有分工又有合作，分别承担监督、行政视导和教学辅导的职能。视导体系主要针对学校和教育机构的整体情况进行视导，检查其是否依规定办学，是否贯彻执行教育政策，从行政管理绩效和效率的角度对学校的管理、财政、人员等情况进行视导，目的在于视察教育规定的实施状况、学校教育的整体情况。而教学辅导则主要针对学校的课程、学科教学、教师教学质量和教学过程对教师提供支持和专业帮助。教学辅导是以改进教学为目标的教学领导，以民主方式，透过各协调服务及与教师行为产生系统的交互作用，促使课程、教学与学习的改进，增进学生与学习效果的历程。教学辅导的最大优势是深入课堂，聘用专业性很强的人员担任辅导人员，与教师平等地进行交流，帮助他们提高教学质量。

中小学教育辅导团通过与视导工作相互配合，共同为教育的改进与质量提升服务。虽然分为两个系统，但在工作中相互配合，互有交叉，根据需要进行人员上的整合。

（二）职能广泛

台湾视导和辅导制度的职能非常宽泛，职责范围涵盖了学前教育、中小学教育、职业教育、专科以及高等教育。不仅包括公立学校，还包括私立中小学、学前教育机构和私立专科以上教育机构；不仅包括正规学校的视导，还包括对社会教育机构的视导，如图书馆、博物馆等机构。在职能上不仅包括行政视导，还包括教学和学科视导以及对教师教学的指导和帮助，同时还要参与行政工作。在视导过程中，既重视监督与检查，也非常重视指导、发展与改进；既强调自上而下的权威，也非常强调与教师建立平等的良好关系，共同协商改进教学。

（三）视导人员的社会地位及经济地位较好

在台湾，只要是督学，其职位至少在地区内的文教行政职系为第八职等以上，只有具备了这个最基础的条件，才能成为督学。由此可见督学在各级教育行政机关中可以说是属于高职等的工作人员，具有较高的社会地位。另外，台湾地区督学的待遇按照一般公务人员的标准给予发放，督学中最低级别的县（市）督学每月收入属于中上等。因而，从总体上来说视导人员的经济地位和社会地位都相对较高。

（四）教育视导人员采取全职专任制

台湾地区所有的督学首先应是公务人员，只有具备这一前提才有成为督学的可能。此外，督学的职等资格是根据文教行政职位分类来确定的，因而督学都是全职专任，并无兼任督学这一职位。

鉴于台湾地区的督学人数不足，同时为兼顾学校视导以及重点政策的推广，每位督学尚需负责几项施政重点政策，进行专题视导。这一方面是为了弥补督学人员不足给工作造成的不便，另一方面也是为了督学在实践工作中，能够集中精力开展所负责的项目。

二、台湾地区教育视导制度的不足

尽管台湾地区教育视导制度受到当局的重视，处于不断发展的上升阶段，有力地促进了台湾地区教育的发展，但其教育视导制度还存有一些需要改革之处。

（一）教育视导机构尚未健全

由于在台湾地区教育组织精简之前，存在教育事务主管部门和教育厅两个教育行政部门，同时二者都下设了督学室，所以对教育视导的组织建设存在一定影响。1999 年，教育厅归属教育事务主管部门后，取消了其下的督学室，但依然下设了一个主管教育视导的第五科，而教育事务主管部门的督学室依然保留，所以说这两者的并存对形成一个清晰有序的教育视导组织存在一定的负面影响。此外，教育视导制度在台湾地区是从属于教育事务主管部门制度的，其为非独立性的组织形式，督学的角色功能不易独立履行。例如，教育视导经费未能独立编列，只能并在相关经费之中，有时不免有相互干扰或掣肘的情形发生，这对视导组织功能的发挥而言是一项限制。此外，台湾地区在教育事务主管部门这一教育行政体系中并未设立督学室，从其行政管理、职能发挥等方面来说，是不利于督学开展视导工作的。

（二）教育视导人员编制过少而导致个人负责的视导工作繁复

台湾地区目前教育视导人员不足，但又肩负着整个地区的教育监督及指导的任务，从而使得每位督学负责的视导工作过于烦琐，这是影响视导功能发挥的一个重要因素。就中小学教育而言，依据 2007 年台湾地区教育统计的资料显示，全地区内的中小学校有 3 391 所，但督学仅为 116 人，每位督学平均视导 29 所学校、1 316 位教师，其工作负荷可想而知。这种超负荷工作任务的情况同样出现在教育事务主管部门中部办公室的督学身上。教育事务主管部门中部办公室仅有 6 名督学，采用驻区视导的形式，平均每人负责 4 个县（市）。这不仅违背了 1 人 1 县（市）的驻区原则，同时也加大了驻区督学的工作难度。因而在这种视导任务过重的情形下，督学在视导过程中，难免流于形式及走马看花的“视导”，而没有发挥“辅导”的功能。

（三）督学资格宽松，专业性易受质疑

台湾地区的教育视导人员选拔并没有严格的任用标准及选拔的过程，决定督学级别的也不是督学在视导方面的能力及实践，而是其在文教行政职系中的职位等级，这往往导致了督学的专业能力受到质疑。此外，不仅是任用时就缺乏专业能力的考核，而且台湾地区的视导制度缺乏专业的培训制度，由此加深了外界对其专业能力的质疑。

第十四章
比较与总结

以上国家和地区部分，涉及欧洲的英国、法国、德国、荷兰、芬兰和西班牙，北美地区的美国和加拿大，亚太地区的新西兰、日本、韩国、中国香港和中国台湾。国家和地区教育督导与评价制度研究主要涉及以下几个方面：①教育行政管理体制；②教育督导制度的历史发展和沿革；③教育督导机构的设置及其职能；④教育督导的职责范围、类型、过程与方法；⑤学校教育督导的标准与指标；⑥教育督导队伍建设；⑦分析与总结。

上述国家和地区的经验表明，教育督导与评价制度是各国的基本教育制度之一。教育督导制度对监督教育政策、法规的落实，监督和评价地方教育行政和学校的办学行为及教学质量发挥着重要的专业问责作用。在当代各国围绕着改进质量、提高效率与促进公平所进行的教育改革大潮中，教育督导与评价制度已经成为保障和促进改革目标实现的重要手段与途径。

受到各个国家和地区教育制度、教育管理制度、国家和地区文化传统和观念的影响，教育督导制度呈现出不同的形态和特点。为了促进教育督导制度的理论与实践研究，笔者试图从以下几方面进行一些分析、比较、归纳与总结，目的是发现规律、探寻趋势、萃取经验，为我国教育督导制度建设和教育事业发展提供借鉴。

第一节　教育督导法制建设比较

不同国家和地区的经验表明，保证教育督导职能与作用有效发挥的关键在于督导制度本身的健全和完善，而制度的健全与完善主要体现在教育督导的法制建设、组织机构建设和督导队伍建设上。

综观各国和地区教育督导制度的历史与现状，无疑都是在一整套法律法规的规定下来实施的。教育督导的法制建设具有两方面的重要意义。

第一，教育督导的法制建设是确立教育督导在本国和本地区教育发展中地位与权威的重要保障，对于督导制度职能的发挥具有重要意义。为了保证督导制度的权威性与法律地位，各主要发达国家和地区都非常重视相关法律法规的制定，并随着本国和本地区教育改革与发展的变化而对这些法律法规进行适时修订，使教育督导法律法规能够适应教育发展的需要。

第二，教育督导的法律法规是督导工作的重要依据。发达国家依法督导的特点都十分突出，涉及教育督导大政方针的法律法规较为完备、细致。发达国家关于教育督导机构的设置、职能、教育督导的内容乃至程序等均有法律规定，因而，确保了教育督导工作的科学性、规范性，减少乃至避免了随意性，做到了真正意义上的依法督导。

综合起来，各国和地区有关教育督导法律法规体系的构建主要包括四个层面：①在国家和地区基本法或宪章中确定督导的法律地位；②在一般教育法中体现有关督导的内容；③制定专门的教育督导法；④制定实施框架、细则与相关文件。每一层次的法律法规都具有不同的作用。

一、在国家基本法、宪章、根本大法中确立教育督导的法律地位

教育督导制度较为完善的国家的一个共同特点是在本国宪法或基本法中以高度概括的形式体现教育督导的内容，从而确立教育督导制度在国家发展中的法律地位，教育督导制度也就是在宪法的规定下，制定相应的督导法规来实施的。这一特点在欧洲国家表现得较为突出。

在西班牙，《西班牙宪章》明确规定了由社会公共机构遵照相关法律的规定，对教育机构和学校进行检查和督导的义务与责任。在荷兰，《荷兰宪法》第 23 条规定：教育享有自治，但必须接受督导的监督，以保证教育对于相关法案、政策的执行。联邦德国在 1949 年 5 月成立时颁布的《基本法》确立了国家对学校教育的督导权：全部的学校教育事业置于国家的监督之下。法国是最早建立教育督导制度的国家，1802 年，拿破仑政府就颁布了《国家教育总法》，规定在国家设立国民教育督导总署，并由该机构负责对初等、中等教育的学校管理和教学进行监督。时至今日，法国教育督导已经成为教育行政管理的重要支柱之一。

而在亚洲的韩国也有类似的举措。1962 年韩国宪法规定，中央政府与地方政府机构中均要设置检查机构。20 世纪 70 年代初，韩国政府各级机关都设置了监督机构。

二、在一般教育法中体现有关教育督导制度的内容

在各国一般教育法中，特别是在教育发展关键时期颁发的有关教育改革的重要政策法案中，一般都要规定有关教育督导制度的内容。其目的是及时根据教育改革的需要调整教育督导制度相关内容，提出教育改革对教育督导制度发展的要求，强化督导制度对于教育改革实施的作用。同时，每当一项重要的教育改革法出台时，都成为教育督导制度发展的重要契机。这一点在英国尤为突出。

《1988 年教育改革法》是一部在英国教育发展中具有里程碑意义的重要法律，主要在国家课程、课程标准、学校多样化等方面

提出了重大改革。紧接着，英国在1992年颁布了主要针对教育督导制度改革的《1992年（学校）教育法》，其中相当大的篇幅是关于设置新的督导制度的，此法律成为女王督学团变革为教育标准局的重要法律依据，内容具体，对于教育标准局的职责与任务、督导所涉及的学校类型和机构范围、各种类型的督学的任期、条件、培训、地方教育督导机构、督导报告制度等都做了明确、具体的规定，并在总体规定之后的若干附则中对学校督导的具体事宜做出了规定。

之后英国的《2005年教育法》和《2006年教育与督导法》都用大篇幅，更加详细具体地规定了教育督导制度的相关内容，特别是2006年将教育与督导相并列出台法规，表明了对教育督导工作的重视。它们是对《1992年（学校）教育法》的延续，但同时也有一些重要修订、补充和发展。根据这些法律，英国每年适时对各类教育督导大纲进行修订与调整。例如，2007年教育与技能部改为儿童、学校与家庭部，释放出重要的政策理念方面的变化，于是在相关的教育督导文件中就及时做出了反应。

西班牙《教育系统总体组织法规》规定，社会公共管理机构应该为保障相关法律的执行和教育体系的质量改善履行督导职能。

二战后，日本颁布了一系列教育法规，建立和完善了教育法规体制，为教育行政管理活动创造了良好的法制环境。教育行政要依法而行，教育督导也不例外。诸如《文部省设置法实施细则》《地方教育行政法》《教育公务员特例法》等法规都对督导人员的职责、资格、任免做出了明确的规定。这些法律规定能够规范督导人员的行为，避免了主观随意性。2007年6月，日本修订了《学校教育法》和《学校教育法施行规则》。其中修改后的《学校教育法》第42条规定了学校评价是所有学校的职责，指出：幼稚园、小学、初中、高中、中等教育学校和特别支援学校必须按照文部科学省的规定，对学校教育活动和学校运营状况进行评价。

韩国的《教育基本法》第17条规定国家与地方自治团体指导、监督学校和社会教育设施；《初中等教育法》第7条规定教育部长官及市道教育厅的首长（教育监）对其下属机构及学校实施教育课程运营及教授、学习方法等方面的奖学督导及指导；《初中等教育法施行令》第8条规定教育部长官及市道教育厅的首长要对其下属机构及学校通报每年的奖学计划。本计划需要包括对象、过程、项目、方法及结果处理等。

三、制定专门的教育督导法或条例

与一般教育法的作用相似，有的国家则选择通过制定专门的教育督导法来规定教育督导的机构设置、职能与作用、职责范围、任务与对象、督导原则等相关内容，亦是教育督导工作的直接依据。

2002年9月1日，荷兰正式颁布实施了《教育督导法》。《教育督导法》规定：教育督导适用于小学、中学、成人和职业教育，使督导制度在专业和独立的基础上运行，并开展激励性评估，督导机构还要监督教育机构是否具有自己的质量保证。督导机构具有促进教育质量的法律义务。《教育督导法》还规定：自《教育督导法》公布起，督导的主要原则也适用于高等教育（指教育督导局对高等教育鉴定法规的执行情况、对高等教育鉴定实施机构的资质和工作质量、执行计划及项目确定的工作进行督导）。《教育督导法》将教育督导分为两大类型。一是对国家教育基本质量标准和拨款条件相关法律条例的执行。二是其他质量方面，包括以下方面：学生发展的结果和进展情况，学习过程的结构，对个体需求的回应，考试的内容、水平和实施等。

日本1899年制定《文部省视学官视学规程》，规定专职视学官制度。1908年出台的《文部省视学官及文部省视学委员职务规程》对视学制度进行了完善。

四、制定教育督导实施细则和框架

各国都重视相关督导细则和方案的研制，在督导机构中有专门的力量来研发和设计这些方案和大纲。基本法、一般教育法和专门的教育督导法的目的主要是确立教育督导工作的法律地位与权威，制定教育督导制度的宏观框架，而教育督导实施细则和框架则规定了教育督导与评价的方法、程序、标准、过程、结果处理、信息分析、工具等方面的详细内容，是指导教育督导评价工作的具有法律效力的方案，是教育发展目标的具体化，是保证教育督导评价工作科学性、系统性、标准化的关键。

英国在1994年首次制定了系统翔实的督导大纲。督导大纲详细规定了教育督导的标准、内容、方法、程序、督导报告等，并向学校、社会和家长公开。督导大纲成为指导督学工作的主要依据，也是加强教育督导专业性的重要标志，以此来保证教育督导工作的高标准与高质量，保证教育督导工作的系统性、标准化和科学性。近年来，教育督导大纲的研发向分类的方向发展，在中小学校督导大纲的基础上，分别制定了独立学校、学前教育机构和保育机构、职业技术学校、职前教师教育机构、地方教育局等机构类型的教育督导大纲。

荷兰的督导框架较为详细地制定出教育督导方法和内容，教育督导的类型、频率以及重要性。德国和西班牙也有类似的实施细则。所不同的是，英国和荷兰的教育督导大纲既包括教育督导制度的基本内容，也包括学校评价方案、评价标准、主要指标和督导程序，而德国和西班牙的细则更接近于学校评价方案。相同之处在于教育督导大纲或评价方案更加趋向于按学校类型加以制定，分别制定学前教育、小学、中学、职业技术学校、地方教育局等机构类型的教育督导大纲。

2002年3月，日本文部科学省颁布了《小学校设置基准》及其他相关文件，要求每所学校对其教育活动进行自我评价，并向社会公开其评价结果。

日本文部科学省于2006年3月颁布了《义务教育学校评价指导方针》。该指导方针就学校评价的目的、方法、评价的项目和指标等进行了详细的规定。

五、教育督导法制建设的特点和趋势

综上所述，世界教育督导法制建设有以下几个特点和趋势。

第一，教育督导制度的法律框架是一个从概括到具体的完整的法律和政策体系，几个层次的法律法规的内在逻辑关系是递进的，一级比一级详细，一级比一级更具可操作性。几个层面构成了法律框架的整体，从而实现了“协调增益”的政策效果。

第二，每个层次的法律都具有不同的作用。国家根本大法中的内容主要是确立教育督导制度在国家教育制度发展中的法律地位与权威性，一般都是高度精练和概括的。一般性教育法中的规定和专门的教育督导法的作用是对教育督导制度的设置做出具体规定，是教育督导制度建立的主要依据。而实施细则与教育督导大纲则在方法、标准、过程、工具、程序方面做出详细的规定，更具科学性、专业性与可操作性，是对上位法律法规的解释性和可操作性政策，是基本政策的具体化。

第三，实施细则和督导大纲制定的一个重要趋势是更加专业化，按照教育机构的类型分类制定和设计。例如，英国、西班牙、荷兰都制定了中小学督导大纲、独立学校督导框架、职业技术学校督导框架、学前教育督导大纲、教师教育督导框架以及地方教育局督导大纲。

第四，及时对教育督导的相关法律法规进行修订与调整，使教育督导制度适应社会发展的变化，适应教育改革的需要，适应教育政策的调整。

第五，重要的教育改革法都会引发教育督导制度的相应发展。例如，英国历史上具有里程碑意义的《1870 年教育法》《1902 年教育法》《1944 年教育法》都成为教育督导制度发展的重要契机。《1988 年教育改革法》更是直接导致了《1992 年(学校)教育法》的颁布实施，此法律是教育标准局建立的重要法律依据。

第二节　教育督导机构设置比较

现代管理科学认为，任何监督评价活动都是一个组织化的过程，是有目的、有计划、有规范性程序或步骤的自觉活动，是按照一定组织层次结构来进行的。世界各国的经验表明，实行教育督导制度，就需要建立健全相应的教育督导机构，这是履行教育督导职能的组织保证。

为了更好地行使教育督导的职能，发挥督导制度的作用，各国都非常重视督导组织机构的设置与完善。根据各国不同国情，督导机构设置在结构上可以划分为：①纵向结构；②横向结构；③内部结构；④国家督导机构在地区（大区）的常驻派出机构和联络员制度。

一、纵向结构

从纵向结构来看，教育督导机构设置一般与各国教育行政区划和管理体制相吻合，分为以下几种类型。

（一）中央和地方若干层级的督导机构

适应本国行政区划和教育管理体制的特点，英国、法国、西班牙、日本、韩国设立中央和地方各级教育督导机构。一般来说，中央一级的教育督导和评价机构发挥着更大的作用。

普遍来说，欧洲国家的地方教育督导机构相对独立，中央和地方各配备自己的督学或视导员。国家和地方督导机构的作用和职能也有所侧重，形成相互补充的关系。例如，英国国家教育督导机构的工作具有两个特点。①全国性。它们通过对具体学校大量的规范化的督导，通过教育督导报告的发布，最终达到对全国教育体制总的质量的评价，对形成全国性的教育决策产生重要影响。②终结性。国家教育标准局的评价是终结性的，需要借助于一个较统一的标准对学校的质量和效果做出价值判断，这样可以对全国不同地区的教育质量有一个比较。而地方督学的工作更侧重于以下几方面的职能。①在国家督学提供外部评价的同时，地方督学侧重于帮助学校设计和实施更适合于自己需要和特点的自我评估，包括学校评估、教师评估、课程评估及学生学习质量的评估，目的是为了诊断问题而不是划分等级。②帮助和支持学校改进工作。对于地方督学来说，了解情况、得出评价结论只是工作的开端，更重要的是采取有力措施改进学校工作，这往往是创新与发展的直接动因。在这方面的工作主要有：与校长密切合作，帮助他们改进内部组织以及人力、物力、财力的管理；与教师共同进行课程改革，探讨改进教学的途径；等等。

（二）只有中央一级的督导机构

由于国家较小，管理层次较少，荷兰、新西兰只有中央一级的教育督导机构。一般中央一级的教育督导制度向基层辐射，建立地区办公室，强化中央的教育监督和评价，特别是在教育治理理念推动下，学校和地方自主权较大，需要加强中央的教育质量监督。

（三）只有地方督导机构

德国、美国和加拿大等国家由于实行联邦制，地方高度自治，因此只有在各州（省）或各大区设立的教育督导机构。地方教育督导机构也分为若干层次，包括州（直辖市）政府、专区政府和县政府教育行政部门为主的三级教育督导机构和相应的教育监督机制。在德国，联邦一级并无教育督导机构和督导人员，教育督导机构主要设在各州教育部内，以及下属的县市教育局内。

有的国家虽然没有中央一级的教育督导机构，但是在中央一级有其他机制作为补充。例如，德国没有教育部，但有一个建立于 1949 年的州际教育事业协调机构——各州文化教育部长联席会议。它由 16 个州的文化教育部部长组成，一年召开三次会议，其主要职能如下。①比较与协调各州学校毕业资格。各州的学校教育制度可以是不同的，但在毕业时都要达到大致相同的水平。②制定统一的学校教育质量标准。特别是在德国参加欧盟 PISA 测试、成绩排名落后的情况下，联席会议决定在柏林洪堡大学设立教育质量评估研究所，具体研发各学科质量标准，组织进行与PISA测试相一致的国内监测，目的是改进基础教育质量。③协调各种证书颁发机构的标准和资质。

为了提高教育管理的效益，加拿大各省教育部也组成了一个协调组织，称为教育部长委员会，负责沟通和协调各省的教育工作。该委员会在联邦政府的授权下，有时可具体承办与其他国家进行教育方面的交流工作。作为促进省际教育交流与合作的机构，加拿大的教育部长委员会也建立了教育督导的省际合作机制，对加拿大全国范围内的教育督导实践发挥了引领作用。其实现方式包括：第一，各省和地区可以借助教育部长委员会参与全国性评价项目以及若干国际性评价项目；第二，教育部长委员会内部的成员即各省和地区的教育部部长达成共识后往往会出台一系列共识文件，从而影响全国的教育改革；第三，教育部长委员会联合加拿大政府的相应部门开展合作进而发布报告。①

通过以上对教育督导纵向结构的分析，可以得出以下几点结论。

第一，国家相对较大、行政区划较多，则教育督导的层次也比较多，国家小、层次少，则教育督导的层次也比较少。

第二，教育督导制度与一个国家中央集权和地方自治的程度有关。例如，美国、德国等国地方自治很强，因而教育督导制度也只设立在州和各大区。

第三，也有相反的情况，地方自治和教育自主权很大，却越要加强国家一级的教育督导。例如，英国和荷兰都是以国家一级的教育督导制度为主，其理念是为保证教育质量和相对统一的标准，在给予很大自主权的同时，越应该加强国家的监督。

第四，中央和地方教育督导制度具有不同的作用，在职能上各有侧重，相互补充。

---

① 赵风波：《加拿大的教育督导及相关评价研究》，《上海教育科研》，2011年第4期。

二、横向结构

从横向结构来看，也就是从教育督导机构与行政部门的关系来看，世界各国和地区因政治体制和教育管理体制的不同，教育督导的机构设置基本上有两种类型。①独立设置型：教育督导机构相对其他行政单位而自成系统。②混合设置型：业务部门兼有行政与督导的职责。从两种模式的比较来看，独立设置型督导的权威性更强、督导的职能与作用更加明确和有效。但是混合模式在合作和协同上有一定的优势。

（一）独立设置型

独立设置型是指在中央教育行政部门独立设置教育督导机构，作为同其他业务司局平行的独立机构，地方也相应地在各级教育行政单位中设置督导处、室。独立设置型又分为外独立型（完全独立型）、内独立型（相对独立型）。

（1）外独立型（完全独立型），即独立于教育行政部门，与教育行政部门是平行的，没有隶属关系。可以说这是独立性最强的一种模式，如新西兰就属于这种情况。新西兰教育督导办公室是隶属于国会的政府部门，其独立于教育部之外，是与教育部平行的机构。教育督导办公室以第三方的身份参与评价，机构设置的独立性的特点决定了新西兰的学校教育督导更加客观，更加公平。

（2）内独立型（相对独立型），即教育督导机构设在教育行政部门内，受教育行政部门首长的领导。这样的教育督导机构既有独立性，又与教育行政部门密切联系。目前大多数国家的教育督导机构属于这种类型。这种模式的优势在于，一般设置在教育行政部门内，由于有明确固定的职能任务和独立的组织体系，能保证督导工作的持续性，同时也便于从全局出发，全面发挥教育督导职能。这种模式以英国、法国、荷兰、西班牙、日本为代表。

英国在 1992 年之前，女王督学团隶属于当时的教育科学部，直接由常务副部长领导，总负责人的级别为副部长级，地位高于其他业务司局。在机构设置上自成体系，在业务上独立于教育科学部。在 1992 年之后，改革后的教育标准局，仍然设在当时的教育与技能部（2007 年后更名为儿童、学校与家庭事务部）内，但在行使职权上保持自己的相对独立性。教育标准局为准部级机构，其主要负责人——英国女王总督学为副部长级。教育标准局直接对教育大臣及议会负责，而不是对教育行政部门负责，改变了过去教育部门自己评估自己的制度上的缺陷，使督导活动更为客观、公正。后来的教育标准局更加突出其相对独立性。

荷兰教育文化科学部设有十个独立的行政机构，教育督导局就是其中之一。教育督导局虽然隶属于教育文化科学部，但为了保证其独立性，教育督导局设在距离教育文化科学部所在地海牙 100 公里以外的乌得勒支市，有自己独立的办公大楼，是半独立性政府部门。荷兰共有 442 名全日制督学和工作人员，其中 65%为督学，15%为分析人员，20%为辅助人员。教育督导局每年有 6 000 万欧元的经费。

法国教育部设专门的总督导署。总督导署设有国民教育总督学、国民教育行政总督学两大类（相当于中国的国家督学），这两类总督学目前分别有 156 人、60 人。学区一级组成“地区教学督学团”。

西班牙教育和科学部设专门的教育督导机构，设立专门的分管部长兼督导机构的主要负责人，另有一名司局级的领导（国家督学）负责督导机构的日常工作。在西班牙的 17 个自治区中和自治区之下的省教育行政部门中都设有专门的教育督导机构。

（3）关于督导制度独立性问题的分析。教育督导的性质决定了它的工作方式和特点不同于一般的行政职能部门，必须具有权威性、相对独立性和专业性，否则，就无法保证相对独立于决策及执行机构以外的检查、监督和评估及其职能的发挥。各国的经验表明，独立性是各国督导制度的主要经验之一，这包含两层含义。①在机构设置上的相对独立性。上述国家的经验表明，督导机构首先是国家教育行政的一部分，但却是不同于其他职能部门的政府部门。在英国、荷兰，为了保证督导工作的相对独立性，督导机构都有自己专门的办公大楼。这种机构设置上的相对独立是一种地位与权威的象征。在级别上，英国教育标准局为局一级机构，但其主要负责人——女王总督学为副部长级，女王总督学具有直接接触国务大臣的权利，教育标准局直接对教育大臣及议会负责，而不是对教育行政职能部门负责，避免了行政的干涉。②在工作状态和督导结果上的更大程度的独立性。督学在进行督导评价时，教育行政不能对其进行任何干预。例如，在英国，教育标准局是自治的专家团体，正如2003年《学校督导大纲》所指出的：尽管国家教育标准局与其他部门工作联系紧密，并且在教育与技能部部长的要求下承担督导工作，但它独立于英国教育与技能部。国家教育标准局的这种独立性能够促使其公正地督导和报告教育问题。这种独立性包括几个层面的含义：督学提供的报告，任何人（包括教育科学大臣）都不能更改；在业务上，教育标准局自行决定履行其职能的工作方式以及自行做出判断。

（二）混合设置型

混合设置型督导制度模式的特点是，教育行政职能部门同时也是督导机构，行政职能部门兼有督导职能，但尽管是一体化模式，在内部设置上有明确的分工或督导人员。这种模式在与行政人员合作上具有自己的优势，但不利的一面在于，工作重点往往偏于管理，督导与管理混合在一起，很难保持其客观和公正，因而监督评价的职能会受到影响。混合设置型模式以美国、德国、加拿大、韩国为代表。

美国的督导工作并未设置专门机构，各业务部门的行政人员均有视导任务。各州、县和学区的教育行政首长和学校组织领导人均以视导长称呼。他们既是主管负责者，也是监督者，一般都在著名校长、教师中选任。美国采取一体化模式的主要原因是其非政府性质的评估与鉴定制度较为发达，这些机构承担了大部分的评价职能。在政府机构之外，美国有一些全国性组织。例如，美国教育协会下属的督导及课程发展协会，以推动教育督导或实施教育督导为宗旨；教育督导学术组织是以加强与州督导人员之间的联系、推动教育督导的实践与理论为目的。另外，一些学校及学生评估机构和组织也为教育督导的实践提供重要的数据和标准参照。例如，全美教育评估标准与学生考试研究中心，国际教育评价协会，教育测验服务中心，全国评价管理委员会，等等。

德国由于各州教育制度不同，所采取的督导制度模式也有所不同，以混合设置型模式为主。例如，德国巴伐利亚州教育行政机构同时也就是教育督导机构。在各级教育行政机构中，教育行政长官即是教育督导的负责人，在他之下，设人数不等的督学长，分别管理各自负责的区域、学校和学科教学；在督学长之下，按学校和学生人数的多少，设若干名督学。州教育部负责初等或中等教育的督导，也可授权下属教育行政机构行使督导权。不管在何种情况下，州教育部都是教育督导工作的最高主管机构。

一体化模式的特点是，教育督导贯穿于教育行政整体工作之中。但是，教育督导的事务与行政事务明确分开。在日常工作中，教育督导人员以对教育质量的视察、指导为主，又涉及学校的人事管理。一方面，督学要对所负责的区域和学校的教育教学工作是否与教育法规相符，教学是否遵照教育部颁布的课程标准进行，教师的教学方法和学校的教学组织是否适当等进行督察督导；另一方面，督学本身既是教育行政官员，又是校长和教师的上级，因此，对教师的任用、分配、晋升和解聘，以及校长的任用等都负有参与考核和建议的职责。

从美国和德国的实践来看，尽管采取了混合设置型，但分工明确，具有明确的督导职能。因此从这个意义上来说，督导工作具有相对独立性，特别重视各级督导所特有的权威性身份和职能。

世界教育发展的一个重要趋势是，在给予学校和办学机构更大自主权的同时，加强政府教育督导机构的监督评价职能。无论是在中央集权制的法国，在以地方自治为主要传统的英国，还是在以联邦制为主的欧洲发达国家和美国，都采取不同机构模式履行监督评价职能。

三、内部结构

教育督导内部结构的合理与完善程度关系到国家督导机构是否能够充分发挥其职能与作用。发达国家中央一级督导内部结构的特点是：与督导职能相匹配，与教育事业和教育管理事业的门类相匹配，专业化程度高，专职队伍庞大。

荷兰国家教育督导局的内部结构呈现出与其督导职责范围相吻合、与教育事业门类划分相吻合、专业性强的特点。其内部主要设置包括初等和特殊教育处、中等教育处、成人和职业教育处、高等教育处，督导局的最高领导为总督学，下设四名主任督学。

法国现行的教育督导主要由国家教育部下属的国民教育督导总署实施。教育督导总署下设两个督导处和三类全国督学。两个督导处分别为国民教育行政与研究总督导处和国家图书馆总督导处，三类全国督学分别为学业督学、学区学业与教学督学以及国民教育督学。教育督导总署内部的督导人员组成 14 个专家小组，包括一个初等学校教学督导小组对全国的小学教学进行督导，一个学校生活及环境督导小组对全国的学校设施和学生的学校生活进行评估，12 个中学不同学科的教学督导小组对中学各个学科的教学进行评估。

在英国，总督学之下有 12 名主任领导各部门，他们分别是：①总执行主任，负责督导和改进工作的组织与提供；②机构服务主任，负责保证机构职能的正常行使和机构的运行，包括数据和信息服务、资产和商业服务、财务和信息服务团队的管理；③继续教育和技能主任，他所领导的团队负责为该领域的督学、在继续教育和技能培训机构的工作人员与使用者制定相关政策与指南，这些继续教育和技能培训机构包括学院、以工作为基础的学习提供者和师徒制提供者，他还兼管中西部的工作；④早期教育和儿童看护主任，负责开发早期儿童健康和儿童中心的督导框架，同时兼任东北部主任；⑤职前教师教育主任，兼任东部主任；⑥地方教育局督导主任，兼中东部主任；⑦学校督导主任，负责通过制定督导政策和框架领导学校改进的工作；⑧社会监护主任，负责儿童社会监护领域的督导和规范工作，负责开发这一领域的督导政策和方法，兼伦敦地区主任；⑨社会监护改进主任，负责设计、形成和评价教育标准局针对被督导评价为不合格的地方教育当局的改进策略；⑩独立学校主任，兼西南部主任；⑪西北部主任；⑫东南部主任。这12名主任构成了教育标准局的执行委员会，负责确立机构战略重点、目标和任务。

综上所述，国家督导内部结构上体现出以下几个重要特点。

第一，与教育事业相匹配，与教育行政机构内部分工相对应。国家督导机构在内部横向机构设置上的一个重要特点是与国家教育行政部门的内部结构相对应，按照教育阶段和相应的专题、问题、学科或领域来划分。

第二，部门划分的专业性与专门性。督学团的部门划分很细，职能分工相当专业化和专门化。特别是在学校督导上，设置学前和初等教育督导处、中等教育督导处、职业和成人教育督导处等。

第三，督导工作信息处理的工作量很大。为此，督导机构一般都要配备很强的辅助性机构和人员。

四、国家教育督导机构在地区（大区）的常驻派出机构和联络员制度

督导制度机构建设的另一重要方面是，各主要发达国家的国家督导机构均在各大区设立督导办公室或设置联络员制度，在常驻地区办公室任职的督学或联络员代表中央在地方工作，发挥着联系中央与地方的纽带与桥梁作用。

在荷兰，督导局总部设在乌得勒支市，督导局在各地区设若干督导办公室。

在西班牙，国家教育和科学部设专门的教育督导机构，建立了一支专门的国家督学队伍，负责教育督导机构的日常工作。同时，还向全国17个自治区派遣国家督学，负责监督各自治区政府贯彻执行中央宪法的情况和各省督学的督导工作。

在法国，教育部为每个学区指定一名总督学为联络员，负责

监督各学区每年的教学工作计划与一般任务的实施。

在英国，按地区划分教育督导责任区，全国划分为东南部、西南部、西北部、伦敦地区、中东部、东部、东北部、中西部；教育标准局的领导层中各地区设一名主任负责与之联系。

由此可见，建立常驻地方的派出机构或联络员制度已经成为各国教育督导制度的重要组成部分，发挥了重要的作用。

第一，督导工作的性质决定了督学需要经常对学校和地区教育行政部门进行走访，及时了解情况。毕竟每年对学校和其他教育机构的正式督导的次数是十分有限的，督学对各级各类教育机构进行随访可以弥补正式督导的不足。

第二，随访的一个重要特点是，在不通知教育机构的情况下进行访问，可以在更加真实、自然的情况下进行督导。同时随访一般都是由一两名督学实施，对教育机构日常工作的影响较小。

第三，在正式督导评价后，需要进行后续性的跟踪访问和督导，检查对正式督导所发现问题的整改情况，检查督导建议的落实情况。

第四，在地方工作的中央督学可以及时对中央的政策进行解释，起到上传下达的作用。

第三节　教育督导与评价职责范围比较

随着各国对各级各类教育问责需求的加大，各国教育督导的职责范围在不断扩大，督导对象不仅包括学校督导评价，还包括地区教育行政督导评价；在学校督导评价上，督导对象涉及学前教育机构、初等教育机构、中等教育机构、成人和职业教育机构、教师教育机构、高等教育机构等。职责范围的扩大需要督导制度在机构建设、队伍配备等方面更加健全、完善和专业化，要求有充足的经费作为保障。

一、对学校及其他教育机构的督导评价

学校督导是对以中小学校为主体的各类学校、教育办学机构的督导。长期以来，各国教育督导的类型一直是以学校督导评价为基础的，学校督导在各国教育督导制度中占据核心地位。

随着教育督导制度的发展，英国对学校督导的范围在逐步扩大，督导的范围涉及除大学以外的整个教育事业：学前教育、初等教育、中等教育、中等后教育和教师教育。目前，荷兰教育督导局设有一名总督学和四名主任督学，分别负责小学和特殊教育督导、中等教育督导、成人和职业教育督导、高等教育督导。这表明荷兰的教育督导制度职责范围很广，包括初等教育、中等教育、高等教育、职业技术教育、成人教育以及特殊教育的督导与评估。对于高等教育的督导主要是通过对高等教育鉴定机构实行督导和监督，并不对高等教育机构直接进行督导。在法国，督导制度的督导范围包括对高等学校的行政和经济、对中等及以下学校各方面工作和教师进行督导、检查、指导和评估，同时还对全国成人教育机构的课程、教学进行评估。日本在文科省高等教育局设视学委员，从事有关大学教育或高等专门教育中特别指定事项的指导，并提出建议。

由此可见，学校督导的职责范围不断扩大，除公立中小学外，向学前教育、特殊教育、私立学校、职业与成人教育机构、职前教师教育、高等教育扩展。学校督导日趋专业化，在中央教育督导机构中按照学校类型设置相应的内部机构，按照各级各类学校分别编制相应的督导大纲和评价方案。

在一些国家，教育督导的范围还扩展到社会教育单位。例如，英国的督导范围还包括儿童福利机构、学生教养机构、儿童和家庭法律咨询机构、监狱中的学习等。日本在文科省的学术国际局内设有大学图书馆视学委员，作为非常务性的职员，负责对大学图书资料的建设进行联络指导。此外，在文科省的社会教育局，也设置了社会教育官，就社会教育事业进行指导、建议。

二、对地方政府的教育行政督导

对地方教育管理和教育行政的督导已成为教育督导的一项重要职责。法国国民教育督导总署下设的国民教育行政与研究总督导处具有很强的教育行政督导的特点，从1965年成立以来，便发挥着对整个教育体制的作用、效力进行评估和监督，以及为全国教育发展和学术研究提出建议的作用。

英国从20世纪70年代开始对地方教育局的工作进行督导，但是并不对地方政府与地方教育局直接进行督导，而是通过对地方教育局所管辖学校的督导评估反过来对一个地方教育局的工作做出评价。1999年之后的地方教育局督导与过去最大的不同在于，过去主要通过该地区学校督导评价来评价地方教育局的工作情况与质量，而后来的督导包括两部分：一是对地方教育局本身的督导评价，二是对其所管辖学校的督导评价。

韩国的教育监察颇具特色。韩国教育督导制度最大的特点是分为教育监察制度与教育奖学制度。教育监察制度类似我国的督政制度。教育监察制度主要是对地方教育行政机关的事务及其所属教育公务员或职员职务进行的监察，主要包括评估有关教育行政机关的法令、条例、规则等的制定和执行情况，检查有关财政、行政、人事、器材物品的管理情况，调查公务员在工作中的违纪、违法、纲纪混乱行为等，并对监察过程中发现的问题进行处分、纠正。其目的是确保教育行政工作的合法性，确立行政纲纪和行政秩序，维持教育行政的信誉。教育监察制度对于相关政策的执行、经费的合理使用、行政管理的效率和公职人员的行为约束发挥了重要的作用。此外，教育部的监察范围十分广泛，甚至包括教育部的职能部门本身和教育部下属机构，为此，在机构设置上，监察部门位列各职能部门之首，也就是说监察部门有权监察教育部。此外，监察部门的监察范围不仅包括地方教育行政机构和基础教育机构，还包括公私立高等教育机构；不仅包括组织和机构，还包括公职人员。

三、教育督导与评价体系的新变化

通过深入研究，我们发现教育督导与评价制度正在悄然发生着变化，以传统的督导制度为核心，延展为一个涵盖督导、评价和教育质量监测的大体系。

（一）建立教育质量监测系统

一些国家在参加国际学生评价项目（PISA）后纷纷建立了教育质量检测体系。例如，1997年德国参加国际学生评价项目测试，成绩排名落后，引发了德国政府对教育的反思和改革。为了提高学校办学自主权，使教育质量从内容转向注重能力，德国各州文化教育部长联席会议决定以洪堡大学为依托，设立教育质量评价研究所，目的是提高基础教育质量。其具体职能是：①研究基础教育阶段各学科的国家教育水平标准；②开发设计用于德国国家教育质量监测考试的题库；③在全德范围内抽取样本实施国家考试，对教育标准进行测量；④开展各种与实施国家教育标准有关的研究，向联邦政府提供全国性常模和成绩测试结果。为了加强对教育质量的监控和评价，各州都相应地建立了教育质量评估研究所，配合教育督导机构负责对各类教育的评价和研究工作。研究所要掌握每年每所学校自评的情况，并规划和落实每年评估的学校计划，写出督导报告。

西班牙近年来十分重视学生教育质量的监测工作。西班牙在中央一级专门建立了一支技术团队，由一些相关专业人员组成，专门负责相关评估计划和工具的制定、研发以及对各自治区评估工作的指导。学生质量监测主要在三个层面上开展。①国际/欧洲层面：组织参加了国际和欧洲学生教育质量评估项目（PISA项目）的小学四年级阅读与数学能力测评和15岁学习成绩测评；经合组织（OECD）的中学教师教学效果评估、欧盟语言能力评估，即中学毕业后两门外语能力（英语和法语）测评；世界教育评价协会（IEA）组织的小学四年级阅读和算术成绩测评，中学二年级德育、智育测评和初中数学、阅读测评。②国家层面：对全国各学科进行评估，采取与欧洲和国际测评项目相关的内容，随机抽取一些学校进行学生质量测评，目的是制定国家级的发展战略。③自治区层面：包括针对教师、学生质量的评估，对中学阶段西班牙语能力进行的测评，对提高毕业率、降低辍学率的评估，以推广职业教育为目的的职业教育评估，等等。

加拿大的一些省份也建立起了类似的教育质量与问责办公室，通过系统的标准和数据掌握学生层面的信息制度、教育系统方面的信息、指向结果的管理和绩效方面的报告。

（二）教育督导与教育评价制度并行

一些国家建立起了教育督导和教育评价相对独立并密切联系的两套体系。例如，法国 1987 年在教育部内建立了评估与预测司。评估与预测司的工作更加注重在科学数据的基础上进行评估，弥补督导制度专家判断的不足。法国在 1989 年颁布的《教育指导法》中明确提出，评估不仅要让全社会知道学校运行的情况，更要为各行政管理层提供手段和工具，帮助他们进行决策。正是基于这样的理念，预测与评估司承担了法国大部分教育体系的评估工作。总体来看，预测与评估司主要在以下四个方面开展工作：一是对整个教育体系进行评估，二是对学生学习状况进行评估，三是对学校进行评估，四是对教育政策试点进行评估。

随着教育管理体制的改革，日本形成了教育督导制度与学校评价体系相并行的教育质量保障体系。二者的目的和所发挥的职能有所不同，教育督导制度旨在对学校教育和运营提出建议、帮助学校改进工作，主要通过访问学校的方式，直接把握教育的实际情况，督导系统采取学校调查和学校认证等手段达到促使学校贯彻国家教育方针的目的。学校调查和督学行政结合在一起，主要以指导、建议的方式对学校评价发挥作用，对学校评价没有直接的指挥、监督权。日本的学校评价注重对教育结果的评价，采用以自我评价为基础的多种评价方法，全面地对学校教育活动和运营管理情况进行考察，保障和提高学校教育质量和学校管理效益。从主体性的角度来看，视学和指导主事制度的主体是教育行政部门及其所属的督导部门，而教育评价的主体则主要是学校来进行和组织，既发挥了教育行政部门的监督职能，又充分调动了学校自主管理的积极性和能动性，形成了日本独特的质量保障模式。

（三）以评价制度取代督导制度

芬兰教育评价制度的发展以20世纪90年代为分水岭。在此之前，芬兰实行中央集权的教育管理体制，并在全国范围内建立了教育督导系统。芬兰20世纪90年代的公共管理体制改革削弱了中央政府对教育的管理权力，形成了地方自治的教育管理体制，并废止了教育督导制度，代以外部评价与自我评价相结合、以提供信息为目的的教育评价系统。随着以地方自治为基础的分权式教育管理体制的形成，以教育督导制度为基础的教育质量保障体系逐步消失。1991年，芬兰宣布正式废除学校督导制度，各级各类教育评价成为改善和保障芬兰教育质量的中坚力量。与芬兰的教育行政管理体制相适应，教育评价工作由上至下分为国家、区和地方（自治市）及学校三个层次。

芬兰教育评价委员会主要负责基础教育的外部评价工作，其职责主要包括四个方面：①协助教育与文化部、支持教育提供方开展教育评价工作；②评价教育提供方的教育活动；③开展外部教育评价；④在教育评价方面参与国际合作。其宗旨有三：①收集、分析信息以便为国家教育政策的制定和教育发展提供依据；②收集、分析信息以便为地方教育发展决策提供依据；③支持学生的学习、教育工作者的工作和学校的发展。

以教育评价制度取代教育督导制度取得了良好的成效。①加强了教育评价研究，强化了教育评价工作的专业性。一方面，相关工作人员多为教育质量评价和保障领域的专家，而非由其他教育行政工作者兼任；另一方面，芬兰的教育质量评价和保障工作紧密联系相关科学研究，秉持“以评价带动研究，以研究促进评价”原则，保证了其教育质量评价和保障工作的专业性和科学性。②鼓励多方主体参与，强化了教育评价工作的合作性。芬兰教育质量评价和保障工作渗透着多元参与的治理理念，强调各种形式的教育评价合作。第一，国家主持的外部评价与办学方开展的内部自评相结合，并注重两种评价的沟通与合作。第二，教育质量评价人员由教育提供方、教育机构、教育行政人员和教学人员、学生组织及其他利益群体共同组成，强调参与主体多元化和兼顾社会各方的需求。第三，积极参与国际教育评价项目，并定期考察他国教育评价的最新实践，注重通过国际合作丰富、改善本国的教育评价技术。③强化教育评价工作的服务性。自20世纪90年代中期起，芬兰的各种教育法律就明确规定教育质量评价和保障工作要以为公众及个人决策提供信息服务为目的，教育评价报告要对公众公开，但不得进行任何形式的排名，报告结果不得对教育提供方、学校及师生造成伤害。概括来讲，芬兰的现行教育质量评价和保障制度强调以评价获取信息，以信息服务决策，而尽可能弱化带有干预性质的监督和管控。

第四节　教育督导职能作用比较

综合各国的情况可以发现，教育督导的基本职能可以概括为以下几方面。

一、监督执法

监督执法可以说是各国教育督导制度的首要或主要职能。荷兰将教育督导分为两大类，其中之一就是对国家教育基本质量标准、拨款条件相关法律条例的执行情况进行督导评价。西班牙教育督导的重要目的之一是保障所有参与到教育和学习进程中的机构和个人的权益，遵守并且保证相关的法律法规的履行和完成，监督在学校中有关法规、规章和其他的对教育体系有影响的法律的遵守情况，监督学校的办学行为与质量是否符合法律规定。德国教育督导首要的职能是对教育法律执行的监督，对学校及学校承办者涉及教育法律方面的问题进行督导，根据各州颁布的教育法律条款衡量和检查教师的执行情况等。

二、教育质量的评价与问责

通过科学的评价手段与方法的运用对教育机构的效率、质量、领导能力进行问责是教育督导的核心任务。荷兰教育督导的职能之一是行使学校教育质量方面的问责职能，以学生的学习成绩为起点，同时包括其他方面的质量，如学生发展的结果和进展情况、考试内容和水平等。西班牙实施针对教学、领导职能和教育职能的评估，并通过组织分析，对以上各个方面的运作、执行和结果进行评估，评价学校在教学、组织与运转、教师行为、学校领导与管理等方面及有关家长与学生等方面的情况。法国教育督导的主要任务是评价教育体制运转情况，审查教育体制运行的效率、结果、潜力，为决策提供依据，评价学校教学活动，如课程设置、教学内容、教学方法、手段、教师的教学质量等。英国近年来教育督导的问责功能更加明确，在评价学校的质量和水准方面内容更加明确和具体，包括四个方面：①学校教育质量；②学校已达到的教育标准；③学校的财政资源是否得到有效管理与使用；④学生在精神、道德、社会和文化方面的发展状况。各国教育评价与问责的指标体现出以结果为中心的特征，即学校实际情况达到国家所规定的目标和标准的程度。

三、彰显教育督导的改进与发展功能

英国将“通过督导促进学校的改进”作为教育督导的一个重要目标，并在机制与制度上予以保证，即规定学校董事会在收到督导报告 40 天之内提出贯彻督学建议的具体行动计划。这个行动计划不仅要提交给标准局，而且要提交家长审阅。荷兰教育督导的职能也十分强调改进与发展，将督导作为改进的起点和促进质量提高的重要机制。西班牙教育督导的重要目标之一是为实现教育质量和教育体系的改革和完善做出贡献。

在日本，不论是文科省的视学官还是地方教育部门的指导主事，其工作的核心都是在调查研究的基础上，帮助学校改进工作，保障学校教育教学的顺利进行，提高学校教育的质量和水平，从而促进学校发展。

四、发挥专家与信息优势，参与教育决策与咨询

法国总督学是教育部部长的参谋和顾问，在教育的重大问题上为教育部部长提供信息、提出建议。法国督导机构参与教学大纲的制定，参与教师的招聘与培训。英国督学的重要职能之一是针对有关事项向国务大臣提供建议，在形成《1988 年教育改革法》的过程中，督学直接参与了课程与考试政策的研讨、发展与改革。德国督学参与校长的聘任、教育经费的分配等。

除了向决策者提供信息、建议外，新的发展趋势是各国重视教育督导机构向社会大众和家长提供信息与咨询。英国过去只是强调向教育大臣提供信息，新的制度增加了向社会和家长提供信息的职能，教育督导制度要发挥帮助家长更好地了解教育和学校信息，帮助家长做出正确的学校选择的作用。正如英国 2003 年《学校督导大纲》所指出的：公开出版的督导报告告诉家长、学校和社会关于学校教育的质量以及学生是否取得了最大可能的发展。督导小组的发现提供了对学校问责方面的大量信息。荷兰教育督导的一个重要原则是公开性原则，所有的督导结果都要公开发表。西班牙特别强调教育督导的信息作用，教育督导的职能之一是向社区，尤其是学生的家长提供针对相关权益的获得和责任义务的履行等方面的咨询、指导和信息服务。

五、教学指导

监督、指导教师的教学工作是法国国民教育总督学的重要工作。法国国民教育总督学按专业划分为文学、语言、数学、学前及小学教育、物理、自然、工业技术、哲学、历史地理、社会科学、经济管理、艺术教育、手工、技术教育 14 个学科组。法国专门设置学区学业与教学督学，学区学业与教学督学们主要从学生学业成绩的角度对法国教育系统进行评估，具体包括以下几点：①确保国家教育政策真正实施到课堂上；②对教学和学校的设施进行

评估；③对中学教师的工作给予评定和建议；④促进教师专业发展；⑤为教师提供培训；⑥根据校长的要求对班主任工作给予评估和建议；⑦根据个人专长来负责不同学科和专业的工作。

美国教育督导的主要职能是辅导与指导，是为学校系统提供专业和教学上的服务，以协助教师改善课程及教学。督导工作已成为帮助教师改进教学与课程设计的过程。

德国教育督导一个重要任务是专业督导，主要是对学校教育活动的督导，包括教学计划的执行，确定教师编制，教师的派遣、调任，校长的招聘，安排学生入学，校长、教师和教辅人员履行职务的情况，提供教育心理咨询。业务监督主要是指对教师的教育和教学工作情况的监督。具体地说，督学应了解和评价教师的教学是否符合法定的标准，所运用的教育和教学方法是否恰当，检查教师执行教学计划和组织教学的能力，使用辅助教材、教具、实验设备的能力，以及掌握课堂气氛和灵活解决教学中各种问题的能力，并提出相应的改进意见。

六、处理对教育的投诉以及与教育有关的纠纷

德国、西班牙、荷兰等国家教育督导机构的一个重要职能是就家长对教育的投诉进行处理和回应。德国教育督导负责处理学校和教育活动相关的纠纷。荷兰督导的重要原则是建立预警机制，留意学校问题的征兆，对投诉进行分析。西班牙督学的一个重要职能是要对教育环境中发生的冲突或者矛盾进行调解。

第五节　教育督导队伍建设比较

一、规模与数量

第一，教育督导机构的职责范围涉及面广、部门划分细、职责分工专业化，这就决定了教育督导机构需要一支庞大的、专业性很强的队伍来履行其职能。但是决定督导队伍规模的因素，各国存在很大差异。各国确定督学数量主要依据其督导任务的需要、

地区和学校覆盖面的需要。例如，英国女王督学团的任务主要是针对学校及其教学质量开展督导与评估，因此在决定督学团的规模时也考虑到教师人数和地区分布。而西班牙则是考虑督学与学生之比。西班牙卡斯蒂利亚-莱昂自治区内的塞哥维亚省，在省教育厅设有督导办公室，省督导办公室共有 9 名督学。塞哥维亚中小学教育阶段共有 24 000 学生。每名督学负责 14—15 所学校，督学与学生人数之比是 1∶2 667。

第二，有些国家以中央一级督导制度为主，中央一级的督学队伍庞大。例如，英国在女王督学团时代，共有国家督学 514 人，其中英格兰 460 人，威尔士 54 人，英格兰和威尔士中小学教师与国家一级督学人数之比大约为 1 000∶1。教育标准局时代使英国教育督导制度的发展达到了一个新的高峰，这一点突出地体现在督学队伍的规模上。与女王督学团时代相比，督学队伍在数量上得到极大的扩充，共有女王督学 600 多人，注册督学 2 100 多人，独立督学 8 400 多人，外行督学 1 031 多人，各种类型的督学加起来达到一万多人。荷兰共有 442 名全日制督学和工作人员，其中 65%为督学，15%为分析人员，20%为辅助人员。法国督学中央一级 220 人，学区一级 600 人，省一级 1 600 人，全国各级专职督学总数为 2 420 人。而在日本则是地方指导主事数量可观。2011 年都道府县指导主事 1 575 人，补充指导主事 2 918 人，市町村教育委员会指导主事 4 579 人，补充指导主事 1 417 人。

第三，以专职教育督学为主。虽然各国在教育督导实施中，也使用大量的兼职督学，但真正起主导作用的还是专职督学。教育督导工作需要教育专业人员，这是保证教育督导工作质量以及督导制度理论与实践发展的重要基础。

二、类型与结构

各国根据本国国情设置不同类型的督学，类型趋于多样化，从过去单一的督学类型发展到多样化的类型。

英国国家督学分为两大类：①负责督导工作总体规划、评估工具研究与开发、对督导工作进行监督等的“二线督学”；②实际履行督导职能的“一线督学”。在教育标准局总部工作的女王督学主要有两方面的职责：①从事督导工作的领导、管理，相关政策与法规的制定，教育督导与评估框架、工具的研发以及督导工作质量和督学工作的监督；②根据需要进行少量督导，主要对地方教育局、教师培训机构、独立中小学以及对需要采取特殊措施的学校进行复评。而在真正实施督导的“一线督学”中又包括：①注册督学，即领导一个督导小组对学校进行督导评估的专业人员，一般要求他们具有丰富的督导经验，曾经担任过督学小组负责人；②督学小组成员：一般督学被称为督学小组成员或独立督学，他们不是由政府选出或指定，一般是督导中介机构负责督学的选拔和培训；③外行督学：《1992 年（学校）教育法》允许那些对教育感兴趣且又愿意参与的非教育专业人员成为外行督学，这是这次督导制度改革的一项新举措，要求每个督导小组必须有一名外行督学。

由于教育督导范围和工作量加大，需要大批督学，只聘用专职督学在费用上难以承受，一些国家根据工作需要聘用兼职督学。韩国建立了专家数据库。日本除了专职的指导主事，还聘用了大量的兼职补充指导主事。兼职督学大多来自教学和教育管理第一线，他们的加入带来了对当下教育问题的广泛的经验和知识，同时督导经验也使他们从中获得宝贵的知识，他们可以带回到自己的工作机构中。

三、督学专业化保障机制

教育督导工作的性质决定了其高度专业性。首先，在职能上，教育督导机构区别于其他教育行政部门，教育督导机构不负责教育决策的执行和日常管理等教育行政工作，它是专门负责进行监督、检查、评价和指导的机构。其次，在工作方式上，行政职能部门主要靠行政指令来行使其职能，而督学的工作方式主要依靠系统科学的评价方法与工具来达到督导评估的目的，因此教育督导机构的职能具有专业性。另外，督学是组成督导队伍的个体，也是开展教育督导工作的主体，个体的素质决定着整体的效率与质量，也直接关系到教育督导工作的权威性，因此明确督学的任职条件，确立公平、公正、公开、择优录用的遴选机制和培训制度是十分必要的。

（一）条件与素质要求

教育督导工作政策性、导向性强，专业化、信度、效度要求高，这项工作的高度专业性决定了对督学必须具有较高的要求，决定了对督学的选拔和任命必须确立一种适当的、可测定的标准，以确保督学的质量，增强教育督导工作的权威，因此各国对什么样的人才能做督学从素质到资格是有一定要求的。总结起来，一般从年龄、学历、教学经验、管理经验、个性品质几个方面来考察。

西班牙的国家督学，要有大学本科或以上的学历；要参加全国公务员统一考试，并取得公务员资格；至少有 6 年教学经验。国家督学不参加考试，是挑选出来的。一旦取得国家督学资格，将是终身的。德国对教育督导人员的要求是：申请人应具有多年的执教经验，并有优良品德、组织能力；通常需担任过校长、副校长和新教师的培训工作；必须具有大学以上学历，学过教育或课程评估专业。

英国在招聘女王督学时，主要是按照以下标准和要求来衡量的。①在某一专业学科领域中，达到较高水平，要求具有大学学历。除一门主要专业外，还必须有一门次要专业。②对专业范围以外的教育领域具有广泛兴趣，了解教育发展的基本问题和最新趋势。③具有小学或中学教学经验和出色的教学能力（参加过教师培训更好）。随着督学对课程教学领域的深入，教学经验被认为是作为一名督学最重要的一点，督学必须从有教学经验的中小学教师和管理人员中招聘。④具有良好的个性品质。⑤迅速有效地应付文字工作的能力。⑥迅速适应新环境的能力。在教育标准局时代，对督学任职条件的要求同女王督学团时期的要求基本一致，在基本条件的要求上有所提高。例如，学历要求为大学学历或硕士，至少要有10年以上的教学经验等。这一时期，由于督学的分类更加多样化，对督学素质要求最大的变化是对不同类型的督学提出了不同的要求。

（二）招聘程序

公开、公正、择优录用的程序是保障教育督学专业化的重要机制，是保证教育督学享有崇高社会威望和公信度的基础。各国都有严格的遴选程序。

西班牙各级教育专职督学在公务员队伍中选聘。也就是说，要想进入专职教育督学的行列，必须先进公务员队伍。或者说，只有先通过公务员的考试后，才能有资格参加专职督学的选拔考试。西班牙自治区及省级督学的选拔程序如下。①成立选拔组织。成立由地方教育管理部门任命的评审委员会。这个委员会的职能有四项：一是竞争阶段的业绩评估；二是各个测试的评定、鉴定工作；三是按照有关部门的通知和考期，负责选拔过程的进展；四是制作和发布被选中的候选者的名单表格并将这些名单表格上交给组织这次选拔的组织机构。评审委员会由一名主席和四名委员组成，主席由教育部从国家督学中选出一名任命，评审委员在督学中抽签决定。②进行资格审查。按照组织委员会制定的办法对参选者的职业行为及其作为教育工作者的特殊的、具体的业绩进行评估。如果是中学教师，则要特别考察他担任领导岗位的表现以及是否具备作为教授的条件。只有通过审查者，才可能进入录用考试阶段。③举行录用考试。考试内容主要是教学法方面的知识、行政管理知识和教育法规方面的知识。这些知识又分AB两部分：A部分主要是国家教育和科学部1996年1月10日后颁布的法令及规定；B部分由地方教育行政部门制定，内容包括不同的教育水平和教育阶段的自身特点、教育方法学、学校的组织和行政管理，以及地方教育行政法规等。录取考试分笔试、口试进行。④实践试用期。评审委员会按照总成绩分数从高到低排好顺序，被选上者试用期将持续三个月或一个学期。参加实践试用期的人员，试用结果将由地方教育督导部门进行评价。被鉴定为“合格”的候选者的名单将上报教育行政部门，由其给以“专职督学”的任命。进入专职督学队伍后，督学还要参加地方教育行政部门定期组织的教育督导领域的“岗位竞争”，参加督学业务培训和教育。

英国督学的选拔程序体现公开、公正、透明、择优录取的原则，有一套严格的程序加以保证。①正式在全国性和教育性报刊上刊登广告，说明招聘条件（包括学历、工作经验要求）、工资待遇、申请渠道等。申请人须填写申请表格。②招聘工作大部分由督学团本身完成，但招聘委员会主席由“中立”的文官特派员担任，其他成员包括高级主任督学、若干名主任督学和高级督学。另外，教科部人事与组织部门派一名平时与督学团联系较多的人参加。选拔委员会在众多的申请者中，选出“可能录用者”。一般每一空缺选出五名候选人。在口头答辩之前，要将候选人的所有材料备齐，并开始与候选人有所接触。③选拔委员会对“可能录用者”进行面试，即答辩。概括起来，面试主要考察候选人个人历史情况、参加督学工作的原因、对不同教育领域的观点和兴趣、学科和专业知识水平以及候选人的个性品质。对个性品质的考察，英国的做法是设计一些实际情境，让候选人发表观感和评论，以此来了解他对不同问题的反应、态度，是否持有偏见等。④通过口头答辩，委员会采用五分制（A—E）来评价候选人。D、E 代表否定。在英国，选拔委员会中只要有一人打 D 或 E，就给予否定。C 以上才意味着值得考虑。最后根据个人得分情况决定。

（三）培训与见习

在英国，通过面试答辩的候选人，还不能被任命为正式督学，必须经过一年的培训与见习。在见习开始或结束时，见习督学要参加为期大约一周的入门学习，内容如下。①教育行政管理人员和高级督学介绍教育体制、教科部的组织及工作、女王督学团的结构、教育行政与督导的关系等问题。②不同类型的督学（如主任督学、地区主任督学、学科高级督学等）介绍职责范围、方式方法等具体工作情况，并开展讨论。③模拟练习。假设一些实际情境，如扮演教师与督学的角色，练习如何解决实际问题。④访问笔记与报告撰写技巧的学习。⑤讨论整个督导过程。⑥介绍督学如何组织与实施教师培训课程。

英国女王督学入门学习的内容是比较全面的，首先从宏观教育体制和督导的基本问题入手，逐渐向微观深入。重视理论联系实际，注重有关督导的技术性知识与手段的学习与练习。学习者的参与程度很高。

在进行一段时间的入门学习后，见习督学开始为期一年的实习。实习时有一名与见习督学专业一致或相近的有经验的现任督学做见习督学的辅导员，采用师徒制的方法。

在教育标准局时代，女王督学一般在全英格兰地区公开招聘，由总督学、主任督学及文官委员会成员组成选拔委员会，根据条件，应聘者要经过笔试、答辩后方有可能成为“候选人”，再经过培训、见习、试用，合格者予以录用。

一旦督学开始了督导工作，就要求他们进行持续不断的专业发展以训练他们的督导技能，并跟上教育发展的步伐。接受培训的督学可以参与督导，督学在他们首次督导后，要由女王督学做出评审。

以上情况表明，各国都非常重视对督学人员的培训和选聘工作，强调督学人员的专业化水平和严格选拔，以保证督学人员的质量，强化教育督导的专业性、权威性、科学性和规范性。

第六节　教育督导与评价的未来发展

比较英国、法国、德国、荷兰、芬兰、西班牙、美国、加拿大、新西兰、日本、韩国 11 个国家和中国香港、中国台湾地区教育督导与评价制度，可以发现教育督导与评价的未来走向体现在以下几个方面。

一、区别对待

为了提高督导效率，减轻督导评价给学校带来的压力，学校督导的一个新趋势是采用区别对待或成比例督导的原则，对质量优良的学校的督导程度和频率相对降低，对问题学校和薄弱学校的督导力度相对加大。

英国在新一轮督导改革中，教育标准局提出了成比例督导的理念，即针对学校的质量状况进行相应的督导，对于大多数状况良好的学校，缩短了督导时间，减少了督导频率，对于90％的独立学校只进行轻触式督导，而对于需要特别关注的学校却给予重点关注，进行全面的深度督导。

荷兰近年来广泛采用基于风险的督导，也就是在督导评价中引进了风险分析这一环节，通过系统的指标来测定学校存在的风险程度。第一个风险要素为学校教育质量的潜在不足的迹象，意指有关学校发生的可能导致教育质量下降的信息。例如，学生家长提出的申诉，报刊中的相关文章和报道、主题督导调查结果，等等。第二个风险要素为校董事会的年度问责报告，包括学校运营状况的文件等。第三个风险要素为学生的成绩。教育督导局每年都会向学校收集有关学生表现、考试成绩及年度问责文件的信息，得出有关学校风险的结论。教育督导局至少每年对所有学校进行一次风险分析。督导局每年都将公布对所有学校进行风险分析的结果。风险监测阶段一般是由分析师和督学共同完成。另外，如果出现任何紧急的“信号”，教育督导局会立即采取措施安排风险分析。基于以上三个风险因素，如判断某所学校无质量风险，督学则不会对学校采取进一步措施和调查，而对其安排最少量的督导。存在风险的学校，则要接受督导局进一步的分析，即专家分析。它是对风险分析阶段被检测出风险的学校进行的进一步调查和督导。教育督导局只重点督导教育质量低下（检测出风险）并且成效不令人满意的学校。对于提供优质教育（没有发现风险）并且学校办学效率良好的学校，接受督导的次数便会减少。

二、增值性评价更受欢迎

近年来，增值性评价作为一种新型教育评价模式，由于其以学生的学习进步为评价指标，利于学校教师改善教学以及教育公平发展，日益成为教育评价领域关注的焦点。增值性评价指标已成为美国许多州教育评价的重要指标。英国 1992 年提出“增值评价”，2006 年在全国范围内推广，在督导评价中也成为评价学校改进的重要指标和方法。

增值性评价是通过分析学生的生源情况、家庭背景、入学前的成绩、入学初始成绩等相关因素，系统评价学校在提高学生成绩方面的成效，来对一所学校的改进程度和总体质量做出判断。为了测量学生学习的进步情况，必须要有学生在某一段时间为起始点的学习能力信息，以及学生在该段时间结束时的学习成果（如小学或中学毕业时的学习成绩）信息。这样的评价对于学校更加公平，特别是对生源不占优势的学校。

三、更加强调通过教育督导实现学校改进

促进学校改进和发展是各国和地区教育督导评价制度的重要目的之一。英国在正式督导后明确要求学校制订改进计划或行动计划，行动计划要落到实处。韩国学校奖学制度强调自我发展性原则，奖学不仅促进学校的发展，而且也促进教师个人及其奖学负责人的发展。荷兰在督导过程中专门设计了干预阶段。在此阶段，督学将对出现问题的学校采取措施，督促其改进不足，并解决质量问题。同时督导局会对学校的改善工作进行质量改进督导。如果学校没有做出改进，督导局会通过额外督导加以制裁或者施加压力。

四、更加重视自我评价

在荷兰，学校自评很好地融入督导体系中，并且督导局的许多决定都基于学校自评。学校自评既有内部评估也有外部评估。如果学校已经进行了恰当的自评，督导局可能不会再对其进行严

格的外部评估。

英国2003年《学校督导大纲》特别指出：定期的外部督导必须通过持续性的内部评价加以补充。督导过程的透明性和督导大纲的公开发行，其目标在于促进学校形成一个严格的自我评价和改进的文化。英国学校督导评价的重心已从只重视国家层面的外部督导转向强化学校自我评价作用，外部督导越来越倾向于定位在对学校自评的监督和再评上，使学校成为评价、发展与改进的原动力。教育标准局2009年4月颁布的《每个孩子都重要——学校督导框架》明确指出：教育标准局应认识到学校自评的重要性。学校自评是对外部督导进行有力补充的一个动态机制，它对于外部督导具有重要作用，因为它使得督导能覆盖到学校所有重点问题。2009年，教育标准局又出台了一份重要文件《与学校建立一种新型关系：通过学校自评提高学校效能》。该文件强调指出自评的目的之一是为外部评价提供基础与依据，但更重要的是为学校改进与发展服务，将学校自评纳入学校管理的过程中，并成为一种持续性的发展机制。

五、教育督导评价的多主体参与更加常态化

从国家和地区研究可以发现，教育管理的一大趋势是由管控和绝对权威向服务、支持、协调、规划、评价职能转化，由中央集权向地方特别是给予学校更多办学自主权转化。在教育治理的模式下，强调多方参与，相关利益方在教育评价中发挥主体作用。

荷兰教育督导与评估的发展适应教育治理的分权化趋势，教育督导局越来越重视各方意见和力量在教育督导过程中的体现。评估学校质量所采用的教育督导框架及指标体系就是教育督导局与各级各类学校共同协商制定完成的，反映了全国性的共识。此外，教育督导局的督导对象包括学校、教师、学生、董事会、校长等，并且在进行督导过程中会访谈多方的利益相关者，如学生家长、社区和各方面的教育工作者等，以取得公平、公开的评估结果。教育督导局的督导报告要满足学校、政府、社区及家长等各

方面的信息需求，在报告的形成过程中也多次征求各方意见。最后形成的督导报告要在网站上向社会公开报道。

六、中介机构和第三方评价的作用日益凸显

政府部门将教育督导评估的项目委托给非公共部门或非政府专业组织也成为一个趋势。它们承担教育督导评估的一个优势是更加独立和专业，从而大大提高了教育督导效率。英国在1992年之后，政府的教育标准局主要负责有关政策、计划和标准的研制以及督导质量的监督，而实际督导的组织、管理与实施则由教育标准局委托地区性中介督导机构来负责。这些地区性和全国性督导机构的性质为中介性组织，具有专业性和商业性特质，它们负责督学的聘用、管理、培训，负责督导的组织和实施。督导机构是在商业性基础上与教育标准局共同工作的外部机构，督导机构根据教育标准局所提出的方案来安排督导。教育标准局与中介机构是合约关系，督导机构再与注册督学签约，由其领导的各督学小组负责实施学校的具体督导工作。英国政府旨在通过竞争机制提高督导工作的活力与效率，促进督导工作不断提高质量，而私立性的督导小组是否能生存下去很大程度上取决于其能否获得更多的督导项目，而能否中标又取决于督导方案的可行性和督导工作的质量。

日本则专门开发了一种第三方评价，不同于学校自我评价和学校相关者评价，这种评价的评价者由与被评学校没有直接关系的专家组成，评价的主体以外部专家（如教育学专业的大学教授、现任或曾任校长者等）为核心，他们能够从专业化的角度来审视学校教育活动和学校运营情况，评价比较客观并具有专业性。

参考文献

一、中文文献

1. ［法］雅基·西蒙、热拉尔·勒萨热著，安延译：《法国国民教育的组织与管理》，教育科学出版社 2007 年版。

2. ［芬］奥斯莫·尤西拉等著，张卫华译：《芬兰政治史（1809—1995）》，中国经济出版社 2001 年版。

3. ［加拿大］沃尔特·怀特、罗纳德·瓦根伯格、拉尔夫·纳尔逊著，刘经美、张正国译：《加拿大政府与政治》，北京大学出版社 2004 年版。

4. ［美］迪安·韦布著，陈璐茜等译：《美国教育史：一场伟大的美国实验》，安徽教育出版社 2010 年版。

5. ［美］罗伯特·阿诺夫等著，冯增俊等译：《比较教育学：全球化与本土化的辩证关系》，人民教育出版社 2012 年版。

6. ［美］托马斯·J. 瑟吉奥万尼、罗伯特·J. 斯特兰特著，王明洲等译：《教育督导：重新界定》，江苏教育出版社 2005 年版。

7. ［英］约翰·贝克、玛丽·厄尔编著，王璐、王向旭译：《中学教师应关注的热点问题》，北京师范大学出版社 2007 年版。

8.《中国教育年鉴》编辑部编：《中国教育年鉴（2014）》，人民教育出版社 2015 年版。

9.《中国教育年鉴》编辑部编：《中国教育年鉴（2015）》，人民教育出版社 2016 年版。

10. 艾宏歌主编：《当代韩国教育政策与改革动向》，社会科学文献出版社 2011 年版。

11. 陈学飞著：《美国高等教育发展史》，四川大学出版社 1989

年版。

12. 池青山等编著：《韩国教育研究》，东方出版社1995年版。

13. 方骏、熊贤君主编：《香港教育史》，湖南人民出版社2010年版。

14. 冯大鸣著：《西方六国政府学校关系变革》，上海教育出版社2011年版。

15. 冯增俊、陈时见、项贤明主编：《当代比较教育学》（第二版），人民教育出版社2015年版。

16. 顾明远、薛理银著：《比较教育导论——教育与国家发展》，人民教育出版社1998年版。

17. 顾明远主编：《外国教育督导》，人民教育出版社1993年版。

18. 顾明远主编：《外国教育督导》（第二版），人民教育出版社2002年版。

19. 顾明远著：《顾明远教育演讲录》，人民教育出版社2014年版。

20. 顾明远著：《中国教育改革路在何方：顾明远教育漫谈》，人民教育出版社2016年版。

21. 关松林著：《日本学习借鉴外国教育之研究》，人民教育出版社2010年版。

22. 国家教育督导团办公室编：《当代中国教育督导》，人民教育出版社2007年版。

23. 韩家勋主编：《教育考试评价制度比较研究》，人民教育出版社2010年版。

24. 贺国庆、朱文富等著：《外国职业教育通史》，人民教育出版社2014年版。

25. 何秀超主编：《国家督学谈教育》，人民教育出版社2012年版。

26. 黄崴主编：《教育督导学》，中国人民大学出版社2011年版。

27. 霍益萍著：《法国教育督导制度》，人民教育出版社 2000 年版。

28. 江铭主编：《中国教育督导史》，人民教育出版社 2006 年版。

29. 李素敏编著：《教育督导学》，河北大学出版社 1996 年版。

30. 李文英等著：《比较教育学家思想研究》，人民教育出版社 2012 年版。

31. 李振涛编著：《教育行政精粹整理》，千华出版公司 1988 年版。

32. 林玉体著：《台湾教育史》，文景书局 2003 年版。

33. 刘捷著：《专业化：挑战 21 世纪的教师》，教育科学出版社 2002 年版。

34. 刘淑兰主编：《教育评价和督导》，华东师范大学出版社 2000 年版。

35. 卢晓中著：《比较教育学》，人民教育出版社 2005 年版。

36. 马健生主编：《比较教育》，高等教育出版社 2010 年版。

37. 钱一呈主编：《外国教育督导与评价制度研究》，中央广播电视大学出版社 2006 年版。

38. 秦梦群著：《教育行政——实务部分》，五南图书出版公司 2006 年版。

39. 邱锦昌著：《教育视导之理论与实际》，五南图书出版公司 1991 年版。

40. 单中惠著：《在世界范围内寻觅现代教育智慧》，人民教育出版社 2014 年版。

41. 苏君阳主编：《教育督导学》，北京师范大学出版社 2012 年版。

42. 孙河川著：《教师评价指标体系的国际比较研究》，商务印书馆 2011 年版。

43. 孙启林主编：《世界主要发达国家义务教育均衡发展比较研究》，东北师范大学出版社 2009 年版。

44. 滕大春主编：《外国教育通史》（第 3 卷），山东教育出版社 1990 年版。

45. 滕大春主编：《外国教育通史》（第 6 卷），山东教育出版社 1994 年版。

46. 滕大春著：《美国教育史》（第二版），人民教育出版社 2001 年版。

47. 王昺、姜芃主编：《加拿大文明》，福建教育出版社 2008 年版。

48. 王承绪、顾明远主编：《比较教育》（第五版），人民教育出版社 2015 年版。

49. 王璐主编：《均衡与优质：教育公平与质量》，山东教育出版社 2015 年版。

50. 王璐著：《英国教育督导与评价》，山西教育出版社 1992 年版。

51. 王璐著：《英国教育督导与评价：制度、理念与发展》，高等教育出版社 2010 年版。

52. 王平贞、赵俊杰编著：《芬兰》，社会科学文献出版社 2008 年版。

53. 王文新编著：《法国教育研究》，上海社会科学院出版社 2011 年版。

54. 王晓辉主编：《比较教育政策》，江苏教育出版社 2009 年版。

55. 王长纯、王建平主编：《中国比较教育学科研究史》，人民教育出版社 2016 年版。

56. 吴福光编著：《港澳教育评析》，中山大学出版社 1992 年版。

57. 吴式颖、李明德主编：《外国教育史教程》（第三版），人民教育出版社 2015 年版。

58. 夏之莲主编：《外国教育发展史料选粹》，北京师范大学出版社 1999 年版。

59. 谢维和著：《我的教育觉悟》，人民教育出版社 2016 年版。

60. 谢文全著：《教育行政学》，高等教育文化事业有限公司 2003 年版。

61. 徐辉、武学超著：《世界教育领域应对国际金融危机的经验与策略研究》，人民教育出版社 2016 年版。

62. 徐辉著：《比较教育的新进展——国际教育初探》，四川教育出版社 2001 年版。

63. 许明著：《教师教育伙伴合作模式国际比较》，人民教育出版社 2012 年版。

64. 薛理银著：《当代比较教育方法论研究》，人民教育出版社 2009 年版。

65. 杨海绩、郑新蓉主编：《台湾教育概览》，九州出版社 2003 年版。

66. 杨汉清主编：《比较教育学》（第三版），人民教育出版社 2015 年版。

67. 杨奇主编：《香港概论》，中国社会科学出版社 1993 年版。

68. 张可创、李其龙著：《德国基础教育》，广东教育出版社 2005 年版。

69. 张清滨著：《教学视导与评鉴》，五南图书出版公司 2005 年版。

70. 周满生等著：《教育宏观决策比较研究》，人民教育出版社 2009 年版。

71. 朱华山著：《传统与变革的抉择：细读法国教育》，辽宁人民出版社 2011 年版。

72. 朱琦、杨辛、蔡雯卿著：《问题与探析：当代教育督导研究》，天津教育出版社 2006 年版。

73. 朱旭东主编：《当代西方教育新思潮研究》，人民教育出版社 2014 年版。

74. 朱旭东主编：《新比较教育》，高等教育出版社 2008 年版。

二、外文文献

1. David D. Henry. *Challenge Past, Challenge Present: An Analysis of American Higher Education since 1930*. Jossey-Bass Publishers, 1975.

2. David Tyack, Robert Lowe, and Elisabeth Hansot. *Public Schools in Hard Times: The Great Depression and Recent Years*. Cambridge, Mass: Harvard University Press, 1984.

3. Jaap Scheerens, Hans Luyten, Jan van Ravens. *Perspective on Education Quality: Illustrative Outcomes on Primary and Secondary Schooling in the Netherlands*. Springer, 2011.

4. Ofsted. *Handbook for the Inspection of Schools, Part 2: Framework for the Inspection of Schools*. 1994.

5. Pasi Sahlberg. *Finnish Lessons: What Can the World Learn from Educational Change in Finland?* New York: Teachers College Press, Columbia University, 2011.

6. Robert Goldhammer. *Clinical Supervision: Special Methods for the Supervision of Teachers*. New York: Holt, 1969.

7. Roger L. Geiger. *Research and Relevant Knowledge: American Research Universities since World War Ⅱ*. New York: Oxford University Press, 1993.

8. Stuart Maclure. *Educational Documents, England and Wales* 1816 *to the Present Day: Instructions to Inspectors*. London: Methuen, 1840.

9. Wayne J. Urban. *American Education: A History*. New York: Routledge, 2008.

10. Wolfgang Horner, Hans Dobert, Botho von Kopp, Wolfgang Mitter. *The Education System in Europe*. Springer, 2006.

后记

本书是全国教育科学规划教育部重点课题研究成果，是国家重点图书出版规划项目《比较教育文库》中的一本。

多年前在开始给研究生开设"教育督导与评价比较研究"这门课的时候，我就产生了编撰一部相关专著的想法，于是教学的过程也就成了积累素材、研讨内容及反复锤炼和打磨的过程。上课的学生既是学习者又是研究者，他们为该书的撰写付出了辛勤的努力，贡献了宝贵的智慧。北京师范大学顾明远先生主编的《外国教育督导》(人民教育出版社 1993 年第一版、2002 年第二版) 是编撰此书最重要的基础。在继承和发扬已有研究成果的同时，我们对内容进行了更新，力求反映最新的变化，并在原来的基础上增加了荷兰、芬兰、西班牙、加拿大、新西兰、韩国等国家和我国香港、台湾地区的教育督导与评价制度，使我们对教育督导与评价制度的理解和认识更加多元、立体和丰富。

受语种和资料所限，本书没有俄罗斯教育督导与评价制度方面的内容，令人遗憾。关于中国教育督导与评价制度的研究，目前已有很多成果，故本书没有包括这方面的内容。

需要特别说明的是，在本书中，"教育督导"与"教育视导"、"教育评价"与"教育评估"等在不同国家和地区的文件和材料中同时使用，意义相同或相近。

全书由我策划和统稿。各章的具体分工如下：第一章，王璐；第二章，唐一鹏、傅坤昆；第三章，李文婧、周伟涛；第四章，王黎、尤铮；第五章，丁瑞常；第六章，夏培源、闫丽春；第七章，廖芳萍；第八章，赵凌燕、马骜；第九章，曲玲；第十章，孙晋露；第十一章，姜成和、张永姬；第十二章，王琳琳；第十三章，尹纳宇、黄亚婷；第十四章，王璐。

目前我国教育督导与评价制度正处于快速发展、创新发展和科学发展的新阶段，教育督导与评价队伍也在不断壮大。本书的面世无疑将为我国教育督导决策和教育评价工作人员、比较教育学和教育管理学研究者提供国际视野和重要参考，可以用作各级各类教育督导与评价人员的培训教材，也可以用作高校教育专业、管理专业本科生、研究生的教学参考书。

此专著获评“北京师范大学教育学部学科综合建设专项资金资助项目”，在此对北京师范大学教育学部表示衷心的感谢！

我国著名比较教育学家、中国教育学会名誉会长顾明远先生在百忙中为本书撰写了序，人民教育出版社郭戈研究员、刘立德编审、刘捷编审、曾红梅编审为本书的编辑出版付出了诸多辛劳，在此谨致特别的谢意！

王　璐

2018年5月30日于北京师范大学